MONS

MONSTROS REAIS **CRIME SCENE**®

MENE

ROBERT RAND

IRMÃOS MENÉNDEZ

MONSTROS REAIS **CRIME SCENE®**

Case No. ________ Inventory #

Type of offense

Description of evidence

CRIME SCENE
DARKSIDE

THE MENÉNDEZ MURDERS

First updated edition 2024

AVISO LEGAL. Este livro é baseado em notas e gravações de entrevistas com os participantes conduzidas por Robert Rand, transcrições dos julgamentos dos dois irmãos Menéndez e declarações públicas. Alguns sobrenomes foram alterados ou omitidos para proteger a privacidade dos indivíduos. Fala gaguejada, tiques vocais e palavras repetidas foram editadas nos diálogos citados para melhorar a legibilidade.

Todas as fotos e documentos da família Menéndez foram fornecidos e utilizados com a permissão de María Carlota Llanio de Menéndez, antes de sua morte em 2009, e Marta Menéndez Cano.

Diretor Editorial
Christiano Menezes

Diretor de Novos Negócios
Chico de Assis

Diretor de Planejamento
Marcel Souto Maior

Diretor Comercial
Gilberto Capelo

Diretora de Estratégia Editorial
Raquel Moritz

Gerente de Marca
Arthur Moraes

Editora
Jéssica Reinaldo

Capa e Projeto Gráfico
Retina 78

Coordenador de Diagramação
Sergio Chaves

Designer Assistente
Jefferson Cortinove

Preparação
Cristina Lasaitis

Revisão
Maximo Ribera
Retina Conteúdo

Finalização
Sandro Tagliamento

Marketing Estratégico
Ag. Mandíbula

Impressão e Acabamento
Braspor

DADOS INTERNACIONAIS DE CATALOGAÇÃO NA PUBLICAÇÃO (CIP)
Jéssica de Oliveira Molinari - CRB-8/9852

Rand, Robert
Irmãos Menéndez: Sangue de Família / Robert Rand; tradução de Érico Assis. — Rio de Janeiro : DarkSide Books, 2025.
416 p.

ISBN: 978-65-5598-523-8
Título original: Bestial: The Menendez Murders

1. Menendez, Lyle - 1968 2. Menendez, Erik - 1971 3. Assassinato - California - Beverly Hills - Estudo de caso I. Título II. Assis, Érico

25-0606 CDD 364.152

Índice para catálogo sistemático:
1. Menendez, Lyle - 1968
2. Menendez, Erik - 1971

[2025]

DarkSide® *Entretenimento* LTDA.
Rua General Roca, 935/504 — Tijuca
20521-071 — Rio de Janeiro — RJ — Brasil
www.darksidebooks.com

ROBERT RAND

Arquivo
Case No. ________ Inventory # ________
Type of offense ________
Description of evidence ________

MONSTROS REAIS CRIME SCENE®

IRMÃOS MENÉNDEZ

SANGUE DE FAMÍLIA

TRADUÇÃO
ÉRICO ASSIS

DARKSIDE

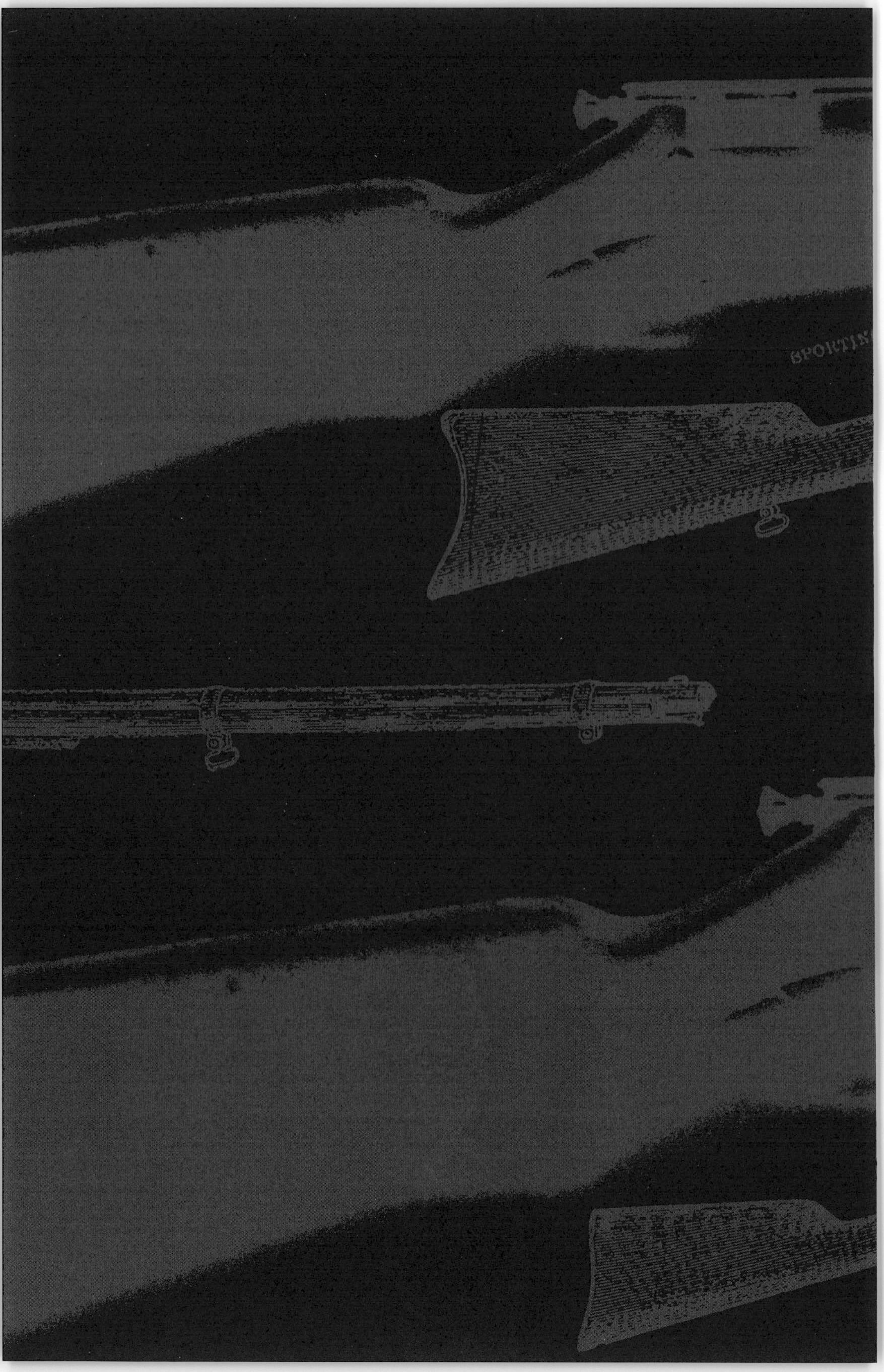

SUMÁRIO

PARTE I: ASSASSINATO EM BEVERLY HILLS

PARTE II: OS PAIS: JOSÉ E KITTY

PARTE III: "OS MENINOS": ERIK E LYLE

PARTE IV: CALIFORNIA DREAMING

PARTE V: JERRY E JUDALON

PARTE VI: FECHANDO O CERCO

PARTE VII: QUEM É QUE SABE O QUE SE PASSA EM UMA FAMÍLIA?

PARTE IX: TRIBUNAL DE DOIS JÚRIS

AY, MARCH 21, 1996
IES MIRROR COMPANY / F / CC1 / 128 PAGES

DAI
DESIGNATED AREAS H

Menendezes Ar Found Guilty of Killing Parents

■ **Verdict:** After a 20-week retrial, jury convicts brothers of first-degree murder for 1989 shotgun slayings. Pair faces either execution or life in prison.

By ANN W. O'NEILL, TIMES STAFF WRITER

In an apparent repudiation of the abuse defense, a jury on Wedn convicted Erik and Lyle Menendez of first-degree murder for the slayings of their parents, setting the stage for dramatic weeks of test as the brothers fight to escape the death penalty.

On Monday, a penalty phase will begin to decide whether they

Los Angeles Times

THURSDAY, MARCH 21, 1996
COPYRIGHT 1996 THE TIMES MIRROR COMPANY / F / CC1 / 128 PAGES

DESIGNATED AR

sed Entry the Rich, nected

f top aides gave admissions donors and others, records e as a fund-raising aid.

TONE and HENRY WEINSTEIN

Menendezes A Found Guilty o Killing Parent

■ **Verdict:** After a 20-week retrial, jury convicts brothers of first-degree murder for 1989 shotgun slayings. Pair faces either execution or life in pris

By ANN W. O'NEILL, TIMES STAFF WRITER

In an apparent repudiation of the abuse defense, a jury on W convicted Erik and Lyle Menendez of first-degree murder fo slayings of their parents, setting the stage for dramatic weeks of as the brothers fight to escape the death penalty.

On Monday, a penalty phase will begin to decide whether they

should spend the rest of their lives in prison or face execution for killing their father, hard-driving entertainment executive Jose Enrique Menendez, 45, and mother, former small-town beauty queen Mary Louise "Kitty" Menendez, 47.

Erik and Lyle were the scions of a Beverly Hills family that out-

New Strate Pays Off fo Prosecutors

PARTE I

ASSASSINATO EM BEVERLY HILLS

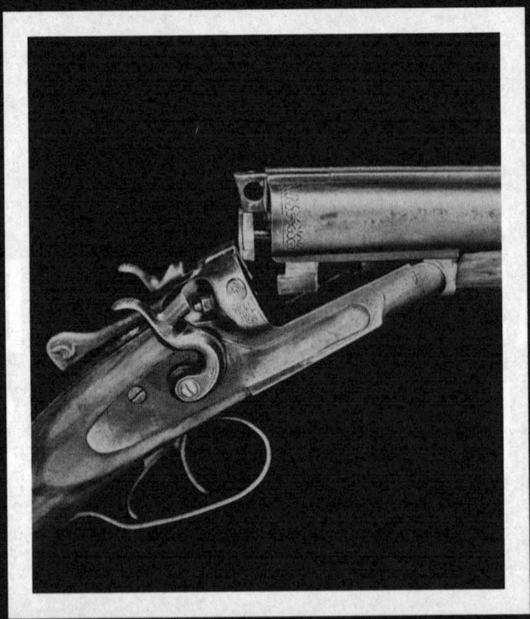

MONSTROS REAIS CRIME SCENE®

IRMÃOS MENÉNDEZ

SANGUE DE FAMÍLIA

1

PESADELO NA ELM DRIVE

> "Acho que se Lyle e eu estivéssemos em casa, é possível que... podíamos ter feito alguma coisa, eu acho... hã, quem sabe meu pai estivesse vivo. Hã, talvez *eu* tivesse morrido. É que, tipo... não sei. E-eu-eu queria... Eu daria minha vida pela do meu pai, com certeza."
>
> — Erik Menéndez durante conversa com o autor em outubro de 1989, dois meses após as mortes de José e Kitty Menéndez

Na noite de 20 de agosto de 1989, a última das vidas de José e Kitty Menéndez, a rua de elegantes mansões em que eles residiam em Beverly Hills estava tão quieta que se ouviria uma folha de árvore caindo no chão. O que não era algo incomum nem suspeito. Paga-se caro para morar em uma vizinhança dessas, e quem paga dá valor à tranquilidade.

Aquele domingo em particular havia sido um dia caseiro, de lazer e descanso para os Menéndez, um casal rico de quarenta e poucos anos. José, um belo imigrante cubano de corpo forte, havia deixado Havana aos 16 anos e era diretor executivo da LIVE Entertainment, distribuidora de *home video* que liderava o mercado em Hollywood. Ele fazia parte do conselho de administração da empresa que controlava a LIVE, a Carolco Pictures, produtora de filmes como *Rambo* e *O Exterminador do Futuro.* Mary Louise, chamada de "Kitty" desde criança, cumpria as funções de mãe e dona de casa.

Os dois filhos do casal, Erik e Lyle, ambos em idade universitária, haviam passado o dia nadando na piscina e jogando tênis nos fundos daquela mansão de cor bege, estilo mediterrâneo, com oito quartos, terreno de oitocentos metros quadrados e um belíssimo projeto paisagístico. Ficava na North Elm Drive, número 722, em uma vizinhança elegante, perto da Sunset Boulevard. A família Menéndez tinha se mudado para Beverly Hills havia oito meses, vindos de Calabasas, subúrbio a noroeste de Los Angeles. Antes, tinham morado por doze anos na região de Princeton, New Jersey.

Em junho de 1989, Erik, 18 anos, formou-se na Beverly Hills High School. Estava prestes a matricular-se na University of California de Los Angeles e tinha planos de fazer o trânsito diário até o campus em Westwood. Lyle, aos 21, era aluno da Princeton University. Os dois eram tenistas, altos no ranking amador, com pretensões de se tornarem profissionais.

Quando Perry Berman chegou a seu apartamento de West Hollywood, pouco depois das 13h de 20 de agosto de 1989, havia uma mensagem de Lyle Menéndez na secretária eletrônica. Berman, amigo e ex-instrutor de tênis dos irmãos, encontrava-os com frequência para assistirem a filmes ou jantar desde que ele se mudara de New Jersey para a Califórnia. Quando Berman retornou a ligação, José Menéndez lhe disse que Erik e Lyle estavam fazendo compras no Beverly Center, um shopping de alto padrão perto da casa dos Menéndez. Lyle ligou para Berman por volta das 17h e sugeriu que eles se encontrassem à noite. Berman tinha planos de visitar o Taste of L.A., um festival gastronômico que estava acontecendo em Santa Monica. Ele ia sair em seguida e convidou Erik e Lyle para acompanharem-no junto a um amigo, Todd Hall. Os irmãos iriam ao cinema, disse Lyle, assistir a *Batman: o Filme*. Ele sugeriu que todos se encontrassem por volta das 22h no festival gastronômico.

Depois de jantar em casa, os irmãos saíram pelo portão dos fundos e pegaram o Ford Escort branco de Erik, estacionado em um beco atrás da mansão, e dirigiram-se ao cinema multiplex da AMC no Century City Shopping Center. Por volta das 22h, José e Kitty estavam acomodados na sala de televisão assistindo a um filme de James Bond, *O espião que me amava*, em uma TV de tela grande. Era a noite de folga da empregada doméstica e eles estavam passando um raro momento a sós. Pessoas íntimas da família disseram que tinham começado a registrar melhoras no casamento dos dois. Uma parente percebeu que eles haviam voltado a se dar as mãos, o que ela não via desde os tempos em que o casal estava na faculdade.

Enquanto assistia ao filme, José Menéndez botou os pés sobre a mesa de centro e começou a cochilar. Kitty estava sentada ao seu lado. A casa tinha sistema de alarme, mas José raramente o acionava. Seus filhos sempre o disparavam sem querer. Além disso, ele se sentia seguro em Beverly Hills.

As persianas atrás do sofá estavam fechadas. Pouco depois das 22h, uma vizinha, Avrille Krom, ouviu "estouros", como estalinhos disparados em sequência muito rápido. Krom guardou o horário porque estava nervosa com a filha Jennifer, que voltaria da casa de um vizinho às 22h30. O filho de Krom, Josh, de 12 anos, assistia a um filme na TV. Ele falou em ligar para a polícia, mas sua mãe não deu bola para o barulho, que mal interrompeu o cricri dos grilos. A ideia de que fossem tiros não se encaixava naquele bairro. Porém, não tinham sido estalinhos.

Duas pessoas haviam invadido a sala de televisão dos Menéndez, entrando pelas portas duplas que davam para o vestíbulo, e começaram a disparar com espingardas Mossberg calibre 12. Um dos invasores deu a volta no sofá, encostou o cano da enorme espingarda na nuca de José e puxou o gatilho. Kitty, apavorada, virou-se e viu uma arma perto da sua boca. Por instinto, ela deu um salto, ficou de pé e ergueu a mão para se proteger, mas foi em vão; o disparo a catapultou ao chão.

O que aconteceu naquela sala de televisão, até então um espaço de aconchego, foi um massacre de brutalidade raramente vista fora dos campos de batalha. Havia manchas de sangue no sofá, na parede, nas persianas da janela, na mesa de centro e por toda a sala. Usando espingardas de repetição — e não pistolas automáticas — os assassinos optaram por ficar no mesmo lugar e, metodicamente, repetir um disparo atrás do outro contra o casal indefeso.

Cinco tiros atingiram José. Além do tiro à queima-roupa na cabeça, ele foi baleado no peito, no braço e no cotovelo esquerdo. Uma ferida "atravessou" a coxa esquerda e deixou um rombo de sete centímetros e meio. Na linguagem robótica das necropsias, o "cérebro foi predominantemente eviscerado" pela "decapitação explosiva" do tiro de espingarda.

Kitty tentou fugir dos agressores, mas foi encontrada caída sobre seu flanco direito, a poucos metros dos pés do marido, com o rosto transformado em uma pasta gelatinosa e inidentificável. Todos os ossos do seu rosto ficaram quebrados. A maioria dos dentes foi estraçalhada. Ela foi dilacerada por nove, talvez dez tiros. Um deles quase arrancou seu dedão da mão direita. Sua perna esquerda, com uma ferida grande no joelho, ficou quebrada e torcida em um ângulo de 45 graus. Sua perna direita ficou esticada sobre a prateleira inferior da mesa de centro. O blusão e a calça de Kitty ficaram empapados de sangue.

Do outro lado da cidade, em Santa Monica, Perry Berman e Todd Hall saíram do festival Taste of L.A. às 22h20. Erik e Lyle Menéndez não haviam aparecido. Perry Berman já estava na cama quando seu telefone tocou, quinze minutos depois. Lyle Menéndez queria saber por que ele não havia ido ao festival gastronômico. Perry explicou que havia esperado pelos irmãos até as 22h30. "O que aconteceu com vocês?", perguntou. "Nos perdemos", Lyle respondeu. "Decidimos ir pro centro, porque achamos que era na Fourth Street." Após perceberem que estavam no lugar errado, disse Lyle, os irmãos deram meia-volta e pegaram rumo oeste na Santa Monica Freeway, chegando ao festival muito depois do esperado.

"Pena que não nos encontramos, mas vamos fazer alguma coisa durante a semana", disse Perry. A resposta de Lyle foi com uma voz apreensiva. Ele insistiu que precisava encontrar Berman naquela noite para discutir suas jogadas no tênis, assim como seu plano de voltar a Princeton em setembro.

"Tudo bem", disse Berman, mesmo que não quisesse. "Se é tão importante assim, encontro vocês daqui a meia hora na Cheesecake Factory de Beverly Hills." Berman mal teve tempo de sair da cama antes de Lyle telefonar de novo. Ele disse que seria melhor eles se encontrarem na mansão dos Menéndez. Erik precisava pegar a identidade falsa para eles tomarem cerveja. "De jeito nenhum", disse Berman. "Dou dez minutos para pegarem a identidade e encontro vocês na Cheesecake Factory."

Quando Erik e Lyle estacionaram na frente da mansão, pouco depois das 23h30, o portão elétrico da cerca de ferro em torno do terreno estava aberto. A porta da frente estava destrancada. Mais tarde, os irmãos contariam à polícia que achavam que os pais haviam saído para passear os cachorros, já que os dois Mercedes do casal — um deles emprestado de uma concessionária porque um dos carros da família estava na mecânica — estavam no pátio, ao lado do Alfa Romeo vermelho de Lyle. As luzes do vestíbulo de dois andares estavam acesas. A primeira coisa que eles notaram foi uma nuvem de fumaça cinzenta que pairava no ar.

Era uma noite rotineira de domingo para as duas telefonistas que atendiam o serviço de emergência na base da Polícia de Beverly Hills. Os telefones estavam quietos havia mais de meia hora quando Christine Nye atendeu a ligação de um jovem desesperado às 23h47.

Atendente: Emergências, Beverly Hills.
Autor da chamada: Sim, polícia, hã...
(Grito ao fundo): Não!
Atendente: O que aconteceu?
Autor da chamada: (chorando) Mataram meus pais!
Atendente: Desculpe?
Autor da chamada: Mataram meus pais!
Atendente: Como? Quem? As pessoas estão no local?
Autor da chamada: Sim.
Atendente: As pessoas que...
Autor da chamada: Não... Não... (chora)...
Atendente: Eles foram baleados?
Autor da chamada: Erik... meu... fica...
Atendente: Eles foram baleados?
Autor da chamada: Sim!
Atendente: Foram baleados?
Autor da chamada: Sim... (chora)
Atendente: (enviando viaturas)

Dois minutos depois da ligação para a polícia, o patrulheiro Mike Butkus e seu colega John Czarnocki receberam um chamado de urgência: "Ocorrência de tiros em domicílio. Abordagem com extrema cautela. Atiradores podem estar no local!". Vindo pela Santa Monica Boulevard e fazendo a curva para a Elm Drive, eles passaram em silêncio pela frente da mansão dos Menéndez. Depois de estacionar a duas casas de distância, ficaram observando a mansão pelo portão da frente, que estava aberto. O silêncio ainda reinava.

De repente, os patrulheiros ouviram gritos vindo de dentro. Um instante depois, dois jovens, homens, saíram correndo pela porta da frente, lado a lado, na direção dos policiais. Butkus, surpreendido, mandou os dois "sentarem-se e ficarem no chão". Os dois obedeceram de imediato. A única iluminação vinha dos dois postes da rua em estilo antiquado, que têm seu charme, mas iluminam pouco. Butkus não percebeu sangue nas roupas.

Erik e Lyle Menéndez pareciam desesperados. "Meu Deus do céu, eu não acredito! Meu Deus do céu, eu não acredito!", eles gritaram várias vezes. Em dado momento, depois de se levantarem, os irmãos caíram de mãos e joelhos e começaram a socar o chão. Butkus levou alguns minutos para tirar alguma palavra que fizesse sentido dos dois irmãos. De repente, eles começaram a apontar para a casa, loucamente, e pediram com a voz angustiada: "Vão ver. Entrem pra ver!".

Perry Berman chegou cedo à Cheesecake Factory, onde estacionou pouco depois das 23h30 e ficou esperando no carro. Minutos depois, ele entrou e viu os atendentes passando aspirador no carpete e limpando as mesas. Perguntou se alguém havia visto dois jovens entrarem, descreveu-os como tendo 1,80 m, cabelos escuros, por volta dos vinte anos. "Não, na última hora, nada assim", disse uma das atendentes. Quando saiu, Berman ouviu as sirenes da polícia berrando e decidiu ir até a mansão dos Menéndez. Quando fez a curva na North Elm Drive, entrou em choque ao ver viaturas com as luzes piscando por toda a rua. Ficou ainda mais alarmado ao ver policiais com armas em punho, agachados atrás das árvores dos vizinhos dos Menéndez.

Os investigadores achavam que poderia haver suspeitos escondidos dentro da mansão e decidiram enviar uma equipe de busca para vasculhar a casa. Quando a equipe entrou no vestíbulo de mármore, viram mochilas e roupas jogadas pelo chão. À esquerda da porta de entrada havia uma saleta com lambris de madeira na parede.

Enquanto um policial observava a porta da frente e as escadas, o restante do grupo, com muita cautela, fez uma varredura da sala de estar usando as lanternas. O sargento Kirk West chegou à sala de televisão pela ponta do corredor. Havia luzes acesas, e West achou ter ouvido uma televisão ou rádio ligados. Ele fez uma conferência visual apressada dos corpos. Ambos tinham diversos ferimentos à bala na cabeça e no peito. West não precisou tocar em nenhum; sabia que estavam mortos. O tamanho dos ferimentos deixava evidente que haviam usado uma espingarda contra os dois, embora não houvesse cartuchos vazios no tapete oriental dourado, nem no piso de parquê lustrado.

Investigadores veteranos de homicídios dizem que, em média, a pessoa que entra em uma casa e descobre dois corpos, com indícios de brutalidade na morte, sairá correndo para a rua no mesmo instante e ligará para a polícia do telefone do vizinho. A maioria das pessoas ficará com medo de que o assassino ainda esteja na casa. Mesmo assim, a angústia de Erik e Lyle parecia genuína. Devido à compaixão pelos irmãos e pelo seu estado de nervos, os detetives decidiram prescindir dos exames de comprovação química que eram utilizados de rotina e que teriam determinado se algum dos jovens havia disparado uma arma de fogo naquela noite. Os investigadores também descartaram rapidamente a possibilidade de homicídio/suicídio ao fazer testes de resíduo de pólvora em José e Kitty.

Maurice Angel estava em patrulha com o colega Mike Dillard quando receberam uma chamada por rádio, pouco antes da meia-noite, informando tiros na North Elm Drive número 722. Quando "Mo" Angel chegou, vários policiais já estavam no local. O tenente Frank Salcido designou o patrulheiro calvo e de fala mansa para cuidar dos irmãos, que estavam histéricos. De início, eles haviam sido deixados no chão, onde foram apalpados e revistados com as mãos nas costas. Angel estranhou quando Erik bateu a cabeça contra uma árvore, diversas vezes, e depois saiu correndo com intenção de entrar na casa. Lyle, aparentemente o mais controlado, conteve seu irmão todas as vezes.

Inquestionavelmente em choque, Erik berrava fragmentos de frases:

"Eu mato eles!"

"Eu vou torturar!"

"Quem faria uma coisa dessas?"

"Vamos pegar essa gente!"

"Quem vocês querem pegar?", Angel perguntou. Ele ficou com a impressão de que Erik sabia a identidade dos assassinos. Mas não houve resposta.

Mo Angel não queria forçar a barra. Ele achava que os dois irmãos eram "ovelhinhas assustadas". Lyle teve a tranquilidade de dizer os nomes dos pais e a profissão do pai para os investigadores. Disse que o portão da casa estava aberto quando ele e Erik chegaram. Normalmente ficava fechado. Enquanto Lyle falava, sem parar e nervoso, Angel sentiu que eles estavam atingindo algum nível de entendimento.

Lyle disse que os colegas de seu pai na indústria do cinema eram "sórdidos". José Menéndez, segundo o filho, era hostilizado dia e noite, pessoalmente e ao telefone, pelas pessoas com quem trabalhava. Lyle também disse que seu pai andava "estressado" depois de voltar de uma "viagem de carro", antes do esperado, poucos dias antes.

O patrulheiro evitou discutir o que havia acontecido na casa, mas os irmãos não paravam de perguntar sobre a situação dos pais. Eles queriam saber por que os socorristas e a polícia estavam levando tanto tempo. "Eu expliquei, de forma humanizada, que eles haviam falecido", Angel recordou em outro momento.

Enquanto as ambulâncias com os corpos corriam e piscavam pela North Elm Drive, pouco antes do amanhecer, os vizinhos boquiabertos ficaram travados em seus gramados impecáveis, sem saber o que fazer. "Por favor, me digam que ele é traficante", implorava uma mulher que morava ali perto. Outra só repetia: "Esse tipo de coisa não acontece por aqui".

Mas havia acontecido ali, na bela e elegante Beverly Hills. O município registra, em média, dois homicídios por ano. Em questão de instantes, a cota de 1989 havia sido preenchida.

2

SEM SUSPEITO(S), SEM ARMA(S)

Quem atirou em José e Kitty Menéndez deixou poucas pistas. Mas Mo Angel, o patrulheiro designado para assistir Erik e Lyle imediatamente após os homicídios, não achou que os irmãos estavam sendo "cem por cento honestos". Ele achou que eles sabiam quem eram os assassinos. Às vezes, a histeria dos irmãos soava "um pouco exagerada". Quando era evidente que ele estava olhando, os dois ficavam agitados; quando ele desviava o olhar, eles ficavam calmos e falavam aos cochichos. Em todos os anos de Angel como policial das ruas, ele já havia visto muita gente de luto; para ele, aquilo não se encaixava.

Angel ficou curioso quanto às inconsistências no que os irmãos respondiam a respeito de onde estiveram no início da noite. Quando Lyle repetia, ele mudava os horários, os lugares e a ordem dos fatos. Lyle disse que eles foram a uma degustação de vinhos perto do centro de convenções de Santa Monica, mas a pessoa que eles iam encontrar não apareceu. Depois, disse que eles foram ao cinema no shopping Century City. Como o portão da casa estava aberto, Angel perguntou por que eles estacionaram o carro na rua. "Nosso plano era sair de novo", eles responderam.

Uma hora depois da ligação para a polícia, Erik e Lyle foram chamados para falar com os investigadores da Delegacia de Beverly Hills, e Angel se ofereceu para levar os dois. Os irmãos queriam ir no próprio carro. Angel acabou levando-os na viatura. O policial sentia que os dois estavam "nervosos e assustados". Eles ficavam perguntando coisas como "O que está acontecendo? Quando podemos ir embora?".

Pouco depois da meia-noite, um telefonema acabou com o sono avançado do sargento Tom Edmonds, superintendente dos investigadores da tropa de roubos e homicídios da Polícia de Beverly Hills: "Tiros, duas vítimas". Edmonds chegou à delegacia pouco depois da uma da manhã. Alto, magro e grisalho, vestindo jaqueta e botas de caubói, ele lembrava o ator Dennis Weaver.

Angel apresentou os irmãos a Edmonds como "os filhos das vítimas". Edmonds pediu as identidades dos dois. Lyle não estava sofrendo tanto quanto Erik, e Edmonds tentou acalmar o irmão mais novo. Antes de aceitarem a conversa com a polícia, os irmãos falaram rapidamente com seu instrutor de tênis, Mark Heffernan. Erik havia entrado em contato com ele enquanto Lyle fazia a ligação para a polícia. Ele queria que Heffernan ou Lyle estivessem junto durante seu interrogatório. Edmonds negou o pedido.

À 1h20, Edmonds pegou um pequeno gravador de cassete da Panasonic e começou perguntando a Erik, delicadamente, que horário ele havia saído de casa naquela noite.

"Nós não íamos sair — decidimos sair de casa e saímos às oito, hã, às oito. Chegamos no cinema, fomos ver... acabamos vendo *Batman*." Que estava em cartaz no AMC Century 14 Theatres, no shopping center Century City.

O portão da frente da cerca de ferro fundido que rodeava o terreno abria com controle. Edmonds perguntou se o portão estava fechado quando eles saíram de casa. Erik disse que eles haviam saído pelo beco dos fundos, perto da edícula de hóspedes.

"E estava trancado?"

"Acho que não."

"Vocês usaram a chave para entrar?"

"Não, acho que não. Eu acho que a porta estava destrancada."

Edmonds perguntou a Erik se ele tinha alguma ideia de quem havia cometido os homicídios.

"Hã, no momento, não, eu não sei... A gente devia ter ficado em casa."

Erik estava chorando, então o interrogatório foi encerrado. Edmonds conseguiu fazer com que ele admitisse que havia ligado para Heffernan de seu quarto, que ficava no andar de cima e tinha uma linha telefônica própria. Erik ficou balbuciando alguma coisa sobre seu cachorrinho, que estava desaparecido. Então perguntou: "Eles morreram?".

"Sim", Edmonds lhe disse. Quando o investigador saiu da sala de reuniões, Erik cochichou com o irmão: "Tudo bem, pode falar com ele".

À 1h42, o sargento começou a questionar Lyle Menéndez sobre aquele domingo. Depois que Lyle lhe contou uma história que se assemelhava ao relato que Erik dera sobre os acontecimentos daquele dia, Edmonds perguntou a Lyle como havia encontrado os corpos.

"E eu achei que era estranho, de um jeito, sabe, eu sentia cheiro de fumaça por todo lado. Eu meio que olhei em volta e eu... eu lembro que só fiquei uns minutos, e eu meio que conferi minha mãe e saí e, hã, o cheiro era muito ruim e eu fui... eu corri de volta pra minha cama e não vi nada, e eu corri de volta e meu irmão estava lá, parado. Ele estava lá embaixo, na sala."

Ele ligou para a polícia "imediatamente. Assim que eu achei meu irmão, fui contar ao meu irmão e subi e liguei para a emergência e, hã, a polícia retornou bem rápido".

"Por que você subiu para nos ligar? Não tem um telefone no andar de baixo?"

"Sim, meu irmão correu para o andar de cima, então eu corri atrás dele, e ele estava chorando, aos berros, então eu corri no quarto da minha mãe e liguei, depois entrei no quarto dele e ele estava no telefone."

Edmonds perguntou a Lyle se ele tinha alguma ideia que pudesse ajudar a polícia a resolver o crime. "Temos que ir para o lado pessoal, se é que me entendem. Se houver qualquer problema, nós temos que resolver..."

"Bom, uma das minhas preocupações é que não quero que falem mal do meu pai."

Edmonds lhe garantiu que eles eram policiais, não jornalistas, "por isso vocês precisam nos ajudar".

Lyle respondeu que já havia pensado que podia ter sido um latrocínio, como Mark Heffernan havia sugerido, mas "não parecia isso. Parecia que queriam muito fazer uma coisa nojenta e foi, hã, muito triste".

Mas a não ser que a polícia constatasse que algum bem havia desaparecido, "meu pai seria o motivo pelo qual aquilo aconteceu". Ele disse que José havia trabalhado na RCA Records, mas depois foi trabalhar em uma empresa menor "com uma gente que, pelas histórias que ele contava em casa e pelas pessoas que eu conheci, é sórdida. E mesmo que ele soubesse disso e, tipo, eu não sei se alguém mataria o meu pai. Meu pai é um homem de negócios, que é implacável e ele... ele acredita no lucro e era isso".

"Você conhece alguma pessoa em específico com quem seu pai teve questões comerciais, como essas empresas pequenas que estão sendo eliminadas do mercado?", Edmonds perguntou.

"Eu via que ele era de mexer com vara curta. Ele é curto e grosso; ele trata meu irmão e eu, tipo, muito bem, mas é firme. E ele era, ele é um disciplinador. Ele mantém a família unida muito bem e ele... é ele quem manda no pedaço. No trabalho ele é a mesma coisa, sabe. Ele grita com os outros e ele manda no pedaço e ele resolve."

Lyle disse que seu pai havia sido um grande homem. "Ele fez um monte de... ele tinha controle total da vida dele, ele fazia o que queria e, hã, minha mãe foi uma tragédia no meio de tudo isso."

"Como assim?"

"Isso que é o mais difícil pra mim. É que, a morte dela, porque... ela nunca conseguiu fazer nada da vida, sabe? Ela meio que servia o meu pai. Eu acho que ele não a tratava bem. Quando as coisas tavam meio que melhorando, ele começou a ficar mais em casa e tal e a gente viajava pra pescar e a família parecia mais unida."

Sobre sua mãe: "Ela parecia muito preocupada com tudo. Aliás, ela... ela havia comprado uma arma de fogo há pouco tempo, um fuzil. Por isso nós tínhamos dois fuzis em casa, e achamos que ela estava nervosa com alguma coisa, porque ela saiu, comprou um fuzil e não... não explicou por que pro meu pai nem nada, e essa foi a primeira coisa que eu suspeitei quando entrei em casa". Os irmãos disseram que sentiram cheiro de fumaça quando entraram.

"Só eu e meu irmão sabemos, mas ela estava à beira de pensar em suicídio. Ela era muito... andava muito tensa e suicida nos últimos anos, e... mas ela parecia bem estável, hã, recentemente. Meu pai anda bem, então nós... eu não... eu não acho... eu nunca tive chance de sentar pra conversar."

3

VIVENDO COM MEDO – HOLLYWOOD E A MÁFIA

Les Zoeller acordou cansado. Ele tinha conseguido tirar um cochilo muito curto na tarde de segunda-feira, depois de uma noite em claro analisando a cena do crime. Natural de Baltimore, tinha abandonado os crimes relativamente tranquilos e rotineiros de Gardena, Califórnia, havia catorze anos para ter seu grande momento como detetive na cidade mais rica dos Estados Unidos. Sua especialidade eram os homicídios, mas seus talentos não eram reconhecidos em Beverly Hills.

Aos 37 anos, o detetive de aparência atlética, bigode frondoso, cabelos castanhos bem aparados e partidos ao meio já havia cuidado de casos grandes. Meses de trabalho consistente, batendo de porta em porta, haviam resolvido os homicídios do Clube dos Meninos Bilionários (um esquema de pirâmide bolado por jovens ricaços para sustentar sua vida de luxo. Quando o dinheiro minguou, dois foram assassinados enquanto o clube tentava angariar fundos).

Quando Zoeller chegou à cena do assassinato dos Menéndez, pouco após as duas da manhã, os irmãos já estavam sendo interrogados na Delegacia Central de Beverly Hills. O primeiro contato de Zoeller com Erik e Lyle aconteceu às 5h30 da manhã de segunda-feira. Os irmãos chegaram de táxi à mansão e disseram que "precisavam pegar o equipamento de tênis". Não deixaram que eles entrassem na casa, que ainda estava cheia de técnicos da perícia. Zoeller pediu para eles voltarem às 8h30. Quando voltaram, o detetive avisou para eles não entrarem na sala de televisão. Os corpos de José e Kitty haviam sido retirados, mas o sofá e o tapete empapados de sangue, a prova repugnante da violência que havia acabado com a vida dos dois, continuava no lugar.

O supervisor de Zoeller, Tom Edmonds, mandou um agente acordar Perry Berman às 4h30 e ordenar que ele comparecesse à delegacia imediatamente. Edmonds acreditava que Berman podia ser o suspeito principal. Não tinha a ver com nada que ele houvesse dito; foi só porque o detetive veterano achou que Berman tinha aspecto de suspeito. "Ele se sobressaía", Edmonds viria a depor posteriormente. "Se fosse ator, ele não ganharia o Oscar. Sua performance de luto foi medíocre." Edmonds achava Perry Berman uma farsa. Depois de interrogar o suspeito, o investigador foi de carro até a Elm Drive para averiguar a cena do crime. Edmonds ainda se "sentia um pouco ressabiado" quanto aos interrogatórios que havia realizado, mais cedo, com os filhos em estado de trauma.

Mais tarde, ele viria a admitir que "ferrou tudo" e que devia ter feito os testes de resíduo de pólvora com Erik e Lyle. Depois que Les Zoeller lhe disse que havia uma janela quebrada na sala de televisão onde José e Kitty morreram, Edmonds lembrou que os dois irmãos haviam mencionado ter "visto e sentido cheiro de fumaça". Por experiência, ele sabia que a fumaça de armas de fogo não perdura em uma sala que tenha janela quebrada. Ele só foi descobrir que os assassinos haviam tido o cuidado de recolher os cartuchos da espingarda 24 horas depois. "Se eu soubesse que os cartuchos não haviam aparecido, seria uma peça-chave — isso e o cheiro de fumaça. Eu queria ter sabido disso antes."

Na manhã após as mortes de José e Kitty, uma fonte interna de Hollywood brincou que havia cem pessoas na cidade confirmando seus álibis. Se juntassem todas as pessoas que José Menéndez havia indignado com seu estilo agressivo de negociação, a polícia teria que alugar o Hollywood Bowl. Em um embate por conta de milhões de dólares no orçamento de um dos filmes de *Rambo* da Carolco, José Menéndez chegou a peitar Sylvester Stallone, a estrela do filme. Pouco depois dos assassinatos, um investigador da polícia contou ao *Los Angeles Times:* "Esses homicídios têm todo cheiro de crime organizado. Eles foram lá acertar as contas e deixar uma mensagem bem clara".

No rastro dos assassinatos brutais e da suposição da imprensa de que tinham sido mortes encomendadas pela máfia, a LIVE Entertainment correu para defender sua imagem empresarial. A empresa de *home video* estava tão ansiosa para tomar distância das alegações de que seu finado líder tinha envolvimento com o crime organizado que convidou um astro das relações públicas, Warren Cowan, para organizar o velório de José Menéndez para a comunidade de Hollywood — da qual ele nunca fizera parte de fato. Na sexta-feira, 25 de agosto, cinco dias após os assassinatos, quatrocentas pessoas compareceram a um evento que foi tanto relações públicas quanto tributo. Foi uma sessão solene, produzida em uma das luxuosas salas de exibição do Directors Guild of America, perto da Sunset Strip. Quase uma hora depois do horário de início previsto, os irmãos chegaram em uma limusine gigante. Lyle e Erik foram mestres de cerimônia por mais de sessenta minutos, convidando parentes e colegas de trabalho do pai ao palco.

O momento mais emocionante daquele dia, para muitos, aconteceu durante a elegia de Lyle, que falou dos valores que o pai prezava em vida. Um amigo íntimo da família achou estranho Lyle ter conseguido fazer um discurso tão longo sem demonstrar emoção. "Depois da cerimônia, minha filha disse que, se eu levasse um tiro, ela não ia conseguir subir num palco e falar durante uma hora sem desabar." Stuart Benjamin, produtor de cinema que tinha negócios com a LIVE, achou a cerimônia "estranha" e que os dois irmãos pareciam "frios como pedras". Perto do final, tocou a música "Girl I'm Gonna Miss You", da dupla Milli Vanilli.

A conselho da agência de relações públicas Rogers & Cowan, a maioria dos familiares evitou a imprensa entrando e saindo por uma garagem subterrânea. Depois da cerimônia, porém, uma das irmãs de José, Marta Cano, abordou as ansiosas equipes de TV. "Acreditamos que foi um erro ele ter comprado um negócio que já havia sido fachada da máfia, e achamos que ele estava tentando colocar a empresa nos eixos", declarou.

Executivos da LIVE Entertainment ficaram furiosos quando assistiram ao noticiário das 18h. O principal motivo para a contratação da agência de relações públicas era afastar a imprensa da família de José e Kitty. A maioria dos funcionários da LIVE não acreditava que houvesse conexão entre os assassinatos e a máfia. Ainda assim, havia aflição. "Não queríamos ninguém dizendo que foi o crime organizado, nem que alguém ligado ao crime organizado se sentisse incomodado", disse um executivo. "Isso assusta."

Autoridades da empresa que controlava a LIVE, a Carolco Pictures, emitiram um comunicado. Eles consideravam a especulação de que os assassinatos haviam sido contratados pela máfia "grotesca e ofensiva". Outros que conheciam a evolução do mercado de *home video* desde sua origem como rebento da indústria do cinema adulto, esta sim controlada pela máfia, não tinham tanta certeza. Uma chamada na primeira página do *Wall Street Journal* de 25 de agosto declarava: "Indícios de Eliminação da Máfia".

4

UMA FAMÍLIA DE LUTO

Na manhã de segunda-feira, 21 de agosto de 1989, ainda cedo, Erik e Lyle Menéndez ligaram para sua tia e tio, Terry e Carlos Baralt, para dar a notícia avassaladora da morte dos pais. Os dois irmãos choraram durante a conversa, que foi curta. Os Baralt, também abalados, fizeram poucas perguntas antes de deixar sua casa em New Jersey rumo à Califórnia. A outra irmã de José Menéndez, Marta Cano, pegou um avião de West Palm Beach a Los Angeles após receber a ligação de Marzi Eisenberg, assistente de José.

Eisenberg recebeu Cano em uma limusine no LAX. "Foi horrível que aconteceu quando eles estavam começando a se acertar", disse Marta. "Não", Marzi lhe confessou, "era tudo fachada." Há pouco tempo, Kitty Menéndez havia começado a fazer ameaças do que aconteceria caso José tentasse o divórcio.

Os familiares estavam pasmos e desnorteados quando se encontraram no Bel Age Hotel de West Hollywood, mas Cano decidiu que alguém precisava fazer um inventário da situação financeira de José, e imediatamente. Ela passou a segunda-feira no escritório do irmão, conferindo os documentos dele. Só encontrou os sobrinhos na terça-feira de manhã.

No mesmo corredor, Les Zoeller e Tom Linehan, os investigadores da Polícia de Beverly Hills, estavam em reunião com David Campbell, executivo que trabalhava com José Menéndez desde que eles haviam se conhecido na Hertz, nos anos 1970. Campbell descreveu José como um "empresário brilhante", que o carregou para a RCA e a LIVE.

Os investigadores perguntaram quem ele achava que podia ser responsável pelas mortes de José e Kitty. Campbell acreditava que alguma pessoa, que ele não sabia quem era, estava tentando pressionar alguém na indústria do entretenimento. Os Menéndez foram mortos para servir de exemplo. Campbell não acreditava que os homicídios tivessem relação direta com a LIVE Entertainment.

Marzi Eisenberg descreveu-se aos detetives como a "esposa dele [José] na firma". Ela conhecera Menéndez quando ele mesmo a contratou na Hertz, em 1976, e o acompanhou nas mudanças para a RCA e a LIVE. Eisenberg disse que o patrão era "muito honesto", "pessoa justa" e um "homem de negócios durão que gostava de uma briga na sala de reuniões". Ela admitiu que, às vezes, José era rígido e tinha uma tendência a destacar as imperfeições dos outros. Quando os detetives perguntaram os nomes dos amigos mais próximos do patrão, Eisenberg respondeu que ela não conhecia nenhum. Seus colegas de trabalho eram as pessoas mais próximas, respondeu.

Quanto à vida particular, Eisenberg disse que José "não tinha problemas com apostas nem com álcool". Ela descreveu os Menéndez como uma "família muito unida" e disse que o patrão era "linha dura" tanto em casa quanto no escritório. Comentou que Lyle e Erik haviam se envolvido "em alguma coisa criminosa". A assistente disse que o patrão estava mais calmo depois da mudança para a Califórnia. Kitty Menéndez, porém, andava "insegura" e sofria "crises de depressão" depois que descobriu um caso extraconjugal do marido: uma amante na Costa Leste.

Na tarde da segunda-feira, 21 de agosto, os irmãos levaram um pequeno cofre da família à casa de Randy Wright, advogado e pai de um dos tenistas que jogavam com Erik na Beverly Hills High School. No dia seguinte, um chaveiro foi chamado para abrir o cofre na garagem de Wright. Dentro, encontraram joias e documentos, mas nada de testamento. Na quarta-feira, Carlos Baralt e Brian Andersen, irmão de Kitty, acompanharam Lyle a um banco para conferir o cofre particular da família. Como eles não tinham a chave, a caixa foi aberta com uma broca, na presença de Lyle. Tinha mais joias e documentos, mas só.

Na terça-feira após os assassinatos, Erik estava com os primos Henry e Maria Helena Llanio quando percebeu uma caminhonete suspeita no beco atrás da mansão dos Menéndez. "Mamãe e papai andavam nervosos", ele lhes contou. Erik também comentou que, pouco tempo antes, os pais haviam comprado armas de fogo para ter em casa.

Quatro dias após os homicídios, a Polícia de Beverly Hills recebeu uma ligação de Richard Knox, advogado que representava a mãe de um adolescente que tinha frequentado a Calabasas High School com Erik. Segundo o advogado, a mãe achava que os irmãos Menéndez haviam assassinado os pais. Erik tinha um "melhor amigo chamado Craig" com quem os detetives deveriam conversar, disse o advogado. Na tarde seguinte, Craig Cignarelli ficou transtornado quando estava chegando em casa e viu uma viatura da polícia estacionada na frente de sua casa. Ele deu várias voltas no bairro antes de entrar. Cignarelli disse aos detetives que não via Erik havia seis meses. Eles lhe disseram que ninguém havia sido eliminado da lista de suspeitos — que incluía o próprio Cignarelli.

Erik e Craig se conheceram no segundo semestre de 1987, quando Erik matriculou-se no segundo ano da Calabasas High School. Aluno do terceiro ano, Craig era capitão da equipe de tênis. "Eu descobri que ele era tenista e sabia que ele ia entrar para a equipe", disse. "Fui falar com ele e viramos parceiros praticamente na mesma hora." Craig, bonito e arrogante, ficou em primeiro lugar nos jogos em duplas. Em seguida, Erik ficou em primeiro no jogo individual.

Os dois se tornaram inseparáveis. "Quando estamos juntos, sentimos uma aura de superioridade", Cignarelli se gabou. "Os outros viam que tínhamos algo de diferente." Às vezes eles buscavam um local especial, perto da Mulholland Drive, nas colinas acima de Malibu, com vista para o Oceano Pacífico, onde, segundo Craig, eles podiam "fugir de tudo que estava rolando na sociedade e sonhar com uma ideologia melhor para o futuro". Lá, eles compartilhavam fantasias de como faturar milhões.

• • •

Na quinta-feira, 24 de agosto, os irmãos foram ao Century City, um shopping center de alto padrão, comprar roupas para a cerimônia memorial do dia seguinte. Os dois compraram blazers na Bullocks. Erik não tinha um blazer. De lá, passaram na joalheria Slavacs. Lyle quis conferir os Rolex. Em questão de cinco minutos, escolheu para si um Rolex President de ouro, 18 quilates, que custava 11.250 dólares. Por insistência de Lyle, Erik comprou um modelo Submariner, de aço inoxidável. Depois, Lyle adquiriu outro Rolex de aço inox com mostrador de diamante e um par de grampos de dinheiro. O total da compra foi 16.938,12 dólares.

Mary Ellen Mahar, atendente da loja, estava acostumada a compras de montante alto, mas não de clientes em idade universitária. Na hora do pagamento, Lyle apresentou o cartão American Express platina de seu pai com as iniciais "J. E. Menéndez". Mahar reconheceu o sobrenome da cobertura dos homicídios no noticiário. Ela entrou na sala reservada do escritório para telefonar à empresa do cartão. A venda foi aprovada. Os irmãos tinham autorização para compras de até 250 mil dólares no cartão de crédito.

Antes do jantar da véspera da cerimônia em Hollywood, Erik e Lyle encontraram-se com sua tia Marta na suíte em que ela estava hospedada no Bel Air Hotel, para discutirem o espólio. Por questões de segurança, a família havia trocado o Bel Age de West Hollywood pelo Bel Air, próximo a Beverly Hills e com o mesmo nível de luxo. Em privado, Erik e Lyle contaram aos parentes nervosos que acreditavam que a máfia estava atrás deles. A suíte dos irmãos custava 1,3 mil dólares por noite. A Carolco Pictures ia pagar as contas de toda a família.

Lyle e Erik ficaram chocados ao descobrir que eram beneficiários do patrimônio dos pais. A tia estimava que o total ficaria entre 8 e 14 milhões de dólares. "Eu não acredito que meu pai tinha tanto dinheiro", Erik declarou. Os irmãos achavam que não herdariam nada. Naquele verão, o pai havia declarado que os dois haviam sido excluídos do testamento.

Na primavera de 1989, Marta Cano havia tido várias conversas com o irmão sobre um novo testamento. Eles combinaram que a conversa continuaria no outono, quando os Menéndez tinham planos de visitar a Flórida a caminho de uma viagem a Cuba. Seis semanas antes de 20 de agosto, José e Kitty Menéndez pediram a Carlos e Terry Baralt para serem seus testamenteiros. José confidenciou a Carlos que estava "frustrado e decepcionado" com os filhos e que planejava excluí-los do novo testamento. "Ele estava calmo, contido", Baralt recordou. "Era só mais uma coisa que ele queria." Quando Baralt perguntou como ele daria a notícia aos irmãos, Menéndez disse que já havia contado aos dois.

"Tem certeza de que meu pai não mexeu no testamento?", Lyle perguntou a Marta. Ela garantiu que eles eram os beneficiários. "Eu não acredito! Você acredita?", ele perguntou ao irmão. "Não. Não pode ser", respondeu Erik. "Tem erro aí. Você esqueceu alguma coisa, tia Marta." Durante a reunião, Erik caiu no choro várias vezes. Lyle repetia com o irmão, veemente: "Pare com isso! Tia Marta quer conversar". Cano disse aos irmãos que cada um receberia 250 mil dólares de imediato, por conta de um seguro de vida que ela mesma tinha vendido para José.

Um dia após o velório em Hollywood, no sábado, 26 de agosto, o primo de José, Carlos Menéndez, encontrou um testamento na gaveta do banheiro contíguo ao quarto principal. Era o documento que José e Kitty haviam feito em 1980, que deixava tudo para os filhos. Carlos Baralt disse a outros familiares que suspeitava de um testamento atualizado, por conta de sua conversa anterior com José. Ele entrou em contato com uma dúzia de advogados de todo o país que já haviam tratado com o cunhado, mas não encontrou nenhum documento mais novo. Carlos Menéndez vasculhou o computador no quarto de José e Kitty e encontrou um arquivo com o nome "WILL", ou testamento. Não conseguiu acessá-lo. Mesmo que houvesse o esboço de um documento novo no computador, Carlos Baralt acreditava que não teria valor jurídico, pois não teria assinaturas. Ainda assim, os parentes estavam curiosos. A filha de Carlos Menéndez e Marta Cano, Eileen, que trabalhava na IBM, marcou horários com vários peritos em informática para vasculharem o HD em 1º de setembro.

Quando ficou sabendo disso, em 30 de agosto, Lyle voltou correndo de Nova York para Beverly Hills. Na tarde seguinte, ele vasculhou as Páginas Amarelas de Beverly Hills até ligar para a Leviathan

Development, empresa de informática de West Los Angeles. Disse à firma que "precisava apagar uns arquivos". Howard Witkin telefonou a Lyle de seu carro depois que a firma lhe bipou às 13h30. Quando Witkin sentou-se em frente ao IBM XT antiquado no quarto principal dos Menéndez, Lyle disse ao técnico em informática que "precisava recuperar uma série de arquivos identificados como 'ERIK'... 'LYLE'... 'WILL'". Witkin achou que todos fossem nomes de pessoas. Lyle também queria conferir um arquivo com o título "MENÉNDEZ". Witkin descobriu que alguém havia gravado por cima de três dos arquivos. Ele não conseguiu especificar se havia sido algo acidental ou proposital. O quarto arquivo, "WILL", tinha apenas 54 caracteres.

Segundo Witkin, Lyle disse que queria ter certeza de que ninguém teria como recuperar nenhum daqueles arquivos. Durante a meia hora seguinte, Witkin tentou acessar as informações, mas não conseguiu. O perito achou que não havia tido êxito no serviço para o qual fora chamado, mas, curiosamente, o cliente pareceu contente. Depois, Lyle declarou que ia vender o computador e precisava apagar todo o HD. Lyle, então, perguntou se Witkin poderia recuperar os dados, com exceção dos quatro arquivos, de modo que parecesse que Witkin não havia estado ali. Foi um pedido estranho, mas Witkin prestou o serviço.

Na segunda-feira, 28 de agosto, familiares e amigos íntimos reuniram-se em Princeton para o funeral. Terry e Carlos Baralt tinham voltado a New Jersey durante o fim de semana. Durante uma cerimônia de despedida na noite da véspera do enterro, a prima Trudy Coxe e família se surpreenderam com a "tranquilidade" de Lyle. Os irmãos chegaram atrasados para a cerimônia. "Erik estava um caco, desmoronando, chorando, enquanto Lyle estava relaxado", lembrou o irmão de Trudy, Dan Coxe. Vários parentes acharam estranho que os irmãos nem compareceram ao jantar em família.

No início da manhã seguinte, foi rezada uma missa católica para familiares próximos na St. Paul's Church, onde os Menéndez compareciam ocasionalmente ao culto. Seguiu-se uma breve cerimônia protestante na casa funerária Mather-Hodge. José fora criado na Igreja Católica e Kitty, na Protestante, por isso os parentes queriam ambos os cerimoniais.

Depois das orações na casa funerária, mais de cem pessoas reuniram-se no campus da Princeton University para uma missa na magnífica capela da universidade, com seu pináculo elevado e o interior com iluminação calorosa. Lyle falou durante vinte minutos, com bastante eloquência, sobre a "vida extraordinária" do pai e de "sua dedicação absoluta ao sucesso da família e das gerações, e de como ele queria que isto continuasse". Lyle disse que ele e Erik iam "tentar fazer jus ao que ele queria" para os irmãos. Também declarou aos presentes que o pai gostaria que todos "olhassem para a frente de cabeça erguida, que aquilo ficasse para trás, sem luto".

Os familiares ficaram emocionados com a profundidade da elegia. "É normal as pessoas falarem com o coração durante um velório, mas aquele discurso foi singular, os presentes ficaram muito comovidos", lembrou Trudy Coxe. Por dentro, Lyle estava pura turbulência. "Achei que era o que meu pai ia querer que eu fizesse e que ele teria orgulho de mim por subir ali e falar, mesmo que eu não quisesse", declarou em outro momento.

Na manhã após o funeral, Lyle entrou em contato com a D. B. Kelly Associates, empresa de segurança privada de Princeton. Ele havia decidido contratar guarda-costas conforme a teoria — uma teoria só dele — de que a máfia o estava perseguindo. Richard Wenskoski, ex-policial com dezoito anos de experiência na lei, e John Aquaro fizeram dupla para proteger Lyle. Cada um saía armado com uma pistola Browning 9mm.

Wenskoski declarou posteriormente que Lyle lhe disse que "temia por sua vida" e que "seus pais haviam sido assassinados ou por cartéis do tráfico de drogas da América do Sul ou pela Máfia [italiana]". Depois de ouvir aquilo, o chofer da limusine disse a Wenskoski que sua firma ficara sabendo que o FBI estava acompanhando os passos de Lyle.

Alguns dias depois, porém, o policial veterano percebeu algo de estranho. Era como se Lyle não tivesse medo de mais nada. Os guarda-costas tinham que lembrá-lo, repetidas vezes, que precisavam sair dos prédios na frente do cliente. Uma tarde, durante o almoço, Lyle disse a Wenskoski que ele o lembrava de seu pai. "Queria te agradecer, Rich", ele disse. "Você ficou do meu lado e me ajudou muito." Quando iam a lojas, Lyle combinava sapatos ou blazers e perguntava se "ficavam bem nele". O guarda-costas estava tornando-se uma figura paterna.

Glenn Stevens, colega de quarto de Lyle em Princeton, ficou muito triste ao saber dos assassinatos, informado por um amigo que trabalhava na RCA. Ele compareceu à cerimônia memorial em Princeton e viu Lyle usando um Rolex de ouro. Lyle lhe disse que o relógio era de seu pai. Stevens ficou preocupado com o amigo. "Lyle era daquelas pessoas que *vai e faz,* e eu tinha medo de que ele fosse sair por aí, tentar descobrir quem cometeu os assassinatos, e talvez fizesse besteira", ele contou. "Eu sei que ele idealizava o pai, por isso eu não entendi nada depois do velório, quando me pareceu que ele tinha se dissociado do fato."

Enquanto faziam compras em Princeton, Lyle e Stevens estavam rindo e contando piadas. Wenskoski ficou questionando-se por que Lyle não parecia triste com as mortes dos pais. Passada uma semana, Lyle disse a Wenskoski que não precisava mais de proteção. Seu tio, disse ele, tinha falado com um "figurão da máfia" em Nova York. Os irmãos não corriam mais perigo.

Para quem via de fora, Erik parecia mais afetado pela morte dos pais. Ele nunca passava mais de 24 horas com Terry e Carlos Baralt. Seu pediatra de Princeton diagnosticou que as reclamações de dor no estômago estavam relacionadas a estresse. Em dado momento, Erik ficou sobrecarregado e pediu ajuda a um familiar. A quantidade de interrogatórios, o assédio da imprensa, todos os amigos que lhe desejavam tudo de melhor... o somatório havia pesado. Ele precisava de privacidade, de um refúgio.

Foi o que encontrou na casa de um primo em San Fernando Valley, poucos quilômetros ao norte da cidade, mas a anos-luz de Beverly Hills. O sobrinho de María Menéndez, Henry Llanio, era vinte anos mais velho que Erik. Ele nunca fora íntimo de José, Kitty e dos irmãos. Aliás, só os havia visto duas ou três vezes desde que haviam chegado na Califórnia, três anos antes. A esposa de Henry, Maria Helena, e o filho adolescente dela, Kiko, estavam no Texas, então os dois primos tiveram algum tempo juntos e criaram um laço forte. Uma noite, eles fizeram uma caminhada de duas horas apesar de Llanio estar em recuperação de um machucado no pé. Quando passaram por fileiras quase infinitas de casinhas geminadas, Erik teve um surto repentino: "Se foi o Lyle, eu mato ele!".

Erik disse a Henry que o que tinha contado sobre a noite dos homicídios não era cem por cento verdade. Quando Henry perguntou se os irmãos tinham passado toda a noite de 20 de agosto juntos, Erik admitiu que "eles tinham se separado por uns dez minutos". Henry especulou que Erik estivesse contando uma meia-verdade — achou que eles tinham se separado, mas provavelmente por mais do que dez minutos.

Erik, claramente aterrorizado, passou a semana seguinte com medo de dormir sozinho. Ele ia com frequência ao quarto de Henry. Havia noites em que ele se deitava no chão, mas, em outras ocasiões, engatinhava até a cama de Llanio como uma criancinha depois de um pesadelo. Uma noite, Erik caiu no sono no sofá da sala de estar enquanto assistia à televisão. Quando Henry levantou-se para ir para a cama, Erik pôs-se de pé com um salto e perguntou aonde ele ia.

Semanas depois, Erik voltou à mansão da família pela primeira vez desde a morte dos pais. Quando entrou no vestíbulo avantajado, de dois pisos, ele travou. Seus olhos se fixaram na sala de televisão no fim do corredor. A sanguinolência de 20 de agosto havia sumido. As paredes e pisos haviam sido totalmente lavados. O sofá seccional bege e o tapete oriental tinham sido eliminados. Os livros de história que seu pai amava ler e citar ainda estavam nas prateleiras. Os troféus de tênis que ele e Lyle tinham conquistado ainda forravam uma parede inteira.

Ele foi atraído para a sala de televisão como se um ímã imenso o puxasse, mas, conforme se aproximou das portas duplas, parou e começou a andar na ponta dos pés, como se não quisesse estragar alguma coisa. Os parentes ficaram assistindo, curiosos, quando ele enfiou a cabeça pela porta para ver se havia alguém ali dentro. Depois que entrou, Erik continuou andando pela sala na ponta dos pés, bem devagar, antes de agachar-se perto do grande bar de madeira no canto. Estava tremendo.

5
COMEÇA A INVESTIGAÇÃO

Em 30 de agosto de 1989, depois de nove dias de intensa investigação, Erik e Lyle Menéndez começaram a ser tratados como suspeitos na caçada aos assassinos de seus pais. A Polícia de Beverly Hills conseguiu a aprovação de dois mandados de quebra de sigilo telefônico da mansão dos Menéndez. Os investigadores queriam rastrear ligações que Lyle tinha feito a Perry Berman do Santa Monica Civic Center.

Em Nova York, Donovan Goodreau leu a respeito dos homicídios e imediatamente telefonou para seu grande amigo de outros tempos, Lyle. Não foi atendido. Deixou várias mensagens na secretária eletrônica dos irmãos e com a Polícia de Beverly Hills.

Les Zoeller telefonou para o local de trabalho de Goodreau, o restaurante Boxers, em Manhattan. O amigo disse ao detetive que não falava com Lyle desde que fora expulso do alojamento de Princeton, em maio daquele ano. Dias depois, Zoeller telefonou de novo e disse que viria a Nova York com Tom Linehan. Eles queriam fazer uma reunião com Goodreau, que ficou nervoso.

No sábado, 16 de setembro, os dois foram do aeroporto JFK ao Boxers. Goodreau disse aos visitantes que gostaria de ter notícias de Lyle e não entendia por que o amigo não telefonara. Os detetives o interrogaram quanto à briga que levou à expulsão de Goodreau do alojamento de Lyle em Princeton. "Eles já sabiam de muita coisa e eu abri o bico", Goodreau falou quando o entrevistei em julho de 1990.

Durante as três horas seguintes, a conversa deles tratou de vários assuntos, incluindo a relação entre José e Lyle Menéndez. Goodreau ficou com medo. Ele seria um suspeito? "É só rotina", os detetives lhe asseguraram.

Na tarde seguinte, 17 de setembro, Zoeller e Linehan viajaram a Cranbury, New Jersey, perto de Princeton, para interrogar a irmã de José, Terry Baralt, e seu marido Carlos. Eles tiveram um contato rápido com os Baralt em Beverly Hills pouco após os homicídios. Quando os detetives chegaram à casa suburbana dos Baralt, de dois andares e no fim de uma rua sem saída, eles não tinham ideia de que os irmãos estavam hospedados lá.

Mais tarde, Zoeller viria a depor que estava desconfiado dos irmãos desde aquela visita em setembro, mas não os posicionava entre os principais suspeitos. Ele queria saber mais a respeito dessa família que todos diziam ser "muito unida". Sentaram-se com Lyle na sala de televisão, em um sofá semicircular de couro preto ladeado por fotos das quatro filhas dos Baralt e um retrato de José, sorridente, com o braço sobre Kitty. Na frente deles, em uma mesa de centro, os detetives deixaram um gravador. Como diversos interrogatórios, este começou com todos jogando conversa fora.

Linehan comentou o filme que os irmãos disseram que haviam assistido e perguntou o horário em que eles haviam saído de casa.

"Quando eu cheguei no cinema, era mais ou menos 20 horas", respondeu Lyle.

"Vocês já tinham assistido *Batman?*", Zoeller perguntou.

"Sim. Assistimos uma vez. Hã, nós tínhamos ido assistir *Licença para matar.* Estava lotado. Então assistimos *Batman,* que era dez minutos depois." Lyle disse que o filme terminou por volta das 22h15.

"Vocês foram de lá para Santa Monica?"

"Direto. Isso. Fomos direto pra lá."

Zoeller perguntou se ele ainda tinha os canhotos dos ingressos.

"Não sei, só se estiverem no carro. Provavelmente ficaram no carro, sabe. Eu não sei."

Depois que os irmãos ligaram para Perry Berman para combinarem de se encontrar no Cheesecake Factory e deixaram Santa Monica, "vocês voltaram para a mansão?", Zoeller perguntou.

"Sim, fomos buscar uma coisa em casa."

"O que vocês foram buscar em casa?"

"Hã, a identidade do meu irmão, para ele beber."

"Sabe em que nome estava essa identidade?"

"O Erik que sabe."

Lyle disse que Erik foi o primeiro a ver os corpos, e que Lyle ouviu ele gritar e chorar. Quando Lyle entrou na sala, "eu não consegui olhar para os dois. Eu só queria cuidar do meu irmão. Fiquei pensando se ainda estavam lá dentro. Voltamos pra conferir se alguém...".

Zoeller o interrompeu. "Sua tia comentou que você se sentiu muito mal por não ter conferido se sua mãe... que talvez pudesse tê-la salvado."

"Sim, com certeza", respondeu Lyle.

"Sua mãe já tinha falecido. Portanto, caso ainda esteja pensando que poderia ter salvado sua mãe se tivesse chegado cinco minutos antes, não precisa pensar", disse Zoeller. "Os dois morreram instantaneamente."

Zoeller perguntou se houvera algum problema recente entre Lyle e os pais.

"Hã, não exatamente. Minha mãe e eu, nós tivemos uma... meio que uma briga na véspera."

"[Você] não lembra o que foi?"

"Porque ela trancava a porta de casa. E eu... esqueci a chave, tive que acordar ela para abrir. Eu ficava incomodado porque tinha que acordá-la para destrancar a porta. Ela sabe que eu esqueço de levar as chaves."

Linehan perguntou se a mãe de Lyle era paranoica.

"Na minha opinião, ela estava sempre tensa. Sabe, tipo, muito, assim, sabe, nervosa, infelizmente. Ela nunca dormia direito. Acho que ela não gostava muito daquela região, na verdade. Eles brigavam."

Lyle reclamou da cobertura da imprensa que focou o crime organizado. "Porque esses boatos podem causar um problema sério", disse ele.

"É um problema sério para vocês, óbvio, porque eram seus pais", Linehan respondeu. "Mas até a Carolco, no caso, sabe, vamos ser francos. Eles querem fazer o possível para não assustar os acionistas. Eles também nos telefonam, querendo saber se tal e tal coisa é verdade ou não é."

"Eu não vou acreditar nisso de crime organizado até eu ver alguma prova. Entendem?", Lyle disse.

"Então somos dois. E eu não vi nada", respondeu Zoeller.

"Somos três", Linehan complementou.

Então Zoeller perguntou a respeito dos guarda-costas que Lyle havia contratado.

"Ah, é que estavam nos seguindo."

"Quem estava? Você sabe?"

"Hã, não sabemos."

Encerrando o interrogatório de uma hora, os detetives perguntaram: "Vocês se envolveram em alguma coisa que podia ter levado ao ocorrido?".

"Não. Nada, em absoluto. Nada em que eu tenha me envolvido... Quer dizer, tem as coisas do Erik com gangues que eu não entendo direito."

"Parece que isso já acabou há um bom tempo", disse Zoeller.

"É um assunto morto", Linehan completou.

Terry Baralt subiu as escadas e acordou Erik.

"Vamos repassar tudo rápido. Já vamos encerrar", Linehan disse. "Naquela noite, vocês dois entraram em casa pela porta da frente."

"Sim", disse Erik. "Estava aberta."

"E foram direto para a sala de televisão?"

"Bom, sim, é o que eu costumo fazer. Na verdade, eu estava indo para a cozinha. Eu acho que meu irmão subiu e desceu antes de mim. Tinha muita fumaça na sala, e eu acho que... tinha sangue por tudo, basicamente."

"A fumaça que vocês sentiram quando entraram, que cheiro tinha? Era como a fumaça do cachimbo do seu pai?"

"Não, não. Eu tenho essa coisa de sentir o cheiro da fumaça, todo dia. Quando eu sinto o motor do carro porque aqueceu demais — me lembra aquela fumaça. Eu lembro da fumaça todos os dias. E, hã, acho que vou lembrar por muito tempo. Era uma neblina, não se mexia. A sala parecia um amarelo escuro. Era essa neblina grossa, lustrosa, que não se mexia, pelo que eu lembro. E tinha um cheiro, tipo, eu me lembro que eu achei imediatamente que fosse o cheiro de fumaça de uma arma, que era óbvio que era fumaça de arma quando eu vi."

"Você conhece o cheiro de tiros?", perguntou Linehan.

"Bom, eu nunca tinha sentido aquele cheiro, mas, sabe, e-eu nunca... Eu imagino, hã, que seria..."

Erik disse que ficou na sala por "um bom tempo, pelo que me pareceu, até o Lyle chegar. Então eu tive chance de conferir. Eu não vomitei. Eu estava, eu acho, tão chocado que não chorei, no início. Comecei a chamar meu irmão."

Depois que Lyle desceu, os dois subiram para o segundo andar. Lyle foi para o quarto dos pais e Erik para o dele.

"Eu liguei para o meu instrutor, do meu quarto... ele era a pessoa com quem eu tinha mais proximidade depois do meu irmão. Ele era, tipo, meu melhor amigo porque estava conosco todo dia." Em seguida, Lyle disse que eles tinham que sair da casa — a polícia tinha chegado.

Depois, Erik disse que havia outra coisa em que ele vinha pensando: "O portão estava aberto. O alarme estava desativado. A porta estava destrancada. Vocês acham que pode ter sido alguém que eles conheciam?".

Zoeller respondeu que havia indicativos de que "é alguém que eles conheciam, porque não há indícios de que seu pai nem sua mãe, nenhum deles, tenha se envolvido em luta corporal, nem pareciam transtornados".

"Eles não revidaram?"

"Isso."

"Minha mãe andava muito nervosa. E eu sei que ela comprou uma arma."

"Ela já tinha duas armas", disse Linehan.

"Isso, exatamente, e não faz sentido nenhum. E quando eu perguntei pra ela o porquê, ela, tipo, não respondeu nada. Ela escreveu uma carta, que nós encontramos depois."

"Do que tratava a carta?"

"Era sobre... sugeria que... que ela... esperava morrer, é isso que a carta sugeria." Ele disse que Lyle mostrou a carta ao irmão de Kitty, Brian. "Basicamente dizia que nós te amamos muito."

"Vocês tiveram alguma questão com seus pais recentemente?"

"Nós passamos o verão inteiro juntos, jogando tênis. Eu passei cada segundo do dia com ele. E nós costumávamos ser bem próximos, até o dia em que eles morreram." Houvera uma discussão entre ele e o pai, em abril ou maio, quando José "achou que eu não estava abrindo o jogo — abrindo o jogo no tênis."

"Parece que era um típico pai", disse Zoeller.

“Sim, exatamente. Nós queríamos ir para a faculdade, queríamos muito. Estávamos começando a ficar mais longe de casa, sabe?”

Erik perguntou se os detetives tinham conversado com Jerry Oziel.

“Quem?”, perguntou Zoeller.

“Jerry Oziel... Ele é psiquiatra.”

Zoeller e Linehan nunca haviam ouvido aquele nome.

“Provavelmente ficou de fora de propósito... passou batido”, disse Erik.

“Nada passa batido por nós”, Zoeller respondeu.

“Oziel. O-Z-I-E-L... ele é psiquiatra em Beverly Hills. Meus pais mandaram eu me consultar depois do esquema em Calabasas. Ele é muito amigo meu. Ele passou muito tempo conosco depois disso. Fizemos várias sessões com meus pais junto. Não sei o que ele vai contar para vocês, mas tenho certeza de que ele pode ajudar. Provavelmente eu ainda vá me consultar com ele.”

“Acho que seria uma boa ideia”, Linehan comentou.

Les Zoeller explicou que eles não poderiam conversar com o terapeuta por conta de “sigilo médico”. Mas se Erik se dispusesse a telefonar para o psicólogo, ele poderia abrir mão do privilégio. Erik prometeu que telefonaria.

Dias depois, o promotor Gerald Chaleff ligou para a Polícia de Beverly Hills e pediu que todos os interrogatórios com Lyle e Erik dali em diante fossem agendados pelo seu departamento.

6
OS ÓRFÃOS MILIONÁRIOS

Conforme as semanas passavam, os investigadores da polícia foram perdendo a tendência de culpar a máfia. Eles observaram que matadores da máfia costumavam executar com um único tiro, relativamente cirúrgico, na cabeça. Raramente, se é que alguma vez, assassinavam as esposas inocentes, quanto menos invadiam as casas das vítimas. Os policiais estavam muito mais interessados na conduta de Lyle e Erik Menéndez, e como eles expressavam o luto. Les Zoeller e Tom Linehan estavam incomodados porque os irmãos não retornavam as ligações. Durante uma típica investigação de homicídio, parentes ficam tensos, em contato constante com a polícia, ansiosos por qualquer migalha de informação sobre a caça aos assassinos. Os irmãos Menéndez, aparentemente, não estavam nem aí.

O que fascinava os detetives, acima de tudo, eram os gastos dos órfãos milionários. Lyle começou a hospedar-se em hotéis caros, a fazer viagens entre Costa Leste e Oeste com a MGM Grand Air,* e sempre se certificava de não sair de casa sem o American Express do falecido pai, no qual ele rapidamente chegou a uma fatura de 90 mil dólares. Os dois irmãos sempre foram de gastar muito. Fazia parte do controle que José Menéndez exercia sobre os filhos dar pouquíssimo dinheiro

* Companhia aérea que atendia clientela de luxo, funcionou nos EUA entre 1987 e 2008. [As notas são da Tradução]

vivo a Erik e Lyle, e sim acesso a contas de débito que ele monitorava. A polícia tabulou que Lyle e Erik gastaram exatamente um milhão de dólares nos três meses após os assassinatos. Mesmo para Beverly Hills, era mais do que vida boa. O testamento de José e Kitty só ia se resolver dali a meses, mas os irmãos já haviam recebido os 500 mil dólares do seguro de vida. Entre as compras de Lyle estavam um Porsche 911 Carrera de 64 mil dólares, com alarme computadorizado que avisava "afaste-se do veículo" na voz do *Robocop*. Além disso, havia o Rolex de ouro e 24 mil dólares em produtos que ele havia comprado em uma loja de eletrônicos em uma tarde só. Os sonhos de Erik, a princípio, eram mais modestos. Ele comprou um Jeep Wrangler bronze de 17 mil dólares, mas também se refugiava em hotéis e apartamentos de luxo.

Nenhum dos parentes pensou em pedir as carteiras dos pais aos irmãos. Carlos Baralt reuniu-se com Lyle e pediu para ele "maneirar nos gastos". Os parentes justificavam as extravagâncias de Lyle como uma maneira de se resolver com o luto. Karen Weire, amiga de Kitty, achava que Lyle havia comprado o Porsche apenas para se exibir. Steve, filho de Weire, também participava de torneios de tênis. As duas famílias haviam se conhecido em um torneio no Texas, e Kitty disse a Karen que algum dia os Menéndez poderiam se mudar para a Califórnia. Quando chegaram lá, Weire foi a primeira pessoa para quem ela ligou. "Até onde sei, eu era a única amiga de Kitty", Weire disse. "Vivíamos saindo juntas. Ela não era muito de socializar."

"Conversamos várias vezes a respeito de como o dinheiro não estava dando conta, no sentido de aliviar o baque", refletiu Glenn Stevens, falando de Lyle. "Eu acho plenamente possível que os gastos foram uma forma de escape para ele."

A escala épica da maratona de compras dos irmãos, somada à indiferença aparente quanto à busca pelos assassinos, sugeriu aos policiais e à promotoria que havia como se apresentar uma acusação mais plausível contra os irmãos Menéndez do que contra alguma família sombria com raízes em Palermo ou Medellín. O único problema era a falta de provas que vinculassem Lyle e Erik à morte dos pais.

7
QUEM MATOU O FUTURO SENADOR DA FLÓRIDA

Em setembro de 1989, minha pauta para o *Miami Herald* não era o assassinato dos Menéndez. Minha incumbência era escrever 5 mil palavras sobre um exemplo de sucesso na comunidade cubana-americana que terminou em tragédia. Meu texto devia sair na *Tropic,* a revista de domingo do jornal. Meu contato com a família era a irmã de José, Marta Cano, que morava em West Palm Beach, Flórida. Quando nos encontramos, por volta de duas semanas depois dos assassinatos, passei quatro horas na sua sala de estar e ela me contou cem anos de história da família Menéndez. A cada geração, da Espanha a Cuba aos Estados Unidos, havia uma sequência de lutas seguidas de grandes realizações. Para José, a maior parte ainda estava em esboço; seu plano era aposentar-se do mercado de entretenimento dali a cinco anos, mudar-se para Miami e concorrer a senador dos Estados Unidos.

Marta insistiu que, para entender de fato como sua família era unida e amorosa, eu tinha que conhecer Erik e Lyle. Eles iriam comparecer a uma cerimônia memorial em Miami em questão de uma semana. Os irmãos, porém, deixaram Miami de lado e nunca chegaram à casa da tia Marta. Em vez disso, foram para Daytona Beach com as namoradas e justificaram à tia que, emocionalmente, não conseguiriam lidar com aquele que seria o terceiro memorial em homenagem aos pais.

Na expectativa de encontrá-los na Califórnia, viajei para Los Angeles. Marquei um horário para conversarmos, mas, na noite da véspera, eles telefonaram e cancelaram. Isto aconteceu mais quatro ou cinco vezes. Nesse meio-tempo, conversei com pessoas que conheciam José Menéndez no mundo empresarial: funcionários da LIVE Entertainment e outros da indústria do *home video* que tiveram negócios com ele. Ninguém tinha uma opinião em cima do muro: a pessoa ou amava ou odiava o estilo bruto e massacrante de José. Na LIVE, todos insistiram que os assassinatos não tinham ligação alguma com a empresa.

No Ed's Coffee Shop de West Hollywood — ponto de encontro da Polícia de Beverly Hills —, em uma manhã fria e cinza do início de outubro, encontrei Les Zoeller e Tom Linehan, os detetives encarregados de investigar os Menéndez. Passamos uma hora discutindo a diferença entre assassinatos quando encomendados pela máfia italiana e quando encomendado pela máfia colombiana. Os detetives minimizaram a especulação da imprensa quanto a uma possível conexão dos Menéndez com drogas, dizendo que isto provavelmente era fomentado pela ascendência latina de José. Eles o consideravam totalmente ficha limpa, uma pessoa cuja vida pública era irreprochável. Fechava com o que eu sabia até então.

Após duas semanas sem conseguir uma entrevista com Lyle e Erik, meu editor no *Herald* me mandou voltar para casa. Da Flórida, a meu pedido, Marta Cano ligou para os sobrinhos e insistiu para que se encontrassem comigo. Marcamos outro horário, às 15h da sexta-feira, 20 de outubro, na mansão da North Elm Drive número 722. Desta vez, eles não cancelaram. Quem abriu a porta não foi um dos irmãos, mas sim Kelly Kolankiewicz, que me disse que era namorada de Erik. Os irmãos "se atrasaram", disse. Kelly tinha vinte e poucos anos, era loira e tinha um sorriso alegre. Convidou-me a entrar e ficamos de conversa antes de ela se oferecer para me apresentar a mansão.

Senti um calafrio quando passamos pela porta dupla que nos levava Àquela Sala. Não havia móveis e o piso era de madeira de lei. As estantes de livros estavam abarrotadas do piso ao teto e, acima delas, em uma prateleira mais estreita, havia dezenas de troféus de tênis. Se eu morasse na mansão, fecharia aquelas portas de vez. Quando passei pelas portas pela segunda vez, pensei que se meus pais tivessem sido assassinados ali, eu não estaria morando naquela casa.

Erik e Lyle apareceram às 15h45, vestindo uniformes brancos de tenista que faziam forte contraste com o bronzeado. Sentamos à cozinha, em um cantinho do café, em torno de uma mesa de vime com tampo de vidro. Em questão de cinco minutos, Lyle me disse que os irmãos estavam pensando em escrever um livro sobre a "extraordinária vida" de seu pai. Por acaso eu teria interesse em trabalhar com eles? Concordei que a história pregressa de José Menéndez era fascinante.

Mas, quando tirei um gravador, Lyle me deteve. "Hoje só podemos nos reunir por pouco tempo", disse ele. "Vamos conversar e nos conhecer — sem gravador e sem anotações."

Durante a hora seguinte, foi Lyle quem falou noventa por cento do tempo. Ele comparou seu pai a John F. Kennedy e Martin Luther King Jr., e disse que sua morte foi uma "perda enorme para o povo cubano" que "nem sabia quem ele era nem o que ia fazer por eles". Erik falou dos livros que seu pai lia, de seu sofrimento em Cuba, e que José era colaborador frequente da Radio Martí, o equivalente em espanhol da Radio Free Europe, que chegava à ilha via antenas na Flórida.

Das poucas vezes que Erik falou na presença de Lyle, em todas olhou para o irmão mais velho como se buscasse aprovação. O mais novo era discreto e comedido. Lyle era muito mais extrovertido e confiante, e mantinha contato visual comigo. Combinamos um novo encontro na tarde seguinte, no sábado. No fim da noite de sexta-feira, porém, Lyle telefonou para cancelar; havia surgido outro compromisso. Reagendamos para o domingo ao meio-dia.

Sob uma leve garoa, cheguei à mansão no domingo, e quem atendeu a porta desta vez foi a avó dos irmãos, María Menéndez. Ela disse que Lyle tivera que pegar um voo noturno para Princeton no sábado à noite. Erik estava no andar de cima, dormindo. Expliquei à avó que eu voltaria a Miami na segunda-feira e que essa era minha última chance de conversar com os irmãos. Depois de me servir um café cubano, ela subiu e acordou Erik.

Minutos depois, ele desceu com cara de grogue e o cabelo ainda úmido do chuveiro. Vestia uma camisa polo azul-claro da Ralph Lauren e calça jeans surrada, com buracos nos joelhos; estava descalço.

Sentamos a uma mesa de carteado em um canto da sala de estar. Ele foi receptivo, extrovertido, animado e de raciocínio aguçado — forte contraste com o Erik de dois dias antes.

Desta vez, o gravador estava ligado. Ele começou a falar de sua história familiar pitoresca e da imigração dos Menéndez da Espanha para Cuba. O pai de sua avó María havia sido o "maior jogador de beisebol de Cuba de todos os tempos" e estava no Hall da Fama cubano. A própria María fora nadadora e "dez anos depois que parou de nadar, ela ainda mergulhava e era mais rápida do que qualquer um na piscina". Quanto a seu pai, ele havia sido o número um da natação em Cuba, e os Menéndez foram a primeira família a entrar no Hall da Fama de Cuba. "Por isso eles faziam parte do clube mais importante de Cuba. E, hã, era importante fazer parte desse clube." E seu pai "era muito... as meninas corriam atrás... e ele era muito boa-pinta, era tudo que [Erik] queria ser".

Mas, aos 16 anos, "depois de expectativas do mundo todo de que, hã, ele ia bater os recordes mundiais, o tempo olímpico... esperavam que ele levasse a medalha de ouro", Castro deu o golpe em Cuba e José teve que deixar o país para vir aos Estados Unidos. "E minha mãe também", ele completou, havia sido atleta, uma "esquiadora fenomenal".

Erik falava do pai na conjugação presente. Ele disse que o pai "ama pegadinhas. Ele ama piadas bregas, conta as piadas mais bobas sem parar, sem parar, e fica rindo... mas ele não é imbecil, ele só gosta desse humor bobão".

Em relação ao treinamento intensivo dele e de Lyle nos esportes, Erik disse que José "nos ensina do jeito certo". O filho admitiu que seu pai tinha ficado bravo quando ele, criança, reclamou que não queria fazer natação competitiva. "Foi pesado quando eu tive que contar a meu pai que não queria mais nadar... foi difícil pra ele. E ele entrava na piscina, qualquer hora que fosse, para mergulhar. Ele era o único — não tinha mais ninguém. Ele me ensinava a saltar, me ensinava os mergulhos, como fazer o salto perfeito... Ele só queria, sabe... não importava, porque pelo menos ele estava com o filho."

Era impossível vencer uma discussão com José, disse Erik, porque seu pai era um mestre na argumentação. "Mesmo que o homem não soubesse do que estava falando, não tinha como você saber que ele não sabia.

E ele sabia o bastante para vencer a discussão. E, se você não fosse um professor ou especialista no assunto, você não ia vencer. Ele te convencia de que você estava errado. Um poder de convencimento incrível."

José "não era um homem de socializar... Ele tinha muitos amigos homens que o admiravam, mas geralmente... o problema do meu pai é que ele escalava tão rápido, de um lugar pra outro, que não tinha tempo pra fazer grandes amizades. E as pessoas ficavam com inveja. Por isso, os únicos com quem ele tinha amizade eram aqueles que ele admirava. Quero dizer: as pessoas que admiravam ele.

"No fim de semana, ele não queria socializar. Ele... ele preferia... eu sempre ficava em casa... Em vez de ir ao cinema com meus amigos, eu ia... eu ficava em casa com ele. E, hã, na real era esquisito. Nós até tomávamos banho juntos. Com o Lyle, meu... ele comprou uma banheira grandona e o Lyle, eu, e meu pai, nós... nós tomávamos banho juntos, fazíamos tudo juntos. Assistíamos futebol, nós, entende, e jogávamos tênis. Assim, muito, muito, hã, querendo ficar com a gente. Uma coisa incrível".

Quando José recebeu a proposta de emprego em Los Angeles, Kitty não quis sair de New Jersey nem deixar as amigas da cidade. Houve uma discussão, mas a "discussão acabou porque, com meu pai, não tinha como discutir... Eu não sei como estava o casamento deles nessa época. Eu acho que eles passaram por um período difícil ali, hã, no casamento, e foi uma coisa forte... ele disse, isso, bem, você pode ficar aqui com o Lyle, e eu vou levar o Erik e nós vamos para Los Angeles. E minha mãe, tipo, você não vai levar o Erik, não. E ela finalmente concordou com a mudança... [ela] ficou muito deprimida.

"As pessoas tinham medo dele, porque entravam na sala e sabiam que aquele homem era poderoso. Que aquele homem era mais inteligente. Aquele homem ia conseguir o que queria. E, hã, se ele não gostasse de você... eu não ia gostar se meu pai não gostasse de mim. Quer dizer, assim... se eu fosse a outra pessoa, eu ia querer ficar de boa com meu pai".

Erik falou dos planos que José tinha para o futuro próximo. Ele ia mudar-se com a família para Miami e lançar sua carreira política.

"Ele ia virar senador da Flórida, e acho que não ia ter muito problema para chegar lá. Tem gente que diz que ele ia ser incompetente, mas eu duvido... E ele ia dedicar a vida a fazer de Cuba território dos Estados Unidos. Ele ia passar a vida tentando tirar Castro de Cuba."

Os planos pessoais de Erik e Lyle eram cumprir os sonhos do pai.

Se conseguisse entrar no circuito profissional de tênis, Erik tinha planos de parar de jogar aos 30 anos e terminar sua formação universitária, caso ainda não estivesse completa, e depois entrar na política, "sabe, fazer a mesma coisa que meu pai ia fazer na idade dele. Tipo, 45 anos de idade. Ou antes, quem sabe. E meu irmão quer ser presidente dos Estados Unidos. Eu acho ótimo.

"Mas eu, basicamente, só quero ser senador da Flórida... ficar com o povo de Cuba que meu pai amava tanto, e fazer de Cuba território dos Estados Unidos. Era a meta do meu pai, uma meta incrível... e ele tinha isso para dar e ele chegou até esse ponto e eu vou cumprir e meu irmão vai ajudar, é claro".

Com uma hora de conversa, falei a Erik que, embora minha pauta fosse escrever um perfil de José Menéndez, eu precisava fazer algumas perguntas sobre a investigação do assassinato. Quando comentei que havia me encontrado com a Polícia de Beverly Hills, ele imediatamente me pediu detalhes. Os detetives tinham tentado contato com ele, mas Erik admitiu que não havia retornado.

Quanto aos últimos avanços na investigação: "Hã, eu queria saber mais. Eles passaram muito tempo procurando uma possibilidade que tivesse a ver com... que... com alguma coisa em que eu e Lyle estivéssemos envolvidos. Quer dizer, não o Lyle e eu, mas alguma coisa em que estivéssemos envolvidos e que podia ter sido... dado o resultado". Esta coisa, ele disse, foi uma briga entre gangues em que ele acabou envolvido, que havia começado em uma quadra de tênis do ensino médio e terminou com fraturas no seu nariz e malar.

Pedi para ele me falar a respeito da noite dos assassinatos.

"Eu nunca vi nada igual. Minha avó morreu, o cachorro dela também, e eu vi tudo, mas... não eram de verdade. Eles não... eram de cera... eles pareciam de cera. Eu nunca vi meu pai indefeso, e ficamos tristes de pensar que ele ia ficar assim. E, hã, eu acho que não teve tortura. Eu espero que tenha sido de surpresa... Foi uma noite pesada e eu nunca vou esquecer."

Pouco depois, minha fita cassete chegou ao fim. Enquanto eu trocava, ele perguntou, com os olhos embaçados, se podíamos parar de falar das mortes. Então ele sugeriu pessoas que eu podia entrevistar que conheciam bem a família e os irmãos.

"Se conversar com eles, você vai ver o respeito que temos pelo nosso pai, e que as coisas que fizemos são muito parecidas com... para o meu pai. Se você pesquisar... vai ver as marcas que meu pai deixou em Lyle e em mim. Nós somos praticamente... eu e o Lyle... eu nos considero protótipos do meu pai. Meu pai queria que o Lyle e eu fôssemos exatamente iguais a ele."

De volta a Miami, é claro que eu listei perguntas complementares e, durante as semanas que se seguiram, deixei várias mensagens na secretária eletrônica dos irmãos. Eles nunca retornaram. Por fim, um familiar me disse que todos os contatos com a imprensa passaram a ser respondidos pelo advogado criminal Gerald Chaleff. Os irmãos em si não estavam mais disponíveis para entrevistas.

Pouco antes de encerrar o prazo de entrega do meu texto, no início de dezembro de 1989, a tia deles, Marta Cano, me telefonou e pediu para não usar um retrato da família que ela me dera e me alertou que os irmãos corriam perigo. "Não podemos deixar que publiquem a foto porque eles vêm recebendo ameaças de morte", disse ela. Depois que desligamos, entrei em contato com o detetive Zoeller para saber mais a respeito das ameaças.

"Quais ameaças?", perguntou Zoeller. Não fazia sentido. Se os seus pais foram mortos daquela forma brutal e você estava recebendo ameaças de morte, era lógico que você ia passar essa informação aos investigadores.

Perguntei diretamente a Zoeller se a polícia havia excluído os irmãos como suspeitos. Ele foi circunspecto e educado sem revelar nada, mas deixou espaço para eu especular. "Os meninos nunca me ligaram — o porquê, eu não sei", ele me disse.

Quando estávamos terminando o artigo, meu editor, Tom Shroder, virou-se para mim e disse: "Foram os irmãos". Falei que discordava. Foi aquele instante que deu início às décadas que passei tentando solucionar esta discordância e concluir o que aconteceu na North Elm Drive número 722 na noite de 20 de agosto de 1989.

PARTE II

OS PAIS: JOSÉ E KITTY

8

OS MENÉNDEZ DE HAVANA

Em 1938, José Menéndez Pavon, 27 anos, casou-se com sua vizinha de porta, María Carlota Llanio, que completou 21 no dia do casamento, em Havana. Ela era a caçula das duas meninas e três meninos de Enrique e Carlota Llanio.

Quando adolescente, María ganhou cinco medalhas de ouro de natação nos Jogos Olímpicos da América Central e do Caribe de 1935. Foi a primeira mulher a entrar para o Hall da Fama cubano. "Pepín", como chamavam José, virou jogador profissional de futebol e tinha um pequeno escritório de contabilidade.

O casamento dos dois rendeu duas filhas, Teresita, nascida em 1940, e Marta, dois anos depois. O terceiro filho de Pepín e María, José Enrique Menéndez, nasceu em 6 de maio de 1944. Era esportivo, cheio de energia, autoconfiante, precoce e encantador na sua arrogância. "Quando tinha entre 3 e 5 anos, meu irmão era insuportável", lembrou-se Marta. "Ele era o bebezinho da minha mãe, que tinha todo carinho por ele. Mamãe era disciplinadora com Terry e comigo, mas não com ele. José era o 'menino fofo' da minha mãe. Se ele fizesse alguma coisa de errado, o que ele tinha feito era 'fofo'."

Os Menéndez moravam em Vedado, um bairro tranquilo a aproximadamente quinze minutos do centro de Havana. Na adolescência, José praticou atletismo e jogou futebol americano. María e Pepín mandaram os filhos para um internato jesuíta nos Estados Unidos, em Kentucky. Em 1959, porém, o então primeiro-ministro de Cuba, Fidel Castro, cortou o envio de divisas ao exterior. Cuba começou a ensinar propaganda revolucionária nas escolas. José, aos 15 anos, virou crítico ferrenho de Fidel. Seus pais ficaram com receio de que ele seria preso ou doutrinado.

María Menéndez queria tirar todos os filhos de Cuba, uma vontade que virou histeria. Em outubro de 1960, assim que surgiram assentos de última hora em um avião para Miami, ela pediu ao noivo de Terry, Carlos Baralt, que levasse José.

Eles foram para a casa de parentes distantes — Travis e Gergie Coxe, que moravam nos arredores de Hazleton, comunidade rural no nordeste da Pensilvânia. Da noite para o dia, José foi arrancado da vida aconchegante que levava em Havana. Na nova casa, não falava e raramente saía do quarto, oprimido pela saudade de casa e pela depressão. Quando finalmente voltou a falar, só falava espanhol. José voltou sua ira contra Fidel Castro e declarou que em breve voltaria a Havana para lutar contra a revolução. Às vezes se trancava em seu pequeno quarto do sótão e passava horas escutando notícias de Cuba em um radinho de ondas curtas. Embora não tivesse dinheiro, José Menéndez tinha prestígio por vir de uma ilha distante. Aprendeu inglês de ouvido e sofreu provocações por conta de seu sotaque de Ricky Ricardo.* A falta de entrosamento logo foi ofuscada pelo seu talento na natação. José virou a estrela do time escolar. Gabava-se de que um dia teria fama e sucesso. Todo mundo saberia seu nome.

* Um dos protagonistas do *sitcom I Love Lucy* (1951-1957), programa de TV mais assistido da sua época nos EUA, interpretado pelo ator Desi Arnaz; tanto personagem quanto ator tinham origem cubana.

9
AMOR DE VERDADE

"O casamento dos meus pais foi uma união que provavelmente não devia ter acontecido, e é aí que se veem os paralelos."
— Joan VanderMolen, irmã de Kitty Menéndez, ao autor

O pai de José recusou-se a fugir com as massas que corriam para Miami, mas María Menéndez estava decidida. Com as duas filhas grávidas nos Estados Unidos e José com saudades, ela também resolveu emigrar. Pepín teve que ceder e a acompanhou em 1962, depois que Castro tomou todas as suas propriedades.

José ganhou uma bolsa na Southern Illinois University por causa da natação. Durante o segundo ano na universidade, frequentou um curso de filosofia no qual conheceu Mary Louise Andersen, estudante de comunicação. Ela era atraente, atlética, e todos a chamavam de Kitty. A amizade começou com discussões brincalhonas. Ele nunca havia sido desafiado do jeito que Kitty Andersen o desafiava. O casal começou a encontrar-se à noite para falar de livros e do futuro. Ela era tão autoconfiante e arrogante quanto o homem com quem ia se casar.

• • •

Mary Louise Andersen nasceu em 23 de outubro de 1941 em Oak Lawn, Illinois, subúrbio da classe operária de Chicago. Kitty foi a caçula dos quatro filhos de Andy e Lula Mae Andersen. Tinha dois irmãos, Brian e Milton, e uma irmã, Joan, dez anos mais velha. Andy tinha uma empresa de refrigeração comercial e ar-condicionado. Mae sonhava em tornar-se pianista, mas Andy Andersen queria uma dona de casa tradicional.

Kitty era uma "pequena artista", disse a irmã Joan VanderMolen. "Ela adorava pintar o sete, se exibir para nós." Em julho de 1944, Andy abandonou Mae e encerrou o casamento de quinze anos. Segundo Joan, a partida foi um alívio para os irmãos, que sofriam com bofetes e socos do pai. Kitty contou às amigas que, depois que Andy foi embora, ela chorava todas as noites até dormir.

Andy insistia que Mae sempre concordasse com ele, porque era importante eles se mostrarem unidos em frente às crianças. "Isso não acontecia, o que irritava meu pai", Joan recordou. "Mamãe tentava interferir e acabava levando também. Então papai foi embora. Acho que, anos depois, Kitty viu isso no subconsciente. Talvez ela não soubesse que fazia a mesma coisa, mas defender os filhos levou a [nossa] mãe a perder o marido e ao divórcio... Eu acho que Kitty cresceu com os valores distorcidos."

Kitty Andersen virou uma adolescente bonita, que fazia sucesso com seus cabelos castanho-claros e sorriso radiante. Ela andava com meninas que se autodenominavam as "Bonequinhas de Festa". Em setembro de 1962, um mês antes de completar 21 anos, ela ganhou o título de rainha em um concurso de beleza, o Oak Lawn Round-Up. O jornal da cidade disse que Kitty "espera trabalhar no audiovisual, como produtora e diretora, assim como fazer papéis dramáticos".

Kitty rompeu barreiras de gênero ao trabalhar atrás das câmeras no canal universitário da Southern Illinois University e fazendo narração de esportes. Na primavera de 1963, porém, ela começou a passar bastante tempo com o estrangeiro exótico que seus amigos chamavam de "Rouzi". Jo McCord, sua colega de quarto, disse que "José e Kitty tinham uma relação linda. Um era o melhor para o outro, e era isso".

Em 8 de julho de 1963, casaram-se. Ao fim do verão, apertados de dinheiro, os recém-casados foram morar com Pepín e María em Nova York antes de alugarem um pequeno apartamento no Queens.

José havia sido um estudante apático na Southern Illinois University, mas, depois de matricular-se no Queens College, virou aluno aplicado de um curso noturno de contabilidade. Entre seus empregos diurnos, lavou pratos no 21 Club de Nova York e cuidou das contas de um atacadista de frango que lhe deu incentivo para terminar a faculdade. Kitty virou professora e sustentava o casal dando aulas noturnas em um colégio de ensino médio no Bronx. José nunca quis que a esposa trabalhasse no rádio ou na televisão; o audiovisual era coisa dos homens.

José e Kitty às vezes compravam uma peça de presunto e faziam durar para as refeições da semana. Quando queriam aquecer o apartamento, abriam o forno. Um professor do Queens College lembrou de quando José não conseguiu pagar 3 dólares de matrícula em um curso; disse que acertaria quando recebesse seu salário, na semana seguinte.

Dois meses depois da morte da mãe, Erik Menéndez me contou que ela sempre falava com muito carinho dos primeiros dias do casamento. "Minha mãe diz que eles nunca foram tão próximos quanto naquele tempo. Foram os dias mais felizes que eles tiveram na vida, porque ficaram mais unidos. O dinheiro nos separa. Ele afrouxa os laços, porque vocês não precisam mais ficar tanto juntos."

10

O SONHO AMERICANO

Em 1967, José Menéndez formou-se entre os dez por cento mais aplicados da turma de Economia e Contabilidade do Queens College. Foi contratado no primeiro lugar em que se apresentou — o escritório contábil Coopers & Lybrand, que fazia parte do Big Eight, o grupo das oito maiores empresas do ramo. O salário era de 25 mil dólares por ano, um valor substancial no fim dos anos 1960.

Quando a Coopers & Lybrand mandou José a Chicago para uma auditoria da Lyons Container Services, ele descobriu que a empresa estava à beira da falência. Menéndez apresentou um plano de reestruturação que incluía demitir o diretor de contabilidade. O emprego foi oferecido a José, a 75 mil dólares por ano. Kitty largou o emprego de professora e a família mudou-se para Hinsdale, Illinois, perto de Chicago. No primeiro ano de Menéndez na Lyons, o rendimento subiu de 2,8 milhões para 5,2 milhões de dólares ao ano. No terceiro ano, já estava em 12 milhões. Apesar do sucesso, José foi forçado a sair pelos novos proprietários no verão de 1972.

Sem emprego, com prestações mensais de 725 dólares pela casa, a esposa e dois filhos pequenos, José pediu um empréstimo a Pepín e recebeu um sermão sobre a importância de poupar. José virou as costas ao pai. "Você guardou um monte de dinheiro que agora está com o Fidel. Você perdeu tudo. Nunca aproveitou. Eu vou curtir a vida." Pepín pagou as prestações da casa do filho enquanto José procurava emprego.

José conseguiu um emprego de 75 mil dólares anuais como diretor de operações da Hertz, a empresa de locação de carros. Em dois anos, era vice-presidente das divisões de carros e *leasing* comercial. Quando Menéndez apresentou seu primeiro projeto de mudanças na Hertz, o CEO Bob Stone lhe disse: "Ou você é genial ou é um idiota".

"Se eu for um idiota, me demita", respondeu Menéndez. Sua análise da empresa foi aceita, e além de implementar cortes no orçamento, muitas pessoas tiveram que mudar de cargo ou caíram fora.

Menéndez visitou filiais de todo o país procurando maneiras de economizar. Em questão de dois anos, ficou encarregado de toda a operação nos Estados Unidos.

Muitos colegas não gostavam do jeito como Menéndez repreendia funcionários e minava qualquer oposição. "Quando você entrava em uma reunião que ele ia coordenar, o limite não existia", lembrou Kevin McDonald, que foi colega dele na Hertz. "Você podia entrar numa reunião e ele te segurava ali o dia inteiro, sem parar de falar um minuto. Você saía de lá... bom, você saía e dizia pra si: 'Meu deus, eu nunca mais quero passar por uma coisa que nem essa'."

Carlos Baralt disse que o cunhado era "brutal" e "tinha uma falta de compaixão e respeito pelos colegas e subordinados que era alarmante". Ele disse que José ridicularizava sua equipe com frieza e sarcasmo. Se alguém falasse uma coisa que José não gostava, ele "começava a fazer perguntas para confrontar o outro, com um tom de voz controlado". Se a pessoa entrava na defensiva, José começava a zombar, e era inclemente. Uma de suas frases preferidas? "Bom, se você não fez seu trabalho, por que estamos pagando seu salário?"

"José tinha essa capacidade notável de fazer as pessoas se sentirem minúsculas", disse Baralt. "Ele se considerava superior aos outros."

PARTE III

"OS MENINOS": ERIK E LYLE

11

UMA FAMÍLIA MUITO UNIDA?

Conforme sua vida financeira melhorou, José e Kitty começaram a família. José tinha 23 anos quando o primeiro filho nasceu, Joseph Lyle Menéndez, em 10 de janeiro de 1968, no Flatbush Hospital do Brooklyn. Quase quatro anos depois, em 27 de novembro de 1970, Erik Galen Menéndez nasceu no St. Barnabas Hospital, a mais ou menos sessenta quilômetros da casa da família em Monsey, Nova York.

Quando Carlos e Terry Baralt mudaram-se para Princeton, Terry convidou sua cunhada para uma visita. Depois de passear pela região, Kitty Menéndez declarou: “Terry... essa é a minha cidade!”. Em 1977, José e Kitty alugaram uma casa perto dos Baralt e suas quatro filhas. Dois anos depois, construíram uma casa de três níveis com quatro quartos e vista para um lago artificial. Em seguida, Marta Cano trouxe suas duas meninas e dois meninos de Porto Rico para Princeton.

“Quando pequenos, Erik e Lyle eram dois terremotos”, disse Marta. “Nossas crianças eram disciplinadas, mas, quando os filhos de José chegavam, a casa sacudia e coisas quebravam.” Os Baralt ficavam receosos porque José não acreditava em disciplina com os filhos. Quando Carlos falou da falta de modos dos meninos, José respondeu que não era necessário ensiná-los a se comportar: quando tivessem idade, eles iam se resolver.

Os Baralt e os Menéndez passaram vários fins de semana preparando grandes almoços em conjunto e assistindo a esportes na TV. Lyle abraçava sua tia Terry e dizia que amava estar ali porque tinha uma “família feliz". Para Erik e Lyle, era a rara oportunidade de brincar com outras crianças. José Menéndez não queria que os filhos tivessem amigos muito próximos. Dizia aos parentes que seria "distração demais" para os garotos.

O marido de Marta, Peter Cano, criou intimidade com Kitty, a qual lhe confidenciou que tinha um problema com o álcool. Peter testemunhou momentos em que ela ficou bêbada, vulgar e perdeu o controle. Ele achava que ela não dava a devida atenção aos filhos.

Uma manhã, ele viu Lyle, de cinco anos, correr em torno da sala de estar, sem conseguir parar. José berrou "Pare!", mas Lyle não o escutou. José deu um salto e agarrou Lyle, depois olhou fixo nos olhos da criança e cochichou alguma coisa no seu ouvido. Pálido e tremendo, Lyle urinou nas calças. Depois José lhe deu um soco no peito, de punho fechado, deixando o menino sem fôlego e o carregou para o quarto. Indignado, Peter seguiu atrás, berrando com o cunhado: "Isso não é jeito de criar um filho!".

"Se você não gosta, vá embora", José lhe disse. "Aqui é a minha casa e eu crio meus filhos do jeito que eu achar melhor!" Os Cano imediatamente juntaram os cinco filhos e foram embora.

Houve mais incidentes preocupantes. Uma vez, em um shopping center da cidade, Lyle, com 5 anos, e Erik, com 2, saíram correndo, derrubaram expositores das lojas e acabaram sumindo. "Não se preocupe", Kitty disse a Marta Cano. "Eles vão se virar. Eles sabem o que têm que fazer." Instantes depois, uma voz no sistema de som do shopping avisou: "Sra. Menéndez, favor buscar seus filhos na cabine dos seguranças".

"Ah, que ótimo!", Kitty disse a Marta. "Já sabemos onde eles estão, então podemos seguir com as nossas compras." Ela buscou os filhos 45 minutos depois.

Marta não entendia por que Kitty não demonstrava grande afeto pelos filhos. Coisas pequenas já a afetavam. "De repente ela ficava violenta, jogava coisas longe, batia em tudo, gritava com os meninos", disse Marta. "Ela os pegava pelo braço, igual ao José, e sacudia, jogava-os longe, mandava para o quarto. Era frequente ela chamá-los de 'idiota', 'burro' ou 'desastrado' depois de ficar indignada com coisas triviais."

Uma tarde, em um parque de diversões, Erik, com 6 anos, ficou com medo de entrar em uma barraca cheia de câmaras de pneu. Sua prima Anamaria, da mesma idade, entrou contente, mas Erik se recusou. Kitty ficou furiosa. "Você é um covarde! Eu não entendo do que você tem tanto medo!" Erik começou a chorar descontrolado e não cedia.

No fim do ano letivo, Lyle, com 7 anos, trouxe para casa um coelho que havia ganhado na escola. Dois dias depois, Kitty lhe disse: "Papai quer que você se livre disso ou que dê para outra pessoa". Lyle esperava que o pai mudasse de ideia, e guardou o coelho em um aquário vazio. Ficou triste quando o coelho desapareceu, dias depois. "Era para você ter se livrado dele", disse Kitty. "Vá conversar com seu pai." José lhe disse para procurar na lixeira. Horrorizado, Lyle encontrou o coelho morto a pancadas e coberto de moscas.

Lyle atormentava Erik. Em vez de impedi-lo, José incentivava Erik a revidar ou pegar o irmão de surpresa, pelas costas, e dar um soco. José sabia que Lyle, furioso, ia bater no irmão menor. Erik continuava surpreendendo-o, mesmo sabendo que ia ser agredido. Quando Carlos Baralt reclamou da situação, José respondeu: "Erik tem que aprender a revidar. Ele tem que aprender a se defender". Kitty dizia para Lyle parar, mas José a mandava deixar os meninos em paz.

Conforme cresceram, José deixou os filhos serem extremamente desrespeitosos com Kitty. Quando os Baralt perguntaram a José por que ele não insistia que os meninos demonstrassem mais respeito pela mãe, sua resposta foi absolutamente descontraída: fazia bem aos meninos saberem que eram os "homens da casa". José humilhava Kitty na frente dos filhos com frequência, às vezes falando com rispidez para ela "calar a boca".

Tanto José quanto Kitty estavam decididos que seus filhos se tornariam estrelas do esporte tal como o pai. "Eu nunca vi pais iguais aos Menéndez", disse Meredith Geisler, a instrutora de natação dos meninos. Mesmo que Erik fosse "esforçado e educado", nos fins de semana seu pai o fazia passar vergonha correndo ao redor da piscina e berrando para o filho na água: "Mais forte! Mais forte!" toda vez que ele saía para respirar. O técnico de futebol Steve Mosner achava que os irmãos nunca conseguiriam fazer o suficiente para agradar o pai.

12

CRESCER COMO UM MENÉNDEZ

Quando Erik e Lyle tinham 9 e 12 anos, José lhes disse que teriam que escolher entre o tênis e o futebol, porque não teriam como se sobressair em ambos. A preferência de José era pelo tênis, por ser um esporte individual, talvez por ser um esporte visto como mais refinado. Como sempre, os meninos seguiram a opção de José; ele misturava a autoridade tradicional de um pai latino com a impetuosidade de um executivo moderno. De repente, o tênis deixou de ser um esporte apenas para eles jogarem, mas parte de um destino da família que eles deveriam cumprir. Contrataram-se instrutores particulares para transformar o jogo dos dois. José construiu uma quadra ao lado da casa e chegou a fazer aulas junto para ajudar no treino dos filhos, que decidiram tornar-se estrelas do esporte. Kitty ficou incomodada com a concentração do marido nos filhos, que sempre ficavam em primeiro lugar. Marta Cano tentou levantar seu astral.

"Ah, Kitty, não fique assim. É que o José é obcecado pelos garotos, ele só pensa nisso."

"Eu acho que não", respondeu Kitty. "Às vezes eu me sinto um lixo."

O sucesso era tão importante para os Menéndez que Kitty contou a uma amiga que estava pensando em reter Erik por um ano na escola porque ele não era o melhor da turma. Mais tarde, Faith Goldsmith, outra amiga de Kitty, comentou que a filha estava um ano atrás de Erik. "Não, eles estão na mesma turma", insistiu Kitty. "Eles sempre foram da mesma turma." Assim como outros segredos da família Menéndez, este era um dos quais Kitty não queria discutir.

José não era dado a extravagâncias, mas Kitty e os meninos gastavam copiosamente. Eles chegaram a comprar 500 bolas de tênis em um mês. Quando a máquina de lançar bolas quebrou, compraram outra. Kitty dava as roupas velhas de Lyle para os filhos de Marta porque não queria que Erik usasse de segunda mão. Kitty achava mais fácil comprar roupas novas do que lavar.

Em um dia típico, José ligava para casa quatro ou cinco vezes para saber dos avanços nas aulas de tênis ou da nota de uma prova na escola. Quando os irmãos jogavam em torneio, ele insistia que telefonassem para lhe passar os resultados. O pai os acordava às cinco da manhã para os três jogarem algumas horas de tênis antes de saírem de casa. José lhes informou um plano bastante simples: vocês vão ser campeões nacionais de tênis, vão entrar em uma faculdade de elite e vão ter sucesso nos negócios, assim como eu.

Os instrutores de tênis dos irmãos tinham opiniões diversas quanto ao estilo dominador de José e Kitty. Lawrence Tabak disse que José "fazia sinais silenciosos, mas vigorosos durante as partidas, como uma pessoa que dá lances em um leilão de arte". As regras do tênis proíbem instrutores durante a partida, mas José andava pelas laterais fazendo gestos sutis. Em partidas apertadas, tanto ele quanto Kitty falavam com os árbitros. Lyle ficou conhecido pelos seus rompantes na quadra, e Erik tinha reputação de "péssimo ator" nos jogos.

José repreendia Lyle, dizendo que outros garotos não tinham o mesmo treinamento que ele. Eles não vinham "da mesma linhagem", e tinham a "doença da mediocridade", que era "contagiosa".

"Era como entrar em transe", Lyle confessou. "Eu ficava de olhos fechados... era fraco, parecia que eu tinha uma tentação em andar com os outros garotos. E eu precisava me lembrar disso. Então trabalhamos nisso."

José fez Lyle memorizar e repetir frases de *O maior vendedor do mundo*, um livro de autoajuda escrito por Og Mandino.

Hoje eu serei mestre das minhas emoções... De hoje em diante estou preparado para controlar qualquer personalidade que desperta em mim a cada dia. Eu vou controlar meus ânimos através da ação positiva e, quando dominar meus ânimos, controlarei meu destino.

• • •

Certa vez, quando Lyle estava jogando uma partida com o tornozelo machucado, José começou a fazer troça. "É um bebezinho. Olha só, ele não corre. Oh, coitadinho do bebezinho. Não consegue jogar." Quando Lyle enfim perdeu o controle, gritou com o pai: "Por que você não cala a boca?". José ficou vermelho, pegou uma bola de tênis e jogou com força contra o filho. Então mandou Lyle entrar no banco de trás da limusine que os esperava. Dentro do carro, pegou Lyle pelo pescoço e lhe deu um soco no rosto.

"Nunca mais faça eu passar uma vergonha dessas, ou eu te mato", avisou José.

O menino ficou chocado e sem palavras. O sangue escorria do seu queixo e pingava na camiseta.

"Ficou bem claro?"

Lyle, obediente, fez que sim.

Quando os meninos perdiam uma partida, José ficava em silêncio até eles estarem longe de outras pessoas; depois, repreendia e humilhava os dois. Quando venciam, ele não dava parabéns nem incentivo. Ele analisava as jogadas e costumava levá-los de volta à quadra para mais treino. Nunca estava bom o bastante.

13

O HOMEM DA HERTZ

Em junho de 1980, José Menéndez ficou encarregado da divisão de aluguel de carros da Hertz e era o responsável por toda operação na América do Norte e América Latina, com um faturamento que superava um bilhão de dólares. Menéndez esperava a indicação a presidente da empresa, mas um homem de trinta e poucos anos era considerado muito novo para o cargo. A RCA Records pegou-o "de empréstimo" para investigar sua divisão problemática de música latina. Suas recomendações aprimoraram o negócio, então Menéndez foi convocado para ser vice-presidente de finanças da RCA.

Na gravadora, José era chamado de "o homem da Hertz" e questionavam seu tino para o mercado musical. "Menéndez não era um cara legal", disse um executivo. "Ele era de gritar e berrar, se tornou supermanipulador. Ele tirava vantagem de todos à sua volta, ia até o limite."

Menéndez gostava de encontrar-se com estrelas do pop. Grandes nomes vinham à firma: Barry Manilow, Kenny Rogers, John Denver, James Brown, as bandas Jefferson Starship e Eurythmics.

"A indústria era assolada pela corrupção", o músico Dave Stewart contou à BBC. "Era a terra dos gângsteres." Ele e sua colega de Eurythmics, Annie Lennox, tiveram um contato estranho com Menéndez em 1985 após finalizarem seu quarto álbum de estúdio, *Be Yourself Tonight*.

"Eu lembro de ficar pensando, pombas, que esquisito. O que é que ele entende de música?", disse Stewart. "Ele apertou minha mão quando eu entreguei o álbum e comentou 'Eu amei. É igual a *Caça-Fantasmas*'."

“Do que você está falando?”, perguntou Stewart. Ele disse que Menéndez queria divulgar o álbum como se fosse um arrasa-quarteirão do cinema, dentro de seu plano de “botar nossa imagem nas máquinas de Coca-Cola”.

A RCA já havia delegado seus negócios em espanhol para licenciadas na América do Sul, Porto Rico e Espanha. Menéndez abriu um escritório da RCA em Miami. Em questão de meses, o selo assinou contrato com figuras latinas de destaque, incluindo José Feliciano, Emmanuel e artistas fortes de salsa e merengue. Um dos negócios mais arriscados aconteceu quando Menéndez contratou o grupo pop-chiclete Menudo. A origem da *boy band* foi delineada em um fanzine com o nome *Tudo Sobre o Menudo:*

O Menudo começou como sonho de um homem chamado Edgardo Díaz. Em 1977, Edgardo teve o sonho de criar uma banda nova e empolgante que captasse o espírito dos jovens de Porto Rico — uma banda que fosse jovem para sempre.

Edgardo batizou o grupo de Menudo. Em espanhol, menudo significa “troco”, “merreca”. Díaz definiu as regras do Menudo quando formou a banda. Os integrantes seriam selecionados pela competência na voz e na dança, não só por serem bonitos. Os Menudo precisavam ter pelo menos 12 anos e, é claro, falar espanhol... e tinham que sair do grupo quando completassem 16 ou quando a voz engrossasse. Edgardo queria a garantia de que o Menudo sempre tivesse uma imagem juvenil...

O sucesso inicial do Menudo em Porto Rico estourou com vendas do disco por toda a América do Sul. Em questão de dois anos, os integrantes da banda, que recebiam um salário semanal modesto, renderam milhões para Edgardo Díaz. Como a formação era variável, qualquer artista que criasse problemas ou contestasse a contabilidade de Díaz podia ser substituído. Quando as gravadoras dos Estados Unidos perceberam essa máquina de fazer dinheiro, a concorrência para contratá-los foi pesada. José Menéndez ganhou com uma proposta de 30 milhões de dólares. Para uma banda que nunca havia gravado uma música sequer em inglês, o acordo foi considerado uma aposta absurda.

Menéndez desenvolveu um interesse pessoal e obsessivo pela banda, o que era incomum para o diretor de uma gravadora. Ele passou semanas a fio com o Menudo em turnês no Brasil e na Itália. Contratou um tutor para ensinar inglês à banda. Quando o Menudo veio a Nova York, em 1984, os ingressos para os shows no Radio City Music Hall esgotaram em velocidade altíssima. O grupo voltou à cidade e fez mais um show lotado no Madison Square Garden. A Menudomania e os shows esgotados, porém, não se traduziram em vendas de discos para a RCA.

Os executivos da gravadora chegavam no escritório às 8h, mas os criativos só apareciam por volta das 16h. Os dias eram compridos. Quando ia a shows ou jantares, José passava as noites na suíte da RCA no Waldorf Astoria. Kitty o acusou de ter amantes. Ela saiu de casa e foi morar em um hotel de estrada.

José disse a Carlos Baralt que não tinha amantes, mas admitiu que não amava sua esposa. O único motivo para ele manter a família unida era "gerenciar a casa e os filhos do jeito que queria". Baralt achava que a relação mais próxima de Erik com a mãe era o motivo pelo qual Kitty não pedia o divórcio. Talvez o fator mais importante, do ponto de vista dela, era o de que, se deixasse José, ela perderia seu status — situação pela qual ela havia passado quando seus próprios pais se separaram, quando tinha três anos.

Menéndez cresceu na RCA Records, chegando primeiro a vice-presidente executivo e depois a diretor operacional, com um salário de 500 mil dólares por ano. Tinha o cargo máximo na mira: a presidência. Um ano depois, em 1985, a General Electric comprou a RCA. Menéndez não conseguiu o cargo, mas saiu com um paraquedas de ouro: um milhão de dólares.

Passou os seis meses seguintes procurando um novo cargo. Tinha duas propostas de gestão em gravadoras, mas queria ser dono de parte da empresa em que fosse trabalhar. John Mason, um advogado de Beverly Hills ligado ao entretenimento, entrou em contato quando soube de uma nova vaga de executivo, responsável pela divisão de *home video* da Carolco Pictures em Los Angeles.

PARTE IV

CALIFORNIA DREAMING

14

MULHERES INCONVENIENTES

> "Ao longo da minha vida, vivi com uma mãe atormentada que me deixava sua alma à vista, e eu sempre senti a mágoa que ela sentia, mas era incapaz de ajudá-la com uma demonstração de força. Eu morava em um lar problemático e não conhecia nenhum lugar parecido. Jurei que isto nunca aconteceria comigo."
> — Carta de Kitty a José Menéndez

Para Kitty, a ideia da mudança foi devastadora. Ela havia construído um mundo de amigas, almoços e trabalho beneficente em Princeton. Uma noite, José sugeriu que ela ficasse em New Jersey com Lyle, que estava prestes a matricular-se na Princeton University. Ele iria para a Califórnia com Erik, que ainda estava no ensino médio, e os outros dois viriam passar os finais de semana. Kitty rapidamente respondeu que não. Menéndez voltou à Carolco Pictures, os proprietários da LIVE Entertainment, e pediu uma "quantia absurda" para aceitar o cargo. Sua proposta foi aceita e ele se lamentou por não ter pedido mais. Kitty e os meninos, obedientemente, mudaram-se para Los Angeles. No começo, a família alugou uma casa em Calabasas, um plácido subúrbio de Los Angeles ao norte de Malibu. Poucos meses depois, compraram uma belíssima casa de setecentos metros quadrados em 5,5 hectares de floresta no mesmo subúrbio, para Kitty sentir-se mais à vontade com a mudança. O agente imobiliário foi o primo Henry Llanio.

Antes de se mudarem para a nova casa, Kitty começou um projeto de reforma. Para criar espaço para uma área de lazer, ela queria deslocar a piscina em alguns metros. Conforme a obra se arrastava, José brincava com amigos que eles nunca iam morar na casa.

O primeiro encontro de José com Megan, uma atraente agente de talentos, tinha acontecido três anos antes, quando ambos trabalhavam na indústria fonográfica, durante um almoço de quatro horas em um restaurante italiano. Eles também começaram a passar horas no telefone, e José absorvia tudo que era possível sobre o *show business.* Megan achava José engraçado, extraordinário e charmoso — alguém com quem ela gostaria de passar mais tempo.

Em questão de um ano, virou romance.

Nascida no Nebraska, com resquícios de sotaque do Meio-Oeste, Megan acreditava que nenhum dos dois planejava o caso — simplesmente aconteceu. "Eu sempre fui atraída por José. Tem algo de sensual em um homem poderoso, cheio de si, charmoso como ele era. Ele exalava uma coisa sexual." Como eles iam aos mesmos jantares e convenções, ficou fácil providenciar encontros. José podia fazer o papel de marido comprometido e homem de família enquanto ele e Megan tiravam fins de semana secretos mundo afora.

"Por que os homens procuram o que quer que seja fora do casamento? É o que eles não têm em casa. Ele era fogoso e queria fogo. Ele não tinha isso em casa", Megan me disse durante um jantar na primavera de 1990. Quando se conheceram, disse ela, José era "sexualmente tenso". Fazer com que ele relaxasse foi uma realização.

Megan supôs que o casamento de José havia terminado, que ele havia superado a mulher com quem se casara aos 19 anos. Ele disse que Kitty era devota aos filhos, e a única crítica que ele tinha era sobre o quanto ela os mimava.

Ainda assim, Lyle e Erik atrapalharam. Megan reclamou que José encurtava ou cancelava seus encontros amorosos, sempre meticulosamente marcados, porque ele precisava ir a uma partida de tênis dos garotos. Quando ela conheceu os meninos em uma entrega de prêmios da indústria fonográfica, ela os considerou "pentelhos arrogantes vestindo mini smokings".

Uma noite, José disse a Megan que ele tinha outra relação extraconjugal, com uma mulher chamada Charlotte, executiva de quarenta e poucos anos que morava em Nova York. "Nos seus sonhos de menina, imagino que você pense que é extraordinária, especial, singular. A relação já existia quando eu o conheci, contudo, e não era da minha conta sugerir que ele encerrasse."

José falava diariamente com sua irmã Marta, e um dos tópicos entre os dois era o divórcio. Marta havia deixado o marido, e ela concordava com José que, para as crianças, seria melhor dar fim a um casamento ruim do que continuarem juntos em tensão constante. Mas María Menéndez insistiu que o filho mantivesse o casamento por causa de Erik e Lyle.

Conferindo as contas de cartão de crédito de José, Kitty descobriu o caso do marido com Charlotte, que já durava oito anos, e as "viagens a negócios" sobre as quais ele mentia. Encurralado, José confessou e assegurou à esposa que o caso havia terminado. Abatida, Kitty começou a aparecer sem aviso no escritório do marido na LIVE para ver seus registros de telefone e Rolodex. Marzi Eisenberg criou um sistema para enganá-la.

Após a mudança dos Menéndez para a Califórnia, Megan encerrou o caso com José. "Eu não queria andar pela Rodeo Drive e ver meu amante com a esposa e os filhos." Ela convidou José para almoçar e disse que estavam encerrados. José ficou irritado e não entendeu a decisão, mas Megan estava se sentindo sufocada na relação. José separava tudo da sua vida em caixinhas, ela disse. Havia uma caixinha para ela, uma caixinha para Kitty, uma caixinha dos meninos e uma caixinha do trabalho. "Ele sempre queria me controlar, como tudo mais que ele controlava na vida. Tivemos uma briga grande, e foi nossa última conversa. Eu era apaixonada por ele, mas não aguentava mais aquele controle."

Ainda em New Jersey, Kitty dissera a Marta: "José nunca me cede um minuto". Mas, na Califórnia, ele começou a deixar a firma às 17h e o casamento começou a melhorar. Ainda assim, o psicólogo de Kitty, dr. Edwin Cox, temia que, por trás da fachada, houvesse uma Kitty solitária e deprimida pensando em suicídio. Kitty disse a Cox que "doía demais estar viva", e que ela não tinha uma "rede de apoio" em Los Angeles. Nas sessões de terapia de outubro de 1986 a fevereiro de 1987, Cox concluiu que Kitty estava com dependência de remédios controlados e álcool. Ela bebia diariamente e tinha orgulho por sua preferência, o conhaque, ser uma "bebida de classe alta". Sua depressão dificultava o sono e fazia ela se fechar. Situações relativamente rotineiras provocavam rompantes.

Conforme a terapia prosseguiu, ficou difícil para Kitty falar de outra coisa que não os casos de José. Ela ficou tão desgastada com Charlotte que contratou um investigador particular para encontrá-la, depois viajou a Nova York para persegui-la. Uma manhã, ela passou horas em frente ao prédio de Charlotte, esperando até ela sair. Depois de tirar fotos à distância, ela se aproximou para conferir a concorrência de perto.

Kitty disse ao terapeuta que o divórcio estava fora de cogitação. "Eu amo meu marido, e muito. Estou muito furiosa, mas por que me divorciar? Não tenho para onde ir." Em carta a José, Kitty escreveu:

> Passei 24 anos vivendo um sonho. Tentei muito manter meu casamento completo, mas não sabia como... Pensei que, se me concentrasse na casa e nos nossos meninos — nas notas, nos esportes —, você se sentiria realizado... Minha fantasia com você e eu e nossa família foi minha própria destruição.
>
> Eu me tranquei em um sonho que começou na minha infância... Casei com um homem igual ao meu pai, mas disfarçado — exatamente o homem de quem eu tentava fugir.

Erik e Lyle se assustaram com a mudança dramática no relacionamento dos pais e com a transformação da mãe desde que a família se mudara para a Califórnia. A nova Kitty, assertiva e sarcástica, não se importava de fazer José passar vergonha em público. "Ela o atacava verbalmente, e ele aceitava", Lyle lembrou em um depoimento no tribunal. "Ele parecia tenso, mas aceitava e tentava aplacá-la." Lyle acreditava que o pai havia decidido "fazer o que fosse necessário para manter o casamento". Parecia evidente que Kitty sabia que ele havia chegado a essa conclusão.

15

FILHOS-PROBLEMA

Na Calabasas High School, Erik Menéndez era a estrela da equipe de tênis. Uma tarde, enquanto treinava na quadra ao lado da escola, membros de uma gangue local estavam entre os espectadores. Um deles gritou: "Que corpão, viadinho!". Erik respondeu: "Que fuça, feioso!". Ele sabia que não era uma boa ideia, mas achou que era o tipo de frase que seu pai diria.

"Eles começaram a bater no meu carro e cuspir no meu amigo, Craig Cignarelli", Erik recorda. "Mandei pedirem desculpas, e alguém bateu em mim. Revidei e começou uma briga." Ele ficou com uma fratura no nariz e na mandíbula, além de marcas roxas pelo corpo. "A polícia achou que eu era de alguma gangue, mas isso é absurdo. Me disseram para não prestar queixa, ou da próxima vez eu ia perder sangue."

O detetive Imon Mills, que investigou o incidente, informou que os mesmos integrantes da gangue haviam feito ameaças de morte a outro aluno. Erik queria prestar queixa, mas seu pai não deixou. Em vez disso, José Menéndez contratou guarda-costas para proteger sua família em turno integral e chegaram a discutir se um deles deveria ir à escola com Erik.

Nas semanas após o incidente, os Menéndez receberam várias ameaças por telefone. Erik teve dificuldades no colégio, e José contratou Norman Puls para lhe dar aulas de reforço de matemática. Puls disse que Erik tinha problemas de concentração. "Havia momentos em que ele não tinha atenção alguma, momentos em que ficava desligado. Ele olhava para mim, depois atrás de mim, eu olhava para ele e percebia que não havia ninguém por trás dos olhos. Ele não estava ali."

Durante as aulas de tênis, Erik tinha uma dificuldade parecida para manter a concentração, como concluiu seu instrutor Doug Doss. "Erik dava duro na quadra. Ele fazia praticamente tudo que você mandasse. Mas tinha momentos em que a mente dele desparecia. Ele ficava aéreo."

José queria que Lyle se matriculasse na Princeton University, mas sua primeira inscrição foi recusada. Quando o restante da família se mudou para a Califórnia, no verão de 1986, Lyle ficou para trás, morando sozinho na casa de barcos do terreno em New Jersey. No segundo semestre, ele frequentou a Trenton State University. Um ano depois, foi aceito em Princeton.

José imaginava Lyle como estrela do tênis e um erudito. O filho entrou para a equipe de tênis como iniciante, mas ficou em último no ranking. Os colegas diziam que ele se atrasava para os treinos e raramente pedia desculpas.

No primeiro semestre em Princeton, Lyle acumulou tantas multas com seu conversível, o Alfa Romeo Spider, que sua carteira de motorista foi suspensa duas vezes. Para conseguir circular, contratou uma limusine. "Ele não era feito para uma faculdade de elite", disse um de seus colegas. "Ele não tinha vontade de se esforçar. Ele ia às aulas, mas não tinha por quê."

Lyle foi acusado de plágio em um trabalho da disciplina de psicologia. Ele negou aos Baralt, afirmando que não era "grande coisa". Os Baralt insistiram que ele telefonasse para os pais. José foi imediatamente até Princeton.

Lyle apresentou-se ao comitê disciplinar da faculdade em uma audiência que durou quatro horas. A decisão foi de que Lyle poderia deixar Princeton voluntariamente por um ano ou ser expulso. Ele optou por sair. Humilhado e inconsolável, José recorreu no caso do filho, sem sucesso. José não se irritou com Lyle. "José culpou a universidade", disse Terry Baralt. "Ele foi lá para garantir que ele ficasse em Princeton. Eu acho que a questão principal do plágio ficou esquecida."

Tanto José quanto Kitty mentiram a amigos quanto à suspensão de Lyle. Marta Cano descobriu quando Erik ligou para o filho dela, Andy. Terry e Carlos não ficaram à vontade quando convocados a fazer parte do acobertamento. Eles sabiam que José e Kitty faziam os deveres de casa dos filhos durante o ensino médio e até na universidade; José escreveu alguns trabalhos de Lyle e enviava-os pelo correio expresso para os Baralt em New Jersey. "Eles não viam nada de errado nisso", disse Terry.

Sem se abalar, Lyle foi para a casa em Los Angeles. Jogou tênis, entregou pizza da Domino's para ganhar uns trocados e trabalhou por algum tempo na LIVE Entertainment. José lhe disse: "Se você não vai estudar, vai trabalhar. Vai aprender como são os negócios". Ele instalou Lyle na divisão de vendas ao consumidor da LIVE, com a função de encontrar discrepâncias em informes de gastos. Lyle pensou que, se achasse algo errado, funcionários iam perder cargos ou seriam demitidos. O executivo designado para supervisionar o filho do chefe lembrou que Lyle chegava no serviço com a postura do tipo "não quero estar aqui, mas sou obrigado, então eu fico".

No primeiro dia, ficou vinte minutos. As outras pessoas não estavam à vontade, porque ele não olhava ninguém nos olhos. Uma o chamou de "iceberg" e outra de "desagradável — eu não me sentia à vontade perto dele, e não sou de me sentir assim perto dos outros". Ele chegava atrasado, saía mais cedo e a equipe o considerou arrogante e presunçoso sem motivo. O emprego, por assim dizer, durou um mês. "Eu fui um fracasso imenso naquele emprego", Lyle admitiria mais tarde. "Eu basicamente atrapalhei."

Os dois irmãos se misturaram a grupos de jovens privilegiados, farinha do mesmo saco de seda: fluentes no vocabulário do San Fernando Valley; indiferentes ao mundo ao redor; cautelosos de qualquer compromisso ou compaixão; e perpetuamente, venenosamente *blasé*. Todos seus colegas no tênis eram jogadores de ponta, mas alguns chegavam nas partidas chapados. Um dia, ao acordar, Kitty encontrou pela casa latas de cerveja vazias, fichas de pôquer, dinheiro e baseados. Ela acusou os operários da obra, mas depois descobriu que era tudo de Erik e seus colegas.

Alguns dos amigos furtavam casas — aparentemente, só pela sensação. Eles chamavam de "gatunagem". No verão de 1988, Erik foi envolvido em um dos furtos. O primeiro aconteceu em Hidden Hills, uma vizinhança sofisticada de Calabasas. Enquanto a família List estava de férias na Europa, de junho a agosto, o filho adolescente ficou sozinho em casa. Os vizinhos disseram à polícia que haviam visto várias festas, assim como turbas de adolescentes visitando a casa, incluindo Erik Menéndez e Craig Cignarelli, amigos do filho. O dono da casa disse à polícia que joias avaliadas em 100 mil dólares, assim como 2,4 mil dólares em dinheiro, tinham desaparecido do cofre do quarto principal. Não se mexeu em mais nada no quarto.

A segunda casa roubada foi a de Michael Ginsberg, cujos filhos também tinham amizade com Erik e Craig. Os Ginsberg haviam saído uma noite. Os ladrões cortaram a tela de uma janela dos fundos e entraram pela sala de estar. Saíram com um cofre de 45 quilos que estava em um armário da saleta, mais joias do quarto principal, porcelanas, prataria e um computador.

Kitty soube dos furtos quando sua amiga Karen Weire contou que agentes do Xerifado do Condado de Los Angeles haviam interrogado seu filho, Steve. Então, uma tarde, a polícia bateu à porta dos Menéndez à procura de Lyle e Erik. Kitty não entendeu o porquê. "Erik estava andando com um bando de maus elementos", disse Weire. "Eram riquinhos mimados. Eu não gostava de muitos dos amigos dos meus filhos."

Um informante, que muitos acreditam que tenha sido Craig Cignarelli, disse aos detetives que parte da pilhagem havia sido vista no porta-malas do carro de Erik. Outros adolescentes interrogados pelos detetives disseram aos pais que Craig e Erik haviam descoberto a senha do cofre dos List por acaso e o abriram. Em declaração posterior à polícia, Cignarelli admitiu que estivera presente quando o cofre foi aberto.

Então, Erik confessou. Ele foi preso, acusado de furto, e liberado pelo pai. Dias depois, em 16 de setembro de 1988, um furgão chegou à delegacia de Malibu com boa parte da pilhagem, que estava escondida em um depósito. Dentro do furgão estavam José Menéndez e Gerald Chaleff, o advogado criminal de Santa Monica que havia representado Angelo Buono Jr. no famoso caso do Estrangulador de Hillside. Na declaração à polícia, Erik admitiu que havia gastado parte do dinheiro do furto em Hidden Hills. Como compensação pelo valor dos bens que nunca foram recuperados, José deixou um cheque de 11 mil dólares.

Eis o que Lyle me contou depois: o primeiro furto foi obra do filho da família de Hidden Hills junto a Erik e Craig. Lyle nem sabia do furto até que Erik lhe mostrou uma parte do dinheiro e das joias que tinham roubado. Lyle afirmou que Erik e Craig haviam falado em cometer outros furtos. Lyle convenceu seu irmão a devolver os bens roubados, mas parte da pilhagem foi devolvida à casa errada. Lyle admitiu que estava com Erik durante o segundo furto.

Chaleff fez um acordo com a promotoria: como menor sem condenações anteriores, Erik ficou em condicional e foi obrigado a prestar serviços comunitários a pessoas em situação de rua. O acordo tinha mais uma estipulação: Erik tinha que fazer terapia. O psiquiatra de Kitty, Lester Summerfield, recomendou o dr. Jerome Oziel, terapeuta de Beverly Hills que tinha meia dúzia de pacientes célebres. Foi uma opção estranha, pois o dr. Oziel tratava sobretudo de terapia sexual e fobias.

Segundo Lyle, Oziel foi contratado para apresentar uma avaliação ao tribunal. Erik assinou um documento que autorizava o terapeuta a revelar a José e Kitty tudo que Erik lhe contasse. "Não é que o Erik ia fazer terapia com ele", disse Lyle. "Meu pai queria levar isso a tribunal e encerrar o assunto. Meu pai nunca ia se arriscar a colocar Erik na terapia — isso não ia acontecer de jeito nenhum. Erik estava totalmente ciente de que Oziel era uma pessoa contratada pelo nosso pai para solucionar o caso dos furtos — não para discutir coisas da vida nem nada disso." Como parte da avaliação, toda a família encontrava-se com Oziel.

Lyle disse que o moralismo não havia sido motivo do pai para entregar Erik voluntariamente. José Menéndez estava acostumado a não seguir as regras. "Meu pai me disse que não queria que, daqui a dez anos, qualquer parte daquela situação fosse lembrada", disse Lyle. "Ele ficou preocupado porque poderia prejudicar sua reputação e seus planos de concorrer ao senado." O caso foi resolvido a portas fechadas na vara de infância e juventude. Nada contra Lyle ficou registrado.

Dr. Oziel disse a José e Kitty que o envolvimento de Erik era uma tentativa de chamar atenção. Infelizmente, chamou atenção de toda Calabasas. Envergonhado, mas não desonrado, José Menéndez decidiu que a família ia se mudar de novo. Desta vez, para Beverly Hills.

16

O MUNDO DE KITTY

Antes de os Menéndez se mudarem de Calabasas, Kitty foi internada na unidade de terapia intensiva do Westlake Community Hospital. O diagnóstico foi de "ingestão aguda de Xanax e álcool, somada a depressão". O dr. Warden Emory observou:

> Mulher, 43 anos, histórico de um ano de depressão moderada e ataques de pânico... Não representa perigo para si e não há motivo para continuar no hospital. Sofre de ansiedade aguda... Suspeita de transtorno de personalidade.

No formulário de admissão no pronto socorro, havia um comentário da enfermeira: "Não deixar os remédios na mão da paciente — tentou botar mais pílulas na boca quando eu não estava olhando".

Emory ficou com receio de que Kitty estivesse tratando sua overdose com desdém, embora às vezes ela parecesse assustada. O médico recomendou que ela passasse mais dias na unidade psiquiátrica do hospital até se estabilizar. Tanto José quanto Kitty insistiram que estava tudo bem. Kitty se deu alta contra a recomendação médica.

Durante o ano seguinte, outros médicos prescreveram doses de medicação mais altas que a média para Kitty, incluindo Xanax três vezes ao dia, assim como o antidepressivo Tofranil. Kitty consultava-se com o dr. Emory duas vezes por mês, mas ele achava que ela escondia a verdade e relutava em discutir seus problemas.

"O que me marcava nessa pessoa é que ela parecia muitas vezes mais inquieta que diversos pacientes que eu costumo atender com este diagnóstico", ele comentou em suas anotações. "Minha avaliação foi de que tínhamos uma mulher, aparentemente, com problemas conjugais, mas incapaz de se desvencilhar dos mesmos."

Uma tarde, Kitty ameaçou envenenar a si e ao resto da família. Lyle disse que houve "gritaria e ameaças e meu pai dizendo que não confiava nela". Depois disso, aconteceram ocasiões em que José recusou-se a fazer refeições em casa e levou Erik e Lyle para jantar em restaurantes. Kitty ficava furiosa. Os irmãos buscavam no pai o indicativo de quando era seguro comer em casa.

Kitty começou a gritar com Lyle na frente de José, e com frequência. Ela chamava Lyle de "grande problema na sua vida". José não reagia, e Lyle não sabia o porquê. Depois que Erik encontrou uma carta de suicídio escrita por Kitty, Lyle disse à mãe que ela deveria deixar José e ir morar com ele em Princeton.

"Eu queria que ela soubesse que não era eu amando mais o meu pai. Que eu a amava e meu irmão a amava", disse Lyle. "E se ela desse a entender que queria ficar em Princeton... ficaríamos do lado dela no divórcio e continuaríamos em Princeton. Porque parecia que era isso que estava fazendo ela querer se matar, o divórcio. E eu queria que ela soubesse que a família ia ficar do lado dela. Tentei fazer com que ela tivesse certeza de que nós a amávamos, mas ela nunca reconheceu."

Marta Cano ficou chocada no dia em que Kitty disse que "queria que os filhos não tivessem nascido". Segundo Kitty, desde a chegada de Erik e Lyle, seu relacionamento com José tinha sido destruído. Ela escrevia cartas de aflição para José:

Você é genial, agressivo e de coração mole, e sinto minha paixão por você enquanto escrevo. Por favor, encontre uma pessoa pela qual você possa se apaixonar de verdade e faça seu recomeço, construa uma família nova. Eu sei que nossos meninos sempre serão o que temos de mais especial — eles são especiais — meu presente para você...

17

AMIGOS

Depois que José Menéndez comprou a mansão em estilo espanhol na North Elm Drive número 722, em Beverly Hills, o corretor imobiliário telefonou e promulgou: "Kitty, já temos seu código de área".

Semanas depois, uma companhia aérea não deixou Rudy, o cachorro dos Menéndez, embarcar no voo para as férias de Natal porque eles não haviam providenciado o devido transporte. José se voluntariou para esperar com o cachorro e pegar o voo seguinte. Kitty ficou furiosa e seguiu-se uma briga séria. "Ah, para você encontrar sua namorada Charlotte no bar?", ela berrou. "Não sou tão burro assim", José retrucou. Quando eles se acalmaram, José declarou: "Ok, Kitty. Nós dois esperamos. Vamos esperar o próximo voo". E esperaram.

Kitty começou a fazer dietas com frequência, aparentemente vivendo de café e cigarros. Ela sempre quis usar tamanho 40 ou 42. Em fevereiro de 1987, Terry Baralt viu Kitty no funeral de Pepín e percebeu que ela havia perdido dez quilos. Alguns meses depois, ela fez um *lifting*. Era para ser outro segredo de família dos Menéndez.

Erik matriculou-se no último ano de ensino médio na Beverly Hills High School. Ele fazia parte da equipe de tênis e tinha média B consistente. Na aula de teatro, memorizou e declamou um solilóquio de *Ricardo II*, de Shakespeare. Impressionou seu professor, que lhe ofereceu uma vaga em um programa especial. José, porém, cortou a ideia. De repente, as notas de teatro de Erik desabaram, e ele começou a ir mal em química. José lhe deu um sermão áspero, exigindo melhoras. Erik ficou triste porque seu pai nunca ouvia seus problemas. Como sempre, Kitty ficou do lado de José.

Durante uma hora de reunião com a professora de literatura inglesa de Erik, a dra. Barbara Zussman, José Menéndez foi o único a falar. "Achei-o muito condescendente", ela lembra. O desempenho de Erik nas aulas de Zussman não condizia com a qualidade de seus deveres de casa.

No fim do segundo semestre, ela percebeu que ele tinha dificuldades de leitura. A turma fazia muitas leituras diretas enquanto estudava Shakespeare. Erik gostava de participar porque gostava de atuar. Depois de perceber que ele inventava palavras com o som inicial correto quando encontrava palavras difíceis do texto, Zussman percebeu, tal como professores anteriores, que Erik tinha dislexia.

Em outra reunião, apenas com Kitty, Zussman perguntou sobre as dificuldades de leitura de Erik. Kitty não as negou. "Ah, sim, já sabemos. Fizemos testes quando ele era criança e nos disseram que Erik tem dislexia."

"Gostaria que houvessem avisado quando Erik se matriculou na escola", disse Zussman. "Talvez pudéssemos ajudar. Se não for tratado cedo, no último ano do ensino médio não há muita coisa que a escola pode fazer."

Uma das poucas fugas que Erik tinha da pressão em casa era seu relacionamento com Kirstin Smith, uma tenista loira, alta e esbelta. Eles haviam se conhecido no ano anterior, na Calabasas High School, depois que Kitty dera um ultimato bastante peculiar: Erik precisava conseguir uma namorada em até seis meses. O primeiro beijo deles foi estranho, "uma coisa do tipo ou vai ou racha", ela disse. A relação esfriou quando ele se mudou para Beverly Hills.

Erik tinha um amigo próximo, Craig Cignarelli, cujo pai era executivo na MGM Television. Uma noite, Erik levou Cignarelli e outro amigo para passear no Mercedes Benz 560SL do pai. José ligou no telefone do carro e mandou Erik voltar para casa imediatamente. Quando eles pararam no pátio, José saiu furioso da casa e berrou com Cignarelli: "Se eu te vejo perto da minha casa de novo, porra, eu te mato". Erik pulou na frente do carro de Craig e gritou: "Você não vai embora!". Posteriormente, o amigo afirmou que viu José armado.

José estava furioso com Cignarelli porque achou que ele havia sido o informante da polícia que denunciou Erik durante a investigação dos furtos em Calabasas. Erik insistiu que foi Craig quem descobriu a senha do cofre na casa dos List, mas Craig nunca foi acusado formalmente.

Durante os dias que passaram em uma cabana na região central da Califórnia, de propriedade da família Cignarelli, Erik e Craig escreveram um roteiro de cinema sobre como cometer o furto perfeito. A polícia achou que o segundo furto em Calabasas podia ter sido uma tentativa de encenar o texto. A dupla escreveu mais dois roteiros. Na abertura do terceiro e mais ambicioso, com o título *Amigos,* um personagem chamado Hamilton Cromwell descobre o testamento dos pais e fica sabendo que vai receber uma herança de 157 milhões de dólares. O jovem Hamilton "sorri como um sádico" e, na cena seguinte:

> Vemos a mão enluvada de Hamilton agarrando a maçaneta e girando-a devagar. A porta abre, revelando o quarto luxuoso do senhor e da senhora Cromwell, ambos deitados na cama. Os rostos deles são de terror e dúvida, e Hamilton fecha a porta ao passar, dizendo delicadamente... "Boa noite, mãe. Boa noite, pai". (Sua voz finge compaixão, mas o ódio a sobrepuja.) Apaga-se toda luz, e a câmera desce as escadas enquanto se ouve gritos que ficam para trás.

Depois de assassinar os pais, Hamilton mata mais três pessoas e é preso.

As cinco vítimas de homicídio são encontradas em uma câmara no porão, antes do amigo de Hamilton matá-lo com um tiro. "O gênio maligno morre com um sorriso nos lábios." Mais tarde, no tribunal, ouve-se a voz de Hamilton em uma mensagem gravada: "Você há de entender que, no jogo da vida, o preço que o jogador paga pelo fracasso é a morte".

Kitty ajudou a datilografar o roteiro, e Erik tinha fantasias de impressionar seu pai e conseguir uma grana alta vendendo-o para o cinema. Segundo um amigo da família, Kitty "criticou o roteiro e riu de tudo que leu". Nada sugeria que ela houvesse percebido algum significado, nem que José houvesse lido, e muito menos refletido, sobre um trecho angustiante no qual o jovem Hamilton fala do pai:

Às vezes ele me dizia que eu não era digno de ser seu filho. Quando ele fazia isso, eu me esforçava mais... Apenas para ouvir as palavras "Eu te amo, filho"... Palavras que nunca ouvi.

18

PRINCETON

Em 1986, Lyle conheceu uma tenista loira e bonita de Pittsburgh durante um torneio no Alabama. Jamie Lee Pisarcik era cinco anos mais velha e estava tentando entrar para o circuito profissional. Sua maturidade e independência destoavam das meninas meigas de ensino médio que ele namorava em Princeton. José e Kitty não sabiam se dariam o aval à namorada mais velha. Tinham medo de que ela o controlasse, mesmo que seu aspecto maternal fosse atraente. Meses depois, Lyle a surpreendeu com um anel de diamantes e o casal anunciou o noivado, para desgosto de José e Kitty.

Depois que Lyle voltou à faculdade após a suspensão, em 1989, Jamie conseguiu emprego de coqueteleira no TGI Fridays da cidade, onde conheceu Donovan Goodreau, um jovem exuberante e bem-educado de 22 anos que também era recém-contratado. Pisarcik o ajudou a aprender o sistema do Fridays, com o qual ele tinha dificuldade. Goodreau havia vindo de Los Gatos, Califórnia, onde fora estudante da San José State University. Seu destino original era Nova York, onde ele tinha primos. Donovan disse a Jamie que havia se mudado para New Jersey depois de ser aceito na Princeton University. Não era verdade.

Quando chegou a New Jersey, Goodreau estava sem dinheiro. Era inverno e ele dormia sob a capota de sua caminhonete International 1964. Passou noites tão frias que sua garrafa de água congelava.

Jamie sugeriu que ele ficasse no sofá do namorado dela até conseguir um apartamento. Goodreau tinha que conhecer Lyle, disse Jamie, porque ele lembrava muito seu namorado. Ela previu que os dois seriam amigos.

Donovan estava cauteloso. "Quando alguém lhe diz isso, você entra na defensiva", disse ele. "Achei que ia odiar o cara." Na primeira noite em que os três se viram, jantaram e Goodreau repetiu a mentira de que planejava se matricular em Princeton. Lyle lhe perguntou sobre sua família e planos para o futuro.

A conversa chegou aos pais linha-dura de ambos e à pressão que impunham aos filhos. Os dois jovens ficaram mais próximos. Nesse meio-tempo, em março de 1989, Donovan e Jamie decidiram dividir um apartamento, mas desde o começo houve problemas. Uma manhã, ela encontrou uma carteira de motorista feminina que Donovan havia trazido do trabalho. Depois de descobrir uma pilha de multas de estacionamento em aberto, ela começou a chamar o novo colega de quarto de "o criminoso".

Coisinhas pequenas começaram a sumir de seu apartamento, ela disse. Então Donovan começou a atrasar sua parte nas contas. A última gota foi quando sumiu o dinheiro que Jamie guardava em uma caixa de sapatos. Ela disse a amigos que Donovan confessou que havia roubado o dinheiro. Ele insistia que Lyle tinha pegado o dinheiro. Os jovens estavam sempre duros e precisavam de dinheiro para golfe e gasolina.

Quando Jamie terminou com Lyle, no fim de abril de 1989, ela culpou Donovan. Lyle sentiu pena do amigo, que voltou a ser sem-teto, e convidou-o para morar no seu quarto do alojamento estudantil com outros três colegas. Em questão de uma semana, uma jaqueta de couro verde, presente que Lyle havia ganhado de Jamie, sumiu.

Às altas horas de uma noite de maio de 1989, quatro meses antes dos assassinatos de José e Kitty, Lyle e Donovan tiveram uma conversa franca em um restaurante chinês perto da Palmer Square. "Você é meu melhor amigo. Eu sei tudo de você e eu te amo", Lyle contou a seu confidente. "De agora em diante, nós somos família. Minhas duas maiores preocupações são minha mãe e meu irmão. Eu tento ajudá-los o máximo possível."

Lyle fez o amigo jurar que, se alguma coisa acontecesse com ele, Donovan ia ajudar Erik. Em troca, se alguma coisa acontecesse com Donovan, Lyle prometeu cuidar da mãe e do irmão do amigo. "Eu quero que fiquemos juntos para sempre", disse Lyle. "Tem alguma coisa que eu não sei de você?"

Donovan supôs que fosse um teste. Hesitante, ele admitiu que, quando criança, enquanto estava passando o fim de semana na casa de um amigo da família, ele havia sofrido um abuso sexual. "Eu lembro dos quadros na parede, da cor do tapete, do horário, de tudo", ele disse. Ele nunca havia contado a ninguém. Donovan chorou enquanto descrevia a lembrança. Então Lyle contou um segredo particular.

"Ele me disse que o pai vinha abusando sexualmente dele e de Erik desde que eram pequenos", disse Goodreau. "Erik era mais afetado porque era mais novo. Ele disse que José tomava banhos de banheira com os dois irmãos, e que os dois estavam com medo porque na nova casa [em reforma] em Calabasas havia uma banheira imensa, que supostamente seria para fazerem sexo." Lyle disse a Donovan que não gostava nem um pouco da casa dos sonhos do pai.

19

SEGREDOS EXPOSTOS

No final da primavera de 1989, a vida de Donovan Goodreau em Princeton veio abaixo. Lendo os trabalhos que Donovan ajudava Lyle a escrever, o colega deles, Glenn Stevens, viu que Donovan tinha dificuldades com grafia e gramática. "Não tem como ele entrar em Princeton", Stevens pensou. Então, Stevens viu um poema de T. S. Eliot em uma plaqueta e identificou frases que Donovan havia usado como se fossem suas. Depois que um vizinho não encontrou o dinheiro que havia escondido em seu quarto, Stevens avisou a todo o dormitório estudantil que Donovan era um "trambiqueiro" que ia passar a perna em todo mundo e sumir.

Na tarde seguinte, Lyle confrontou Donovan: "Não quero chegar em casa e não encontrar meu computador". Donovan ficou chocado. Mais tarde, José Menéndez ligou para Lyle, furioso, aos berros. "O garoto mentiu que era matriculado em Princeton. Tire as coisas desse moleque filho da puta do seu quarto."

"Talvez ele tenha uma explicação", Lyle disse. "Eu converso com ele."

"Eu pego um avião e vou aí tirar eu mesmo", José gritou. Lyle prometeu que ia resolver a situação.

Na manhã seguinte, enquanto Donovan dormia, Lyle, Glenn e Hayden Rogers, outro de seus colegas de dormitório, guardaram tudo que Donovan tinha dentro de caixas. Não era muita coisa. Então, todos entraram no quarto dele. "Você vai cair fora! Queremos que você saia agora mesmo!", Glenn berrou. Mais afastado, Lyle começou a chorar.

Enquanto Lyle ia buscar a caminhonete de Donovan, o colega expulso ficou com Glenn e Hayden. "Você magoou o meu amigo. Ele gostava muito de você", disse Glenn, emocionado. Donovan também estava com o choro engasgado. "Eu gosto muito dele", disse. A caminhonete se aproximou de ré até uma janela do alojamento e as caixas foram carregadas por ali mesmo. Do lado de dentro, Lyle perguntou a Donovan se ele tinha sido honesto quanto ao que sentia. Lyle queria saber se a amizade dos dois era genuína. Enquanto Donovan ia embora, ele olhou pelo retrovisor e viu Lyle chorando. O Menéndez estava de cabeça baixa e suas mãos estavam enfiadas nos bolsos. Parecia arrasado.

"Foi a última vez que o vi", disse Donovan. "Foi uma coisa muito emocionante. Eu tinha uma grande amizade com todos ali. Por motivos falsos, mas ainda assim uma grande amizade."

"A partida de Donovan partiu meu coração", Lyle lembraria mais tarde. "Ele queria explicar tudo, mas Glenn Stevens nos apressou e não deu chance de ele falar."

Goodreau partiu com tanta pressa que esqueceu sua carteira, que ele normalmente deixava na mesa de Lyle. Só percebeu quando parou em um posto de gasolina a caminho de Nova York. "Não tinha dinheiro dentro, só minhas identidades, mas eu tinha medo de que me parassem por causa da minha caminhonete esquisita. Acabei ficando com um blusão dele. Eles empacotaram minhas coisas porque queriam mexer em tudo, ver se eu não tinha roubado nada."

Lyle mostrou a carteira aos amigos. Para saber mais do ex-colega de quarto misterioso, Lyle e Glenn reviraram a carteira. Encontraram fotos, um cartão de saque do banco Wells Fargo e uma carteira de motorista da Califórnia com o nome Donovan Jay Goodreau.

Em Nova York, Goodreau conseguiu emprego de entregador de bicicleta antes de ser contratado como gerente do Boxers, um bar no West Village. Ele não trocou a carteira de motorista perdida, mas conseguiu uma carteira de identidade de Nova York. Tentou falar com Lyle em Beverly Hills, mas foi atendido por uma secretária eletrônica e nunca teve retorno. Donovan tinha fantasias de que Lyle e a turma de Princeton iriam procurá-lo e que um dia entrariam pela porta do restaurante.

Donovan me contou que, uma noite, pouco antes do desentendimento, Lyle o surpreendeu quando disse que estava muito triste com uma coisa. “Meu pai teve um caso que deixou minha mãe muito magoada. Ela está pirando total.”

Quando Lyle disse que era capaz de matar o pai pelo que ele estava fazendo, Donovan não entendeu que o comentário tinha sido literal. “Todo mundo fala assim.”

20

ESCOLHAS E MEDOS

Seis semanas antes de morrer, Kitty Menéndez disse a seu psiquiatra, Lester Summerfield, que estava escondendo "segredos doentios e vergonhosos sobre sua família". Ela estava com receio de que os filhos fossem sociopatas. Kitty vinha agindo de maneira desordenada havia algum tempo. Na primeira semana de agosto, uma ex-vizinha da família em Princeton, Alicia Hercz, visitou a Califórnia e as duas marcaram um encontro, que foi estranho. Kitty não tinha certeza se conseguiria ir, mas disse que queria ver Hercz e pediu para ela passar na mansão e tomarem um drinque.

Meia hora depois, Hercz bateu à porta da casa, mas ninguém atendeu. Quinze minutos depois, Kitty finalmente apareceu. Ela convidou Hercz e o filho para entrar, mas três das amigas de Hercz ficaram no carro. Era uma tarde ensolarada, mas a casa estava toda fechada e escura. O comportamento de Kitty foi perturbador. Ela ficava olhando para Hercz com olhos vazios. "Eu tenho que ligar para o Lyle porque agora você mora perto do Lyle", disse ela. Kitty foi ao telefone várias vezes, mas não telefonou. Reclamou da "namorada interesseira" do filho e disse que queria que José tivesse "ensinado melhor ao Lyle as coisas da vida".

Ela disse que não podia sair para jantar porque ia fritar peixe. Também disse que ia visitar parentes em "Quito, Peru". Tudo na conversa parecia desconjuntado. Enquanto estavam indo embora, Hercz e o filho tiveram que segurar o pulso de Kitty para ajudá-la a caminhar.

Kitty Menéndez agendava várias viagens, mas ninguém na família sabia de planos que incluíssem a América do Sul. Ela possuía planos de ir a Princeton em 9 de setembro para ajudar Lyle a se mudar para o apartamento de dois quartos que José havia comprado para o filho. Um dos quartos seria de José e Kitty quando estivessem de visita. Kitty queria que Terry Baralt ficasse com uma chave reserva, para poder conferir Lyle e saber se Jamie Pisarcik estava ficando no apartamento. "Você vai me botar numa situação complicada", Terry disse à cunhada. Mas era difícil dizer não a Kitty, que deveria estar de volta à Califórnia em 24 de setembro para ajudar Erik no início das aulas na UCLA.

No dia 9 de agosto, a família devia ir ao Canadá depois que Erik participasse de um torneio em Kalamazoo, Michigan. Eles iriam ver o pai de Kitty, que estava morrendo de câncer. Porém, depois que Erik perdeu, José se irritou e disse para Kitty ir sozinha. Ele e Erik iam voltar para casa. Kitty o acusou de sair correndo para ficar com a namorada e recusou-se a ir a qualquer lugar sem o marido. A viagem para visitar o pai foi cancelada, e os três pegaram o avião para casa juntos.

Daqui em diante, não há testemunhas vivas, com exceção dos irmãos — a narrativa dos dias que levam até 20 de agosto de 1989 baseia-se nos depoimentos e interrogatórios com Lyle e Erik Menéndez.

Na noite da terça-feira, 15 de agosto, em casa, na sala de televisão, Kitty e Lyle discutiram. Kitty de repente explodiu, gritando e atacando-o com os punhos fechados.

"Seu jogo de tênis vai matar meu pai!"

Lyle ergueu os braços para se defender.

Então, a mãe arrancou o cabelo do filho.

Era a peruca de Lyle, que saiu como se ele tivesse sido escalpelado. Para ser ajustada para o aplique, o alto da sua cabeça tinha sido rapado, e a peruca, presa com cola de alta aderência. Para retirá-la, era preciso um solvente especial, e ainda assim com cuidado. Quando Kitty a arrancou, Lyle sentiu dor intensa. Enquanto ele chorava, ela falava de modo intempestivo sobre os 1,5 mil dólares que a peruca havia custado. Ele achou que ela ia lhe tirar o aplique permanentemente, mas ela o jogou contra o filho.

"Você não precisa dessa peruca de merda!", ela berrou.

Lyle usava a peruca havia dois anos. José dizia ao filho que seu futuro era na política e que, para ter sucesso, ele precisava de uma cabeleira. No ensino médio, ele já estava começando a perder cabelo. Antes de conhecer os contatos importantes que faria em uma faculdade da Ivy League, José insistiu que ele usasse uma peruca completa.

Depois, para horror ainda maior de Lyle, ele virou-se e viu Erik na porta. Seu irmão, chocado, havia testemunhado tudo.

"Erik não sabia que eu usava peruca. Tinha muitas coisas que não conversávamos", disse Lyle, depois. Erik estava tremendo e disse que precisava conversar com o irmão. Lyle, porém, correu para a edícula de hóspedes e colocou sua peruca no lugar. Quando saiu do banheiro, Erik estava em um canto no quarto de Lyle, choramingando. Tinha algo mais que o incomodava naquele momento.

Erik estava ansioso para o início de seu primeiro ano na UCLA, quando ele poderia ficar a sós em um dormitório no campus. Era o sonho que o fazia seguir em frente, o de que algum dia ele partisse para a faculdade e fugisse do pesadelo que sua vida havia se tornado.

Porém, dois dias antes, José declarou que havia mudado de ideia: Erik ia dormir em casa de três a quatro noites por semana para José e Kitty supervisionarem seus trabalhos de faculdade. Erik ficou arrasado.

"Fico triste por não sermos uma família", Erik disse ao irmão. "Eu não sabia do seu cabelo. Temos tantos segredos." Ele começou a tremer e soluçar.

"Essas coisas com o pai continuam."

"Que coisas?"

"Você sabe quais coisas."

Foi a vez de Lyle ficar chocado. Erik confessou que vinha sofrendo abuso sexual do pai.

"Como é que você nunca me contou?", Lyle quis saber. "Você gosta? Por que você não revida?"

Erik começou a ganir. Ele odiava. Ele tinha sido forçado a fazer tudo.

O choro do irmão era insuportável, e Lyle acreditou no que ele dizia. Enquanto estavam ali, na ensolarada edícula de hóspedes, em um sofá amarelo e verde-claro, Lyle tomou a culpa para si. Quando eles tinham 10 e 13 anos, Lyle desconfiara de que o pai estava abusando de Erik.

Ele havia confrontado José, que lhe garantiu que não acontecia mais. "Por que eu não insisti?", pensou Lyle. De algum modo, ele tinha que ajudar o irmão. Erik estava abatido. Lyle ficou preocupado, pensando que Erik tentaria se matar, então decidiu confrontar o pai de novo.

"Estamos com todas as cartas na mão", ele disse ao irmão. "Podemos ameaçar contar pros outros."

Lyle bolou uma solução simples, um acordo: José deixaria Erik se mudar com ele para Princeton. Ele explicaria que só queriam o fim do sexo com Erik. Não haveria necessidade de retaliação. Seu pai, evidentemente, ia perceber que não havia escolha.

Naquela noite, na cama *king size* do segundo andar da edícula de hóspedes, Erik e Lyle deitaram-se juntos, um ao lado do outro. Erik dormiu, mas Lyle não conseguiu. Ele ficou pensando em como os abusos podiam ter perdurado tanto tempo.

José havia feito a mesma coisa com Lyle quando ele tinha 6 anos, embora as ocorrências tivessem diminuído gradativamente nos anos seguintes. O filho tinha tratado aquela experiência como algo normal na vida de um garoto. José era muito carinhoso quando explicava que era assim que pais e filhos ficavam mais unidos, e que soldados romanos e gregos faziam a mesma coisa antes das batalhas. Depois, as regras da família ficaram mais rígidas: ninguém chegava perto do quarto de Erik quando Papai estivesse junto. Naquele momento, Lyle ainda estava se perguntando por que seu irmão menor nunca revidou. Quando a manhã irrompeu na quadra de tênis, Lyle decidiu que, depois de uma conversa séria com o pai, que ia voltar na quinta-feira à noite, as coisas iam ser diferentes.No dia seguinte, quarta-feira, 16 de agosto, os irmãos almoçaram no Olive Garden de Westwood próximo à UCLA. Lyle garantiu a Erik que tudo ia dar certo com o pai. Ele insistiu para que ele conservasse o bom ânimo. Antes, José não tinha deixado Erik inscrever-se para Princeton. Agora, o plano deles era ficarem juntos na mesma faculdade. Erik ficaria livre.

No início da noite, Lyle decidiu ensaiar a conversa com a mãe para conseguir seu apoio. Apesar de seus últimos acessos de fúria, parecia que agora era ela quem detinha poder na família. Nas últimas semanas, José andava disposto a fazer de tudo para não incomodá-la. Talvez ela o ajudasse a convencê-lo a deixar que Erik fosse embora. Lyle tinha certeza de que ela ficaria em êxtase de se livrar dos dois.

Quando ele e a mãe foram conversar no quarto do casal, de pouquíssima mobília, Lyle começou dizendo que haveria algumas mudanças. Ele queria ser independente e lidar com os próprios problemas. Disse a Kitty que Erik iria morar com ele em Princeton. Se a faculdade não fosse opção, os irmãos podiam se mudar para a Europa.

"Papai voltou a fazer coisas com o Erik", ele desabafou.

"Que tipo de coisas?", Kitty quis saber.

"Coisas sexuais."

Mais uma vez, Kitty ficou irritada e imediatamente mandou Lyle sair do quarto. De volta à edícula de hóspedes, ele disse a Erik que a conversa com a mãe não havia sido boa. Ele não contou ao irmão que havia revelado seu segredo.

Naquela mesma noite, em Manhattan, o jantar que José havia marcado foi cancelado. Ele ligou para a mãe no norte de New Jersey e chamou uma limusine para levá-lo e passar a noite com ela. Seria a última vez que se veriam.

No dia seguinte, quinta-feira, 17 de agosto, Lyle passou horas de nervosismo aguardando a volta do pai. Ele rabiscou anotações e leu para si em voz alta, decidindo cuidadosamente o que ia dizer. Quanto mais curto, melhor, ele pensou. Editou seu discurso várias vezes. No fim da tarde, Kitty lhe disse que o voo de José estava atrasado. Lyle não acreditou; ele achou que ela queria falar com José antes. Durante as horas seguintes, seu nervosismo cresceu ainda mais. Quando Erik telefonou de Westwood, Lyle lhe contou do voo atrasado. Erik não queria estar em casa quando o irmão confrontasse o pai.

Por fim, pouco depois das 23h, José Menéndez chegou como um furacão, como sempre, deixando suas malas de viagem no vestíbulo de mármore. Lyle imediatamente o abordou. "Precisamos conversar", disse ele.

José disse para Lyle esperar na biblioteca, onde eles sempre travavam as conversas sérias. José disse que queria trocar de roupa, e então sumiu no andar de cima com Kitty.

Lyle sentou-se. Ele não queria puxar seu roteiro, com medo de que o pai visse. Quando José entrou, sentou-se de frente para o filho. Acendeu um cigarro. Lyle esperava que o pai falasse primeiro, como sempre fazia, mas José não disse nada. Para Lyle, aquele intervalo de silêncio foi angustiante.

Com o coração acelerado, ele começou a falar desimpedido: "Eu sei de tudo que está rolando com o Erik. Vamos sair de casa se você quiser, mas tem que parar!". Enquanto falava, ele tentava escolher as palavras com todo cuidado.

José ficou mexendo na orelha direita. "Terminou?", o pai perguntou com toda tranquilidade. Ele desdobrou as pernas, curvou-se para a frente e apagou seu cigarro. Então começou a berrar: "Você me escute! O que eu faço com o meu filho não é da sua conta!".

Lyle percebeu que havia fracassado.

"Não jogue sua vida fora", José lhe disse. "Você vai voltar para Princeton e seu irmão vai para a UCLA. Nós dois vamos esquecer que esta conversa aconteceu."

Lyle gritou uma coisa de que se arrependeu imediatamente. "Você é doente, porra! Eu vou contar pra todo mundo o que você faz, incluindo a família e a polícia!"

Ele achou que seu pai ia lhe dar um soco. Em vez disso, José voltou a ficar calmo. Ele reclinou-se e falou tranquilamente:

"Todos fazemos escolhas na vida, filho. Erik fez as dele. Você fez as suas."

"Eu só vou contar se isso não parar", respondeu Lyle, nervoso.

"Você vai contar de qualquer jeito", José disse.

O cérebro de Lyle entrou em disparada: agora sim, tanto ele quanto Erik corriam risco sério. A única opção de seu pai seria tomar uma atitude. Os filhos iam arruinar sua vida. Para impedi-los, Lyle esperava que a mãe fizesse o que José julgasse necessário. A imagem perante o público era a vida do casal.

Lyle voltou à edícula de hóspedes. Erik saiu tranquilamente pela porta da frente, subiu as escadas para seu quarto e trancou a porta. Minutos depois, ouviu passos no corredor. Torcia para que fosse Lyle.

Era seu pai. "Abre essa porta, porra!"

Erik estava assustado, pois percebeu que Lyle devia ter confrontado o pai. Depois de um instante, ele destrancou a porta e se recolheu para um canto do quarto.

Com voz baixa, José disse: "Eu lhe avisei para nunca contar nada ao Lyle. Agora ele vai contar para todo mundo. Eu não vou deixar isso acontecer!".

Erik nunca havia visto o pai tão furioso. Ele parecia um touro prestes a atacar.

E atacou, jogando Erik violentamente contra a cama. Erik tentou correr. Durante a briga, uma máquina de escrever caiu no chão. Erik correu do quarto. Seu pai não foi atrás, o que Erik achou curioso.

No andar de baixo, Erik entrou na sala de televisão, onde Kitty estava assistindo a um programa.

"Qual é o seu problema?"

"Você não entende", disse Erik.

A mãe ficou com um sorriso de canto. Ela parecia estar sob efeito de medicação forte, e sua voz tinha algo de distanciado.

"Entendo muito mais do que você imagina", ela disse em tom sarcástico.

Erik ficou chocado.

"Eu sei... eu sempre soube. Você acha que eu sou o que, uma burra?"

Foi como se uma onda de nojo o atingisse.

"Eu te odeio!", ele disse à mãe.

Chorando, ele correu para a porta dos fundos. Kitty correu atrás. Na edícula de hóspedes, ele berrou com Lyle: "Mamãe sabia! Mamãe sabia!".

Kitty entrou correndo logo atrás. "Nunca me ajudaram! Ninguém me ajudou!", disse ela.

"Como é que você sabia e nunca fez nada para ajudar o Erik?", Lyle perguntou à mãe.

"Seus canalhas!", ela disse. Na mesma velocidade com que havia chegado, Kitty deu meia-volta e foi embora.

Erik ficou histérico.

Lyle insistiu para saírem de casa naquele exato momento. Não, disse Erik, ia ser loucura. O pai ia encontrar e matar os dois. Onde eles poderiam se esconder?

Ainda na edícula, eles ficaram pensando nas opções que tinham. Naquele mesmo ano, a mãe deles havia comprado dois fuzis; Erik sugeriu que eles pegassem as armas e comprassem munição. Lyle não gostou do plano; José e Kitty podiam se dar conta de que os fuzis haviam sumido. Além disso, os irmãos acharam que os pais podiam ter pistolas.

Erik teve outra ideia. Eles podiam contar tudo ao resto da família, começando pela tia Terry, da qual Lyle era próximo. Ela era a única que já havia desafiado José. Mas, depois de pensar um pouco, eles concluíram que não daria certo. Enquanto Lyle estava em Princeton, era certo que a tia havia informado aos pais o que ele fazia. Os dois pensaram em ir à polícia, mas, se fossem, achavam que seriam assassinados com certeza.

Os irmãos decidiram comprar pistolas para se proteger.

Em uma loja de esportes na zona oeste de Los Angeles, perto da San Diego Freeway, eles foram informados de que o tempo de espera para comprar pistolas no estado da Califórnia era de duas semanas. Enquanto seguiam a rota sul na Interestadual 405, Erik contou mais detalhes sobre os abusos. Lyle ficou com o estômago revirado. Ele não imaginava que o pai fosse capaz do nível de violência sexual que seu irmão descrevia. "Foi muito diferente do que aconteceu comigo", Lyle diria depois. "Era forçado, era doentio." Erik disse que nunca havia falado daquilo porque José ameaçou matá-lo se ele contasse a outra pessoa.

Em uma pequena loja ao norte de San Diego, um vendedor idoso lhes mostrou várias espingardas. Quando disseram que estavam decididos a comprar, ele pediu uma carteira de motorista da Califórnia — o que representava um dilema peculiar. A carteira de Lyle havia sido suspensa três meses antes; Erik não estava com a sua. Eles seguiram adiante.

Em San Diego, pouco depois das 20h em uma noite agitada de sexta-feira, no balcão da Big 5 Sporting Goods, loja de esportes e caça, um jovem disse que queria comprar duas espingardas. Ele sabia quais: Mossbergs calibre 12, com capacidade para seis tiros. Uma estava na parede atrás do balcão. A assistente de gerência Amanda Adams tirou a arma da parede e mostrou como carregar as balas.

De identificação, o cliente apresentou uma carteira de motorista da Califórnia. O preço de cada arma foi 213,99 dólares, pagos em dinheiro vivo. Segundo a loja, outro jovem comprou uma caixa de chumbo de caça que estava no mostruário em forma de pirâmide.

Quando o comprador da espingarda saiu, ele percebeu câmeras de vigilância nas duas pontas do longo balcão. Naquele momento ele não sabia, mas eram câmeras de mentira para assustar ladrões.

O formulário federal nº 4.473, exigido para qualquer aquisição de armas de fogo, listava que o comprador das armas tinha sido Donovan Goodreau. O endereço na carteira era Rosewood, número 10.646, apartamento A, Cupertino, Califórnia. O comprador disse à atendente que havia se mudado recentemente e deixou um endereço local no formulário: August Street, nº 63, San Diego. Na foto da carteira, Goodreau tinha um bigode fino. Para aceitar cheques, a Big 5 exigia dois tipos de identificação; para comprar uma arma de fogo, só exigia uma.

Em Nova York, no restaurante Boxers, às 18h07 do horário local — aproximadamente cinco horas depois da compra da arma do outro lado do país — Donovan Goodreau bateu ponto no relógio do porão. Uma das recepcionistas tinha ficado doente, então Donovan ficou com a incumbência adicional de conduzir as pessoas até as mesas.

21
MATAR OU MORRER

Durante a volta para San Diego, no carro, Erik e Lyle praticaram como se carregava as espingardas. Quando chegaram em casa, não viram José, mas Kitty lhes disse que a pescaria em família, programada para o meio-dia do sábado, havia sido remarcada para mais tarde no mesmo dia. José tinha dito a um parceiro de negócios que ele tinha experiência com pescaria em águas profundas e, antes de ir pescar tubarões com um cliente importante, precisava aprender o básico.

Erik e Lyle pensaram: nós vamos pescar? No meio de uma crise de família? Como assim? Na espiral da paranoia, eles concluíram que a mudança de horários era indício de que a pescaria fazia parte de um plano para assassiná-los. O que os irmãos não sabiam era que o capitão do barco alugado tinha dito a José que era melhor pescar tubarões ao anoitecer.

Erik e Lyle decidiram que deviam sair de casa sábado bem cedo e chegar tarde. Assim, José e Kitty já teriam saído para a pescaria. Os filhos esconderam as armas carregadas embaixo das camas. Naquela noite, Lyle sentiu que estava perdendo o controle cada vez mais. Ele tinha receio de que Erik fosse cometer algo por impulso. Quem sabe, pensou Lyle, José estivesse repensando o plano de matar os dois?

No sábado, os irmãos acordaram cedo, esconderam as armas no armário e saíram de casa antes de José e Kitty saírem do quarto. Foram a uma loja de armas em Van Nuys, a 25 quilômetros. Lyle disse ao vendedor que tinham comprado espingardas de repetição para se proteger e queriam uma garantia de que o chumbo para caça ia funcionar. O vendedor lhes sugeriu munição com chumbo grosso.

No sábado à tarde, Karen Weire telefonou a Kitty para cancelar o jogo de *bridge* de domingo à noite. "Mesmo que você chegue tarde, me ligue do vale para dizer se ainda vai acontecer", disse Kitty, desapontada. Ela provavelmente estaria muito cansada, Weire respondeu.

Depois de sair da loja de armas, o plano de Erik e Lyle era passar a tarde inteira dando voltas de carro. José e Kitty disseram que iam sair às 15h, então os garotos ficaram na rua até as 16h. Quando chegaram em casa, porém, os pais ainda não tinham saído. Os irmãos ficaram sem saída. Lyle achou que ele e Erik ficariam mais seguros se fossem em carro próprio, mas José decidiu que todos iriam no mesmo carro.

Nas docas de Marina del Rey, o capitão Bob Anderson explicou os princípios básicos de pesca de tubarão e levou os Menéndez para conhecer o barco, chamado *Motion Picture Marine.* Também estavam a bordo a namorada de Anderson, Leslie Gaskill, e um ajudante de convés, Richard Campbell. Os irmãos avaliaram que a lancha com cabine não era o tipo de barco que o pai deles alugava — era muito pequeno.

Conforme avançaram no mar, Kitty começou a passar mal e sumiu cabine abaixo. José ficou perto da popa, e Lyle e Erik ficaram na proa, o mais longe possível dele. Anderson achou a família inteira "esnobe".

O mar estava agitado, e o barco sacudia constantemente. Havia uma brisa gelada. Os meninos estavam de shorts e camisetas. Erik e Lyle passaram a viagem inteira acotovelados; pensaram que, se acontecesse alguma coisa, eles podiam pular na água. Então, foram atingidos por uma onda que os deixou ensopados. Anderson não entendeu por que eles continuaram na frente do barco.

A única vez em que José e os meninos se juntaram foi quando começaram a pescar em um recife próximo a um navio afundado, ao sul de Redondo Beach. Tanto Erik quanto José pegaram tubarões-corre--costa, dos pequenos, um para cada um. Na volta, José vomitou pela lateral do barco. Quando atracaram, pouco antes da meia-noite, os Menéndez estavam exaustos e felizes de botarem os pés em terra.

De volta à casa, José e Kitty deram boa-noite antes de trancar a porta do quarto de casal. Aliviados, mas ainda apreensivos, os irmãos foram até o campus da UCLA e travaram uma conversa nervosa. Quando voltaram para casa, todas as portas estavam trancadas. Normalmente tudo ficava aberto, então os irmãos tiveram certeza de que haviam sido deixados na rua de propósito. Quando Kitty desceu para abrir, ela ralhou com os dois por acordarem-na.

Lyle foi sarcástico. "Se você tivesse confiança em nós para dar a chave, não íamos incomodar."

Kitty virou uma bomba nuclear. "Eu te odeio! Você é só problema! Não devia nem ter nascido!"

Lyle ficou em choque. Erik tentou defendê-lo.

Ela virou-se para Erik e encarou o filho. "Se você tivesse ficado de boca fechada, as coisas podiam dar certo nessa família."

No andar de cima, um pouco depois, Erik ouviu passos descendo o corredor. José martelou a porta. "Abra!"

Apavorado, Erik pegou sua espingarda carregada e apontou para a porta.

"Você vai ter que sair de manhã, e eu vou estar aqui!", José prometeu antes de sair batendo os pés.

Abraçando sua espingarda, Erik passou o resto da noite tremendo.

No início da manhã seguinte, domingo, 20 de agosto de 1989, os irmãos decidiram passar o dia separados. Se os pais tinham planos de matar os dois, provavelmente aconteceria quando estivessem juntos. Erik foi até a Igreja do Bom Pastor, a poucas quadras no Santa Monica Boulevard, mas quando chegou não conseguiu entrar: ele tinha medo de que Deus lhe dissesse para aguentar o sofrimento. Em vez disso, saiu dirigindo sem rumo por Beverly Hills e Westwood, seu nervosismo crescendo conforme o dia avançava.

Lyle ligou para Perry Berman e combinou planos para a noite. Se eles estivessem com amigos, pensou o irmão mais velho, os pais teriam menos chance de atacar. Berman não atendeu, então Lyle deixou uma mensagem na sua secretária eletrônica.

No meio da tarde, Lyle entrou na sala de televisão para avaliar o humor dos pais. José e Kitty estavam assistindo a uma partida de tênis. Ele tentou puxar conversa, mas foi ignorado. Inquieto, ele se retirou para a cozinha. Na segunda tentativa, ele perguntou sobre uma colônia de tenistas à qual seu pai queria que ele fosse.

"Não tem mais importância", respondeu José, suspirando.

Lyle saiu de casa e se sentou perto da piscina. Ele se sentia um fantasma.

Perry retornou a ligação, mas José lhe disse que os dois irmãos haviam saído para fazer compras. Lyle não tinha saído. Quando Perry lhe contou, mais tarde, daquela ligação, Lyle decidiu que aquele ia ser o dia. Alguma coisa ia acontecer naquela noite. Agora ele tinha certeza.

Erik chegou em casa por volta das 21h30, e Lyle lhe contou da conversa que não aconteceu, da colônia para tenistas e da mentira para Perry Berman. Os irmãos entraram em pânico. Eles tinham que sair de casa imediatamente, mas Kitty os deteve na porta da frente. Lyle disse que eles iam ao cinema. Ela estava tensa e fria. Não, eles não podiam sair.

"Eu vou encontrar uma pessoa e estamos de saída", disse Lyle. Kitty ficou gaguejando, sem resposta.

Então, de repente, José apareceu na entrada da sala de televisão. Ninguém ia sair. Ele disse a Erik para subir, ir para o quarto e aguardá-lo. Era o código que Erik já conhecia.

Lyle berrou: "Você não vai mais tocar no Erik!".

"Você destruiu a família!", Kitty falou com voz esganiçada.

José pegou o braço da esposa, levou-a para a sala de televisão e fechou as portas.

A mente de Lyle não parava quieta. Erik já tinha subido para o andar de cima. Lyle foi atrás dele, o pegou pelos ombros e deu uma sacudida.

"Vai ser agora!", disse ele.

Erik ficou apavorado, certo de que o fechar das portas da sala de televisão era sinal de que os irmãos iam morrer. Lyle disse que eles precisavam pegar as armas imediatamente.

Enquanto corria para a edícula de hóspedes, Lyle sentiu sua vida escorrendo pelos dedos.

• • •

Os irmãos encontraram-se no Ford Escort de Erik estacionado na rua e carregaram as espingardas com a munição de chumbo grosso que tinham comprado no dia anterior. Depois, voltaram correndo para a casa principal e irromperam pelas portas da sala de televisão. Erik entrou primeiro e começou a atirar. Lyle veio logo atrás.

José pulou do sofá e gritou: “Não! Não! Não!”.

Um tiro explodiu sua coxa esquerda. Ele caiu no sofá.

Eles continuaram atirando. Vidro e madeira se estilhaçaram por toda a sala. O barulho que eles geraram foi ensurdecedor. A fumaça rodopiava e borrava a visão dos dois. A única luz era a da TV. Lyle achou ter visto um movimento ao lado da mesa de centro. Era Kitty, de quatro no chão.

Lyle tinha esvaziado a espingarda. Entrou em pânico. Tinha mais cartuchos no bolso, mas correu ao Ford Escort. Erik, já do lado de fora, lhe entregou um único cartucho de munição de caça. Lyle recarregou e voltou para dentro.

Chegando ao outro lado da mesa de centro, o cano de sua arma colou na bochecha da mãe. Ele disparou.

Foi o fim.

22

O QUE FOI QUE NÓS FIZEMOS?

Depois do último tiro, Lyle soltou sua arma e saiu correndo para o vestíbulo. Erik estava no chão, chorando e tremendo.

Por que a polícia ainda não tinha chegado? Era óbvio que alguém teria ouvido o barulho e ligado para a emergência.

"Quando a polícia chegar, não conte nada do que aconteceu com o pai", Lyle disse a Erik. Eles tinham que proteger a reputação da família. Era a vontade de seus pais.

Mas ninguém veio.

Lyle decidiu que eles deviam ir embora. Mas, primeiro, tinham que recolher todos os cartuchos de espingarda; era o que ele sabia dos vários filmes sobre assassinato e investigação que tinha assistido. Na sala de televisão, eles ligaram as luzes e tentaram não olhar para os pais mortos. Enfiaram os cartuchos soltos nos bolsos, recolheram as armas e correram para o carro de Erik. Lyle dirigiu.

"O que nós vamos dizer?", perguntou Erik.

Lyle tinha uma resposta: "Vamos dizer que estávamos no cinema". Eles tinham que comprar ingressos, porque a polícia provavelmente ia pedir os canhotos.

Eles também precisavam se livrar das espingardas.

• • •

Às 22h30, eles chegaram no cinema AMC do Century City Shopping Center, a uma curta distância de Beverly Hills. Havia poucas pessoas na fila. A ideia era comprar ingressos para uma sessão que tivesse começado antes de eles darem os tiros, e de um filme que eles já tivessem assistido. Havia uma sessão de *Licença para matar* às 20h15, mas estava esgotada. O único outro filme que eles tinham visto era *Batman,* mas estava quase no final. A atendente da bilheteria lhes disse que o cinema não vendia ingressos vinte minutos após o filme ter começado. Lyle implorou, sem resultado. Eles compraram ingressos para a sessão seguinte, na esperança de que o horário não saísse no ingresso. Mas saiu. Erik jogou os ingressos fora e eles foram embora.

A seguir, foram até Coldwater Canyon, uma rua íngreme e de curvas fechadas que liga Beverly Hills a San Fernando Valley. Lyle teve dificuldade com o câmbio manual do carro de Erik. Ele achou que eles podiam se livrar das armas em algum ponto no alto do morro. Lyle seguiu pela Mulholland Drive no sentido oeste, por mais ou menos dois quilômetros, e estacionou. No lado norte, com vista para as luzes do vale, Erik se abaixou e jogou as armas no mato. Elas caíram dezenas de metros.

Com a adrenalina alta, Lyle deu meia-volta no carro. A seguir, eles tinham que encontrar Perry Berman no festival Taste of L.A., em Santa Monica. Em algum momento, Erik se deu conta de que tinha sangue na calça e que seus bolsos estavam cheios de cartuchos de espingarda. No porta-malas do carro, Erik guardava o equipamento de tênis e roupas extras. Eles se trocaram nos fundos de um posto de gasolina em Santa Monica. Jogaram as roupas ensanguentadas e os cartuchos em uma lixeira.

"Até aquele momento, eu não tinha parado para pensar no que tínhamos feito", Lyle viria a dizer. "Eu estava perdido, atordoado, pensando no que estávamos fazendo." Erik estava pior — tremendo, chorando sem parar e gritando várias vezes: "Oh, meu deus!".

Erik não entendia por que era tão importante encontrar Perry Berman. Lyle lhe disse que seria melhor voltar para casa com um amigo. Ele não queria ter que ligar para a polícia ele mesmo. Além disso, Erik não estava em condições de ajudar.

O festival gastronômico estava a poucos minutos de encerrar o dia, e eles não conseguiam encontrar Perry. Quando Lyle ligou para o apartamento dele, Berman disse que havia esperado pelos irmãos, mas eles não apareceram. Lyle insistiu que eles se encontrassem ainda naquela noite. Berman queria adiar, mas enfim concordou em encontrá-los na Cheesecake Factory de Beverly Hills.

A caminho do restaurante, contudo, Lyle também começou a perder o controle. Eles não conseguiriam manter uma conversa normal com Berman. Lyle desabou ainda mais enquanto eles dirigiam. Decidiu que ele mesmo ia ligar para a polícia.

Quando entraram pela porta da mansão, Erik correu para a sala de televisão e começou a gritar. Lyle o puxou de lá antes de subir e ligar para a polícia. Seus pais estavam mortos, e Lyle teve dificuldade em acreditar que era verdade. A tensão dos últimos dias tinha exaurido suas forças. "Eu me sentia muito à flor da pele", diria Lyle, mais tarde. "Comecei a chorar só por chorar. Eu não sei. Desabando."

Enquanto Lyle estava no telefone, Erik voltou à sala de televisão e começou a gritar de novo. Lyle berrou para ele sair de lá. Em questão de minutos, a polícia chegou e aproximou-se com toda cautela do portão da mansão. Uma atendente ligou para a casa e disse para os irmãos saírem pela porta da frente. Erik estava histérico e rolando no chão. Não parava de chorar.

A caminho da delegacia de Beverly Hills, Lyle cochichou com Erik: "O que você quer fazer?". Ele não queria "contar uma história imbecil" e obrigar Erik a contar a verdade. Erik respondeu: "Tudo bem. Vamos dizer o que nós íamos dizer". Lyle lhe disse: "Você tenta entrar e falar primeiro, e me avisa se está tudo bem".

Os irmãos tinham acertado contar que o carro de Erik estava estacionado em um beco atrás da mansão, caso os vizinhos tivessem visto alguém sair correndo pela porta da frente carregando espingardas. Depois que o interrogatório de quinze minutos acabou, Erik cochichou no ouvido de Lyle: "Tudo bem. Pode falar com ele. Confie no plano".

Às 5h30 da manhã, quando os irmãos voltaram para a mansão de táxi, pediram para entrar e buscar seu equipamento de tênis. O detetive Les Zoeller disse que não, mas que poderiam voltar em três horas. Lyle ficou alvoroçado. Os irmãos ficaram vagando sem rumo por Beverly Hills, a pé, até a hora de voltar para casa.

Estacionado na rua, junto à fita amarela de cena do crime, a dez metros da porta da frente onde havia um policial fardado fazendo vigília, estava o Ford Escort de Erik. O pedido para pegar o equipamento de tênis dentro da casa foi só uma distração. Dentro do carro estavam os itens de que os irmãos precisavam de fato: os cartuchos de espingarda que eles não haviam usado e as notas das lojas em San Diego e Van Nuys onde tinham comprado armas e munição.

Quando os irmãos conseguiram conferir o carro, os itens ainda estavam lá. Lyle colocou tudo em uma bolsa esportiva. Ninguém percebeu.

PARTE V

JERRY E JUDALON

Normal Bias
D90

23

UM ENCONTRO FATÍDICO

Dois meses antes das mortes de José e Kitty Menéndez, Leon Jerome Oziel, um psicoterapeuta de 42 anos muito sociável e articulado, de rosto redondo e cabelos claros, foi contatado por Judalon Smyth, proprietária de uma pequena empresa que combinava duplicação de fitas cassete com venda de cristais. Pequena e atraente com seus cabelos ruivos, a divorciada de 36 anos ligou para Oziel porque queria encontrar o homem por trás de uma série de fitas de autoajuda que propunham soluções rápidas.

Smyth estava interessada em terapia, mas não tinha como pagar os 160 dólares que Oziel cobrava por sessão. Seguiu-se uma série de telefonemas entre os dois. Jerry Oziel passou horas ouvindo a nova amiga contar sua história de vida. Smyth começou a convencer Oziel de que ele deveria ter sua própria coleção de fitas; os telefonemas progrediram até virar um romance tórrido, apesar de Jerry Oziel ser casado e ter duas filhas.

"Com o tempo, nossa relação comercial evoluiu e passou a incluir uma relação social", disse Oziel, mais tarde. "Ela me seduziu e insistiu em interações sexuais. A realidade é que ela estava se jogando para mim e eu não a queria."

Oziel descreveu o avanço do relacionamento como um "emaranhado emotivo" do qual ele tentou fugir durante os meses seguintes. Ele nunca deixou de amar a esposa, mas Judalon Smyth, disse ele, queria ser "legitimada" com ele. O terapeuta percebeu que o caso com Smyth havia se tornado um problema quando, afirmou ele, ela começou a montar acampamento na sua sala de espera. Em cartas apaixonadas, ela escreveu: "Eu funciono quando estamos separados, mas vivo quando estamos juntos". Em outra: "O que eu quero é eterno, não quero desistir de você. Quero amá-lo ao máximo todos os dias. Estou fazendo o possível para não o enlouquecer". Ela podia estar tentando, mas não teve sucesso. Aliás, pode-se defender que um estava enlouquecendo o outro — ou deixando o outro *mais* louco.

Em meio ao drama terrível e envolvente dos assassinatos dos Menéndez, Judalon e Jerry viriam a se tornar, rigorosamente falando, muletas da trama. Personagem menor, embora exótica, Judalon viria a ter participação breve, mas significativa. O papel de Jerry foi essencialmente passivo, o de um ouvinte profissional ao qual se confiariam segredos perigosos. Tal como Rosencrantz e Guildenstern em Shakespeare, estes atores secundários viriam a aparecer no palco várias vezes para mudar, e muito, o rumo dos acontecimentos.

24

A CONFISSÃO

Jerry Oziel e Judalon discutiram com fervor quem correu atrás de quem, mas concordam que suas vidas, já tumultuadas, estavam prestes a se complicar ainda mais devido a um acaso surpreendente do destino: eles seriam tragados pelo vórtice de um dos homicídios mais comentados na história dos Estados Unidos.

Na segunda-feira, 30 de outubro de 1989, Oziel, que estava ficando na casa de Smyth, ligou para sua própria casa para ouvir suas mensagens na secretária eletrônica — incluindo uma de Erik Menéndez.

Erik telefonou para o terapeuta por insistência de seu primo Henry, que tinha visto em primeira mão o estado mental conturbado do irmão mais novo dos Menéndez. Com base no que conhecia da família a partir dos atendimentos, Oziel ficou desconfiado de que Lyle e Erik não estavam contando a verdade. Erik, que parecia agitado, disse que queria se consultar com Oziel no dia seguinte e insistiu que fosse a última consulta do dia. Oziel aceitou atender Erik às 16h. Por trás da postura calma, o terapeuta sabia que estava diante de uma crise. Ele tinha praticamente certeza de que Erik Menéndez pretendia confessar o assassinato dos pais.

Os acontecimentos das 48 horas seguintes seriam discutidos com fervor e pleiteados em juízo durante anos, conforme os quatro envolvidos — Oziel, Smyth e os irmãos Menéndez — deram declarações conflitantes a respeito do que aconteceu de fato durante duas sessões de terapia.

Na terça-feira, 31 de outubro, Erik chegou ao consultório de Oziel na North Bedford Drive pouco antes da hora marcada. Erik parecia nervoso e deprimido. Tinha perdido peso. Quando a sessão começou, Erik falou de se sentir "muito isolado e alienado". Disse ao terapeuta que estava tendo pesadelos com imagens fortes dos pais mortos. Também disse que não sabia se queria viver ou morrer e achou que devia usar algum tipo de medicação.

Passada uma hora, Erik disse que queria caminhar. Depois de cruzar a Bedford Drive, a dupla parou em um parque perto do Santa Monica Boulevard. Depois de uma longa discussão sobre como o pai falecido tinha sido um grande homem, eles voltaram para o consultório. Pouco antes de passar pela porta, Oziel disse que Erik encostou-se em um parquímetro, soltou um suspiro profundo e declarou: "Fomos nós".

"Quer dizer que vocês mataram seus pais?", perguntou Oziel.

Erik respondeu que sim.

O temor de Oziel tinha fundamento. De repente, ele era mais do que um terapeuta conversando com o paciente.

"Eu estava com dificuldade de lhe dizer por que eu pensava em suicídio, já que não havia lhe dito que matei meus pais, e por isso ele não estava entendendo", Erik lembrou. "Então eu decidi que precisava contar para alguém, e decidi contar a ele ali, naquele momento... Eu queria muito que ele me dissesse, naquela hora, que eu não era uma pessoa ruim. E ele só tinha como fazer isso se soubesse que eu matei meus pais."

De volta ao consultório do terapeuta, no quarto andar, Oziel disse que Erik Menéndez conversou sobre a noite de 20 de agosto com detalhes. Segundo a versão do terapeuta sobre a conversa, Erik lhe disse que a ideia surgiu algumas semanas antes dos assassinatos. Erik estava assistindo a um programa da BBC sobre uma pessoa que havia matado o pai. Erik ligou para o quarto de Lyle e os dois começaram uma conversa casual, sobre como seria se a pessoa que domina e controla sua vida deixasse de existir. Eles passaram a discutir o pai, como era impossível agradá-lo, como ele tinha sido prejudicial para eles e a mãe, que eles viam como uma vítima de abuso, e, como Oziel disse: "uma casca vazia e patética de ser humano". Os irmãos concordaram que era impossível conviver com José Menéndez. A única solução era matar o pai.

Em algum momento, Oziel afirmou, os irmãos começaram a levar a proposta a sério. Depois de mais discussão, concordaram que não tinham como matar o pai sem matar também a mãe. Ela saberia o que eles haviam feito e denunciaria os dois. Além disso, raciocinaram, embora a mãe fosse infeliz no casamento, ela não conseguiria sobreviver por conta própria.

Os irmãos tinham idas e vindas nesse assunto, segundo o que Oziel disse que Erik lhe contou, mas acabaram concordando que pai e mãe teriam que morrer. Erik disse que a mãe havia parado de tomar medicamentos e havia se tornado uma "pessoa assustadora". Discutiram o momento certo. Lyle queria adiar, para eles terem mais tempo de planejamento. Mas Erik queria que fosse rápido, antes que ele perdesse a determinação. Lyle concordou.

Erik não entendia a euforia aparente de Oziel. O terapeuta ficava interrompendo-o com perguntas, pedindo mais detalhes sobre a noite de 20 de agosto. "Ele me cortava quando eu falava de depressão e suicídio."

Erik explicou que eles haviam ido a San Diego comprar as espingardas com uma identidade falsa, depois prepararam um álibi quando aceitaram o convite do amigo para ir ao festival gastronômico. Pouco antes da hora de encontrar o amigo, eles esperaram na porta da sala de televisão, onde os pais estavam sentados no sofá, assistindo a um programa. Lyle não confiava que Erik ia fazer o combinado, então fez Erik entrar na frente.

Erik entrou depressa, com a espingarda apontada para o pai. José se virou e gritou "não, não, não!", quando foi alvejado. Lyle "encerrou o serviço". Kitty tentou ficar de pé antes de cair no chão com a saraivada de tiros de espingarda. A mãe não estava morta, porém. Ela estava gemendo, tentando engatinhar sobre o próprio sangue. Os irmãos, com as espingardas sem balas, saíram para recarregar com a munição que escondiam no carro. Quando voltaram, Lyle administrou o golpe fatal — um tiro à queima roupa que atingiu Kitty no rosto. Erik disse que a sala ficou imunda de sangue.

Oziel disse que os irmãos chamaram o que aconteceu de "crime perfeito".

Apenas Erik estava com dificuldade de conviver com a situação. Ele ficava sonhando com a cena sangrenta na sala de televisão. Estava sendo devastado pela culpa.

Erik tinha que confessar a alguém. Naturalmente, escolheu seu terapeuta. Ninguém havia testemunhado o crime. Ninguém havia encontrado as armas. Ninguém havia contestado o álibi que eles tinham. Ninguém podia acusá-los.

Com exceção, agora, de Oziel.

"Lyle sabe que você está me contando?", perguntou Oziel.

"Não", Erik disse, complementando que talvez seu irmão viesse a querer matá-lo quando descobrisse. Ele disse que planejava lhe contar durante as próximas férias. Ou nunca.

"Não. Você devia contar", disse o terapeuta.

A última coisa que Oziel queria era que Erik deixasse seu consultório e contasse a Lyle o que ele tinha feito. Ele o convenceu de que seria muito melhor, para todos, se ele ligase para Lyle naquele momento e dissesse para ele vir ao consultório imediatamente, para todos se resolverem juntos.

A poucas quadras da mansão dos Menéndez, Lyle estava distribuindo doces de Dia das Bruxas com sua namorada Jamie Pisarcik. Quando Lyle atendeu o telefone, Oziel afirmou que Erik havia lhe contado "tudo".

"Como assim?", perguntou Lyle.

"Venha cá", o terapeuta insistiu. "Não quero falar desse assunto ao telefone."

Com o coração acelerado, Lyle pegou o carro e foi ao consultório de Oziel. Ele tinha a forte sensação de que Erik havia confessado o envolvimento dos irmãos nos assassinatos. Além de não confiar em Oziel, Lyle estava com receio de que Erik e o terapeuta tivessem discutido a possibilidade de os dois se entregarem à polícia.

Enquanto esperava Lyle chegar, Judalon Smyth afirmou que Oziel a levou para uma sala externa e disse que, como ele suspeitava, os dois irmãos eram os responsáveis pelos assassinatos dos pais. "Eu temo muito por você, meus filhos e por mim", declarou ele.

• • •

Lyle chegou pouco depois das 18h30. Judalon Smyth disse que estava sentada na sala de espera quando Lyle entrou. Ela o viu apertar o botão de chamada que dizia "Oziel", sentar-se, pegar uma revista e folhear. "Está esperando faz tempo?", Smyth disse que ele lhe perguntou. Ela deu de ombros, sem convicção. "Sabe como são os médicos", respondeu ela. Então Oziel abriu a porta do consultório e convidou Lyle a entrar.

Quando Lyle entrou, Oziel parecia nervoso. Erik ficou ainda mais tenso, nervoso quanto à reação que Lyle teria. Na lembrança de Oziel, Lyle foi ameaçador desde o instante em que entrou. Ele disse que teria que pensar em como lidar com aquilo, agora que Oziel sabia. Enquanto Lyle se encostava em sua cadeira de espaldar reto, de frente para a poltrona roxa do médico, Oziel disse que queria explicar o que ele já havia discutido com Erik.

"Não quero saber", Lyle disse. "Eu só quero conversar com Erik a sós."

"Seu irmão me contou tudo", declarou Oziel.

"O que você quer dizer com tudo?", Lyle perguntou.

Quando a resposta ficou clara, Oziel disse que Lyle começou a gritar com Erik. "Não acredito que você fez uma coisa dessas!", ele berrou com o irmão. "Não acredito que você contou pra ele! Agora eu nem tenho irmão. Eu podia me livrar de você por ter feito isso."

Lyle não conseguia entender por que Erik havia procurado Oziel em vez dele. Disse que a confissão do irmão tinha sido "burra".

Erik tentou se defender. Se ele houvesse abordado Lyle, o irmão dele teria dito "não, de jeito nenhum", e eles teriam tido uma grande briga e Erik teria confessado do mesmo modo.

Tanto Oziel quanto Judalon Smyth viriam a depor, sob juramento (embora Smyth tenha dito, posteriormente, que estava apenas repetindo o que Oziel havia lhe dito), que Lyle então declarou a Erik: "Eu espero que você saiba o que nós vamos ter que fazer agora. Temos que matar ele e quem for ligado a ele".

Smyth afirmou que, por trás da porta, ouviu Erik, chorando, responder: "Eu não posso impedir você [Lyle] de fazer o que tiver que fazer, mas... eu não posso matar mais". Os dois irmãos negaram categoricamente que chegaram a ameaçar Oziel ou discutiram cometer o "crime perfeito". Lyle admitiu que dissera que "não acreditava que havia outra maneira de [os irmãos] se sentirem seguros a partir dali", dado que Oziel havia ouvido a confissão de Erik. Ele estava "extremamente irritado".

As anotações de Oziel sobre a sessão refletem que Lyle estava "muito infeliz" e ele estava captando a mensagem de que "Lyle pensava em me matar... e Erik tinha a mesma sensação".

"Foi uma sessão muito intensa em que eu berrei com meu irmão, Oziel me dizendo que eu parecia ameaçador, e eu meio que me sentindo... de verdade, me sentindo encurralado para além da minha culpa, porque eu não queria falar sobre o que eles queriam, mas não tinha como ir embora", Lyle lembraria depois.

Oziel tentou dizer a Lyle que a relação paciente-terapeuta era sigilosa na maioria das situações, mas Lyle não aceitou a explicação. "Eu entendo o Erik, mas ele não devia ter feito isso", disse Lyle. Oziel disse que Lyle o encarou e falou que não queria ninguém cuidando de tudo que ele fazia. Era por isso que ele tinha matado seus pais. Ele não tinha como se sentir seguro agora que Oziel sabia.

Enquanto eles conversavam, Erik, abalado pela culpa e soluçando, pôs-se de pé em um salto e correu do consultório. Lyle e Oziel o seguiram ao corredor. Não era uma boa maneira de sair da sessão, Oziel dizia. Eles precisavam voltar para dentro e conversar a respeito da situação.

"Ele me disse que se sentia ameaçado pela minha postura e... que se sentia pouco à vontade e queria que eu ficasse, pelo menos porque meu irmão evidentemente não ia ficar." Mas Lyle queria encontrar Erik e conversar com ele antes de decidir qualquer coisa.

Oziel implorou a Lyle no elevador, ainda tentando convencê-lo a continuar a conversa. Lyle disse que não tinha certeza de ter algo mais a dizer a ele. Ele apertou a mão de Oziel e, olhando-o nos olhos, disse: "Boa sorte, dr. Oziel".

O dr. L. Jerome Oziel voltou para cima, trancou a porta da sala de espera, depois trancou a porta do corredor e a porta de seu escritório. Foi ao telefone. A primeira ligação foi para sua esposa. Explicou a situação e disse a ela que estava em perigo. Recomendou que ela saísse de casa e encontrasse um lugar para ficar alguns dias, que inventasse para as crianças uma história sobre vazamento de gás na cozinha. Então ele ligou para o dr. Jeff Lulow, seu supervisor em psicologia, para pensar em voz alta sobre seu dilema.

Lulow ouviu a conjuntura que Oziel descreveu com consternação cada vez maior. Lulow disse que Oziel tinha obrigação de avisar a todos que ele acreditava, com razoável convicção, que estivessem em perigo, revelando o quanto eles precisavam saber para entender a gravidade da ameaça e para tomar medidas para se protegerem. Ele disse que Oziel deveria fazer um registro da confissão e deixar em um cofre bancário, entregar as chaves a um advogado ou outra pessoa em quem ele confiasse, com instruções para que, caso algo de suspeito lhe acontecesse, as anotações fossem entregues à polícia. Depois, ele deveria certificar-se de que os pacientes soubessem destes preparativos. Por fim, Lulow sugeriu a Oziel contratar alguém que o protegesse e mandar sua família sair da cidade, de férias.

Enquanto Smyth telefonava para uma agência de detetives, para saber como contratar um guarda-costas, Oziel fez várias ligações para advogados, para outros psicólogos, e ao menos uma, anônima, à delegacia de uma cidadezinha, onde ele expôs uma situação hipotética. Disse a seu advogado, Brad Buron, que tinha clientes que haviam cometido um delito grave.

Oziel, posteriormente, viria a afirmar que ele acreditava que denunciar os irmãos à polícia sem a garantia de que seriam presos seria um erro gravíssimo. Enquanto Oziel estava ao telefone, Smyth disse que ela estava lá, acariciando-o na nuca e nos ombros enquanto falava. Oziel afirmou que ela não estivera em seu consultório naquela noite, em nenhum momento — o terapeuta foi à casa de Smyth depois que encerrou os telefonemas, para avisá-la que sua conexão com ele a deixava em risco, e para evitar de levar os irmãos a sua própria casa. Mas Smyth disse que eles foram juntos à casa de Oziel para pegar uma mala que sua esposa tinha deixado na porta.

Naquela noite, disse Smyth, Oziel ficou obcecado com a necessidade de fazer os irmãos virem consultar-se com ele mais uma vez. O terapeuta expressou seu temor e contou a ela mais detalhes sobre a confissão. Ela disse que ele não parava de repetir que, se pudesse recebê-los para mais uma sessão, conseguiria deixá-los sob controle.

25

2 DE NOVEMBRO DE 1989

No dia 2 de novembro, a primeira coisa que o dr. Oziel disse a Lyle e Erik quando eles chegaram ao consultório foi que ele havia deixado anotações com detalhes da confissão dos irmãos em cofres de três bancos com instruções para que os documentos viessem à tona em caso de um "acidente suspeito". Segundo a versão de Oziel dos fatos, Lyle riu e disse: "Você tinha razão para se sentir ameaçado". Quando Lyle e Erik saíram do consultório dois dias antes, a primeira coisa que Lyle disse quando entrou no jipe de Erik foi: "Então, como matamos o Oziel?". Erik lhe disse que não estava disposto a matar mais ninguém naquele momento e que, se Lyle quisesse matar o terapeuta, ele que matasse. No carro, eles ficaram discutindo a sina de Oziel e olhando para a janela do consultório, até que lhes ocorreu que Oziel provavelmente estava olhando para eles lá de cima, apavorado porque sabia do que os dois estavam falando. (Os irmãos insistem que esta conversa nunca aconteceu.)

Lyle perguntou a Oziel se ele estava com medo. "Opto por não viver com medo", respondeu Oziel.

"Meu pai também era assim", Lyle disse.

Oziel não queria entrar em um jogo com Lyle. Ele admitiu que qualquer pessoa podia ser morta. "Captei a mensagem", ele disse. "Mas a questão é que o que estamos tentando fazer aqui é... trabalhar na resolução de questões que vocês tinham, emocionalmente, que os levaram a matar seus pais."

Segundo Oziel, Lyle disse que não tinha nada mais a trabalhar na terapia, porque os problemas que o haviam levado a cometer os assassinatos estavam mortos.

O terapeuta tentou outra abordagem. Disse que não só ele poderia ajudá-los com o que sentiam, mas, se fossem presos, seu registro das sessões de terapia, assim como seu entendimento da "constelação familiar" e das causas emocionais subjacentes do crime, poderiam auxiliar na defesa deles.

Erik e Lyle devem ter aceitado o argumento, ou estavam pensando nos três cofres nos três bancos, pois começaram a falar.

Segundo seu próprio depoimento sobre a sessão de terapia, Oziel tentou desviar a conversa de sua pessoa. Ele ficou perguntando se Lyle sentia alguma parte do remorso que Erik estava sentindo. Perguntou ao irmão mais velho se ele se sentia culpado por ficar com milhões de dólares da herança do pai. Lyle riu e disse: "Não, mas não fizemos isso pelo dinheiro".

Os garotos disseram que suas vidas tinham sido uma mentira. Para o mundo, eles pareciam a família perfeita. Na verdade, a família era um desastre. A mãe e o pai praticamente não tinham um relacionamento, exceto pelo comportamento emocionalmente abusivo do pai para com ela, e tratando-os com rejeição, críticas e humilhação.

"Os dois garotos reconheceram que não achavam que voltariam a cometer crimes, e sim que sempre souberam que odiavam o pai e que precisavam matá-lo porque ele os controlava totalmente, fazia-os sentirem-se incompetentes e inferiores, dominava-os", Oziel lembrou.

Após uma longa discussão sobre culpa, motivação e de perguntar se os irmãos haviam conseguido cometer o crime perfeito, Oziel usou a palavra "sociopata" para rotular os dois. Lyle pediu para ele definir o termo. Oziel descreveu primeiro um homicídio cometido por motivo passional, depois um homicídio sociopata. "Os meninos se olharam, depois olharam para mim e disseram, sem pestanejar: 'Somos sociopatas. Ficamos empolgados planejando o assassinato'."

Em anotações em áudio que gravou mais tarde, Oziel disse: "Ocorreu-me durante a sessão que Lyle era um sociopata quase absoluto, sem evidência de qualquer remorso que eu pudesse detectar, e que chegou a pensar em matar Erik depois que Erik me confessou o homicídio.

Erik parecia muito menos apto a cometer tal ato sem Lyle e estava claramente transtornado pelo escopo do que havia feito com seus pais". Oziel registrou que Lyle era bastante protetor de Erik e queria estar envolvido na terapia de Erik, "creio eu, a fim de se certificar de que o irmão não revelasse a mim outros fatos ou detalhes que Lyle não queria que ele revelasse. Creio que nunca ocorreu a Lyle que Erik chegaria a revelar o fato do homicídio... Parece que a magnitude do que eles haviam feito ao assassinar os próprios pais escapava por completo aos dois garotos".

Oziel achou que se não houvesse contado a eles sobre os cofres nos bancos, "os garotos certamente teriam me matado". O outro fator a favor de Oziel era de que, caso o terapeuta fosse assassinado por volta de dois meses após os pais, a polícia faria a conexão.

Depois que a sessão terminou, Oziel ditou ao gravador: "Fiquei plenamente convencido de que estava em perigo no que se tratava destes dois garotos e dos planos que tinham para mim. Eu terminei a sessão sentindo apenas que eles não iam me matar, necessariamente, a qualquer momento no futuro próximo. Embora eu não confiasse nesta conclusão com muita veemência".

Os irmãos tinham uma lembrança muito diferente da sessão de 2 de novembro. Lyle e Erik sustentam que falaram pouco. O dr. Oziel foi quem mais falou, oferecendo sua opinião sobre os Menéndez e especulando quanto ao que ele achou que pudesse ter ocorrido.

26

"NÃO PROCURE A POLÍCIA!"

Durante os três dias seguintes, os Oziel esconderam-se com suas filhas em um hotel perto de sua casa em Sherman Oaks. Em 6 de novembro, Jerry Oziel comprou espingardas para si, para a esposa Laurel e para Judalon Smyth, e mandou consertar o alarme da casa. Smyth disse que Oziel lhe falou que sua vida corria "perigo mortal".

"É mais sério do que eu consigo imaginar, e talvez eu não consiga resolver", disse ele.

Ele avisou que a vida de Smyth também estava em perigo, como ela contou a pessoas próximas. "Ele me disse que era a única pessoa em quem eu podia confiar. 'Sou seu único amigo neste mundo. Não procure a polícia. Temos que trabalhar juntos'", ela explicou posteriormente à *Vanity Fair.*

Oziel decidiu que sua melhor estratégia era virar aliado dos irmãos Menéndez. Ele reiterou que poderia "ajudar, potencialmente, caso eles fossem presos e julgados pelo assassinato dos pais". Segundo Judalon Smyth, Oziel aconselhou a Erik e Lyle que era importante que qualquer argumento da defesa em potencial mostrasse que eles haviam passado por uma sequência de sessões de terapia depois da confissão. Smyth disse que Lyle originalmente se recusou, mas Oziel lhes disse: "Vamos marcar as consultas e vocês pagam como se estivessem vindo. Se precisarem vir, vocês vêm, e se não quiserem, não vêm. Mas tem que parecer que vocês sentem remorso, que sabem que fizeram coisa errada e estão buscando ajuda". Smyth repetiu esta afirmação de suposta extorsão em um processo que abriu posteriormente contra Oziel.

Oziel insistiu que estava tentando encerrar seu caso com Smyth, mas o caso continuou. Em 25 de novembro de 1989, ela lhe deu um documento estruturado como um contrato, jurando sua dedicação. A "Promissória Sexual Mais Oficial Que Existe" tinha assinatura de Judalon Rose Smyth. As duas "testemunhas" do contrato eram seus gatos preto e branco — Shanti Oz e Ishi Kitty — que "assinaram" com as marcas das patas.

Em uma conversa por telefone gravada por Smyth naquela noite, Oziel falou de como as filhas acabariam considerando Judalon "positiva" porque ele falava dela positivamente. "Contei tudo [a respeito de você] às duas e sei que vai causar boa impressão... [que você é] a maior vendedora de cristais do mundo."

Em dois outros telefonemas gravados por Smyth durante a semana seguinte, ficou evidente que a relação romântica entre os dois não havia acabado tal como Oziel viria a dizer. A Smyth, ele dava a impressão de que seu casamento estava no fim. "Estamos conversando sobre o que fazer", ele lhe disse. "Estamos decidindo o que fazer quanto à casa, o dinheiro, dividir advogados e tudo mais."

Em outra ligação, parecia que Oziel estava fazendo terapia com Smyth, uma alegação que ela viria a aplicar em um processo por negligência profissional contra o psicólogo. Depois, a conversa se voltou para os irmãos Menéndez.

Oziel: Ela acha que esses caras não são mais um perigo.
Smyth: Bom, eu não concordo.
Smyth: Não sei se eu concordo... Quer dizer, é que eu não acho que você... é que...eles são doidos!
Oziel: Poxa, você levou um bom tempo pra chegar nessa conclusão.
Smyth: (risos)
Oziel: Eu achei que estava na cara.
Smyth: Eles são loucos.
Oziel: É verdade.

PARTE VI

FECHANDO O CERCO

27
UMA NOITE EM MALIBU

Craig Cignarelli vinha contando a amigos de Calabasas que Erik lhe confessara que matou os pais. Cignarelli se gabava de estar escrevendo um roteiro para cinema sobre os assassinatos e que ia ganhar milhões quando vendesse. “Eu conheço os fatos”, ele disse aos amigos.

Em 17 de novembro, Les Zoeller e Tom Linehan encontraram Cignarelli perto da University of California em Santa Barbara, onde ele era aluno. Cignarelli contou aos detetives que, quando passou um fim de semana com Erik, no final de agosto, ele havia falado em matar os pais.

Mas, ao fim da revelação, Erik qualificou tudo que disse com a frase “É o que poderia ter acontecido”. Cignarelli achava que Erik estava envolvido de fato nas mortes? Não, disse aos detetives.

Mas Cignarelli aceitou usar uma escuta corporal para a polícia. Na noite de 29 de novembro, ele se encontrou com Erik no Gladstone’s 4 Fish, famoso restaurante de frutos do mar na Pacific Coast Highway. Enquanto Cignarelli esperava por Erik no estacionamento, os detetives ficaram escondidos em um furgão próximo.

Quando o jantar começou, Erik ficou se gabando da última namorada, de que tinha ido esquiar em Utah e de que havia encomendado uma mesa de bilhar de 6,8 mil dólares para seu novo apartamento em Marina del Rey. O tom ficou sério quando Erik disse que sua tia Marta havia chamado um padre à mansão dos Menéndez para fazer uma “missa de purificação”.

"Ele purifica a alma, purifica você, faz você se sentir melhor... Esse curandeiro filho da puta... começa a fazer o troço em latim... puta que pariu... eu não conseguia abrir os olhos, e entrei em um transe uns nove, dez minutos pelo menos. Eu disse, tipo assim: 'Que porra foi essa?'. Mas eu fiquei, eu vi o círculo girando assim... e eu, eu começo a entrar nesse buraco negro com ele... na minha volta. Eu passo pelo meio do buraco. Aí, de repente, eu vejo meus pais. Eu vi as almas subindo pro céu. Eu vi meus pais no céu... eles estavam de pé, eu tava rezando na frente deles, de joelhos."

Boa parte da conversa era Erik contando a Craig sobre sua última versão do roteiro. Cignarelli ofereceu-se para ajudar com a revisão.

"Bom, nós vamos dramatizar, e não vamos usar nomes reais, e não vamos fazer exatamente realista, mas só um roteiro assim... basicamente, a mesma coisa que *Amigos,* tipo o *Amigos* original. O garoto mata os pais, ou alguém mata os pais..."

Erik o deteve.

Erik: Não vem com essa, porra.
Craig: Eu sei, mas... Você já me contou que foi você.
Erik: Não, não, não vem mais com essa porra.
Craig: Tá, mas...
Erik: Chega. Não vem com essa porra. Você sabe que eu não matei meus pais.
Craig: Eu sei.
Erik: Você sabe que não teria como eu...
Craig: Eu quero descobrir quem foi.
Erik: ... ainda mais do jeito que foi.
Craig: Você continua com medo do Lyle?
Erik: Não, não foi o Lyle. Ele tava comigo.
Craig: Será que ele mandou alguém matar? Eu não quero insistir, mas, cara, eu quero saber.
Erik: Eu não sei. Ele não tinha nada com drogas nem essas coisas, sabe?
Craig: Você ainda tá investigando?
Erik: Não tem o que eu fazer, cara, mas eu ando armado.
Craig: Eu sei. Você me contou.

Erik: E essas porras. Não sei o que os detetives andam perguntando. Porra, eles acham que pode ter sido a gente.

Craig: Ainda sou suspeito, até onde eu sei.

Erik perguntou se a polícia tinha conversado com ele. Craig admitiu que sim.

Erik: Eu tenho certeza que você não contou pra eles o que eu te contei. Assim, porque, tipo, isso é...

Craig: A-hã, é assim que eu vou contar pra eles. Oi. O Erik matou os pais. Isso aí.

Erik especulou que a máfia ou Fidel Castro podiam ter assassinado seus pais, e que ele pagaria um milhão de dólares a quem encontrasse o assassino.

Erik: Chega a me dar medo de saber quem foi. Se eu descobrir quem foi, eu mato... Se eu não descobrir quem foi, eu vou ficar na paranoia pelo resto da vida.

O restante do jantar foi uma chuva de ideias para ficarem ricos. Erik disse que talvez tivesse sorte como ator. Sua frase de despedida foi: "Eu tô dizendo. A gente devia ser senador. Não é?".

Quando Erik partiu depois do jantar, Cignarelli se inclinou, falou no microfone no peito e pediu desculpas aos detetives. "Bom, acho que não ajudei muito, hein?"

Semanas depois, Cignarelli disse a Zoeller que havia escrito uma "recomposição jornalística" da confissão de Erik, dos furtos em Calabasas e de outro assassinato em um caderno escolar. Para conseguir o caderno, a polícia recorreu a um mandado de busca, que usou para entrar na casa da mãe de Craig, em Calabasas, em 25 de janeiro de 1990. A polícia encontrou dois cadernos, mas não havia nada nos dois sobre uma confissão ou um assassinato. Craig ficou furioso com o mandado.

Zoeller e Linehan perguntaram a Cignarelli se ele queria ver fotos nojentas da cena do crime. Craig respondeu com um fax para a Polícia de Beverly Hills escrito à mão:

ATENÇÃO: HOMICÍDIOS
O DESTINO E AS CIRCUNSTÂNCIAS
POR VEZES FORMAM ALIANÇAS IMPREVISTAS
Ainda que eu trilhe o vale da sombra da morte, não temerei
MAL ALGUM
Traição significa morte
Viver É Uma Arte que exige tato, não é alimentada pela cobiça!
Isto vocês sofrerão com a ignorância.
VOCÊS são INDIGNOS de
CONFIANÇA!
E ao observar seu império do alto, entristeceram-
se, pois não havia mais terras a conquistar.

A assinatura dizia Hamilton Cromwell.

28

OS OZIEL – ELA NOS FEZ DE REFÉNS

No início da tarde de 9 de dezembro de 1989, Judalon Smyth desmaiou e ficou desconexa. Ela havia começado a tomar um novo medicamento para depressão. Seu pai estava junto e imediatamente ligou para Jerry Oziel, que correu ao apartamento de Smyth, temendo que ela tivesse tomado uma overdose. Quando ele chegou, Smyth parecia confusa. Oziel e Jim Smyth a levaram a um consultório. Os sinais de Judalon estavam estáveis, mas havia algo claramente errado. Depois, Oziel cruzou 25 quilômetros de Los Angeles para levá-la ao pronto-socorro de um hospital perto de sua casa em Sherman Oaks.

"Levei Judalon [ao pronto-socorro] não como psicólogo, mas como amigo ajudando alguém que podia estar com um problema médico", Oziel recordaria mais tarde. "Enquanto estava lá, ela falou de depressão, o que um médico concluiu que a tornava potencialmente suicida... Ela passou a se sentir insegura depois da situação no hospital e não conseguia ficar com uma amiga — ela queria ficar perto de mim", lembrou Oziel. "Ela estava desajustada e implorou para vir para cá."

Jerry e Laurel Oziel ficaram com pena da mulher assustada e nervosa. Convidaram Smyth para se hospedar no quarto da empregada doméstica por dois dias.

De início, Smyth sentiu-se em casa e feliz. Mas, em algum momento das 48 horas seguintes, os Oziel disseram que Judalon ficou abatida e taciturna. Então começou o que os Oziel chamaram de intimidação.

Judalon começou a repetir várias vezes que ia cometer suicídio. Às vezes, ela falava com outros alertas sutis. A única ameaça que não foi bem aceita foi de que ela contaria à polícia o que sabia do assassinato de José e Kitty Menéndez. "Foi a primeira vez que ela fez essa ameaça dupla", disse Oziel. "Foi manipulação de duas vias: ela ameaçava cometer suicídio ou ir à polícia."

Mais tarde, Smyth afirmaria em um processo que Oziel a lembrava frequentemente de que ela era deprimida e suicida, e que seria internada em um hospital psiquiátrico estadual se saísse da casa dele. Os Oziel negaram essa história com veemência. Oziel insistiu em recomendar outros psicólogos para tratar Smyth, mas ela se recusava a marcar consultas. Os Oziel acreditavam que Smyth "gostava da vida em família e nos ameaçou para poder ficar".

No outono de 1990, Jerry Oziel me contou que ele e sua esposa nunca tiveram um relacionamento aberto, nunca se separaram, nem tinham planos de divórcio. Laurel Oziel, aliás, permaneceu firme ao lado do marido. Embora Oziel negasse, Smyth afirmava que o caso deles continuou depois que ela foi morar com os Oziel, e que ela e o terapeuta tinham encontros românticos no quarto da empregada doméstica. Segundo um dos advogados de Smyth, uma das filhas dos Oziel entrou no quarto uma manhã e viu o pai na cama com Judalon.

Em meados de janeiro de 1990, Oziel emprestou 5 mil dólares a Smyth. Judalon assinou uma promissória. Quando questionado se Smyth estava extorquindo-o, Oziel respondeu: "É difícil de saber. Ela me disse que precisava do dinheiro. Ela nunca falou especificamente em chantagem, mas meu raciocínio e decisão devem ter trabalhado com essa hipótese". Smyth pagou apenas uma parcela do empréstimo. Afirmou que estava "dopada" quando assinou a promissória.

Oziel descreveu Smyth como "agressiva e sedutora". Em uma carta do início de fevereiro de 1990, Smyth escreveu: "Por mais que você esteja lidando com tudo isso muito bem, eu vejo que você também precisa de cuidado. Obrigada por me amar e me proteger e compartilhar sua casa e família".

Smyth disse posteriormente que escrevia cartas apaixonadas porque Oziel "exigia que eu lhe escrevesse uma carta romântica por dia. Se eu não escrevesse para agradá-lo, ele batia em mim". Em um processo, ela afirmou que o doutor Oziel "a ameaçou com punhos fechados... e bateu duas vezes nas suas pernas e braços". Um mês depois, no início de março, ela disse que ele havia puxado seu cabelo e a asfixiado, e depois a estuprou.

Uma noite, os Oziel chegaram em casa do trabalho e Smyth havia mudado os móveis de lugar. Durante uma discussão explosiva, Oziel disse que "ela exigiu que Laurel e as crianças fossem embora e eu deveria ficar. Foi naquele momento que senti que nossas vidas iam ser arrasadas se a deixássemos em casa". Oziel pediu a Judalon para ir embora. Ele explicou que amava sua esposa e não ficaria com ela. Naquele momento, Oziel afirmou que Smyth ficou histérica e fez "grandes ameaças", de que ia assassinar ele e a família.

Na manhã seguinte, Jerry Oziel estava em pânico. Ele fez Smyth assinar um documento que ele escreveu, declarando que ela não ia cumprir as ameaças. Escrito à mão por Oziel em papel de carta do Centro Psiquiátrico e Psicológico de Beverly Hills, o documento com data de 17 de fevereiro de 1990 leva o título "Reafirmação de Acordo de Confidencialidade" e repete um acordo anterior que Smyth assinou para proteger a confidencialidade dos pacientes de Oziel — incluindo a confissão de Erik e Lyle.

Smyth garatujou sua assinatura no fim da carta. Ela afirmou, posteriormente, que Oziel a despertou de um sono profundo, enfiou o documento na sua frente e a obrigou a assinar sem ler. "Ela rabiscou a assinatura intencionalmente. Eu exigi que ela assinasse o documento, senão eu chamaria a polícia", disse Oziel. Smyth prometeu sair da casa em até duas semanas.

Os Oziel acreditavam que Smyth passou esse tempo mexendo em tudo na casa da família, incluindo documentos particulares e arquivos de trabalho. Quando questionado se ela poderia ter obtido prontuários de pacientes durante esse período, Oziel disse apenas que "ela passava longos períodos sozinha na casa".

Ao fim, disse Smyth, foi ela quem fugiu dele, depois de três meses morando na casa. A uma amiga, ela disse que ele a mantinha drogada e a obrigava a fazer sexo. Ela sobrevivia como uma "prisioneira de guerra" e acreditava que sua vida estava em "risco extremo".

Duas ex-babás da família Oziel deram alguma credibilidade, indiretamente, a parte do que Judalon afirmou. As babás contaram ao programa *Primetime Live*, do canal ABC, que haviam tido relações com Jerry Oziel nos anos 1980. Em entrevistas à ABC, as duas mulheres afirmaram que Oziel era abusivo, lhes dava drogas controladas e as manipulava psicologicamente. As mulheres contaram à ABC que chamavam o terapeuta, afetuosamente, de "Dr. Papai".

Oziel rebateu as histórias das babás. Quanto a Smyth, disse que as alegações dela eram "absolutamente falsas" e negou que ela havia sido sua namorada. A relação entre os dois havia sido de terapeuta e paciente, e, assim, "confidencial por lei".

29

A INFORMANTE: JUDALON SMYTH

Nos meses que se passaram desde o assassinato de José e Kitty Menéndez, os amigos de Lyle ficaram cada vez mais desconfiados do envolvimento dele nas mortes. Agora tinham certeza.

Na sexta-feira, 2 de março de 1990, Lyle, Glenn Stevens e Hayden Rogers foram de Newark a Los Angeles para procurar um local próximo ao campus da UCLA onde Lyle pudesse abrir a filial de uma lanchonete especializada em asinhas de frango, que ele havia comprado em Princeton com um empréstimo de 300 mil dólares do espólio. Durante o voo, enquanto Hayden dormia, Glenn disse que Lyle falou do dr. Jerry Oziel como o melhor psicólogo de Beverly Hills. Ele disse que o terapeuta e Gerry Chaleff, o advogado dos irmãos, eram os únicos que conheciam "toda a história" do que havia acontecido com os pais dele.

Ele também disse que Oziel havia gravado algumas sessões com os irmãos, e tudo bem, pois a polícia nunca poderia ouvir as fitas. Surpreso, Stevens disse que ficara sabendo de casos em que o privilégio de sigilo entre médico e paciente havia sido contornado judicialmente. Lyle fez cara de choque. "Se a polícia botar a mão nessas fitas, eu tô fodido!"

Na metade do voo, Lyle telefonou para Gus Tangalos, o gerente de seu restaurante em Princeton. Gus disse a Lyle que pouco depois de ele sair do aeroporto, Les Zoeller e Tom Linehan entraram na lanchonete Mr. Buffalo's. Depois de comer frango apimentado, os detetives perguntaram a Gus se Lyle tinha armas de fogo. Lyle ficou transtornado ao ouvir aquela história. Pegou um maço de dinheiro, tirou 1,8 mil dólares e dividiu entre Rogers e Stevens. Caso ele fosse preso, eles deviam ligar para Chaleff e usar o dinheiro para pagar sua fiança.

Pouco depois de deixarem New Jersey, Lyle e Glenn haviam se encontrado em Nova York com um homem que Stevens conhecia, e que supostamente tinha contatos na máfia. Stevens foi ao banheiro por cinco minutos. Depois que eles saíram, Lyle lhe disse que o homem havia revelado quem matou José e Kitty. Sem que Stevens soubesse, Lyle e Hayden fizeram uma segunda viagem a Nova York para encontrar o mesmo homem. Fez parte da visita uma discussão sobre como conseguir o porte de arma para Stevens, a fim de que ele se tornasse o guarda-costas de Lyle.

Na Califórnia, Glenn achou que Lyle estava com um "comportamento esquisito". Lyle saía de casa todo dia às oito horas; em Princeton, ele nunca acordava cedo. Stevens não entendia por que Lyle não se esforçava mais para descobrir quem matou seus pais. Lyle explicou que seu pai havia lhe dito que, caso algo lhe acontecesse, o filho devia seguir sua vida.

Na segunda-feira, 5 de março, Lyle ligou para seu antigo guarda-costas, Richard Wenskoski, em New Jersey, para perguntar se ele sabia por que os detetives haviam passado no Mr. Buffalo's. Dias antes, Zoeller dissera a Wenskoski que os irmãos tinham se tornado "fortes suspeitos" no caso do assassinato dos pais. Wenskoski gravou a ligação com Lyle e sugeriu que ele telefonasse para a polícia. "Não, não, acho que não", respondeu Lyle, complementando que havia outro assunto de que ele queria tratar, mas não poderia falar ao telefone.

Mais tarde, no mesmo dia, a Polícia de Beverly Hills recebeu uma ligação do superintendente do Condado de Los Angeles, Murray Gross, que disse que uma amiga queria contar à polícia o que sabia do assassinato dos Menéndez. Eles combinaram uma reunião na delegacia no dia seguinte.

Na terça-feira, 6 de março, Les Zoeller, Tom Linehan e o Promotor Público de Los Angeles Elliot Alhadeff reuniram-se com Judalon Smyth. Ela contou que estava morando havia meses na casa do psicoterapeuta dr. L. Jerome Oziel, que a havia expulsado no domingo (contradizendo sua história posterior, de que ela havia saído "sorrateiramente" da casa para "fugir"). Eles tinham um envolvimento romântico desde o verão anterior. Quatro meses antes, Smyth disse, Erik Menéndez confessou ao dr. Oziel que ele e Lyle haviam matado os pais.

Durante "conversas íntimas", como um de seus advogados viria a dizer, Smyth e Oziel discutiram os irmãos Menéndez. Ela também disse aos detetives que Oziel a havia estuprado. "Uma das vezes que transamos foi estupro, com certeza foi, porque fingi que estava dormindo e mesmo assim ele fez sexo comigo", disse ela. Mas eles estavam mais interessados em saber dos irmãos Menéndez.

30

O MANDADO DE BUSCA

Laurel Oziel tinha acabado de sair do chuveiro quando ouviu as batidas na porta de casa. Era a manhã de quinta-feira, 8 de março. Ela abriu a porta e se assustou ao ver detetives da Polícia de Beverly Hills, um promotor público e um auxiliar judiciário *ad hoc,* que lhe entregou um mandado de busca. A tropa disse que o marido dela tinha seis fitas cassete que seriam provas relacionadas ao cometimento de um delito. Laurel disse que precisava acabar de se vestir e bateu a porta. "Se importam se eu queimar as fitas?", ouve-se o promotor adjunto Elliot Alhadeff dizer em uma gravação em vídeo feita pela polícia. Ao ouvir esse gracejo, eles imediatamente obrigaram Laurel a deixar que entrassem. Ela teve permissão para se vestir depois que um detetive vasculhou suas gavetas, armário e até a caixa de descarga do banheiro.

O telefone do carro de Jerry Oziel tocou pouco depois das 10 horas, quando ele estava a caminho de seu consultório em Beverly Hills. Havia um bando de homens com distintivo em riste na sua sala de estar, Laurel lhe disse. "Acho bom você vir para casa."

Oziel ligou para seu advogado, Brad Brunon, antes de entrar em contato com a Associação Norte-Americana de Psicologia para pedir orientação. A orientação foi de que, se o mandado de busca fosse válido, não havia nada que ele pudesse fazer.

A lei da Califórnia diz que o paciente detém privilégio de sigilo com seu terapeuta. O psicólogo é obrigado a "reivindicar o privilégio" se o paciente não estiver disponível para reivindicar em pessoa. Para proteger o sigilo e agir como intermediário entre a polícia e o terapeuta, um auxiliar judiciário *ad hoc* — um advogado indicado pelo tribunal — está presente durante a revista da pessoa ou da busca em sua propriedade. Conforme o procedimento padrão, o auxiliar judiciário entrega tudo que foi apreendido ao tribunal, em segredo de justiça, e a decisão de aceite do material fica pendente.

Quando Jerry Oziel chegou em casa, o auxiliar judiciário explicou que eles estavam à procura de fitas com informações relacionadas aos assassinatos de José e Kitty Menéndez, incluindo confissões que o terapeuta supostamente havia registrado. Segundo o mandado de busca, "as fitas sugerem o planejamento de crimes e uma descrição de como o crime foi cometido". Eles também exigiram a agenda de consultas de Oziel e chaves para quaisquer cofres que a família tivesse em bancos.

Oziel queria esperar seu advogado antes de responder a qualquer pergunta. Quando Brunon chegou, houve uma breve discussão sobre os parâmetros do mandado. Depois, Brunon disse aos agentes que Oziel iria, com relutância, "cumprir o mandado sob coerção do tribunal por não ter escolha". Depois de afirmar o privilégio de sigilo do terapeuta, Brunon recomendou a Oziel entregar a chave do cofre particular no banco e protestou veementemente contra o uso do que fosse encontrado no cofre. Oziel explicou aos agentes da Delegacia de Beverly Hills que havia apenas *um* cofre bancário.

Ele virou-se para a câmera de vídeo e disse: "Gostaria de deixar claro que não tive qualquer relação com esta decisão judicial. De maneira alguma descumpri sigilo ou privilégio, ou sei algo a respeito do que se passa, como se evidencia pelo estado de minha esposa desnuda e o fato de que eu estava a caminho de uma série de compromissos. Só quero que isto fique claro. Fui coerente no que disse?". Então ele complementou que queria deixar registrado que não sabia quem havia fornecido a informação na declaração juramentada à polícia.

Zoeller respondeu que a fonte deles era "um indivíduo que havia se tornado testemunha".

Oziel tocou no braço do auxiliar judiciário e disse em voz baixa: "Não tem graça. Eu estou com medo". Então ele perguntou a Zoeller. "Você conhece alguém no programa de proteção a testemunhas?"

“O senhor tem preocupação quanto a sua segurança?”, perguntou Zoeller.

“Acho que não precisamos entrar neste assunto”, Oziel respondeu.

A seguir, a equipe de busca entrou no Union Federal Bank do Ventura Boulevard em Sherman Oaks, onde Laurel Oziel abriu seu cofre bancário e entregou dezessete fitas. Normalmente, o auxiliar judiciário *ad hoc* ficaria com as fitas até uma audiência do tribunal decidir pelo aceite das provas ou não. De volta a sua casa, porém, Jerry Oziel insistiu que o grupo tinha que ouvir as fitas. Enquanto elas rodavam, ele perguntou aos detetives se Lyle e Erik Menéndez já estavam detidos. Eles lhe disseram que não.

“Se vocês não pegarem esses dois imediatamente”, disse Oziel, “vocês vão ter muito mais coisa para investigar.”

PARTE VII

QUEM É QUE SABE O QUE SE PASSA EM UMA FAMÍLIA?

31

A PRISÃO — DENTRO DO BUNKER DE BEVERLY HILLS

Passados alguns minutos das 13h de uma tarde fria de março, o novo estilo de vida do milionário órfão Lyle Menéndez teve um fim abrupto. Ele havia acabado de sair de casa para a arborizada Elm Drive no seu Jeep Wrangler, acompanhado de Glenn Stevens e Hayden Rogers. O trio tinha rodado menos de meia quadra quando um Ford Taurus azul parou de repente na frente do jipe. Lyle deu ré, irritado, berrando com o motorista, mas, ao fazer isso, bateu no para-choque de um furgão que estava atrás.

Agentes da Polícia de Beverly Hills com espingardas na mão e coletes à prova de balas saltaram do veículo e começaram a gritar: "Sai do carro, porra! Deita no chão!". Lyle cuidadosamente botou o jipe no modo estacionamento. "Mãos à vista!", alguém gritou. Hayden recebeu a ordem para sair do banco do passageiro. Quando foi tocar na maçaneta, outro policial gritou: "Ponha as mãos para cima e deixe-as à vista antes que eu estoure seus miolos!". Rogers levantou as mãos lentamente enquanto outro integrante da equipe apontava uma arma para sua orelha, abria a porta, agarrava-o pelo ombro e puxava-o para fora do carro.

Lyle foi algemado e deitado de rosto contra o asfalto da North Elm Drive. Stevens e Rogers ficaram apavorados. Só podiam ter se enganado de pessoa. Glenn Stevens recebeu a ordem para sair do banco de trás, mas estava tão abalado que não conseguia se mexer. Ele manteve as mãos no alto, concluindo que não seria boa ideia fazer um movimento brusco para tirar o cinto de segurança com quinze policiais de armas em punho apontando para seu corpo.

Stevens e Rogers foram obrigados a ficar de rosto contra o asfalto por alguns minutos, com armas apontadas para a cabeça. Então, um dos detetives levou Stevens para o banco de trás de sua viatura. Ele perguntou se Stevens sabia do que se tratava. De início, o jovem estava com medo demais para pensar de forma lógica. Então, a ficha caiu. Seu grande amigo havia acabado de ser preso por matar os pais.

Lyle Menéndez foi levado e fichado no Xerifado* de West Hollywood. Stevens e Rogers foram liberados.

Era pouco mais de meia-noite em um subúrbio de Tel Aviv, Israel, quando Erik Menéndez soltou o livro de Ayn Rand que estava lendo e foi para a cama. Ele havia passado a semana competindo em um torneio internacional de tênis. Na manhã seguinte, seu anfitrião foi despertado às 7h30 do horário de Tel Aviv por um telefonema da escola de tênis que promovia o torneio. "Aconteceu uma coisa terrível com o irmão de Erik", disse um assistente, com voz de pânico. Erik retornou a ligação imediatamente antes de entrar em contato com Carlos Baralt e Marta Cano, reafirmando aos dois que ele e Lyle eram inocentes. Era tudo um grande engano. Erik falou com o advogado Gerald Chaleff na Califórnia e fez perguntas sobre extradição e escuta telefônica. Em questão de minutos, Erik fez suas malas e partiu com seu treinador, Mark Heffernan, no primeiro voo que conseguiram para Londres.

Em Beverly Hills, no fim da tarde, os agentes estavam confiantes durante o papo com uma sala lotada de jornalistas para a coletiva de imprensa que anunciou a prisão de Lyle Menéndez. "Temos motivo para ficarmos felizes", disse o chefe de polícia Marvin Iannone com um largo sorriso. Houvera pressão política intensa tanto na Rodeo Drive quanto

* O Xerifado do Condado de Los Angeles é responsável, entre outras funções, pela administração das cadeias municipais. Difere da Delegacia de Polícia de Los Angeles e das delegacias de polícias de outras cidades do condado e do país, que têm outras competências na aplicação da lei.

no centro, na promotoria pública, para que ocorresse alguma prisão no caso infame. Quem morava na cidade mais rica do país não gostava da ideia de que, em um domingo à noite, um casal tinha sido destroçado na sua sala de estar e o caso continuava sem solução. Iannone especulou que os homicídios haviam sido motivados por ganância. "As motivações, evidentemente, são diversas, e havia um patrimônio estimado em milhões de dólares", disse. "Como em qualquer família, existem muitos conflitos, por isso eu não sei se houve motivação única ou várias motivações." Mas por que, questionaram ao chefe, esses jovens cheios de privilégios, aparentemente mimados, não podiam esperar até que os pais morressem? Iannone, ex-comandante da Polícia de Los Angeles com 33 anos de experiência, encolheu os ombros e respondeu: "Quem é que sabe o que se passa em uma família?".

Depois da coletiva de imprensa, equipes de TV correram à mansão dos Menéndez, onde María Menéndez deixou vários cinegrafistas entrarem e registrarem fotos da família. Com seu inglês de sotaque forte, ela defendeu os netos e sugeriu que os jornalistas investigassem a Carolco Pictures para resolver o mistério de quem havia matado seu filho.

Pouco antes da prisão de Lyle, o comitê de gestão da LIVE Entertainment havia se reunido para discutir uma proposta de acordo com a família Menéndez. Fazia meses que corriam negociações complexas quanto ao seguro de vida empresarial de José. Antes de a reunião começar, a firma de advogados Kaye, Scholer, Fierman, Hays & Handler entregou um relatório confidencial de 220 páginas ao comitê. A Carolco Pictures, empresa detentora da LIVE, contratou uma investigação completa depois que informes na imprensa rotularam os assassinatos de "contratados pela máfia". O relatório trazia a seguinte conclusão: "não há informações confiáveis que vinculem, de forma alguma, os negócios da LIVE aos assassinatos de José e Kitty Menéndez". Houve uma moção para adiar qualquer decisão relativa ao acordo com a família Menéndez.

• • •

No dia em que Lyle Menéndez foi preso, passei a tarde com Marta Cano no escritório da Smith-Barney em West Palm Beach, onde ela era consultora financeira. Um retrato em preto e branco de José Menéndez sorridente estava em destaque no meio de uma parede cheia de prêmios de vendas. Passamos horas discutindo a bolsa de valores e seus filhos. Quando eu estava de saída, paramos nos elevadores e ela expressou seu receio de que a Polícia de Beverly Hills estivesse "importunando Lyle".

Minutos depois, conferi minha secretária eletrônica e ouvi uma mensagem nervosa do *Miami Herald:* Lyle Menéndez tinha sido preso em Beverly Hills. Antes de correr de volta à sala de redação em Miami, voltei ao escritório de Marta. Quando me viu voltando pelo corredor, seu rosto veio abaixo. À sua típica maneira inabalável, ela me disse que a prisão não a surpreendeu. Mas tinha certeza de que os sobrinhos eram inocentes. "Eu me recuso a acreditar que eles tramaram o assassinato", ela me disse pelo telefone mais tarde, no mesmo dia.

Quando Erik pousou em Londres, telefonou para Marta e disse que não queria desfilar na frente das câmeras quando fosse preso. Como Gerry Chaleff já havia representado os dois irmãos no outono de 1989, eles precisavam de outros advogados. Chaleff recomendou à família contratar Robert Shapiro, um advogado de defesa de Los Angeles com experiência em casos de grande repercussão. Depois de se consultar com Marta e Erik, Shapiro disse à Polícia de Beverly Hills que seu cliente se entregaria voluntariamente após "retornar do exterior".

Uma hora depois, Erik ligou de novo. Marta lhe disse que havia conseguido um voo para ele chegar a Miami, e que ela e o filho Andy o encontrariam lá. Assim que o voo decolou, Shapiro informou aos detetives que Erik estava a caminho de Miami. Ao pousar, Erik foi recepcionado por dois investigadores da polícia à paisana. Para Erik e sua madrinha, com quem ele sempre tivera um laço excepcionalmente íntimo, o reencontro foi emocionante. Enquanto esperavam o voo seguinte, ela o confortava com o braço por cima dos ombros.

Erik desceu do avião em Los Angeles pouco antes das 14h do domingo, 11 de março. Não havia câmeras da TV no local, mas Les Zoeller e Tom Linehan estavam no aguardo. Erik disse a eles que não precisavam algemá-lo. Zoeller pediu desculpas e explicou que precisavam — pois era a regra. Pouco depois das 16h, Erik foi acusado de suspeita de homicídio e levado à Prisão Central Masculina do Condado de Los Angeles.

Naquele mesmo dia, meia dúzia de furgões de emissoras, além de uma multidão de jornalistas, fotógrafos e espectadores, montaram vigília na frente da mansão. Dentro, as famílias Menéndez e Andersen se acotovelavam, exaustas e em choque. Eles queriam sair e conversar com a imprensa sobre a relação íntima que "os meninos" tinham com os pais. Mas os advogados de defesa mandaram que não fossem.

A sala de televisão na qual José e Kitty haviam sido assassinados de modo tão brutal voltou a ter vida. Durante o outono, evitava-se até entrar na sala, e não havia móveis. Agora, todos se reuniam ali para assistir ao noticiário das 18 horas e o vídeo em câmera lenta de Erik e Lyle saindo do funeral dos pais.

32

HOMICÍDIO DOLOSO

Em questão de 24 horas da prisão de Erik e Lyle, o assassinato de José e Kitty Menéndez passou de pauta da imprensa de Los Angeles a sensação internacional. Na segunda-feira, 12 de março, o promotor distrital do Condado de Los Angeles Ira Reiner convocou uma coletiva de imprensa. Com o promotor adjunto Elliot Alhadeff ao seu lado, Reiner anunciou que haviam declarado duas imputações de homicídio contra os irmãos Menéndez, envolvendo circunstâncias agravantes, o que os qualificava para a pena de morte.

"Os dois meninos viraram suspeitos poucos depois do início da investigação — em questão de dias", declarou Reiner. "Recentemente tornaram-se os únicos suspeitos."

"Se os suspeitos eram suspeitos desde o início, por que a prisão levou sete meses?", perguntou um jornalista.

"A Polícia de Beverly Hills realizou uma investigação extremamente minuciosa do caso", Reiner disse. "Eles só se tornaram os únicos suspeitos recentemente."

Reiner desviou-se da maioria das perguntas feitas pela multidão de jornalistas em pé. Ele se recusou a comentar provas ou o depoimento que levou à busca na casa de Oziel. Quando questionado sobre a motivação por trás dos assassinatos, Reiner sugeriu lucro: "Não sei como é para vocês, mas é da minha experiência com a promotoria pública que 14 milhões de dólares representam motivação enorme para uma pessoa matar outra".

Algumas horas depois, Erik e Lyle Menéndez fizeram sua primeira aparição pública no Fórum Municipal de Beverly Hills, um prédio bege banal que fica na ponta sul do complexo do governo municipal. Marcou-se para as 14h uma audiência de leitura das acusações contra os irmãos. A imprensa começou a se aglomerar na frente do fórum uma hora antes. Quando as portas enfim se abriram, uma multidão ocupou todos os assentos com exceção das duas fileiras reservadas para a família.

Por fim, às 15h24, os irmãos atravessaram uma porta na lateral da sala de audiências com painéis de madeira. Erik vestia um terno italiano cinza-carvão com gravata azul-escura. Lyle vestia blazer azul, calça cinza e gravata vermelha. Erik estava com cara de quem ia cair no sono. Nos três dias da viagem partindo de Israel, ele ainda não havia dormido. Enquanto a juíza Judith Stein lia as acusações, os irmãos ficaram de pé com as mãos cruzadas sobre o peito. Eles se olharam e contiveram um sorriso quando a juíza Stein anunciou que estavam sendo acusados do assassinato de "'Jou-sei' Menéndez, um ser humano".

"Erik Menéndez, o senhor é acusado do assassinato de Mary Louise Menéndez, um ser humano. Entende as acusações?" Quando o nome da mãe foi lido, Erik olhou do banco para o chão antes de responder em voz baixa: "Sim, meritíssima". Em contraste acentuado, Lyle respondeu confiante que entendia as acusações contra si. Quando a audiência de cinco minutos terminou, Lyle ergueu a mão esquerda e acenou para se despedir da família antes de sumir pela porta lateral. Nenhum dos dois teve direito a fiança.

No domingo, 25 de março, na véspera da audiência em que os irmãos dariam suas declarações, uma dúzia de familiares Menéndez e Andersen já estavam em Beverly Hills para demonstrar apoio a Erik e Lyle. Além das irmãs e mãe de José, estavam presentes o pai de Kitty, Andy, a irmã de Kitty, Joan VanderMolen, e o irmão Brian Andersen, de Illinois.

Foi uma tensão extraordinária na mansão, na qual os dois lados da família estavam hospedados. Todos eram unânimes no apoio aos irmãos e na convicção de que os dois eram inocentes.

Na tarde seguinte, o aglomerado de jornalistas no Fórum Municipal de Beverly Hills era muito maior do que na primeira audiência. Erik e Lyle chegaram usando o mesmo figurino de duas semanas antes. Ambos sorriram e fizeram piadas com os advogados. Desta vez, não conseguiram mascarar os sorrisos quando a juíza Stein leu as acusações contra eles, com uma voz que pode ser descrita como de desenho animado. Os jornalistas interpretaram os sorrisos como sinal de arrogância e desrespeito. Muitos informes da imprensa criticaram os irmãos pela aparência de descontração durante o protocolo. Na audiência preliminar, os dois irmãos declararam-se inocentes.

Houve discórdia na família em relação a quem contratar para a defesa de Erik e Lyle. Os dois irmãos participaram ativamente na busca por advogados. Gerald Chaleff já havia se envolvido no caso desde que Lyle lhe confessara em novembro de 1989.

Chaleff garantiu aos irmãos que havia advogados de defesa mais poderosos do que Robert Shapiro e que queriam representá-los. Recomendou sua amiga Leslie Abramson. Aconteceram dezenas de reuniões com advogados de alto nível. Abramson, contudo, foi a que teve melhor entrosamento com Erik. Lyle a considerou "dinâmica, de fala clara e de inteligência notável". Mas ele estava preocupado que Erik fosse se abrir e falar demais sobre a vida deles. Naquele ponto, os irmãos estavam decididos a esconder os segredos da família.

O problema com Leslie, segundo Lyle, era que ela fazia a pessoa falar. "No caso de Leslie, era como conversar com sua tia ou uma pessoa assim. Ela era do tipo: 'Tudo bem, me conte o que aconteceu. Quero a verdade'. Não levou muito tempo para ela convencer Erik a falar — a vencer o Erik, fazer com que ele contasse toda a história da família — muito antes de sabermos que esse seria o argumento principal."

De 46 anos, com cabelos loiros e cacheados, Abramson era de estatura pequena, mas uma gigante no tribunal, onde era conhecida por "lutar com unhas e dentes" pelos clientes. Considerada uma das melhores advogadas de defesa da Califórnia em casos de pena de morte, em 1990 ela já havia defendido 600 casos, que iam de posse de drogas e extorsão até homicídio. Em 1981, um dos clientes de Abramson foi sentenciado à morte depois de condenado por um homicídio, estilo execução, em um restaurante Bob's Big Boy. Desde então, ela havia "vencido" todos os casos de pena de morte em que advogou. Em casos de pena capital, considera-se uma vitória quando o cliente não vai para o corredor da morte. Ela ia substituir Robert Shapiro na defesa de Erik Menéndez.

Durante minha primeira reunião com Abramson, no início de abril de 1990, a advogada foi cordial, mas arisca. Tinha receio de que algum jornalista fosse "fazer um Joe McGinniss" com seu cliente — McGinniss foi o autor do controverso livro *Fatal Vision,* sobre o assassino Jeffrey MacDonald.* Apesar de sua apreensão, Abramson não resistiu à oportunidade de defender seu argumento. "O dr. Oziel é um sujeito péssimo", disse ela. "É um mestre da manipulação que assedia as pacientes." Curvando-se sobre a mesa, ela declarou, sem que eu perguntasse, que Oziel era casado, mas tinha várias namoradas.

* Em 1970, Jeffrey R. McDonald, capitão do exército, assassinou a esposa grávida e duas filhas pequenas, mas alegou que elas haviam sido mortas por uma pessoa que invadiu sua casa. Preso, McDonald foi culpado pelos crimes em tribunal. Durante o processo, ele aceitou dar entrevistas ao jornalista Joe McGinniss com a intenção de provar sua inocência. No livro, porém, McGinniss também concluiu que McDonald era culpado. O assassino condenado processou o jornalista.

33
PERGUNTAS SEM RESPOSTA

Os irmãos Menéndez estavam na cadeia, mas a investigação da Polícia de Beverly Hills estava longe do fim. Os promotores afirmaram publicamente que tinham um argumento forte contra Erik e Lyle, mas, em privado, sabiam que haveria uma batalha jurídica feroz até que pudessem usar em tribunal as fitas apreendidas com o dr. Oziel. O ponto fraco mais evidente era a falta de provas materiais que vinculassem os irmãos aos homicídios.

Embora não quisesse discutir as fitas de Oziel, Les Zoeller insistiu que havia provas irrefutáveis de que Erik e Lyle haviam assassinado seus pais. "Eu não ia chegar às prisões se não tivesse cem por cento de certeza", ele me disse. "Eu não podia prender os irmãos se não tivesse certeza total, mas minha compaixão e opiniões pessoais quanto à família influenciaram minha espera." Zoeller disse que a polícia havia conferido minuciosamente todas as pistas relacionadas a questões comerciais. Nenhuma deu frutos. "Conforme chegávamos a cada beco sem saída, a investigação voltava para os irmãos", disse Zoeller. "Temos sorte de estarmos em Beverly Hills, porque em uma delegacia de cidade grande, eu não teria tanto tempo para trabalhar em um caso."

• • •

Judalon Smyth disse aos investigadores que os irmãos haviam jogado as espingardas do carro, pouco após utilizá-las, na Mulholland Drive. Os investigadores fizeram diversas buscas na mata densa e cerrada junto à rodovia, mas só encontraram hera venenosa.

Smyth concordou em usar um gravador corporal em vários encontros com Jerry Oziel. Ela também continuou a gravar os telefonemas. Vinha fazendo isso havia meses, mas passou a entregar as fitas aos detetives. Durante uma ligação poucas semanas antes das prisões, Oziel ficou furioso com as ameaças constantes que ela fazia de ir atrás da polícia.

Oziel: Se você fizer isso, eu juro, Judalon, que você morre. Se você entregar...

Smyth: Bom, os meninos não podem me matar porque eles não sabem quem eu sou.

Oziel: Judy, se você entregar os dois, eu com certeza vou contar aos dois que foi você quem entregou. Eu não vou deixá-los me matar porque você resolveu cometer uma loucura.

Oziel foi sarcástico em outra ligação, pouco antes de os irmãos irem para a cadeia: "Bom, você fez o que fez e está feito". Ele a avisou que a cobertura da imprensa seria intensa. "Eu sugiro que você não faça comentários", disse ele, "a não ser que você queira que revelem coisas que não quer que sejam reveladas."

Em dado momento, Judalon disse ao terapeuta que estava gravando as ligações, mas ele continuou conversando com ela.

Em uma ligação de duas semanas depois das prisões, Oziel disse a Smyth: "Vamos ser estrelas — e não vai ser por um bom motivo".

34

A TENTATIVA DE FUGA

"Só nós dois sabíamos a verdade. Só nós dois sabíamos os segredos no passado da nossa família. Eu não tenho intenção de expor isso ao país."
— da carta de dezessete páginas que Lyle escreveu para Erik, junho de 1990

Na Prisão do Condado de Los Angeles, região central da cidade, os irmãos tentavam se adaptar à nova vida. Não foi fácil. Depois que a briga com um guarda o deixou de olho roxo, Erik foi para uma cela isolada. Lyle estava se resolvendo um pouco melhor que o irmão.

Em uma audiência de 9 de abril no Fórum Municipal de Beverly Hills, os promotores pediram uma amostra da escrita de Erik "para comparar a novas informações que haviam recebido após a prisão". Os investigadores tinham certeza de que Erik havia forjado a assinatura de Donovan Goodreau quando comprou espingardas em San Diego.

O aceite das fitas das sessões entre o dr. Oziel, Erik e Lyle era o ponto chave da acusação de assassinato. Oziel havia gravado de fato apenas uma sessão de terapia, a de 11 de dezembro de 1989; as outras fitas eram registros em áudio de suas lembranças das sessões. Em 8 de junho de 1990, o juiz James Albracht fez uma audiência fechada para decidir se o privilégio de sigilo entre terapeuta e pacientes era aplicável. Mas a maior pauta do dia começou antes do início da audiência.

Durante a viagem da cadeia até Santa Monica, os dois irmãos andaram em seções à parte do ônibus da prisão, pequenas gaiolas para um manter distância do outro. Como é de praxe durante o transporte, os dois usaram correntes de sessenta centímetros nos tornozelos para restringir seus movimentos. Na detenção do fórum, enquanto Lyle trocava seu macacão de preso, os agentes viram que um par de elos da corrente estava quase totalmente limado.

O sargento James Kagy mandou os irmãos tirarem todas as roupas para uma revista corporal. Houve uma inspeção da cela, que não revelou nada. Na prisão do condado, no centro, quatro agentes revistaram as celas contíguas de Erik e Lyle. Eles tiveram autorização para "folhear" documentos particulares, mas, caso encontrassem algo jurídico, não poderiam ler.

Dentro da cela de Erik, o agente Robert Birkett encontrou o que chamou de "plano de fuga com informações sobre tratados de extradição para vários países". Outro agente encontrou um pequeno mapa com referências a "E e L" e um papel que falava em "segurança bancária suíça" e as perguntas "Teremos segurança financeira?" e "Como nossas namoradas se encaixam?".

Outro papel trazia uma lista:

> Favor explicar as maneiras de acessar o México
> Você tem um plano seguro para ficarmos na Colômbia?
> É preciso de visto para ir a Londres?
> É mais seguro viajar ao Líbano de Londres ou da América do Sul?

No fim daquela tarde, o Xerifado emitiu um comunicado à imprensa dizendo que ocorrera uma "tentativa de fuga" de Erik e Lyle Menéndez naquela manhã. Os advogados de defesa disseram que o comunicado era "absurdo" e que os agentes retirarem tudo da cela dos irmãos era "procurar pelo em ovo". Um dos agentes, porém, encontrou um pelo: uma carta de dezessete páginas que Lyle escreveu para Erik.

> A gente precisa andar lá juntos, na minha opinião. Você percebeu que eu não joguei contra você ter conversado com Cig ou Oziel, mesmo que minha vida inteira esteja à beira da ruína por conta disso que aconteceu. Eu entendo que fizemos o que fizemos juntos e tudo que fazemos depois é responsabilidade de ambos.
>
> Não sou a fortaleza que os jornais pintam ou que Leslie pensa que sou. Eu creio que se papai pudesse nos dar um conselho quando saímos de casa naquela noite em agosto, seria que um nunca abandone o outro, independente das circunstâncias.
>
> O que fizemos em agosto foi um erro, até onde eu vejo, e não sei o que fazer.

Em um trecho enigmático, ele escreveu:

> Não fizemos nada pelo dinheiro. Cada um tomar seu rumo é perder o sentido que nossas ações tiveram...

Os agentes do Xerifado imediatamente entregaram a carta à Polícia de Beverly Hills. Também estava no material apreendido uma carta com o título "Oziel tem medo de", com anotações de Lyle a seus advogados sobre estratégias para lidar com o dr. Oziel no julgamento.

Dias mais tarde, depois que a pauta passou pelas primeiras páginas, o Xerifado anunciou sem alarde que os irmãos Menéndez não tinham nenhuma relação com a adulteração das correntes e nunca haviam tentado fugir. Descobriram-se correntes limadas em outros fóruns. Os prisioneiros de confiança, detentos com privilégios por não-terem histórico de violência e que ajudavam no transporte de presos entre cadeia e fórum, haviam limado as correntes de brincadeira. O *Los Angeles Times* citou uma fonte anônima do Xerifado que criticou seu departamento por não realizar uma "investigação mais minuciosa" antes de soltar detalhes da suposta tentativa de fuga à imprensa.

Uma semana depois da audiência de 8 de junho, o juiz Albracht realizou outra sessão fechada na qual Erik e Lyle deram os primeiros depoimentos. As outras testemunhas foram Jerry Oziel e Judalon Smyth. Em dado momento, Smyth virou-se para a juíza e reclamou que Jerry Oziel continuava exercendo controle mental sobre ela e isto afetava suas respostas. Erik e Lyle disseram a amigos que tudo que Oziel havia deposto durante as audiências a portas fechadas era mentira e acusaram Smyth de distorcer a verdade. Três meses haviam se passado desde as prisões e os irmãos estavam deprimidos com a demora no litígio em torno das fitas.

Nenhuma das fitas merecia privilégios de sigilo, decretou o juiz Albracht em 6 de agosto. Foi uma vitória chocante da acusação. "O dr. Oziel teve motivo razoável para crer que os irmãos representavam uma ameaça, e que era necessário revelar estas comunicações para prevenir-se do risco", disse ele. Os advogados de defesa alertaram aos parentes que a disputa quanto ao uso das fitas chegaria à Suprema Corte da Califórnia e provocaria um atraso significativo no julgamento. Depois da decisão, Marta Cano admitiu pela primeira vez que os sobrinhos podiam ser culpados.

"Eu sei que, se foram eles, não foi pelo dinheiro. Os garotos sempre tiveram tudo que queriam e acesso a várias contas de saque", disse ela. "Lyle se tornaria executor do patrimônio aos 22 anos. Se tivessem cometido isso pelo dinheiro, por que ele não poderia esperar seis meses até ter controle do patrimônio?"

Havia outro problema para a defesa. Como Gerald Chaleff havia representado tanto Erik quanto Lyle no outono de 1989 e tivera acesso a informações confidenciais que ambos compartilharam com ele, ficou decidido que ele deveria retirar-se do caso devido à possibilidade de um irmão voltar-se contra o outro.

Em 16 de agosto, o promotor distrital de Los Angeles afastou Elliot Alhadeff da acusação no caso. Um comunicado à imprensa disse que ele havia sido substituído por conta de "conflito de personalidades" com o promotor Ira Reiner. Alhadeff, veterano com 25 anos na promotoria, ficou incomodado com a decisão. Uma semana antes, a Associação de Promotores Adjuntos do Condado de Los Angeles o havia elegido Promotor do Ano de 1990. O grupo emitiu uma declaração de que "faltava confiança" na decisão de Reiner para afastá-lo. Reiner o substituiu por Pam Bozanich, veterana de dez anos na promotoria, e Lester Kuriyama, que era promotor adjunto havia seis anos.

35

JUDALON VEM A PÚBLICO

"Eu ouvi das bocas dos próprios que eles mataram os pais", disse Judalon Smyth, com todo drama, a Diane Sawyer no *Primetime Live* em agosto de 1990. Foi a primeira aparição de Smyth na TV falando do caso. Usando um vestido azul royal conservador e um colar de pérolas, ela disse que havia ouvido a confissão dos irmãos no corredor do consultório de Jerry Oziel porque o terapeuta queria que ela chamasse a polícia "se houvesse algum indício de violência ou perigo".

"Erik disse que Lyle o obrigou a dar o primeiro tiro. Eu imagino que é porque Lyle achou que, se não fizesse Erik dar o primeiro tiro, que ele não teria forças... Eles não haviam conversado muito sobre atirar no pai. Eles conversaram que tinham que continuar atirando na mãe. E continuaram atirando nela porque ela se mexia, e acharam que ela pudesse sair viva."

Smyth disse que informou à polícia que os irmãos haviam forjado um álibi e largaram as espingardas perto da Mulholland Drive.

"Uma das coisas que ouvi de Lyle e que achei muito perturbadora... foi: 'Bom, desta vez meu pai teria que me dar os parabéns e o crédito por ter planejado o assassinato perfeito". Oziel disse a ela que Lyle tinha uma "personalidade antissocial" — similar à do assassino em série Ted Bundy, complementou.

Smyth afirmava que gravar uma fita com a confissão havia sido ideia dos irmãos. Ela não ouvira a fita, mas disse que nunca escutara "um pingo de remorso ou qualquer comentário sobre abuso". De início, Oziel descreveu Erik e Lyle como "monstros assassinos", mas depois os chamou de "pobres garotos".

Jerry Oziel negou veementemente que houvesse pedido para Smyth escutar a sessão. "Se ela chegou a estar no meu consultório, foi na sala de espera", ele me disse dias após a entrevista de Smyth na TV. "A porta para o corredor interno onde ficam as salas de terapia fica trancada quando há pacientes em atendimento."

Quando conferi o consultório por conta própria, alguns dos fatos materiais corroboravam a versão de Oziel. Da sala de espera, não se ouvia nada no consultório. Quando pressionei a orelha contra a porta interna do consultório, podia-se ouvir sons abafados, mas nada próximo das conversas detalhadas que Smyth disse que havia entreouvido.

Erik disse a um parente que o depoimento de Smyth "será despedaçado no tribunal". Mas algumas pessoas da família viram a participação de Judalon como um ponto de virada. "A entrevista de Smyth deu perspectiva ao que eu já havia ouvido, em fragmentos, dos advogados de defesa e dos garotos", disse Carlos Baralt. "Tem alguma coisa aí, eu falei a María. Não é totalmente mentira." O primo Henry Llanio, que era um dos defensores ferrenhos dos irmãos, foi mais contundente: "Eles são culpados, culpados pra caramba. Os meninos precisam confessar e negociar um acordo. Meu problema agora é a motivação".

36
"AGORA NÃO PODEMOS VENCER"

Enquanto Erik e Lyle declaravam em público sua inocência, seus advogados sabiam a verdade: os irmãos tinham matado os pais. Mas não sabiam por quê.

No começo do verão de 1990, Leslie Abramson entrou em contato com o dr. William Vicary, psiquiatra forense com experiência em laudos psicológicos para os tribunais de Los Angeles. Abramson pediu a Vicary uma avaliação dos irmãos Menéndez.

"Quando comecei, aceitava por inteiro a teoria da acusação quanto ao caso. Eu disse: são moleques ricos que estavam de saco cheio dos pais autoritários e opressores. Eles mataram para poderem seguir com a vida e ficar com o dinheiro."

Mas ele suspeitava que houvesse mais. Ele sabia que filhos raramente matam os pais e, quando matam, costumam ser vítimas de abusos terríveis. Vicary tinha a suspeita de que José Menéndez ia se revelar um monstro. A morte de Kitty era mais confusa. "Eu não acreditava que a mãe cometesse atos imundos com os próprios filhos. Só mostra minha ingenuidade. É muito raro alguém matar a mãe."

Vicary não estava otimista. No máximo, ele achou que fosse encontrar algum atenuante que fosse reduzir a pena de morte à prisão perpétua sem direito a condicional. Vicary avaliava com frequência pessoas que eram psicóticas e fora da realidade. Ao encontrar os irmãos, ele achou que Lyle seria um caso dos sonhos do ponto de vista forense — um paciente genial e com facilidade de comunicação. De contraponto, Erik era um caos: "Ele tremia, roía as unhas, enfiava as mãos na boca, olhava para baixo. Fazia pouquíssimo contato visual. Raramente dizia alguma coisa. Quando dizia, era uma coisa boba, meio sem propósito".

Mas o que você vê nem sempre é o que você consegue.

Aparentemente, Lyle era simpático e controlado, mas relutava em discutir seu sofrimento interno. "Ele era muito desconfiado, quase paranoico. Ficar numa sala com ele e interagir era uma situação enervante. Eu nunca fiz uma anotação sequer, porque achei que ia acabar com qualquer apoio que estivesse tentando firmar."

A primeira sessão de Vicary sozinho com Erik foi em uma pequena sala de interrogatório. Do outro lado da mesa, Erik estava acorrentado à cadeira. A maioria das anotações de Vicary tratava de Erik falando do pai. Ele ouviu o esboço padrão de sua biografia: "Chegou nos EUA aos 16... à Hertz aos 28... RCA Records... LIVE Entertainment, 1,5 milhão de dólares por ano". Mas também: "Encantava qualquer pessoa... contava piada imbecil... controlado".

No encontro seguinte, uma semana depois, Erik disse que o pai "era incapaz de amar os outros". Erik disse que José lhes falou "como seria fácil conseguir uma nova família" e "matar seus filhos se eles saíssem do controle".

Em sessões posteriores, Erik descreveu José como um "manipulador de mentes". Kitty "nos amava, mas nos odiava". Ela berrava com os filhos, dizendo que queria "que eles não tivessem nascido". Seu pai repetia várias vezes o quanto que poderia ter feito "se tivesse começado por onde vocês começaram". Eles "cultivaram o ódio ao pai". Em dado momento, ele disse aos filhos que os havia "deserdado e renegado".

No meio da noite, em sua cela, no escuro, Erik disse que ficou assustado com a voz do pai falando com ele. Parecia "como uma pedra, parecia o diabo" e ele "faria de tudo para não ouvir de novo". Mas a voz reaparecia com frequência.

A experiência era tão perturbadora que Erik às vezes acordava no escuro e ficava procurando pelo pai. Outras vezes, a voz sussurrava a ele em sonhos. E em outras, ela gritava: "Você é um burro!", "Você não merece ser um Menéndez!", "A culpa é sua!".

Quando pacientes diziam que estavam ouvindo vozes, Bill Vicary tinha um teste pronto. "Pacientes genuínos dizem que é igual a alguém na sala falando ao seu lado", disse ele. "Os pacientes que inventam falam que as vozes vêm de dentro da cabeça." Erik achava que seu pai estava na mesma cela que ele.

Erik, no início, elogiou o pai. "Foi exatamente o oposto do que você espera de alguém que bolou um plano para pintar o pai como abusador ou estuprador", disse Vicary. "A pessoa que planeja diria desde o início: 'Meu pai foi uma pessoa horrível. Foi um canalha. Ele foi terrível. Arruinou minha vida'. Tanto Lyle quanto Erik começaram pelo caminho oposto. Eles só tinham coisas boas a falar dos pais." Vicary achou que Erik e Lyle haviam sido programados para retratar José Menéndez como figura heroica. Depois dos assassinatos, os dois começaram a idealizar os pais. Suas reflexões lembravam a esposa surrada descrevendo o cônjuge abusivo e morto.

Erik descreveu sua vida antes dos assassinatos como uma "pista de provas". Vicary ficou surpreso na décima primeira sessão, quando Erik lhe disse que estar na cadeia era "relaxante... como tirar férias". Agora, pela primeira vez na vida, ele podia ditar seus horários. E havia outra coisa com a qual Erik ficou aliviado: "Agora não podemos vencer".

Nos dias que se seguiram aos assassinatos, Erik não entendia por que ninguém vinha lhe dar um castigo. Ele sentia uma culpa gigante. "Tínhamos dinheiro, mas não era sucesso que tínhamos conseguido por nossa conta", disse ele. Ele se sentia atormentado por ter herdado milhões.

"P batia em M, às vezes de cinto", Vicary anotou na décima segunda sessão. "M estava sempre com hematomas nas pernas, peito, abdômen, costas... dizia que tinha caído... viam quando ela nadava na piscina." Erik disse que Kitty sempre teve medo de José. Depois de ouvir sua mãe chorar diariamente, ele a convenceu a entrar com o pedido de divórcio. "Eu queria que ela falasse comigo, que me abraçasse", disse ele.

Com o tempo, Erik se abriu mais, dando informações "nos seus próprios termos". Se Vicary tentava fazer perguntas específicas, não dava certo. Se o psiquiatra insistia, Erik se fechava. Isso mudou com o tempo, porém. Erik passou a querer conversar. "Na verdade, ele não calava a boca", disse o terapeuta. "Ele estava tão confuso e sofrendo tanto que começou a sofrer com sintomas psicóticos." Vicary receitou Triavil, uma mistura de calmante com antidepressivo, para ele não surtar. Passaram-se meses e Erik começou a ter dificuldades na prisão. Não conseguia dormir e era comum acordar muito cedo. Seu apetite era fraco e ele tinha perdido nove quilos desde que fora preso. Tinha ataques de pânico e não conseguia parar de chorar. Tinha medo de "desabar".

"P tinha temperamento violento, explosivo... geralmente contra M", Vicary anotou na décima quinta sessão. Erik chamou a mãe de delirante porque considerava José um "grande homem". Ela dizia aos filhos que "ele me ama".

Erik ficava desapontado porque ela protegia José e não os filhos. "Não podíamos pedir refúgio nos braços da nossa mãe", disse. "Ela que não ia irritá-lo para nos salvar." Ele acreditava que Kitty odiava mais Lyle do que ele. José passava mais tempo com Lyle, a quem ele dava preferência como primogênito.

Depois de descobrir as cartas de suicídio da mãe, os dois irmãos ficaram com medo de deixar Kitty sozinha com o marido. Achavam que ela não ia durar depois que eles saíssem de casa para a faculdade. "Ninguém sabia o que se passava na família", Vicary disse que Erik lhe contou. Vicary acreditava que suas visitas, somadas ao lado maternal de Leslie Abramson, estavam ajudando. "Ele nunca teve ninguém na vida com quem sentisse que pudesse contar esse tipo de coisa. Foi um processo muito lento. Foi uma dificuldade enorme. Mas, com o tempo, acho que chegamos a um bom entrosamento."

"Eu odiava isso e não aguentava mais", disse Erik, misteriosamente, na décima oitava sessão. "'A família de M achava que éramos a família perfeita'", Vicary escreveu. "'Todos achavam que tínhamos pais excelentes — e por que não? Meu pai só me amava se eu ia bem.'" Na sessão seguinte, Erik explicou sua necessidade avassaladora de se confessar a alguém, qualquer pessoa que fosse, depois dos assassinatos. Ele estava cada vez mais deprimido e suicida. Sentiu-se melhor depois de falar com o dr. Oziel. Admitiu, às lágrimas, que "não ia viver" se Lyle morresse. "Amo meu irmão mais do que tudo", disse ele.

José considerava o filho mais novo um fracasso, mesmo que ele tivesse sido aceito na UCLA e em Berkeley. Erik queria ficar um ano no circuito profissional de tênis, mas, depois do jogo fraco no torneio de Kalamazoo, em agosto de 1989, José cortou seus treinamentos.

A semana anterior aos assassinatos foi tensa. Erik "odiava" ficar com os pais. Nos cinco dias que levaram a 20 de agosto, ele dormiu, no total, apenas doze horas. Quando acordava, estava tremendo. "Estávamos vivendo em uma zona de guerra. Eu não aguentava mais." Outra revelação surpreendente aconteceu na 25ª sessão: "P estuprou M... amarrou-a na cama... Lyle entrou e viu" quando ele tinha 10 anos.

Decepcionada e perplexa, Leslie Abramson fez pressão em Vicary: "Por que você não consegue mais? Precisamos das respostas. Não faz sentido. Não se encaixa". O maior quebra-cabeça era Kitty. "Dava para entender o pai ser morto por ser um FDP", disse Vicary. "O que não conseguíamos encaixar era por que haviam matado a mãe."

Meses haviam se passado. Talvez os irmãos não tivessem mais nada a contar. Talvez fosse só isso. Os advogados e Vicary se reuniram. Eles acreditavam mesmo no que contavam? Não fazia sentido; devia ter mais. E tinha.

Surgiu no 26º encontro. "'M eu te odeio'", Vicary anotou quanto às revelações de Erik. "Descobriu uma semana antes dos assassinatos que M sabia que P abusava de Erik." Na sessão seguinte, mais detalhes transbordaram: "P não fazia sexo com M... 'com 6 anos P me fazia massagens, dizia que eu precisava alongar... com 5-6 anos P massageava músculos doloridos dos esportes... acaba dizendo para me virar... massageia meu pênis... me disse que era para soltar a tensão... disse que eu precisava liberar o estresse e tensão... sexo oral desde os 7 ou 8... me pediu para lhe fazer massagem e sexo oral'".

Com a voz tremendo, Erik revelou mais detalhes do abuso sexual. José o obrigava a engolir depois de ejacular na sua boca. Erik ficou emotivo ao contar que foi estuprado aos 10 anos. "Foi difícil", ele lembrou, lacrimoso. "Eu contei ao primo Andy, que prometeu nunca contar... P ficaria furioso se soubesse." Erik tinha medo de dizer não.

• • •

"A primeira pessoa para quem eu falei disso foi meu pároco, o padre Ken Deasy", Erik me contou. "Eu queria botar para fora. Depois que falei com o padre, eu quis contar para o dr. Vicary e minha família." O terceiro foi Steve Goldberg, o advogado de 27 anos que os Baralt haviam contratado para resolver a herança. Ele visitava Lyle e Erik na cadeia duas ou três vezes por semana. Embora eles passassem a maior parte do tempo tratando de negócios, os irmãos criaram um laço afetivo com Goldberg.

Uma tarde, Goldberg sentiu que Erik queria contar alguma coisa. Enquanto conversava com os dois irmãos na sala de advogados, os dois admitiram que haviam matado os pais. Então lhe apresentaram uma longa lista de instruções. Primeiro, eles queriam confessar à família.

Goldberg ligou para Carlos e Terry Baralt, que imediatamente entraram em um avião para Los Angeles. No seu próprio escritório, o advogado contou aos Baralt que os sobrinhos haviam cometido os assassinatos. Depois, na cadeia, os irmãos confessaram à tia e ao tio.

"Eu mal conseguia botar as palavras para fora", disse Erik. Ele chorou quando admitiu os assassinatos e os abusos do pai. Todos choraram. Naquele mesmo dia, os Baralt ligaram para Marta Cano e deram a notícia.

Quando Erik revelou seu segredo, Leslie Abramson estava de férias na Irlanda. Ao voltar, ela recebeu mensagens frenéticas do dr. Vicary. Os advogados queriam saber por que os irmãos não tinham buscado apoio de outros parentes. Vicary achava que os dois eram psicologicamente confusos, além de ter baixa autoestima e autoconfiança. A maturidade emocional dos dois estava atrás da idade cronológica. Ele estimava que Erik estivesse entre os 8 e os 12 anos; Lyle, entre os 12 e os 14.

Pouco depois de Erik começar a revelar que sofrera abusos, Lyle soltou "pequenas deixas" sobre sua experiência. Os advogados suspeitaram que houvesse mais. "De início, houve uma exploração delicada com Lyle, mas foi tipo 'Aqui Não'", disse Vicary. "Ele disse: 'Não aconteceu comigo. Não aconteceu nada disso comigo'." Depois, Erik disse a Vicary que Lyle havia lhe confessado, em segredo: "Lyle me disse que aconteceu alguma coisa sexual entre ele e nosso pai, mas ele nunca vai contar pra ninguém. Não tem como isso sair dali". Vicary passou a crer que Lyle era mais frágil do que o irmão.

• • •

O segundo advogado de Lyle, Joel Isaacson, abandonou o caso. Isaacson estava cansado de bater de frente com Leslie Abramson, que estava claramente querendo dar ordens no que deveria ter sido uma defesa conjunta. Semanas depois, Jill Lansing, que fora a número dois de Gerry Chaleff e Isaacson, foi indicada a nova advogada-chefe de Lyle. Lansing e Abramson eram amigas muito próximas desde que tinham trabalhado juntas na defensoria pública de Los Angeles.

Em abril de 1992, um júri entregou vereditos de inocência a quatro policiais caucasianos de Los Angeles acusados do espancamento de Rodney King, um homem afrodescendente. O crime havia sido gravado em vídeo. O juiz que presidiu o caso foi Stanley Weisberg. Os tumultos que se seguiram à absolvição resultaram nas mortes de 52 pessoas e provocaram 1 bilhão de dólares em danos.

Weisberg era um ex-promotor adjunto do Condado de Los Angeles que havia sido o promotor-chefe em um caso de homicídio em 1987, no qual Ricky Kyle, 25 anos, fora acusado do assassinato de seu pai, um rico executivo da área do entretenimento. Durante os cinco meses de processo, diversas testemunhas afirmaram que Ricky Kyle havia lhes confidenciado que queria matar o pai. "Antes da morte de Henry Kyle, Ricky Kyle falava em matar o pai porque o odiava e porque estava desesperado para ter dinheiro", Weisberg disse ao júri em suas considerações finais. "Ricky Kyle matou o pai. Ele disparou uma bala contra o coração do pai, depois contou o que fez." Mas a defesa apresentou provas de que Kyle havia sofrido uma vida de abusos físicos e verbais. Defendeu-se que Kyle havia atirado contra o pai em legítima defesa. Depois de dezessete dias, o júri entregou o veredito de homicídio culposo — ou seja, involuntário.

Em agosto de 1992, a Suprema Corte da Califórnia indeferiu uma decisão de primeira instância que dava aos promotores acesso às fitas das quatro sessões de terapia que estavam em litígio. Os juízes concordaram que duas das sessões (31 de outubro e 2 de novembro de 1989) não haviam sido confidenciais porque o dr. Oziel acreditava que Erik e Lyle Menéndez representavam perigo. Mas a Suprema Corte decidiu que as outras sessões (28 de novembro e 11 de dezembro) continuariam em sigilo porque não houvera ameaças durante as duas. A decisão foi uma vitória importante para a defesa. A sessão gravada em 11 de dezembro, com as vozes dos irmãos, estava fora do alcance da promotoria.

Em dezembro de 1992, um júri preliminar do Condado de Los Angeles apresentou duas denúncias de homicídio doloso contra Erik e Lyle Menéndez. As denúncias acrescentaram uma acusação extra de formação de quadrilha, alegando que os irmãos compraram espingardas e munição dois dias antes dos assassinatos e entraram em contato com Perry Berman para forjar um álibi.

Porém, em um golpe forte contra a acusação, os jurados preliminares recusaram-se a aceitar uma das pedras angulares do argumento da acusação: o homicídio por fins pecuniários. A ausência do agravante de lucro não impediria os promotores de apresentar a ganância como motivação, como declarou a promotora Pam Bozanich. “Creio que não podemos ignorar.”

“Este caso não tem a ver com dinheiro e nunca teve”, contrapôs Jill Lansing, advogada de Lyle. “O Porsche e a cobertura em Marina del Rey foram parte importante do argumento da promotoria, se a finalidade era encorajar a antipatia do público pelos garotos. Os irmãos tinham todo o dinheiro de que precisavam antes dos assassinatos.”

Em matéria de capa do *Los Angeles Times* no início de julho de 1993, pouco antes do início do julgamento, a defesa declarou que Erik e Lyle Menéndez haviam sofrido abuso sexual do pai. Leslie Abramson disse que estava expondo o que “aconteceu de fato” por conta de sua preocupação com a imagem negativa dos irmãos na imprensa. Os dois filhos foram “sujeitos a um sistema de educação infantil que, em sua própria natureza, era abusivo... Eles eram objetos de gratificação e enaltecimento dos pais”, disse ela.

Testemunhas da defesa viriam a descrever Kitty Menéndez como uma mulher impaciente e intratável que tinha ataques de fúria. “Essas crianças viviam em uma atmosfera que lembrava um campo de treinamento do exército”, disse Abramson. “Depois, passou a ser um campo de concentração, pois começaram as coisas horríveis pra valer.” Ela descreveu as mortes de José e Kitty como um “excesso”, dizendo que os irmãos atiraram por terror.

Abramson e Lansing discutiram a decisão de ir a público durante mais de um ano — Leslie era a favor, Jill contra. Abramson disse que elas estavam trabalhando na defesa desde setembro de 1990. Porém, como ela temia, o que foi tachado de "desculpa do abuso" foi visto, cinicamente, como um estratagema tardio e desesperado para salvar os irmãos da câmara de gás.

Em 8 de julho de 1993, formou-se o júri de sete mulheres e cinco homens para o julgamento de Lyle Menéndez. Uma semana depois, seis mulheres e seis homens foram selecionados para o júri de Erik Menéndez.

PARTE IX

TRIBUNAL DE DOIS JÚRIS

37

HORA DO SHOW: AS DECLARAÇÕES INICIAIS

Pouco após as seis da manhã da terça-feira, 20 de julho de 1993, três anos e onze meses depois dos assassinatos de José e Kitty Menéndez, formou-se uma fila para os assentos abertos do julgamento de seus filhos, por homicídio, na frente do Fórum Superior de Van Nuys.

Às oito horas, a atmosfera era de carnaval. O tribunal disponibilizou apenas doze assentos para a imprensa, de modo que a maioria dos jornalistas foi relegada a uma transmissão pela TV no prédio a uma quadra do fórum. Pouco antes das 9h30, María Menéndez abanou com o dedo quando os irmãos entraram no tribunal lotado. Dois minutos depois, o juiz Stanley Weisberg assumiu a tribuna: "O Tribunal convoca o caso do Povo vs. Menéndez".

Havia dois júris porque algumas provas não se aplicavam aos dois réus; o amigo de um irmão não ia depor diante do júri de outro, por exemplo. Erik e Lyle tiveram autorização para ficar na sala de audiência apenas para as declarações iniciais um do outro. As duas advogadas de defesa vestiam roupas brancas. Pam Bozanich, vestindo um terno vermelho-escuro, começou um relato de 28 minutos do que ela dizia que havia ocorrido em 20 de agosto de 1989. Ela descreveu os irmãos como "dois atores" que haviam enganado investigadores na noite dos assassinatos. Os irmãos sugeriram que os detetives considerassem os parceiros comerciais "sórdidos" de José como suspeitos. Eles contrataram guarda-costas para os parentes pensarem que eles corriam risco.

Lyle começou uma extravagância de gastos que incluiu comprar relógios Rolex e um Porsche de 64 mil dólares. Contratou uma pessoa para apagar o computador da família depois de fazer a busca por um testamento mais recente, que não teve resultados. Disse a seu amigo Glenn Stevens que estaria — "e peço desculpas pela palavra", disse Bozanich — "'fodido' se a polícia botasse as mãos nas fitas que ele havia gravado com o dr. Jerome Oziel".

Segundo Oziel, a testemunha-estrela da acusação, Lyle e Erik "mataram por ódio" e para se livrarem da "dominação e dos critérios impossíveis do pai". Eles nunca disseram a Oziel que os "assassinatos foram em legítima defesa, ou que haviam sofrido qualquer abuso... Ficará aparente que este assassinato foi ilegítimo, injustificado e integralmente premeditado", disse Bozanich. "Mas, apesar de poucos erros que cometeram, foi um assassinato quase perfeito."

Antes de Jill Lansing começar a falar, ela colocou fotos da família Menéndez em um quadro em frente ao júri.

"Em 20 de agosto de 1989, Lyle e Erik Menéndez mataram os pais", ela começou a dizer. "Não estamos contestando onde aconteceu, como aconteceu ou quem os matou. O único aspecto no qual teremos que nos focar durante o julgamento é por que aconteceu. O que vamos provar aos senhores e senhoras é que foi um ato cometido devido ao medo."

Dispensando a teoria de ganância da acusação, Lansing afirmou que os irmãos tinham dinheiro de sobra. Lyle morava em uma mansão, dirigia um Alfa Romeo e tinha cartões de crédito desde os 15 anos. "Este julgamento os levará para além da fachada das mansões enormes e dos carros chiques, dos amigos ricos e dos eventos sociais impressionantes", disse ela. "Ele levará os senhores e as senhoras à vida pela qual Lyle Menéndez e o irmão passaram durante sua criação."

Lyle sentia-se responsável pela proteção do irmão. Erik disse a Lyle, segundo a advogada, que não aguentava mais o abuso sexual. "Lyle não conseguia dar as costas ao irmão." Na mesa da defesa, Lyle começou a chorar baixinho.

Lyle sofreu abusos sexuais entre os 6 e os 8 anos, disse ela. Aos 13, ele sentiu que algo estava se passando com Erik e decidiu confrontar o pai. José prometeu que os abusos iam cessar. Lyle achou que sua intervenção dera certo. Ele ia voltar a conversar com seu pai. Mas o confronto não foi bom. José Menéndez deixou claro que o segredo nunca sairia da família. Lansing explicou como, na semana antes dos assassinatos, o "medo havia ganhado impulso" entre os irmãos. Lyle e Erik "acreditavam que iam ser mortos em breve, e reagiram".

A emoção no telefonema ao serviço de emergência era genuína. A história de que haviam ido ao cinema não foi um "álibi sofisticado". Ela atacou a prova da extravagância nos gastos. Os irmãos não sabiam de uma apólice de seguro que lhes renderia 500 mil dólares um mês após os assassinatos.

Quando Lyle falou pela primeira vez do abuso, ele contou à família, não aos advogados. Depois, a equipe de defesa convocou peritos para avaliar os irmãos. Kitty Menéndez disse a Lyle que nunca o quis, e que o nascimento dele encerrou o sonho que ela possuía de virar apresentadora. "Ela o humilhou e aviltou ao dizer: 'Você atropelou e arruinou a minha vida'", disse Lansing. "Lyle vivia num mundo de contradições."

José queria que Lyle se tornasse uma "versão corrigida" de si, "com tudo que José não teve. Ele teria todo o dinheiro de que precisasse. Ele não iria sofrer a degradação de passar pela classe operária, o que era ofensivo a José". Lyle sentou-se e ficou de cabeça baixa, chorando.

José "deliciava-se com seu sadismo". Ele chamava Lyle de "burro e incompetente". Faziam parte da violência física espancamentos e surras de cinto. Lansing descreveu a discussão após uma partida de tênis, quando Lyle gritou para seu pai calar a boca. "O pai o pegou pelo pescoço, deu um soco no seu rosto e disse: 'Se você me fizer passar vergonha de novo, eu te mato'."

"A família Menéndez misturava sexo e violência", disse Lansing. "Eles não tinham limites. Os meninos tomavam banho com o pai até os últimos dias, e a mãe, quando eles eram adolescentes, ainda entrava na banheira para lhes dar banho e lavar os cabelos."

José começou a fazer "massagens" em Lyle aos 6 anos. "Ele lhe disse que era o que os romanos faziam. Disse que é o que pais e filhos fazem, que ele era especial, que eles tinham uma conexão especial. E assim ele começou o abuso sexual." Lyle sentiu-se "confuso e com medo", mas gostava da atenção que recebia, até o momento que "foram usados objetos que machucavam".

Lyle implorou pela solidariedade de sua mãe. Ela lhe disse: "Seu pai ama vocês. Às vezes vocês merecem castigo". Depois que Kitty descobriu o caso extraconjugal que José mantinha havia oito anos, a "mulher insana ficou ainda mais insana", disse Lansing. "Durante a última semana, Lyle e Erik conversaram sobre a mãe estar disposta a morrer e a matar. Falaram de um pai que não era controlado por nada nem por ninguém. Conversaram sobre pais que tratam os filhos como objetos, que abusam das crianças, usam-nas e as aviltam. E eles sabiam que eram estes os tipos de pais que podiam matar os filhos."

Em sua declaração inicial, Leslie Abramson prometeu que Erik Menéndez iria depor. Como a polícia não apareceu imediatamente após os tiros, disse ela, os irmãos decidiram "encobrir" seu envolvimento. "Depois de uma vida de abusos, ele não queria ir para a cadeia", disse. "Erik vai lhes contar por que matou os pais." Depois de voltar para casa na noite de 20 de agosto, Erik estava histérico, incapaz de qualquer reação.

"O que eles fizeram com os filhos para levá-los a tanto? O que foi feito a Erik Menéndez?" Abramson disse que começou aos 6 anos, com José "tocando indevidamente e estimulando sexualmente o filho pequeno, e agravou-se um padrão cuidadosamente calculado de 'preparar' a criança para a gratificação sexual do pai". Depois daquilo, houve "copulação oral forçada, sodomia, estupro e a aplicação intencional de dor por meio do uso de objetos alheios à pessoa de Erik".

A cabeça de Erik pendeu de repente. O queixo caiu no peito enquanto ele soluçava baixinho. O júri ficou com os olhos fixos nele.

"Testemunhas vão contar que o sr. José Menéndez se considerava um ser superior e doutrinava os filhos a crer que ele era, em todos os aspectos, perfeito", disse Abramson. "O que importava era ser rico." Para pais incestuosos, ela disse, "uma criança é só uma coisa." Quando Erik tinha 11 anos, José puxou o cabelo do menino enquanto o obrigava a fazer sexo oral. Quando Erik chorou da primeira vez que José ejaculou na sua boca, José lhe deu um tapa. Para torturar Erik, "ele usava diversos objetos: agulhas, tachinhas, instrumentos de madeira, cordas com nós. Estes episódios são os que Erik chama de 'Dias Sombrios'".

Para os filhos, Kitty Menéndez era "fria, distante e hostil", disse Abramson. As provas iam demonstrar que ela sabia que José abusava de Erik. Era como se ela tivesse medo de José, e Erik achava que ela também era vítima. Ele não contou à mãe porque não queria que ela carregasse o fardo do segredo.

"Os senhores e as senhoras terão que decidir a verdade", Abramson disse ao júri. "Os senhores e as senhoras ouvirão provas de que ela não foi cuidar do filho quando ele estava vomitando no banheiro ao lado do quarto dela, depois de um episódio sexual com o pai." O sexo acontecia até duas vezes por mês.

A casa dos Menéndez era o "campo de treinamento", e Kitty era uma das treinadoras. Na escola, o que importava eram as notas, não aprender. Pai e mãe intimidavam os professores dos filhos e frequentemente faziam o dever de casa por eles. José Menéndez ensinou os filhos a "enganar, roubar e mentir, mas vencer!".

Erik idealizava Lyle, seu único amigo íntimo. Aos 15 anos, Erik rezava por um milagre: ele iria para a faculdade e os abusos cessariam. Depois que a família se mudou para a Califórnia, o sexo parou por algum tempo. Porém, seis meses depois, Kitty descobriu os casos de José, e Erik viu sua mãe desmoronar.

Kitty sempre soube dos mínimos detalhes da vida de Erik; ele se perguntava se a mãe tinha "poderes sobrenaturais". Depois da morte da mãe, ele descobriu que ela vinha gravando seus telefonemas em segredo. Kitty havia exigido que Erik conseguisse uma namorada em até seis meses e, quando conseguiu, ele passou a se dedicar a ela obsessivamente, ao mesmo tempo em que se preocupava que ela o considerasse "diferente", talvez gay. Ele culpava a si mesmo pelo sexo com o pai.

Pouco antes dos assassinatos, José usou o sexo com ele como castigo. Naquela época, José havia parado com a "enganação de dizer que era uma coisa normal... Era evidente para Erik que agora o sexo era uma demonstração de força, domínio e nada mais, e Erik Menéndez se odiava por não ter força para impedir". A última vez que José sodomizou o filho foi em maio de 1989, quando ficou furioso por ele fracassar em uma disciplina e por uma performance fraca no tênis. Na primeira semana de agosto de 1989, Erik perdeu outro torneio de tênis e José ficou em fúria mais uma vez.

Sete dias antes dos assassinatos, José disse a Erik que ele podia se matricular na UCLA, mas teria que dormir em casa para eles monitorarem seus trabalhos universitários. "Erik Menéndez entendeu imediatamente o que aquilo significava", disse Abramson. "O sexo ia continuar." Erik ficou desesperado.

Na manhã de 18 de agosto, sexta-feira, os irmãos decidiram comprar armas de fogo para se proteger. Depois de descobrirem que havia um período de espera por pistolas, adquiriram duas espingardas. Na noite de domingo, "em puro terror, puro pânico", prevendo seu próprio assassinato, os irmãos irromperam na sala de televisão, disparando. Erik acreditava que os pais eram "incapazes de morrer".

"A acusação se apoia em Jerome Oziel", disse Abramson. "Vamos contestar o dr. Oziel. Ele não estava presente nas ações, e vamos contestar sua autenticidade. Ele tinha motivação para mentir [e mentiu]."

"A acusação lhes diz que Erik fez o que fez por dinheiro", concluiu ela. "O que dizem quando crianças pobres matam?" Abramson sentou-se e carinhosamente tocou no braço de Erik.

38

A ACUSAÇÃO — COM TODA A CULPA NO CARTÓRIO?

"Um filho que mata os pais é uma maçã podre. Dois filhos que matam os pais são uma família podre."
— Promotora Pam Bozanich à ABC News, janeiro de 2017

Tom Edmonds, sargento da Polícia de Beverly Hills, tomou o assento para apresentar os interrogatórios que havia gravado com os irmãos noventa minutos após eles telefonarem para o 911, o serviço de emergência. As vozes estavam abafadas e mal se ouviam, então os jurados receberam transcrições. Erik não demonstrou reação enquanto escutava o relato que ele mesmo fez sobre quando chegou em casa na noite de 20 de agosto.

"... nós entramos e eu senti cheiro de fumaça. Depois disso nós os vimos e imediatamente eu comecei a gritar, e... então eu subi a escada e o Lyle ligou para a polícia imediatamente." Questionado se ele tinha ideia de quem havia cometido os assassinatos, Erik disse: "Não, a minha família não tem inimigos, mas talvez meu irmão saiba".

Na manhã seguinte, Edmonds rodou a gravação do interrogatório com Lyle Menéndez, que explicou que eles tinham saudade do contato com Perry Berman.

"Eu ainda estava um pouco chateado, então eu disse para nos encontrarmos em um lugar e que íamos nos ver para fazer alguma coisa." Edmonds não pedira a Lyle para explicar com o que ele estava chateado.

A seguir, Lyle descreveu sua volta para casa: "E eu achei que era estranho, de certo modo e, tipo, eu senti cheiro de fumaça em tudo". Erik também comentou sobre a fumaça dentro da sala, mas Edmonds não pediu mais explicações.

Edmonds não havia considerado os irmãos suspeitos, então não lhes aplicou testes de resíduo de pólvora. Tanto Erik quanto Lyle pareciam traumatizados. Lester Kuriyama perguntou a Edmonds se ele sabia que Erik era "aspirante a ator". Leslie Abramson protestou com fúria, mas foi indeferida.

"Seria justo dizer que, neste momento, aqui, sentado no tribunal, o senhor descobriu que eles lhe mentiram naquele dia?", perguntou o promotor. Abramson protestou de novo. Em um aparte, ela disse ao juiz Weisberg: "Isso não está indo a lugar nenhum... eles podem ao mesmo tempo estar traumatizados e ter toda a culpa no cartório". Desta vez o juiz concordou.

Kuriyama perguntou a Perry Berman sobre o telefonema de Lyle no fim daquela noite de domingo, 20 de agosto. Berman disse que Lyle soava um "pouco inquieto" e "nervoso". Ele foi à Cheesecake Factory, mas os irmãos não apareceram.

Berman disse que conheceu os Menéndez em 1985, em New Jersey, quando era professor de tênis de Erik. Uma vez, durante uma das aulas semanais, quando Perry estava dando saques altos para Erik melhorar sua autoconfiança, José entrou correndo na quadra.

"Ele basicamente apareceu ali e começou a berrar comigo, achando que eu facilitava muito para o filho. Ele não entendeu meu raciocínio, e depois basicamente saiu andando."

Na inquirição de Jill Lansing, Berman disse que, em quinze anos como professor de tênis, nunca tinha visto um pai interferir nas aulas do modo como José invadiu a quadra. Foi "chocante".

"A casa dos Menéndez era um ambiente calmo, tranquilo, acolhedor?", Lansing perguntou.

"Eu penso que o sr. Menéndez gerenciava sua casa como se fosse uma empresa e ele fosse o presidente. Ele era muito rígido com os meninos. Queria ter controle de todos os aspectos das vidas dos dois, fosse acadêmico, social, no tênis, as meninas com quem eles iam sair, as faculdades que iam escolher."

"E havia tensão naquela casa?"

Sim, disse Berman, complementando que havia uma "sensação de sigilo. Eu creio que eles guardavam muito do que se passava entre si."

Em Sacramento, naquela tarde, a Junta de Psicologia da Califórnia acusou o dr. Jerry Oziel de agredir duas "pacientes" — as ex-babás — quando eram suas amantes. Oziel também foi acusado de lhes fornecer drogas psicotrópicas sem prescrição. As acusações foram protocoladas por Judalon Smyth, que reiterou que Oziel queria ser chamado de "dr. Papai".

As acusações foram protocoladas em questão de dias antes de Oziel tomar assento como testemunha-estrela da acusação contra Lyle e Erik Menéndez. Conversando com jornalistas, Leslie Abramson disse: "Esse homem era uma ameaça para a saúde mental do povo da Califórnia. Se conseguirmos provar a natureza de sua pessoa, sua falta de ética e inépcia total, o júri não vai acreditar no que ele tem a dizer". Ela acusou Oziel de chantagear os irmãos Menéndez ao ditar notas de áudio depois das sessões de terapia "pensando em uma fonte de renda futura. Ele podia ter ligado para a polícia, mas preferiu ter um recurso como moeda de troca".

Mas a acusação não se sentiu dissuadida e chamou Oziel a depor. Pam Bozanich disse à imprensa que ainda tinha um argumento forte: "Não encontramos provas de abuso físico ou sexual. O fato de que o sr. Menéndez era dominador, controlador, autoritário e de difícil convívio não é uma novidade para nós. Não se mata quem você ama".

Na segunda-feira, 26 de julho, quinto dia do julgamento, o juiz Weisberg decidiu que os júris não seriam inteirados quanto a *Amigos*, o roteiro de cinema que fora amplamente divulgado pela imprensa. "O valor probatório é nulo. O potencial de confundir os assuntos é grande", disse Weisberg.

A promotoria, assim, convocou Craig Cignarelli, que depôs apenas para o júri de Erik Menéndez. Sorridente e relaxado, Craig disse que conheceu Erik na Calabasas High School, onde ambos eram estrelas da equipe de tênis. Eles fizeram amizade rapidamente, e costumavam compartilhar sonhos e ideias para o futuro.

Cignarelli atestou que visitou a mansão de Beverly Hills dez dias depois dos assassinatos para ficar com Erik, "só para passar um tempo, ver se estava tudo bem". Enquanto ele estava lá, um homem veio trabalhar em um computador no quarto principal, e estava acompanhado da esposa grávida. "Ele disse que o irmão tinha chamado um técnico em informática para apagar o testamento da família." Craig falou que Erik lhe disse que o "testamento original deixava todo o dinheiro para os garotos".

Craig passou a noite na mansão. Kuriyama perguntou se Erik chegou a discutir os assassinatos. Com um suspiro profundo, Cignarelli respondeu que sim.

Começou quando eles estavam no vestíbulo, fora da sala de televisão onde José e Kitty morreram.

"Quer saber como aconteceu?", Cignarelli disse que Erik lhe perguntou. "E eu disse: 'Quero'. Eu não sabia bem onde ele ia chegar.

"Ele disse que voltou para dentro, que seu irmão estava lá com as duas espingardas e disse: 'É agora'. Eles entraram, e Lyle ficou parado — ou Erik foi pela porta da esquerda, que estava um pouquinho aberta. Lyle andou e usou o ombro contra a porta da direita. E o Erik disse que olhou para dentro, viu os pais sentados no sofá. E Lyle abriu a porta e atirou no pai, e olhou para Erik e disse: 'Atire na mãe'. E Erik disse que atirou na mãe quando ela ficou de pé, gritando."

Depois, Craig disse que ele e Erik jogaram xadrez e jantaram.

"Alguma vez Erik Menéndez lhe disse que agiu em legítima defesa?", perguntou Kuriyama.

"Não", Cignarelli respondeu.

"Ele lhe contou, alguma vez, que sofria abusos dos pais?"

"Não."

Meses depois, disse Cignarelli, Erik negou que tivesse algum envolvimento com os homicídios, e sugeriu que teriam relação com a máfia ou com os negócios do pai.

A inquirição direta levou apenas vinte minutos. A conduta fria de Cignarelli mudou abruptamente quando Leslie Abramson começou a inquirição da defesa. Abramson perguntou se ele já havia visto José Menéndez ficar emotivo nas partidas de tênis.

"Não aos berros, mas dizendo 'você precisa melhorar', sim. Só críticas e pressão para ele ser melhor, como a maioria dos pais."

"A maioria dos pais critica os filhos na frente dos outros?"

"Em Calabasas, sim", respondeu ele.

"Pais durões, os de Calabasas", Abramson declarou.

"Não vamos emitir opiniões", disse o juiz.

Na inquirição da acusação, Cignarelli atestou que Erik lhe confessara "por volta de uma semana e meia" depois de 20 de agosto, mas na inquirição da defesa ele admitiu que, da primeira vez, contou aos detetives que havia sido durante o fim de semana de 21 de outubro de 1989. Ele explicou que sua lembrança da data havia mudado depois que leu os informes da polícia.

"Eu lhes disse que foi no fim de semana e eles me deram a data exata."

"Como eles saberiam em que fim de semana foi, sr. Cignarelli? Eles não estavam lá."

Ele acreditava que os promotores haviam apurado a data conforme o dia em que o técnico em informática estivera na casa. "Eu acho que eles juntaram as coisas."

"Entendi", falou Abramson, sarcástica. "Então o senhor está armando sua história para combinar com o dia em que este perito apareceu?"

"Não estou armando minha história... Só estou contando a verdade! O cara do computador foi lá quando eu fui."

Porém, ele admitiu na inquirição que, quando se encontrou com a polícia, em novembro de 1989, ele não havia citado o técnico em informática. Ele não conseguiu descrever a pessoa, fora o fato de que havia vindo com a esposa grávida. Cignarelli achou que o perito havia ficado no quarto e procurado, sem sucesso, um arquivo no computador com o nome "WILL".

Quando Erik lhe mostrou a sala de televisão, ele disse que Erik lhe falou que havia "pele e sangue por tudo".

"Fiquei um pouco incomodado de estar na casa. Mas, com tantos seguranças nas redondezas, tudo bem."

"Você não perguntou a Erik: 'Por que você fez aquilo?', perguntou?", Abramson questionou.

"Não. Todo mundo comenta isso", disse ele.

"Peço que isto seja retirado dos autos, Meritíssimo!"

"O último comentário será retirado dos autos, e adverte-se ao júri para desconsiderá-lo", respondeu o juiz.

Cignarelli explicou que a confissão teria sido um dos “joguinhos mentais” que ele e Erik adoravam fazer.

Posteriormente, para montar uma armadilha para seu melhor amigo, ele disse que concordou em “virar agente da polícia” e usar uma escuta no corpo. Ele negou que os detetives o haviam ameaçado a fazer o que fez.

“Então não tinha nada de negativo em fazer?”, perguntou Abramson.

“Não. O ponto negativo era que eu ia fazer isso com meu melhor amigo.”

39

NÃO ME RECORDO — DONOVAN GOODREAU

Lyle Menéndez temia as testemunhas da acusação que viriam a seguir, seus confidentes mais íntimos. Em questão de um mês após os assassinatos, Glenn Stevens o denunciara à polícia enquanto ainda gozava da generosidade de Lyle. Mas o primeiro a depor foi Donovan Goodreau. A defesa não sabia o que ele ia dizer.

Goodreau, agora com 23 anos, havia se tornado *personal trainer* de celebridades em Nova York. Ao subir ao banco das testemunhas, ele estava tão nervoso que, enquanto soletrava seu nome, engasgou.

"Sr. Goodreau, sente-se e respire fundo", disse Pam Bozanich.

Goodreau relatou seus dois meses de estadia no quarto de Lyle no alojamento universitário Gauss Hall, sua mentira sobre estar matriculado na faculdade e o dia em que os amigos de Lyle encaixotaram todos os seus pertences e os colocaram em sua caminhonete detonada. Depois de partir para Nova York, Goodreau percebeu que havia deixado uma coisa para trás — sua carteira com a licença de motorista da Califórnia. Isto aconteceu três meses antes dos assassinatos. Ele e Lyle não se viam desde então.

"O senhor por acaso esteve em San Diego em algum momento antes de 18 de agosto de 1989?", perguntou Bozanich.

"Não", Goodreau disse.

"O senhor comprou alguma espingarda durante esse período?"

“Não, não comprei”, ele respondeu.

Goodreau tinha trabalhado no restaurante Boxers, em Nova York, durante os dias 18 e 19 de agosto.

A pedido da Polícia de Beverly Hills, Goodreau forneceu uma amostra de sua grafia — uma série de duas dúzias de assinaturas idênticas. O documento que a acusação apresentou a seguir foi o formulário oficial preenchido para a compra de duas espingardas em San Diego, dois dias antes de José e Kitty morrerem. Goodreau negou envolvimento na transação.

“O senhor chegou a dar permissão a Erik Menéndez para usar sua carteira de motorista?”, Bozanich perguntou.

“Não”, respondeu ele em voz baixa. Mas ele e Lyle emprestavam a identidade um do outro com frequência. Ele usava o cartão da previdência de Lyle para almoçar e jantar nos refeitórios de Princeton.

Goodreau arriscou um olhar para Lyle quando Jill Lansing começou a inquirição da defesa. Quando eles se conheceram, disse Goodreau, criou-se rapidamente um laço de amizade e eles passavam o tempo todo juntos. “Ele não tinha todo o dinheiro do mundo. Ele basicamente vivia de mesada, como a maioria dos alunos ali.”

Ir para Princeton foi ideia de José Menéndez; Lyle teria preferido a UCLA, disse Donovan. Lyle sentia que seu pai estava decepcionado com ele.

“Que semelhanças os senhores tinham em termos de histórico?”, perguntou Jill Lansing.

“Pais opressores”, Goodreau disse.

Pouco depois da prisão de Erik e Lyle, Les Zoeller me disse durante um almoço: “Tem um cara muito interessante com quem você deveria conversar em Nova York, que pode te dar muita informação”. Em julho de 1990, quatro meses depois das prisões, eu finalmente encontrei o cara interessante: Donovan Goodreau.

Por duas horas, Goodreau contou histórias sobre a amizade perdida que havia durado pouco mais de três meses. “Tentei ligar para ele depois que minha mãe me contou dos assassinatos. Devo ter ligado umas vinte vezes para Les Zoeller e deixei mensagens pedindo para Lyle me ligar”, mas ele não respondeu.

Lyle havia compartilhado com Goodreau a pressão que sofria como filho de José Menéndez. "Lyle e eu ficamos muito próximo porque nós dois tínhamos pais dominadores, enérgicos. Quando nos conhecemos, passamos horas conversando sobre nossos pais, nossas esperanças e nosso futuro."

"Lyle disse que o que o levaria a matar seu pai eram as namoradas. Ele disse que estava chateado porque sua mãe estava pirando por causa das namoradas do pai."

Três meses depois, em 25 de outubro de 1990, Glenn Stevens me contou sobre uma conversa que tivera com Donovan meses antes.

Stevens falou que Donovan lhe disse que ele e Lyle haviam se tornado amigos íntimos porque um havia contado ao outro que sofrera abusos sexuais quando criança.

"Do pai ou da mãe?", perguntei.

"Do pai, suponho eu. Donovan deu a entender que Lyle não tinha entrado em detalhes. Ele só disse que Lyle estava muito indignado com as coisas que seu pai havia feito com Erik, que chegavam até ao abuso sexual. Foi o que Donovan me contou."

Em 7 de dezembro de 1990, Goodreau me contou diretamente sobre o abuso. Em uma entrevista gravada por telefone, Donovan disse que ele e Lyle haviam tido uma longa discussão sobre o assunto em um restaurante chinês de Princeton. "Eu não vou mentir a respeito das conversas sobre abuso, mas não vou ser eu quem vai sair contando", ele disse. Esta conversa aconteceu dois anos e meio antes de os irmãos admitirem publicamente que haviam assassinado os pais após anos de abusos.

Rand: Esta semana eu ouvi que o abuso sexual pode ser a defesa que eles vão tentar.

Goodreau: Oh, não, não, não me diga que eles vão fazer isso.

Rand: Pois é, foi o que eu escutei. Nada certo.

Goodreau: Você sabe o que vai acontecer. Lyle vai contar pra eles, sabe, "se vocês não acreditam em mim, perguntem pro Donovan". (risos) Eu contei pra ele, vão vir com a lupa pra cima de mim. Tá de brincadeira?

Rand: Eu não acho que vão te envolver se for papo furado.

Goodreau: Não, olha só, ele me contou isso porque... ele me contou muitas coisas sobre o pai e tal, mas eu sempre achei que ele tava fazendo aquilo pra me atrair, pra eu acreditar no objetivo dele, quem sabe, mas ele nunca me disse por que tava fazendo aquilo, por que tava me contando. Só fez sentido depois. Você sabe do que eu tô falando — ele me contou muita coisa da história deles e tal e lembrava a minha história. Eu também sofri abuso quando criança, e eu contei pra ele e acho que isso abriu as comportas e aí ele me contou, e foi, tipo, uau!

Rand: Ele contou que foi abusado?

Goodreau: Hã, sim. Lyle e o irmão foram abusados. Mas é como se ele não... ele não deixou claro. Ele nunca foi claro.

No almoço em Nova York, em outubro de 1991, Goodreau mais uma vez mencionou o abuso sexual na família Menéndez.

"Lyle começou a me contar histórias sobre José ter abusado sexualmente de Erik quando era criança. Ele disse que eles tomavam banho juntos, de chuveiro e de banheira. A banheira gigante na casa nova era para fazerem sexo."

Isso corroborava o que Erik havia mencionado em sua entrevista comigo em outubro de 1989.

Donovan especulou que, quando eles trocaram confissões de que os dois haviam sofrido abusos, alguns meses antes dos assassinatos, talvez Lyle estivesse preparando o terreno. Teria Lyle planejado o assassinato de seus pais meses antes e plantado seu melhor amigo como testemunha? Se tivesse, o certo não seria manter contato com a pessoa que poderia salvá-lo do Corredor da Morte? Lyle nunca retornou as ligações de Donovan depois dos assassinatos.

Nos três anos desde que conheci Goodreau, ele foi uma das minhas fontes mais produtivas para a pauta. Conversamos algumas vezes por mês, incluindo uma longa entrevista gravada durante dois dias em março de 1992. Em 23 de julho de 1993, três dias antes de ele depor na Califórnia, telefonei para Goodreau em Nova York.

Ele me disse que estava "muito nervoso" de que seria questionado sobre abusos sexuais no depoimento. Repetiu o que havia me dito da primeira vez, em 1990: "Não vou mentir, mas não vou oferecer a informação se não me perguntarem". Também discutimos o reencontro dele com Glenn Stevens em outubro de 1989: "Ele veio até mim, me deu um abraço forte, aí nós entramos, ficamos conversando e ele falou disso [do abuso] e eu quase caí da cadeira, porque achei que era a única pessoa no mundo que sabia".

Na inquirição da promotoria, Pam Bozanich perguntou a Goodreau sobre uma ligação que Lyle recebeu de seu pai uma tarde, depois da qual Lyle ficou irritado.

"Eu acho que tínhamos conversado sobre a relação do pai dele com outra mulher, e eu acho que o telefonema disparou alguma coisa, aí ele se virou e disse: 'Eu podia matar o meu pai pelo que ele fez com a minha mãe'."

"O senhor sentiu que ele ia sair naquela hora e matá-lo?"

"De jeito nenhum."

Aquele diálogo parecia valioso para a acusação, mas abriu a porta para Lansing nas reperguntas. A advogada da defesa talvez estivesse esperando aquilo vir à tona.

"Quando os senhores conversaram sobre suas histórias, falaram de interesses que tinham em comum?"

"Sim", respondeu Goodreau.

"E o senhor ficou com a impressão de que Lyle admirava o pai?"

"Sim, muito."

"Ainda assim, havia aspectos do pai que ele não admirava?"

"Sim."

Um ano antes de depor, Goodreau encontrou-se com Lansing durante três horas em um quarto de hotel em Nova York e mencionou o jantar carregado de emoções no restaurante chinês, mas de maneira vaga. É possível que a acusação, que ligou para Goodreau, não soubesse do encontro no hotel. No julgamento, Lansing pediu um aparte com o juiz.

Weisberg disse que teria que ouvir o depoimento sem a presença do júri.

Era pouco mais de 16h quando os dois quadros de jurados foram mandados para casa. Lansing, então, perguntou a Goodreau sobre uma conversa com Lyle em um restaurante chinês.

"Eu acho que a senhora está se referindo ao seguinte: perto do fim da minha passagem por Princeton, nós jantamos em um restaurante de comida chinesa, tarde da noite. A faculdade estava para entrar em férias. Havia muita pressão nele, e estávamos conversando sobre nossos planos para o verão e o futuro. Todas as cadeiras já estavam em cima das mesas ao nosso redor. Estavam só esperando nós irmos embora, mas ficamos conversando, ele começou..."

"Deixe eu fazer uma pergunta."

"Tudo bem."

"O senhor revelou alguma coisa sobre sua história que era de natureza pessoal?"

"Sim, revelei."

"E ele, em reação, revelou algo ao senhor sobre a história dele e do irmão?"

"Não, não revelou."

"O senhor já me contou isto?"

"Não me recordo."

"Já contou a alguém?"

"Não me recordo."

Conforme o diálogo se aprofundava, o rosto de Lansing perdia o rubor.

"O senhor não se recorda se contou a mim ou a qualquer pessoa que Lyle Menéndez contou ao senhor que ele e o irmão sofreram abusos do pai?"

"Eu nunca..."

"... em um restaurante chinês?"

"Eu contei ao Lyle que sofri abuso quando criança. Ele nunca me contou que sofreu."

"Ele nunca contou nada a respeito disso ao senhor?"

"Não."

"E o senhor nunca contou a ninguém que ele teria dito algo desta natureza? É verdade ou não?"

"É verdade que... eu nunca contei a ninguém que eu falei isso. Eu supus, pela reação dele, que ele havia tido um problema nesse sentido, mas foi apenas uma suposição."

A equipe de defesa conferenciou rapidamente.

"Sr. Goodreau, o senhor deu uma entrevista a um jornalista sobre este caso, gravada, na qual afirmou isto?"

"Bob Rand foi o único repórter a quem eu dei entrevista gravada. Pode ter sido ele."

"O senhor não acredita que lembraria, caso houvesse dado?"

"Ah, claro."

"Então, o senhor está depondo que não deu essa entrevista?"

"Estou depondo que não dei."

"Obrigada."

Goodreau foi dispensado até a manhã seguinte. Enquanto eu saía do tribunal, Leslie Abramson me abordou para dizer que teria que apresentar uma intimação para eu entregar minha fita. "É bom que você faça a coisa certa", disse ela.

Mas qual seria a coisa certa?

Para organizar as ideias, me retirei para outro andar do fórum. Antes do julgamento, Pam Bozanich havia me dito: "Estamos cientes de que há questões de credibilidade com as testemunhas mais jovens".

Liguei para um amigo, Tony Glassman, que sugeriu que eu rodasse a fita naquela noite em uma TV local para evitar a intimação de ambos os lados e que eu entrasse no processo como testemunha. Liguei para Sylvia Teague, a secretária de redação da KCAL, o Canal 9 de Los Angeles. Havíamos nos encontrado algumas semanas antes para discutir a possibilidade de eu fazer comentários sobre o julgamento. Teague me pediu para ir à emissora para uma entrevista e para que eles pudessem transmitir parte da minha entrevista com Goodreau. Antes, eu teria que buscar a fita em casa.

Quando cheguei à emissora, já era tarde para botar a pauta no noticiário das 20h. Rodei uma parte da entrevista para o jornalista Jim Hill:

Goodreau: Estávamos em um restaurante chinês... ele diz: eu sei tudo de você, você é meu melhor amigo. Eu sei tudo de você. Aquilo foi genuíno — não tem como ser falso com o tipo de emoção que ele estava me passando naquele momento.

Goodreau disse a Lyle que, quando era criança, sofreu abuso de um amigo da família:

> **Goodreau:** Estou lá contando essa história, estou engasgado, e ele ficou às lágrimas. Ele passou vinte minutos sem falar.
>
> **Rand:** Basicamente, ele disse que o pai estava abusando de Erik?
>
> **Goodreau:** Sim, dele e do Erik.
>
> **Rand:** De Lyle também?
>
> **Goodreau:** Isso. Tomava banho com ele e essas coisas. Mas, ah, cara... é que... é estranho porque dava pra sentir... a gente não tava bebendo, tava lá sentado, o restaurante fechando, as cadeiras em cima da mesa, o cara esperando a gente ir embora e ele ali me contando essas coisas. Eu podia ter caído da cadeira. Ele começou a me falar dele e do irmão mais novo, e de como o irmão tinha sido o mais afetado porque é mais novo e mais influenciável.

Hill estava tenso porque tinha prazo. Depois de mixar a fita, eles acrescentaram vídeos em que eu assistia a Goodreau no tribunal e perguntaram o que eu havia achado do depoimento.

"Parece que ele cometeu falso testemunho", eu falei.

Telefonei para Jill Lansing e Michael Burt, o advogado auxiliar de Lyle, para sugerir que assistissem ao noticiário das 21h. Os dois ficaram animados.

Minutos depois, a KCAL fez uma abertura dramática: houvera "muito drama no tribunal" naquela tarde, durante o julgamento dos irmãos Menéndez por homicídio, disse o âncora Jerry Dunphy. Com vídeo de Goodreau, letras vermelhas garrafais tomaram a tela: FALSO TESTEMUNHO? Ao estilo esbaforido do telenoticiário, os âncoras disseram que tinham uma exclusiva sobre uma testemunha-chave da acusação, "que pode ter mentido no banco de testemunhas".

A matéria foi reprisada às 22h como principal.

A caminho de casa, senti minha cabeça dar voltas. Eu não estava só cobrindo aquela pauta, eu havia me tornado parte da pauta. Durante o fim de semana anterior, eu havia viajado de Los Angeles a Miami para seguir algumas pistas. Havia voltado tarde no domingo à noite e dormido apenas três horas antes de voltar ao fórum, por isso estava vivendo só de adrenalina. Apesar de tudo isso, foi difícil cair no sono naquela noite, me perguntando o que aconteceria quando Donovan Goodreau voltasse ao banco das testemunhas na terça-feira.

Na manhã seguinte, eu estava na porta da sala de audiência tomando café com Dominick Dunne, o jornalista que cobria o julgamento para a revista *Vanity Fair.* Les Zoeller nos abordou e me entregou uma intimação, exigindo todas minhas fitas e anotações relacionadas a Donovan Goodreau.

De volta à sala, com todos os jurados presentes, Pam Bozanich disse ao juiz Weisberg: "Na noite passada, no noticiário do Canal 9, o sr. Robert Rand, jornalista que trabalha neste caso há, creio eu, mais de três anos, rodou um trecho da fita cassete de uma entrevista que fez com o sr. Goodreau, que é o que creio que a defesa deseja mostrar ao tribunal e ao sr. Goodreau hoje".

Meu advogado, Tony Glassman, só estaria disponível depois do almoço. Se eu fosse obrigado a depor, ele me recomendou a não discutir nada que já não estivesse publicado ou exposto. As leis de blindagem da imprensa da maioria dos estados protegem as anotações e fitas de um jornalista que ainda não tenham vindo a público. Mas, como eu havia rodado um trecho da fita para Jill Lansing anteriormente, quando estava preparando a pauta, Bozanich disse ao juiz que a fita completa deveria ser considerada já divulgada e eu não tinha mais blindagem. Ao mesmo tempo, Bozanich queria impedir que a defesa rodasse a fita para os jurados. Ela disse que havia descoberto naquela manhã que eu discutira abusos com Glenn Stevens, que contou a Donovan, que então fechou um ciclo ao atribuir a informação a mim.

"Parece que é o sr. Rand, e não o sr. Goodreau, a origem desta informação", disse ela. Tampouco era a fonte "Lyle Menéndez, mas sim o sr. Rand". O que ela estava dizendo era que parecia que eu havia inventado tudo, como se eu houvesse lançado um boato, e por isso a defesa não deveria rodar a fita nem interrogar Goodreau. Ela também queria que o juiz Weisberg me excluísse da sala de audiência porque eu havia agido de má-fé. Pediu uma audiência sem a presença dos jurados para interrogar Stevens, Goodreau e eu.

O problema aparente era que a acusação não havia assistido ao Canal 9 na noite anterior. Sendo justo, não liguei para eles. Eu havia entrado em contato com os advogados da defesa, que disseram que iriam me intimar para ficar com a fita.

"Tenho apenas uma preocupação", interveio Leslie Abramson. "No caso, que a acusação parece estar assumindo a postura de que, se há conflito em relação à fonte da informação, que esta informação não seja apresentada no julgamento. E nossa postura é de que esta é uma questão de credibilidade, como qualquer uma que o júri deve resolver."

O juiz Weisberg discordou. Quanto a minha exclusão, ele expressou a preocupação de que houvesse "potencial de familiaridade" dos jurados com alguém que ia diariamente à sala de audiência. Talvez, sugeriu ele, o júri teria uma apreciação diferente do meu depoimento em comparação ao de uma testemunha que haviam visto durante apenas um dia. Recebi ordens para deixar a sala de audiência.

Depois de ser convocado pela acusação e prestar juramento para depor, achei bizarro ficar no banco das testemunhas e olhar para as pessoas que eu estava cobrindo. Agora, Erik e Lyle Menéndez estavam me assistindo junto a advogados, plateia e outros jornalistas naquela sala lotada. Meu pai, em Ohio, assistia ao vivo na Court TV.

Pam Bozanich ficou especialmente incomodada por eu ter rodado um trecho da minha fita para Jill Lansing e que eu nunca havia pedido uma entrevista à promotoria. Expliquei que uma das pessoas na assessoria de imprensa da promotoria havia me dito que os promotores só estariam disponíveis para entrevistas depois do julgamento. Após perguntas rápidas, Bozanich exigiu ouvir toda minha entrevista de duas horas e meia com Goodreau. O juiz Weisberg sugeriu que ela descobrisse mais sobre a produção da fita.

"O senhor alega que o sr. Goodreau lhe disse que os réus sofreram abusos sexuais?"

"Sim."

Minha entrevista original e gravada com Goodreau era em áudio, mas o que foi exibido na audiência foi o vídeo da reportagem da KCAL 9, e a matéria em vídeo continha um trecho da entrevista em áudio.

Então Bozanich me perguntou: "No trecho da fita que assistimos, parece que o senhor está fazendo a ele uma série de perguntas capciosas. Estamos corretos?".

"Eu fiz várias perguntas ao entrevistado. É o que faz um jornalista."

"E o senhor não caracterizaria essas perguntas, portanto, como capciosas? Correto?"

"Protesto, meritíssimo", interveio Leslie Abramson. "Meramente contencioso."

"Indeferido."

"O senhor não caracterizaria as perguntas que fez ao sr. Goodreau, que foram exibidas no noticiário do Canal 9, como capciosas? Correto?"

"Não. Elas estavam no contexto de uma história que ele estava me contando sobre Lyle Menéndez reclamar de José Menéndez ter abusado sexualmente de Erik e Lyle."

"O senhor, aliás, tem entrevistas com outras testemunhas da acusação neste caso?"

"Tenho."

"E o senhor se recusa a entregá-las à acusação? Correto?"

"Sim."

"Por que o senhor fornece informações à defesa e não à acusação?"

"Eu não forneço informações. O que eu estava fazendo era uma entrevista. Durante uma entrevista, às vezes o jornalista revela informações. Creio eu que seja a mesma coisa que fazem promotores e a polícia. Às vezes se revela informações para obter outras informações. É o que eu estava fazendo."

"O senhor é policial?"

"Não. Sou jornalista."

"Protesto, meritíssimo", disse Abramson. "Meramente contencioso."

O juiz ainda queria saber da produção da fita. Passando a me interrogar diretamente, ele perguntou a respeito de minha conversa com Donovan Goodreau quatro dias antes.

"Não quero entrar nesse assunto", respondi. "É conteúdo que ainda não foi publicado e diz respeito a uma fonte."

"A fonte seria o sr. Goodreau?"

"Correto."

"A mesma fonte que o senhor revelou ao mundo no noticiário do Canal 9 na noite passada?"

"Eu revelei um pequeno trecho das informações."

"E o senhor acredita que se qualifica para a leis de blindagem da Califórnia?"

"Sim, acredito."

O juiz Weisberg discordou. "Com base no que me foi apresentado, eu creio que o sr. Rand conduziu esta entrevista com o sr. Goodreau em um momento em que não estava vinculado nem empregado por uma organização jornalística, fosse jornal, revista ou outro periódico, nem a associação jornalística ou agência; que ele realizou esta entrevista exclusivamente durante o preparo de um livro que estava escrevendo. Foi o depoimento que ele deu esta manhã.

"O tribunal conclui, tanto na avaliação de seu depoimento desta manhã quanto do desta tarde, que foi esse o modo e o motivo pelos quais a entrevista foi conduzida e, assim, a lei de blindagem, sob a seção 1070 do código de provas, não se aplica ao sr. Rand. Ela foi promulgada para se aplicar a uma categoria limitada de profissionais, e o sr. Rand não se inclui nesta classe... Assim, o tribunal ordena que o sr. Rand entregue à pessoa que o intimou quanto aos documentos a fita cassete que está em pauta no processo. O senhor tem ordens de entregá-la à acusação. Está com a fita aqui?"

"Sim, meritíssimo."

"Ok. A ordem está dada. Pode entregar."

Depois que o tribunal entrou em recesso, naquela tarde, dez equipes de TV e mais de vinte jornalistas me cercaram em um semicírculo. Enquanto meus colegas me confrontavam com perguntas, me senti assistindo a um filme sobre mim mesmo. Quando a coletiva de imprensa terminou, dez minutos depois, eu estava eufórico e exausto.

"Até onde sabemos, ele estava tentando manipular o resultado do processo", Pam Bozanich viria a declarar a um jornalista.

Eu estava apenas sendo um jornalista e publicando informações relevantes. Quando a corte entrou em recesso, na tarde seguinte, no momento em que saí da sala de audiência, vi Bozanich, que estava com uma expressão curiosa. Talvez porque ela havia escutado toda minha entrevista e se deu conta de que eu não havia feito perguntas capciosas. Goodreau havia oferecido voluntariamente informações detalhadas sobre o abuso.

Três dias depois, eu me apresentei ao juiz Weisberg com um advogado e exigi a devolução de meu assento reservado na sala de audiência. A acusação ainda queria minha exclusão do tribunal por eu ser uma testemunha em potencial. Foi a primeira vez no julgamento que os promotores exigiram que uma testemunha fosse deixada de fora. As irmãs de José Menéndez haviam comparecido ao tribunal diariamente e com frequência deixavam-se levar pelas emoções. Depois de três semanas (e milhares de dólares em contas de advogado), o juiz me deixou voltar.

"Bom, a situação ainda não mudou, mas o tribunal acredita, no momento, que embora o tribunal esteja satisfeito quanto a sua decisão ter sido e ser correta em relação ao senhor e seu status relativo à lei de blindagem dos jornalistas, o tribunal o autoriza a retornar à sala de audiência."

Com aquela decisão, eu poderia voltar a apenas cobrir a pauta em vez de ser parte da pauta. Mas nem eu — nem o tribunal — havíamos encerrado o assunto com Donovan Goodreau.

40

O JULGAMENTO DENTRO DO JULGAMENTO – DR. LEON JEROME OZIEL

Talvez não houvesse julgamento, nem mesmo prisão, sem Leon Jerome Oziel. E agora, com uma testemunha, o estado tinha alguém que podia atestar a confissão de parricídio dos irmãos, a falta de remorso na premeditação dos dois e a ausência de qualquer afirmação por parte deles de que os assassinatos houvessem sido incitados por abusos físicos ou sexuais ou perigo iminente. Para a defesa, Oziel era a maior ameaça à liberdade de seus clientes. A defesa havia passado três anos em guerra contra a versão de Oziel quanto às confissões, afirmando que tudo que Erik e Lyle haviam lhe dito eram revelações de clientes feitas em sigilo com seu terapeuta que não podiam ser aceitas como provas. A defesa havia vencido algumas batalhas, mas perdido a guerra. Na quarta-feira, 4 de agosto de 1993, o complexo panorama do que podia e não podia ser dito em audiência pública estava definido. Ainda assim, os dois lados viriam a disputar com fúria cada centímetro do território.

Lester Kuriyama conduziu Oziel ponto a ponto na confissão: não se tratava de uma história de crianças violentadas, maltratadas e sujas de sangue que foram conduzidas a se defender. Em vez disso, os promotores sustentaram que os dois jovens haviam premeditado, friamente, que a única maneira de resolver o problema de uma adolescência difícil era assassinar os pais.

"O senhor perguntou a Erik Menéndez por que ele incluiu a mãe no plano?", questionou Kuriyama.

"Naquele momento? Eu creio que perguntei... Eles não encontravam um jeito de cumprir a meta de assassinar o pai sem assassinar também a mãe. O motivo é que a mãe teria sido uma testemunha, a número um, e teria denunciado. Em segundo lugar: eles não acreditavam que a mãe teria como sobreviver, em termos emocionais, sem o pai." Os meninos pensaram como uma espécie de eutanásia, concluiu Oziel.

O psiquiatra retratou um pesadelo de racionalidade, um assassinato pensado com tanto zelo que nem o pai criticaria os irmãos pelo refino no planejamento.

Oziel depôs que os irmãos haviam exposto uma longa lista de queixas que, para eles, justificavam a sentença de morte do pai. Eles incluíram elementos de vingança e ganância: o pai os havia entregado à polícia pelos furtos em Calabasas, e Lyle acreditava que havia uma chance de que ele planejava deserdá-los. A lista não incluía legítima defesa, fora no sentido geral que podia se aplicar a qualquer filho de um pai dominador.

"Ele disse que não queria conviver com o medo, e que era por isso que havia matado os pais", disse Oziel.

O psiquiatra também falou que traçara duas explicações de homicídios para os irmãos: "premeditado, envolvendo algum tipo de planejamento, um serviço a ser cumprido", ou "um assassinato de crime passional, no qual não houvera premeditação — apenas pegar a faca ou pistola mais próxima e, no calor do momento, disparar contra alguém". Ao descrever o próprio crime, os irmãos escolheram, sem hesitar, a primeira opção.

A manhã havia sublinhado a necessidade de a defesa jogar tudo que tinha contra Oziel. E tinha muita coisa. Leslie Abramson começou pelo currículo de Oziel, que incluía referências abundantes ao termo "terapeuta do sexo". Então ela repassou as práticas contábeis do terapeuta. Também o atacou com o currículo do doutor na mídia, que incluía diversas participações na TV local e nacional.

Oziel disse que não se recordava da participação na maioria dos programas, nem mesmo em emissoras nacionais. Quase se via os jurados pensando: *Ah, tá.*

Naquele momento, Abramson talvez já tivesse feito os jurados verem na testemunha um maníaco por atenção obcecado por sexo, manipulador de pacientes e prevaricador. Então veio a cereja do bolo: "Em 1988, quando conheceu a família Menéndez, o senhor teria dito a algum deles ou a todos que, naquele momento, sua licença estava sob reavaliação? E estava mesmo sendo reavaliada, não estava, na época em que o senhor deixou fitas, as anotações, as transcrições de anotações que o senhor está usando aqui, no cofre bancário de onde a polícia as retirou, correto?".

E estas anotações? Elas foram ditadas a um gravador em momento desconhecido após as sessões de confissão realizadas em 31 de outubro e 2 de novembro. Por que ele esperou tanto tempo? Por que ele as gravou quando gravou? Seriam elas retrato preciso das palavras dos irmãos, ou apenas impressões de Oziel sobrepostas ao que os irmãos disseram? Abramson não teve vergonha de dar a resposta por conta própria: Oziel havia forjado tudo.

"Durante as sessões, o senhor toma notas?", ela perguntou.

"Bom, eu diria que tomo notas durante as sessões com certa frequência e, particularmente, tomo notas quando algo de crítico está acontecendo a fim de memorizar uma percepção ou uma questão específica que eu quero ter certeza de que registrei. E, se não há nada de tão crítico acontecendo, ou se as anotações precisam ser mais elaboradas, geralmente as faço depois das sessões."

Abramson não tinha como saber que Oziel diria, em audiência pública, que ele fazia anotações durante sessões "críticas", mas ela deu o bote como se estivesse de tocaia, esperando aquela palavra. A advogada perguntou se o terapeuta achava que suas sessões com Erik e Lyle Menéndez em 31 de outubro e 2 de novembro haviam sido críticas. Ele respondeu que sim.

"O senhor não fez nenhum tipo de anotação durante essas sessões; é verdade?"

"Com certeza não fiz."

O restante da tarde foi uma troca acalorada depois da outra. Abramson interrogou Oziel a respeito de quando contou a Judalon Smyth sobre as confissões, e por que ele havia contado à amante.

Smyth havia afirmado que estava na sala de espera durante a sessão de 31 de outubro, mas Oziel negou categoricamente que ela estivesse. Abramson perguntou onde ele estava na noite anterior, quando falou com Erik no telefone e marcou o horário. De início Oziel disse que não lembrava, mas, pressionado, disse que acreditava que havia retornado a ligação de Erik do apartamento de Smyth.

Abramson: O senhor pediu a Judalon Smyth para vir ao seu consultório no dia 31 de outubro para escutar suas sessões de terapia com os irmãos Menéndez naquele dia?

Oziel: Na verdade, foi o contrário.

Abramson: O senhor poderia responder esta pergunta com sim ou não, dr. Oziel?

Oziel: Creio que não posso.

Abramson: O senhor não pode responder? O senhor pediu para ela ir?

Oziel: Não, não pedi.

Abramson: Aí está.

Oziel: Não me recordo de Judalon Smyth estar lá, de vê-la. Fiquei em sessão com Erik e Lyle por aproximadamente quatro horas e meia, e não teria como saber se outra pessoa entrou na sala de espera enquanto eu estava em sessão com outros. Portanto, a resposta é que, até onde tenho conhecimento, não, ela não estava lá.

Abramson: Bom, se o senhor não tem conhecimento, então entendo que sua resposta é que o senhor não sabe.

Oziel: Eu não sei. Mas não creio que ela estivesse lá.

Continuou quando Abramson perguntou se Smyth estava presente no consultório de Oziel depois da sessão de 31 de outubro, quando Oziel, temendo pela própria vida, ligou para terapeutas, advogados e policiais para aconselhar-se quanto a como lidar com a situação.

Abramson: Ela estava lá?

Oziel: Não me recordo de ela estar lá.

Abramson: Então o senhor está dizendo que ela não estava lá, ou está dizendo que o senhor não lembra?
Oziel: Não creio que ela estivesse lá.
Abramson: Bom, o senhor não crê que ela estivesse lá?
Oziel: Não me recordo de Judalon Smyth ter estado lá, não.

O cerco prosseguiu na manhã seguinte. Abramson fez Oziel fazer uma reconstituição de suas ações na noite do Dia das Bruxas depois que os irmãos saíram, com a ameaça de assassinato martelando na cabeça. Era um terreno fértil, que dava ampla oportunidade para Abramson bater na tecla de que o depoimento de Oziel não tinha credibilidade e apresentar um novo: ele era um mulherengo egocêntrico.

A intenção funcionou de forma perfeita quando Oziel disse que acreditava que ele e sua família sofriam perigo mortal, mas, em vez de ir para casa para garantir a segurança deles, ele foi para a casa da namorada. Oziel opôs-se a chamar Judalon de sua "namorada", então Abramson retrucou: "O senhor ficaria mais à vontade com a palavra 'amante'?".

Oziel explicou: "Eu tinha medo, na verdade, de que, se de algum modo eles tivessem me seguido, eles me encontrassem com minha esposa e filhos".

"Então, em vez disso, o senhor foi para a casa da srta. Smyth e, com base no que está nos contando, arriscou a vida dela?"

"Na verdade, naquele momento, eu não pensei que Erik e Lyle iriam à casa da srta. Smyth. Erik sabia onde eu morava. Minha preocupação mais imediata era com a altíssima probabilidade de que eles iriam à minha casa. E, por este motivo, não fui para minha casa."

Abramson usou o sarcasmo: "Achei que havia acabado de ouvir o senhor dizer que achava que eles o seguiriam".

Embora Oziel tenha dito que não chamou Smyth para escutar as conversas no seu consultório, ele admitiu, sim, que lhe repassou a confissão naquela noite, o que levantou mais questionamentos.

Oziel justificou a violação do sigilo dos pacientes porque achava que estava em perigo, mas, por estar em um relacionamento com Judalon Smyth, ela também estava em perigo, ressaltou Abramson. Naquele momento, Erik e Lyle não sabiam nada a respeito de Judalon.

"O senhor não poderia apenas decidir que, em vez de revelar o que seus pacientes lhe contavam, não teria nada com ela naquele momento?"

Não, disse Oziel. Ele achava que, dada a "obsessão" de Judalon pela sua pessoa, não conseguiria manter distância dela. Ele também temia que os irmãos pudessem arrombar sua casa e encontrar vários objetos ligados a Smyth, como cartas particulares, contratos comerciais e, o mais importante, um acordo de confidencialidade assinado, relacionado aos serviços de duplicação de fitas que ela oferecia — um acordo que, temia o terapeuta, podia sugerir aos garotos que Judalon conhecia o segredo deles.

Abramson perguntou quantos dias Oziel ficou com Smyth. Vários, ele disse.

"O senhor estava se escondendo?"

"Praticamente sim."

Abramson deixou a ideia assentar.

Durante o resto da manhã, ela ficou batendo nas motivações de Oziel para revelar a confissão dos irmãos não apenas a Judalon, mas a quem quer que fosse. Ela tentou sugerir que as ações do terapeuta depois de 31 de outubro não combinavam com a de alguém que temia pela própria vida — a justificativa jurídica para um psicólogo descumprir a confidencialidade do paciente.

"Não é verdade", ela quis saber, "que durante seu relacionamento com a srta. Smyth, o senhor a ameaçou com frequência, para controlar o comportamento dela, dizendo-lhe, 'Arrá, eu vou contar para Erik e Lyle que você sabe o segredo deles e eles vão vir te matar'. O senhor não fez isso?"

Oziel, com cara de ofendido, retrucou: "Pelo contrário".

Mas Abramson tinha fitas. Depois que Smyth foi à polícia para convencê-los a prender Oziel, ela gravou as conversas deles, tanto com um microfone corporal quanto no telefone. Agora era Abramson que estava saboreando o resultado, selecionando as palavras do próprio Oziel para o médico engolir como colheradas de óleo de rícino.

"Nas fitas que a srta. Smyth fez para a polícia, podemos ouvir a voz do senhor ameaçando-a de morte caso ela vá à polícia."

Oziel cuspiu o próprio remédio: "Não. Pode-se ouvir minha voz avisando-a que eu achava que Erik ou Lyle a matariam se ela fosse à polícia".

Então Abramson rodou para os jurados as fitas que contradiziam o depoimento de Oziel.

Era hora de encerrar, sexta-feira à tarde, mas os trovões estavam só começando. Os jurados teriam o fim de semana para refletir sobre dois relacionamentos: o caso de amor e ódio entre Oziel e Judalon Smyth, e a guerra declarada entre Oziel e Leslie Abramson.

Na segunda-feira, Abramson pressionou Oziel a falar dos dias logo após as ameaças de Lyle. Oziel disse que havia tirado férias com Judalon, o que provocou Abramson: "E como você explicou isso para a sua esposa?".

E por que ele voltou? "A ameaça desapareceu automaticamente assim que o fim de semana acabou?"

Oziel ainda estava se contorcendo quando Abramson abriu um novo front: "A propósito, a srta. Smyth não era apenas sua namorada. Ela era sua paciente, não?".

"De modo algum!"

Ele alguma vez a teria consultado pelo telefone? Alguma vez ele a diagnosticou?

De modo algum e de modo algum, insistiu Oziel.

Abramson então passou o bastão a Michael Burt, que apresentou uma carta, assinada por Oziel, utilizada para dispensar Smyth de uma participação no tribunal de pequenas causas. Referia-se a uma consulta por telefone e dava um diagnóstico: "Judalon Smyth encontra-se incapacitada em 30/08/1989 devido a transtorno de pânico crônico induzido por estresse, como ela me comunicou via telefone".

Oziel, com olhos ardendo de raiva, com certeza piorou a situação quando discutiu se aquela era mesmo sua assinatura. Então, aparentemente de memória recuperada, ele explicou a carta como favor para uma amiga. Burt deu o bote. "Quando o senhor disse ao júri que não a diagnosticou, o senhor prestou falso testemunho, não foi?"

"Se isto for interpretado como diagnóstico", respondeu Oziel, "então seria falso testemunho. Se não for interpretado como diagnóstico, não seria."

"Bom", Burt comentou, "o senhor não assinou a carta como 'L. Jerome Oziel, Cidadão Preocupado', não foi? O senhor não assinou como 'L. Jerome Oziel, Namorado', não foi? O senhor a assinou como profissional da área."

A seguir, Burt apresentou um comunicado de Oziel à imprensa convidando para sua coletiva em outubro de 1990: "Judalon Smyth buscou ter uma relação de compromisso comigo, de forma incansável, a qual eu rejeitei". Também descrevia a natureza do interesse dela como uma "fixação sem reciprocidade".

Oziel deu suporte à declaração. Burt então apresentou uma conta de telefone. Em questão de poucos dias em setembro de 1989, época em que Oziel depôs que não queria saber de Smyth, ele havia telefonado para ela dezenas de vezes, sendo que em uma conversaram por mais de quatro horas. Em outras ocasiões, ele deixou mensagens insistentes na secretária eletrônica dela.

"Então, doutor, quem é o obcecado aqui?", perguntou Burt.

A promotoria apresentou, a seguir, um maço de cartas românticas rebuscadas que Judalon havia escrito para Oziel. Assim que ficou evidente que Judalon queria que ele deixasse a esposa para ficar com ela, Oziel disse que tentou encerrar o relacionamento, mas ela o constrangeu com ameaças de suicídio; depois, quando ele finalmente rompeu a relação, houve uma tentativa de suicídio real. Oziel depôs que fitas de suas ligações para Judalon que supostamente apoiam a teoria da defesa de que ele era obcecado por ela na verdade foram motivadas pelo medo: ele temia que ela fosse à polícia e colocasse a família dele em risco, assim como tinha medo de que ela se matasse.

A defesa contrapôs a prosa ardorosa de Judalon à do próprio Oziel, escrita à mão em janeiro de 1990: "Pois como uma ninfa ela vem da floresta ao irromper do dia, vestindo branco onde homem algum a conhecera de fato, Judalon".

"Seria um poema que o senhor escreveu para Judalon Smyth na época em que, segundo seu depoimento, estava tentando acabar com o relacionamento?", perguntou Burt.

"Não foi um poema que escrevi para Judalon Smyth", Oziel contrapôs.

Conforme o dia se encerrava, ficou evidente que Oziel ainda estaria no banco das testemunhas na manhã seguinte. Abramson disse ao juiz: "Eu vou ser mais breve do que eu pensava. Sinceramente, estou cansada desse homem".

• • •

"No sexto e último dia de depoimento, parecia que até a audiência nacional da Court TV estava cansada da porradaria. Farto de tentar desabonar Oziel com mil pequenos ataques, Burt partiu para o essencial: "O senhor fez a gravação da fita [de suas anotações sobre as confissões] com a finalidade de criar um registro falso e para que pudesse usar a fita para extorquir dinheiro dos irmãos Menéndez?

"Não é verdade que, durante seu relacionamento com a srta. Smyth, o senhor a ameaçou frequentemente, para controlar o comportamento dela, dizendo-lhe 'Arrá, eu vou contar a Erik e Lyle que você sabe o segredo deles, e eles vão matá-la'?"

Oziel negou tudo.

"O senhor se recorda", perguntou Burt, "de uma ocasião em que o senhor e a senhorita Smyth estavam no quarto e o senhor começou a lhe cantar músicas imitando a voz de Elvis Presley?... E o senhor disse: 'Elvis está vivo e cantando no meu quarto. Que bom. Eles vão te botar num hospício, com certeza'. E Smyth dizendo: 'Vou mandar a fita para eles'. E o senhor dizendo: 'Sim. Isso. Eu te mato, ou eu só vou deixar uma mensagem para Lyle'. O senhor se recorda de ter feito esta declaração?"

Oziel disse que estava brincando.

Burt prosseguiu com algo menos cômico: "O senhor diz: 'Você já fez uma coisa muito burra, muito, muito burra'. E então ela diz: 'Bom, os garotos estão na cadeia e eu não morri, e você disse que se eu procurasse a polícia ia morrer em dois minutos'. E sua resposta foi: 'Adivinhe só, vai demorar um pouco mais'."

Não foi uma ameaça, Oziel disse. "Eu estava expressando minha raiva a ela por colocar a mim, minha esposa, minhas filhas e, na minha percepção, a si mesma em perigo."

"E o senhor se recorda de dizer", prosseguiu Burt "'Judalon, você não sabe do que está falando... havia 14 milhões de dólares na jogada.' O senhor lembra... que tinha o entendimento de que o patrimônio dos Menéndez valia aproximadamente 14 milhões de dólares?"

"Não me recordo de fazer esta afirmação. Mas eu... olha, eu posso ter feito."

Burt tentou mais uma vez: "O senhor já falou em escrever um livro sobre suas experiências com este caso?".

Oziel admitiu que tinha falado. Burt sugeriu que ele esperava ganhar muito dinheiro.

"Não foi no dinheiro que pensei", Oziel disse.

"Nunca passou pela sua cabeça? Seria apenas por um fim educativo e humanitário, então?"

"O que adentrou minha mente", disse Oziel, "foi a ideia de discutir como é ser testemunha em uma situação como esta e como, na verdade, ser testemunha é, em muitos sentidos, ser julgado... Portanto, sr. Burt, é tal como a experiência pela qual estamos passando neste momento."

41

A PROMOTORIA ENCERRA A INSTRUÇÃO

Nos três anos e quatro meses entre a prisão e o julgamento dos irmãos Menéndez, a imprensa transformou o processo em um caso gigante, até mesmo uma cruzada, porque enxergava a necessidade de uma justiça que pesasse para dois garotos mimados que estavam com pressa para herdar o dinheiro dos pais. Contudo, em dezembro de 1992, um júri preliminar do Condado de Los Angeles não percebeu a situação com a mesma clareza. Eles se recusaram a confirmar a acusação de que Erik e Lyle haviam assassinado para ter ganhos pecuniários. Então, perto do fim da argumentação da promotoria, eles ainda não haviam fixado a motivação.

Em dezembro de 1992, o dr. Oziel dissera aos promotores que os irmãos foram inspirados a matar depois de assistir a um "filme especial da BBC" algumas semanas antes de 20 de agosto de 1989. Ninguém havia descoberto qual era esse filme especial. Os investigadores telefonaram à British Broadcasting Company para conferir a programação. Les Zoeller telefonou à Scotland Yard para perguntar se havia ocorrido um assassinato similar na Inglaterra. Os promotores consultaram edições antigas do *TV Guide*, a revista com a programação de todos os canais.

A referência de Oziel a esse filme aparentemente veio das anotações em áudio de sua sessão de 31 de outubro de 1989 com Erik; contudo, a transcrição das anotações não fazia referência específica ao canal BBC:

Então ele entrou no consultório comigo e começou a revelar, em detalhes, todos os fatos que levaram ao assassinato efetivo de seus pais e depois. Ele me informou especificamente que, durante o programa de TV que tratava de um filho assassinando o pai, que ele e seu irmão, Lyle, haviam começado a conversar sobre como o pai deles era parecido com o pai apresentado no programa de TV.

Lester Kuriyama disse ao juiz que, no sábado anterior, sua filha queria assistir à *Família Addams.* Quando sua esposa foi buscar a fita, logo abaixo na prateleira da locadora, na seção B, estava *Billionaire Boys Club.**

"Eureka!", disse Leslie Abramson, virando os olhos para o teto.

A esposa de Kuriyama alugou a fita e correu para casa. Ele disse que assistir ao filme "fez calafrios percorrerem minha espinha. As semelhanças entre este caso e o filme são absurdas!".

A NBC exibiu o filme feito para a TV pela primeira vez em 1987. As semelhanças que Kuriyama notou foram estas: O líder do clube, Joe Hunt, falava do "assassinato perfeito". A máfia e os cartéis de traficantes eram os primeiros suspeitos. Hunt havia ido ao cinema para ter um álibi. O filho da segunda vítima do Clube dos Meninos Bilionários queria herdar os 30 milhões de dólares do patrimônio do pai, que tinha inimigos políticos fora dos Estados Unidos; no Irã, Hedayat Eslaminia havia sido um oficial de alto escalão do Xá. Erik Menéndez dissera que Castro podia ter matado seu pai.

"Ele tirou todas as ideias do filme", disse Kuriyama. O dr. Oziel afirmou que Erik chamou Lyle e disse: "Olha só esse filme. É igual ao nosso pai".

O rosto de Leslie Abramson mostrava uma mistura de espanto e raiva.

Mais: Joe Hunt dirigia um jipe. Erik comprou um jipe depois do assassinato. Hunt usava um Rolex; Erik também. Durante o jantar com Craig Cignarelli em novembro de 1989, gravado pela polícia, Erik sugeriu que eles formassem um clube que ia lhes render milhões de dólares.

* O nome do filme, cujas iniciais são as mesmas do canal de origem britânica BBC, traduz-se literalmente como "Clube dos Meninos Bilionários". Foi lançado no Brasil com o título *O clube da morte.*

"Que nem o *BBC*", disse Cignarelli. "Que nem o *BBC*", repetiu Erik, que, na Beverly Hills High, era amigo de Amir "Brian" Eslaminia, o irmão mais novo de Reza Eslaminia, condenado no caso do BBC. E a cereja do bolo: a NBC havia exibido o filme de novo, durante quatro horas da programação, em duas noites, 30 e 31 de julho de 1989, domingo e segunda-feira à noite, três semanas antes de 20 de agosto.

Kuriyama queria mostrar o vídeo ao júri.

"E vender pipoca?", Weisberg gracejou.

"A promotoria está tentando aproveitar-se disto para o mais prejudicial dos motivos: mostrar que Erik é um assassino como as pessoas de *Billionaire Boys Club*", respondeu Leslie Abramson. "É uma teoria ainda mais ilusória do que a teoria do roteiro de cinema, basear as determinações de um júri em um relato fictício."

Então ela soltou que os irmãos nem estavam em Los Angeles nos dois dias em pauta.

"Bom, ele assistiu ao filme, então ele deve ter estado por aqui", disse Kuriyama.

O juiz concordou com a defesa. O filme não seria exibido.

"Acho que vamos cancelar a pipoca", Abramson declarou mais tarde.

Nos dias em que Kuriyama afirmava que eles haviam assistido ao filme *BBC*, os irmãos estavam em uma clínica de tênis no Saddlebrook Country Club, um resort ao norte de Tampa, Flórida. Tommy Thompson, o diretor técnico da clínica, me disse que Erik havia passado várias semanas lá, e Lyle o acompanhou nos últimos dez dias de julho de 1989.

"Erik era um grande garoto — muito simpático, muito esforçado", disse Thompson. "Lyle era mais quieto e mais reservado. Os irmãos ficavam muito juntos quando os dois estavam aqui."

A clínica tinha uma rotina árdua: eles ficavam nas quadras desde manhã cedo até o fim da tarde. Os irmãos estavam na Divisão Júnior e eram obrigados a estar no quarto às 21h, com luzes apagadas às 22h. Não havia televisores nos quartos. O filme que Kuriyama sugeriu que inspirou os irmãos a matar os pais foi exibido na NBC entre as 21h e 23h em 30 e 31 de julho.

"Não acho que as pessoas vão acreditar que Lyle e eu poderíamos fazer isso depois de assistir ao filme", Erik me contou em uma conversa na cadeia, na noite que a acusação encerrou a instrução. "Quem sabe você sai e rouba uma loja — você diz: vamos lá. Mas isso não. Brian Eslaminia sabe que eu nunca vi o filme do *BBC*, porque eu discuti isso com ele."

Erik achou que a teoria da acusação "devia ser de que o abuso aconteceu, mas Lyle e eu não tivemos medo. Nós só odiávamos os dois — e que foi por isso que aconteceu".

A especulação de Lyle sobre o que a promotoria poderia fazer era semelhante ao que Erik havia me contado. "Acho que eles vão colar na teoria da maçã podre, da criança malvada. É claro que a melhor teoria é do ódio, e acho que isso não vai se sustentar também, porque os fatos que rondam o 20 de agosto, alguns meses antes e depois, não sustentam.

"Tem muita coisa... havia muita coisa boa rolando na minha vida para eu jogar fora por causa disso. Eu não sou um cara que odeia os outros, não sou um cara que expressa a raiva direito e, com sorte, o que eu sinto — o misto de sentimentos de quando tudo veio à tona — vai fazer uma diferença para o júri. Ou não, quem sabe."

"Onde estão as testemunhas que falaram do ódio?", Erik perguntou. Ele sugeriu que a defesa apresentasse um quadro com quatro categorias: Ódio, Dinheiro, Abuso Sexual e Medo, listando testemunhas que defendessem cada teoria. "E onde que a balança vai se alinhar? Deveriam colocar uma balança de verdade na mesa, um pesinho de cada lado. Eles têm o ônus da prova. Eles têm que provar."

Os irmãos ficavam a par da opinião pública lendo as centenas de cartas que recebiam toda semana. Uma amiga deles, Norma Novelli, havia gravado os programas de comentários e com participação da audiência na Court TV, que tocava para eles por telefone.

"A defesa tentou montar uma versão barata de *Divorce Court*", Pam Bozanich disse aos repórteres depois que a acusação encerrou a instrução. "E agora vão julgar os pais deles. Já que [os pais] morreram, eles não têm muito o que falar, não é mesmo?"

Leslie Abramson entendeu de outra forma: "Agora vamos começar a falar do que aconteceu de verdade".

42

A DEFESA

Quando a defesa abriu sua argumentação na segunda-feira, 16 de agosto, o foco estava em mostrar, nos detalhes mais ínfimos, como duas décadas de vida na casa dos Menéndez contribuíram para o que aconteceu na noite de 20 de agosto de 1989.

O primeiro protesto da acusação contra um depoimento da defesa aconteceu dois minutos após a primeira testemunha, a irmã de José Menéndez, Marta Cano, prestar juramento para depor. Jill Lansing perguntou se Marta e Terry Menéndez haviam sido tratados de forma diferente do irmão caçula quando eram pequenos. O juiz Weisberg sustentou o protesto e, em aparte, os advogados de defesa argumentaram veementemente a favor do aceite do histórico familiar de José e Kitty.

"Se crianças vêm de um lar onde os pais foram criados em segurança e com carinho, a possibilidade de abuso é substancialmente menor do que em crianças criadas em uma casa onde há violência, abusos e formas diversas de trauma infantil", disse Lansing. "É nosso propósito, não apenas com esta testemunha, mas também com outra [Joan VanderMolen, irmã de Kitty] passar pelas experiências de infância."

"Argumentamos que é muito remoto e irrelevante às questões que serão levantadas no julgamento", contrapôs Pam Bozanich.

"Tenho que concordar com a acusação", disse o juiz Weisberg. "Vamos entrar em uma seara que é tão afastada que não tem relevância para qualquer questão no processo. Apresentar ao júri a infância do pai, ou vítima, não tem relevância alguma."

Leslie Abramson interveio com pressa: "A promotoria levantou a hipótese — e não tenho dúvida de que voltará a levantar — de que as declarações de nossos clientes quanto a abusos foram absolutamente inventadas, e creio que deveríamos ter o direito de mostrar que os traços de personalidade do pai deles, sobre os quais eles virão a depor, eram observáveis desde que ele era uma criança pequena, motivo pelo qual esta testemunha deveria poder atestar..."

O juiz discordou. "Voltar ao histórico de infância da vítima é absolutamente irrelevante", disse ele. "Não prova nada."

"Então significa que todos os especialistas estão errados quando dizem que abusos são multigeracionais?", Abramson perguntou. Weisberg reconheceu que o depoimento de peritos da defesa, a ser apresentado depois que os irmãos subissem ao banco, poderia abordar esses aspectos. Parentes de Menéndez e Andersen, contudo, não teriam permissão para discutir a vida da família nos anos 1940 e 1950. A decisão foi um grande revés para a estratégia da defesa de expor os segredos das famílias de José e Kitty.

Apesar dos protestos insistentes da acusação, Cano foi autorizada a descrever o relacionamento entre o irmão e os filhos. "Lyle não tinha direito de expressar suas opiniões. Diziam o que ele tinha que fazer", disse ela. Quando jovem, o sobrinho sempre parecia "muito tenso e assustado". Havia pouco carinho entre pai e filho.

"Ele era mais disposto a ter carinho com Erik. Ele não via Erik do mesmo jeito que via Lyle. Lyle servia à imagem dele. Lyle podia ser exitoso e poderoso como ele."

Para apresentar um panorama do abuso de menores, a defesa chamou John Briere, professor de psiquiatria da University of Southern California. "Homens que são abusados quando crianças não contam a outras pessoas", ele disse. "Eles sentem que vão ser julgados negativamente." Entre seus outros argumentos: homens jovens vitimados pensam que os outros vão considerá-los homossexuais ou errados. A pesquisa diz que homens casados com parceiras sexuais adultas à disposição tinham a mesma probabilidade de abusar de crianças. Crianças que sofrem abusos padecem de hipervigilância, um "pavor constante de perigo" — similar ao "desamparo aprendido", associado à síndrome da mulher espancada.

Na inquirição da acusação, o professor reconheceu que não haveria como definir uma "infância normal". Os avaliadores estavam à mercê do que lhes era contado.

"E se a pessoa for arrogante?", perguntou Bozanich. "Isto seria o oposto de baixa autoestima?"

"Provavelmente a senhora sabe", disse a testemunha, "que pessoas arrogantes têm autoestima muito baixa."

"E tem arrogantes que são só arrogantes", retrucou Bozanich.

Na manhã seguinte, Allan Andersen, o filho mais novo de Brian, irmão de Kitty, com 31 anos e barbado, tomou o assento no banco das testemunhas. Ele havia passado três férias com os primos nos anos 1960 e 1970. Andersen disse que Erik e Lyle recebiam instruções dos pais de não demonstrar emoção porque era sinal de fraqueza. Seus tio José e tia Kitty costumavam entrar em discussões violentas e demonstravam comportamento irracional. Quando Kitty se irritava, ela apertava as juntas e rangia os dentes até as veias do pescoço saltarem. De pé, Andersen demonstrou sua ira para os jurados. Às vezes, "enlouquecida", ela ia à pia da cozinha e destruía copos de vidro e pires. "Eu gritava: 'Kitty!' e ela se controlava. Era assustador."

José, ele disse, batia nos filhos com um cinto até eles ficarem com hematomas. Ele também os arrastava para o quarto e deixava-os trancado durante horas.

"Assim que José levava um dos meninos para o quarto, a porta era trancada e Kitty deixava bem claro que não era nem sequer para andar naquele corredor", atestou. "Eu o vi agarrar os filhos quando eles não queriam ir. Tirava eles do chão. Kitty aumentava o volume da TV e se ouvia o '*fu-tsshhh*' — o barulho do cinto." Andersen também ouviu muitas brigas entre José e Kitty nos fins de noite. Na manhã seguinte, ele notava hematomas nos braços e pescoço da tia.

Andersen não testemunhou nenhum abuso sexual, mas, em retrospecto, ele disse, havia indicadores. Os irmãos e o pai tomavam banho juntos depois de jogar tênis; era "meio estranho". Ele lembrou de Erik como uma "criança querida" aos 4 anos. Dois anos depois, ele era retraído, introvertido. Andersen ficou chocado com a mudança.

O jovem Lyle descontava sua raiva rasgando sua amada coleção de bichos de pelúcia.

O último contato de Andersen com a família aconteceu dez dias antes dos assassinatos. Erik veio com Kitty conhecer o novo bebê dos Andersen. Kitty parecia uma "marionete nas cordas", ele disse. "Ela não tinha estado de espírito algum. Seus olhos estavam injetados, pálidos, e ela estava vestida de um jeito muito incomum."

A testemunha seguinte foi outra prima, Kathleen Simonton, de 32 anos, filha da irmã de Kitty, Joan. Simonton atestou que havia passado parte das férias de verão de 1976, aos 15 anos, com a tia e o tio. Os pais haviam lhe dito que os Menéndez eram a "família perfeita, de sucesso e bem de vida".

Simonton também descreveu os ditos acessos de fúria da tia. "A intensidade e a ira que tinha eram de dar medo", disse, emocionando-se. Kitty ficou furiosa com ela por fumar e usar um biquíni, assim como por não saber passar o aspirador de pó nem dobrar as roupas — suas responsabilidades na casa naquele verão.

"Não havia como prever como evitar uma encrenca. Era ficar invisível e não gerar nenhuma tensão." Lyle não tinha direito de chorar. Erik, que era fechado, ficava calado e faziam com que ele "se sentisse burro". Frequentemente lhe perguntavam por que ele não era como o irmão. Ela também lembrava de José levando os filhos corredor adentro, aos quartos, e de mandarem ela manter distância quando isso acontecia.

"Eram meninos malcomportados?", Jill Lansing perguntou.

"Não, não eram", disse Simonton.

Uma terceira prima, Diane VanderMolen, a irmã de Kathleen Simonton, com 34 anos, foi a primeira testemunha da defesa a contar aos jurados sobre abuso sexual na família Menéndez. Diane estava de rosto corado e grávida de oito meses. Quando adolescente, ela havia passado férias de verão com os Menéndez, que ela chamou de "muito especiais para nossa família". Seis anos depois, aos 23, ela trabalhou para a família como caseira e jardineira. Nos anos 1970, Diane se sentia bem-vinda na casa. Suas visitas posteriores não foram tão agradáveis. Ela ficou emocionada quando explicou como Kitty ficava com raiva e tinha acessos de "imensa fúria" várias vezes por semana.

VanderMolen disse que havia todo tipo de sexualidade "esquisita" na casa. Uma noite, após o jantar, José estava com os meninos no andar de cima. Depois, Lyle, de 8 anos, veio ao quarto do porão e disse que queria tocar nela "ali embaixo... Fiquei com a impressão de que ele estava com medo. Ele ficou sério e disse que ele e o pai costumavam se tocar nas genitálias. Fui buscar a Kitty e contei, mas ela não acreditou em mim". Depois disso, Kitty arrastou Lyle, sem entender nada, para a cama no andar de cima.

"Não se falou mais naquilo", disse VanderMolen, chorando um pouco. "Eu me convenci de que estava errada." Tanto Erik quanto Lyle choraram ouvindo o depoimento.

Por várias vezes Kitty deu sermões em Diane, na frente dos irmãos, a respeito do estrago que crianças podem causar em um casamento. Eles podem "abrir uma lacuna entre marido e esposa", ela alertou. Mesmo assim, também aconteciam coisas estranhas entre os meninos e a mãe. Quando os meninos tinham 11 e 14 anos, e o pai não estava na cidade, eles discutiam de quem era a vez de dormir com Kitty. Além disso, Kitty dizia que tinha que ajudar Lyle a lavar o cabelo quando ele tomava banho. Levavam quinze minutos, VanderMolen disse.

Em uma audiência sem os jurados, Leslie Abramson soltou uma bomba: Lyle havia abusado de Erik quando eles tinham, respectivamente, 8 e 5 anos.

Os dois irmãos iam subir ao banco para depor sobre o abuso. "Eu juro, eu prometo, palavra de escoteira, que meu cliente vai depor", disse Abramson. Mas o juiz Weisberg alertou à defesa: "Esta questão está atingindo proporção exagerada — a de que existiria uma conexão entre os abusos, se é que houve, e os assassinatos."

"Não me surpreende ouvir o tribunal dizer isso", falou Abramson, amargurada. "Me deixa horrorizada, mas não me surpreende." Em uma resposta carregada de significado, o juiz declarou: "O fato de que houve abuso não constitui uma defesa jurídica".

Fora do tribunal, Abramson reclamou a jornalistas que Weisberg estava "tratando este caso como o assalto a uma loja. Mas este caso, dada sua natureza, exige provas que não são relevantes em um processo penal comum".

• • •

Nos dias que se seguiram, a defesa entrou com um desfile de treinadores, amigos e professores dos irmãos.

Charles Wadlington foi o primeiro treinador dos irmãos até que José o demitiu, depois de cinco anos de acompanhamento. O homem alto, de perfil aristocrático, depôs que José queria os filhos "treinados com garra, muita garra, e que eu os forçasse até o limite". José lhe disse que era "tradição da família se destacar" e acreditava que os meninos poderiam ser tenistas número um no ranking.

"Ele queria que eles jogassem pelo resultado, e eu queria que eles jogassem tênis como arte, pela beleza do jogo. Eu tentava explicar ao pai a melhor maneira de treinar uma criança para que ela pudesse progredir, e não apenas vencer. Para se desenvolver como pessoa."

"Ele queria ensinar aos meninos métodos de roubar no jogo?", perguntou Michael Burt.

"Ele me fez ensinar métodos psicológicos para perturbar o oponente, tanto de forma sub-reptícia quanto escancarada", Wadlington respondeu.

Na inquirição da promotoria, Lester Kuriyama perguntou como José Menéndez se comparava a outros pais de atletas que Wadlington observara ao longo dos anos.

"Ele foi aquele que eu considero o pior pai de qualquer pessoa que já treinei. A maioria dos pais de alunos de alta performance eram exigentes, mas ele era um nível a mais. Era a pessoa mais ríspida que eu já conheci." Ele nunca havia visto Kitty Menéndez sorrir nem parabenizar os filhos. Ela era "geralmente sarcástica e hostil".

Wadlington taxou o cronograma de treino dos meninos de "cruel". Eles treinavam diariamente às 6h da manhã — mesmo quando estivessem doentes ou estivesse chovendo.

"Por que o senhor continuou a treiná-los se o senhor era tão contra ao que acontecia?", perguntou Leslie Abramson.

Em um dos momentos mais tocantes do tribunal, lágrimas escorreram pelo rosto de Wadlington enquanto ele lutava para manter a compostura. "Porque eu gostava deles", ele soltou um suspiro pesado. "Bom, eu achava que era o único amigo que eles tinham."

43

IRMÃS EM CONFLITO

Marta Cano começou a perceber que o estado mental de Kitty Menéndez estava deteriorando-se em 1985. "Kitty ficou meio incoerente", atestou Cano. "Ela ficava muito tensa, muito nervosa, ficava encarando as coisas, em silêncio, não respondia ao que lhe perguntavam." Quando Marta perguntou o que havia de errado, Kitty disse que havia ficado sem Valium.

Dois meses antes dos assassinatos, Marta estava na formatura de Erik do ensino médio. Kitty bateu na traseira de um carro no semáforo enquanto voltava para casa.

"Depois que bateu o carro, o que ela fez?", perguntou Leslie Abramson.

"Bom, o carro estacionou para a pessoa sair e conversar, e ela simplesmente pisou no acelerador e pediu para Erik olhar para trás, para ver se [o motorista] havia anotado a placa."

"Então ela fugiu do local?"

"Sim." Ela estava com medo de que José descobrisse que ela havia se envolvido em um acidente.

Abramson perguntou se Cano chegou a ver o irmão dar ordens aos filhos.

"Ele dava o tempo todo."

"E como eles reagiam?"

"Eles apenas obedeciam. Era uma ordem."

"A senhora chegou a ver os dois discutirem, brigarem, recusarem, desobedecerem?"

"Não, não."

"A senhora diz 'não, não'. Tem certeza? Nunca?"

"José não era o tipo de pessoa a quem você podia responder."

"E a senhora? Podia responder a ele?"

"Não."

"Os adultos tentavam responder?"

"Sim. E aí passavam por humilhação e chacota."

"Na frente das crianças?"

"Na frente de todo mundo."

Quando Erik era mais novo e perdia um torneio, José o humilhava na frente dos outros, ela disse. "Dizia que ele era maricas. Que já era hora de ele virar um Menéndez. Que ele não valia o sobrenome que tinha, que deveria ter vergonha de seu desempenho mediano, medíocre."

Cano disse que Kitty nunca defendeu Erik e não era mãe atenciosa a nenhum dos filhos. Quando Lyle era bebê, Kitty não o "beijava, nem falava bonitinho" com ele. "Ela não gostava de Lyle. Era como se ela tivesse rancor do filho." Mesmo aos 2 anos, quando ele estava com fome, ela deixava-o se virar.

"Lyle subia numa cadeira, subia no balcão, pegava seu cereal, rasgava a caixa e derramava tudo, era um desastre", disse ela. Kitty não ajudava, mesmo que estivesse junto.

"Ela chegava perto para segurar o bebê, para que ele não caísse do balcão?"

"Não."

"Nada? A senhora ajudava?"

"Sim, eu fui ajudar."

"Foi quando ela deteve a senhora e disse que ele sabia se virar sozinho?"

"Correto."

Abramson mostrou a Cano uma foto de Erik aos 2 anos pendurado em uma barra, fazendo cara de pavor. No retrato, José ficou de lado, rindo. Cano ficou emocionada enquanto olhava a foto. Ela admitiu que, inicialmente, disse aos detetives que a família era "unida e amorosa".

"A senhora contou à polícia a respeito do tratamento que viu seu irmão e cunhada imporem aos filhos?", perguntou Abramson.

"Eu nunca contei a ninguém."

"Por que a senhora não contou isso à polícia em 1989?"

"Porque ia estragar a imagem que eu sei que José e Kitty sempre quiseram passar, e eu não tinha motivo para tanto."

"Mesmo depois que seu irmão e cunhada morreram, a senhora tinha consciência da ideia de não associar nenhum escândalo negativo a seu irmão e cunhada?"

"É claro. Havia uma imagem linda do que eram os Menéndez, e eu não queria que isso mudasse. Eu queria que não tivesse mudado."

Em uma inquirição abrasadora da promotoria, Pam Bozanich tentou obrigar Cano a dizer que ela não havia sido totalmente franca com Les Zoeller.

"Os meninos não estavam em risco naquele momento", disse Marta.

"Então, agora que estão, a senhora vai construir esta imagem?", Bozanich espetou.

"Eu não menti para o investigador. Apenas me afastei de uma retratação específica."

"Quando a senhora foi questionada pelo detetive Zoeller se conhecia algum dos problemas dentro da família, a senhora respondeu que não", Bozanich disse.

"Ele estava se referindo a outros tipos de problemas."

"Bom, a senhora crê que as coisas que contou a este júri... a senhora acha que eram problemas?"

"Houve maus tratos e com certeza havia problemas. Mas eu não os via como problemas que poderiam consistir em ameaça à vida do meu irmão."

Depois, Bozanich perguntou a Cano se ela teria algo de bom a dizer sobre o irmão. Ela respondeu que ele era uma "pessoa admirável" que "controlava toda negociação com que se deparava", e tinha "dedicação total aos filhos". Mas isso virou uma "dedicação do tipo obsessivo, doentio".

"E quanto à sra. Menéndez? Tem algo nela que a senhora gostava?"

"Eu a admirava. Era uma tremenda atleta. Era muito forte. Ela conseguia pegar uma árvore de Natal e levar de um lado para o outro... Eu admiro o fato de que ela era inteligente, que ela era habilidosa, que ela conseguia preparar um churrasco."

• • •

Alicia Hercz, a antiga vizinha dos Menéndez em Princeton, que visitara Kitty na mansão três semanas antes dos assassinatos, também foi professora de espanhol de Lyle em 1984 e 1985. Em uma reunião de pais e professores, ela disse que o desempenho de Lyle na sala de aula não era tão bom quanto os trabalhos que entregava. Tanto Kitty quanto José ficaram agressivos com o comentário. Posteriormente, Hercz descobriu que outros professores também suspeitavam que os pais de Lyle faziam seus deveres de casa.

"Kitty, às vezes, era feroz nos posicionamentos que tinha", disse Hercz. "Em outros momentos ela era carente, patética, meio desconfiada dos outros, desorganizada, aérea. Muita coisa contraditória." José, que ela chamava de Joe, era "extremamente habilidoso em intimidar os outros. Ele era abusivo. Podia ser cruel com os outros, mesmo em uma situação sociável, controlador. Eu o considerava devastador em alguns momentos. Se estava numa festa, ele tinha um gume, alguma coisa que podia destruir o clima. Muito cruel, muito sarcástico".

Quando Lyle estava para se formar no ensino médio, Hercz disse que o marido dela perguntou ao garoto sobre planos para o futuro. "Independentemente do que meu marido perguntava, era Joe que respondia, não Lyle. Ele só ficava ali, calado."

Ela descreveu Lyle como "solitário. Triste. Patético. Sozinho. Devagar... Não tinha senso de humor. Era uma criança muito incomum". Da última vez que Hercz viu Kitty Menéndez, a amiga estava "estranha. O mais estranha que eu já havia visto".

Sandra Sharp deu aulas de espanhol para os dois irmãos na Princeton Day School. Erik treinava tanto tênis, segundo o depoimento dela, que tinha dificuldade para finalizar os deveres de casa. José a chamou de "péssima professora" porque não conseguia ensinar espanhol aos filhos, que "obviamente tinham um gene cubano".

Sharp disse que só José participava dos encontros de pais e professores de Lyle. Ele tinha baixas expectativas com Erik, mas Lyle era "perfeito. Ele se tornaria o melhor tenista dos Estados Unidos... E o pai esperava notas perfeitas porque tinha um filho perfeito. E que era bom eu virar a professora perfeita, para o filho dele tirar a nota perfeita".

• • •

Pouco antes de prestar juramento, Teresita Baralt me disse que estava ambivalente e "dividida pelos dois lados". Terry amava o irmão mais novo e amava os sobrinhos. Lyle era seu afilhado, e a relação dos dois sempre foi próxima. Os advogados de defesa esperavam que seu depoimento fosse fervoroso. "Eles querem que eu diga uma coisa, mas eu tenho que falar aquilo em que acredito", disse.

No banco das testemunhas, Baralt estava nervosa quando Jill Lansing a inquiriu. Durante quase metade dos 29 anos desde que os Menéndez tinham fugido de Cuba, ela e o irmão tinham morado na mesma casa ou próximos. Os Baralt e as quatro filhas frequentemente tiravam férias junto aos Menéndez.

Ela descreveu Lyle como um "bebê muito rápido. Ele se levantou sozinho aos 5 meses. Saiu caminhando aos 7 ou 8 meses. Pedalou na bicicleta aos 3 anos e meio, sem rodinhas. O menino tinha coordenação".

"Erik era muito apegado à mãe. E Kitty não era afetuosa com crianças. Mas tinha essa coisa, sabe, quando você olha para uma criança com condescendência. Sabe? Essa que era a relação."

O pequeno Lyle tinha ciúmes da atenção que Kitty dava a Erik. "Kitty tinha uma afinidade com Erik. Ela nunca teve afinidade com Lyle. Eu sei que é horrível falar assim, mas era o que eu via." Kitty achava que Terry era "superprotetora" com as crianças. "Ela achava que, quando você deixa as crianças por conta própria, elas aprendem a se defender."

Quando pequeno, Lyle tinha uma cama cheia de bichos de pelúcia. "Não havia espaço para Lyle na cama", disse Baralt.

"Os bichos pareciam importantes para ele?"

"Muito."

Na crítica mais pesada ao irmão, Baralt disse que José às vezes era "áspero" e "dizia coisas de um jeito que faz você ter vontade de desaparecer". Sua voz de "vou te cortar em pedacinhos" ficava mais aguda e mais arrastada quando ele estava furioso.

"Eu não via os dois como pais que abusavam dos filhos. Eu só via que o jeito deles de criar os filhos era totalmente diferente do meu." Sempre havia uma urgência implacável para se sobressair. "Independentemente do que você fosse fazer, você tinha que ser o melhor", disse Baralt. "Tentar não era o suficiente. E crescer com esse tipo de pressão é muito difícil para as crianças."

"Parecia que José tinha controle total sobre Kitty?", Lansing perguntou.

"O mundo gostava de achar que sim. Não era o caso. Ela apenas aprendeu a ser muito boa em público — não havia mais brigas escancaradas. Ela ficava em silêncio, mas não em privado."

Baralt não sabia que Kitty tinha problemas com bebida, mas percebeu que "a xícara de café dela sempre tinha meia dose de Galliano". Quando José entrava, Kitty cochichava: "Esconda". E dizia: "Ele não gosta quando eu bebo".

Kitty guardava outros segredos. Ela nunca falava de quando procurou as amantes de José, ou dos três anos de terapia que fez.

"Depois das mortes, a senhora ficou sabendo de muitas coisas que não sabia?"

"Sim. E queria ter sabido mais. Eu poderia ter ajudado."

Na inquirição da promotoria, Pam Bozanich pediu um exemplo de algo bom que José houvesse feito para os filhos. Baralt contou de como ele parou um jogo de futebol para resgatar Lyle quando ele quebrou a clavícula.

"Seu irmão amava os filhos?"

"Eu penso que sim. Você pode amar uma pessoa e ainda assim machucar, entende?"

44

UMA TESTEMUNHA CONVINCENTE

Erik e Lyle Menéndez costumavam conversar enquanto estavam no transporte para o fórum. Mas Lyle me disse que na sexta-feira, 10 de setembro, o caminho foi em "silêncio profundo".

"A defesa convoca Joseph Lyle Menéndez", anunciou Jill Lansing às 13h55. Quando os irmãos entraram na sala lotada, Lyle, vestindo uma camisa rosa e um suéter azul-marinho, foi direto a Lansing. O depoimento começou com a recordação de Lyle sobre "boas memórias" de seu pai e sua mãe. Então Lansing foi incisiva.

"Você amava seus pais?"

"Sim", ele, com a voz rouca, engasgou.

"E, em 20 de agosto de 1989, você e seu irmão mataram sua mãe e seu pai?"

"Sim."

"Vocês mataram por dinheiro?"

"Não."

"Vocês mataram de desforra por tudo de ruim que eles lhes fizeram?"

"Não."

"Por que vocês mataram seus pais?"

"Porque estávamos com medo."

Quando ele era criança, explicou Lyle, esportes eram "tudo para meu pai, isso era minha vida na época".

"E fazer o que seu pai queria de você era importante?"

"Era o que o deixava feliz, e era o que eu queria fazer."

"Por que você queria deixá-lo feliz?"

"Para ele me amar."

Mal se ouvia Lyle no meio do choro.

Aos 6 anos de idade, ele passava mal nas aulas diárias de natação, com crianças mais velhas. Ele implorava à mãe para sair da aula. Ela ameaçou contar ao pai. Quando José vinha aos treinos, ele segurava Lyle embaixo d'água para ele ganhar resistência enquanto se debatia para respirar. O pequeno Lyle não tinha direito de fazer amizades porque poderia comprometer sua competitividade.

"Eu era a coisa mais importante na vida dele, e o que eu fazia era sério", disse Lyle. "Meu irmão não tinha importância... eu tinha que fazer alguma coisa. Eu estava chegando lá, conquistando uma coisa importante. E era muito diferente."

Kitty ficava ressentida com o tempo que José dedicava aos treinos dos filhos. "Ela dizia que eu arruinei a vida dela", ele disse. Ela reclamava que José a tinha obrigado a ter filhos que ela não queria. "Por que você não pode ser como o seu irmão?", ela gritava com ele. Se ele tentava responder, ela retrucava: "Cale a boca! Não quero saber! Você é burro. Eu te odeio!".

A sala de audiência estava em estado de choque quando o juiz convocou o primeiro recesso, depois de aproximadamente 45 minutos. Além de Erik e da família, vários jurados e jornalistas estavam chorando. Quando saí na rua, Dominick Dunne pediu que eu o acompanhasse pelo corredor para conversarmos a sós. Dunne estava pálido quando me disse: "Não creio no que vou dizer, mas acho que acredito nele". Foi uma surpresa enorme, pois Dunne sempre fora um defensor ferrenho da acusação na *Vanity Fair.* Geralmente, nós ficávamos de lados opostos no processo — especialmente durante nossos debates da Court TV. Mas, naquele momento, em uma conversa entre amigos, nós dois concordamos que tínhamos acabado de testemunhar um dos momentos mais emocionantes e dramáticos que já havíamos visto em uma sala de audiência.

Depois do intervalo, o depoimento ficou ainda mais emotivo.

"Seu pai costumava conversar sobre sexo entre homens?", perguntou Lansing.

Sim, Lyle respondeu. Começou com as massagens pós-treino, quando ele tinha 6 ou 7 anos. Conforme as massagens ficaram mais sexualizadas, disse ele, José passou a compará-las aos "soldados gregos que faziam sexo antes de entrar em batalha para ter uma ligação mais forte". Seu pai chamava de "entrosamento". José lhe avisou que "iam acontecer coisas ruins comigo se eu contasse para alguém, e eu falei que nunca ia contar".

Foram várias as vezes que Lyle escondeu o rosto nas mãos e chorou enquanto revelava uma progressão de contatos sexuais: carícias aos 6 anos; sexo oral no pai aos 7 ("ele me botava de joelhos e me guiava em cada movimento"); sodomia com uma escova de dentes ou pincel de barbear aos 8 ("ele tinha um tubo de vaselina e ficava brincando comigo"). Na época, Lyle começou a fazer a mesma coisa com Erik, então com 5 anos, na floresta atrás da casa. Do banco das testemunhas, Lyle olhou para o irmão e pediu desculpas. Erik se virou e chorou.

Engasgado com as lágrimas, Lyle recordou a primeira vez que seu pai o estuprou.

"Você chorou?"

"Sim."

"Saiu sangue?"

"Sim."

"Você ficou com medo?"

"Muito."

"Pediu a seu pai para não fazer aquilo?"

"Sim."

"Como você pediu?"

"Eu só disse que não queria, que me machucava. Ele disse que não queria me machucar, que ele me amava."

"Isso era importante para você? Que ele te amasse?"

"Sim. Muito. Mesmo assim eu não queria."

Lansing mostrou aos jurados fotos que ela disse que José havia tirado de Lyle e Erik quando pequenos, nus, curvados e mostrando as genitálias. No enquadramento, as cabeças ficavam de fora. José havia exibido filmes de violência pornográfica a uma plateia que incluía seus filhos pequenos e vizinhos.

Lyle disse que reclamava com a mãe: "Eu disse para ela pedir ao papai que me deixasse em paz — que ele ficava me tocando".

"O que sua mãe disse?"

"Me disse para parar, que eu estava exagerando, que meu pai tinha que me castigar quando eu fizesse coisa errada. E disse que ele me amava."

Naquela noite, Lyle, exausto, me contou que "já havia feito as pazes" com a decisão de revelar os segredos da família. "Sinto que finalmente traí meu pai", ele disse quando me ligou da cadeia. Um membro do júri de Lyle foi para casa e chorou durante horas.

Quando o julgamento foi retomado, na segunda-feira, Lyle atestou que, aos 13 anos, tinha medo de confrontar seu pai com as suspeitas do que ele vinha fazendo com Erik. Tinha medo de que José fosse "me espancar" ou ficaria "muito furioso" e machucaria Erik. Ainda assim, decidiu tomar uma atitude. Para se preparar, ele desligou as luzes e tocou a música "You Are", de Lionel Richie, várias vezes, tentando se concentrar.

"Meu pai tinha me ensinado, e eu tentei usar isso para relaxar, porque estava muito tenso."

"Você contou à sua mãe o que achou que estava acontecendo com seu irmão menor?", perguntou Lansing.

"Não."

"Por que não?"

"Minha mãe não ia fazer nada a respeito."

Depois que Lyle conversou com José, Erik disse ao irmão que "as coisas melhoraram". Ele não admitiu que havia sido abusado, mas deixou Lyle com a impressão de que tudo estava "resolvido".

Lyle urinou na cama durante a adolescência, o que deixava tanto José quanto Kitty indignados. José também o provocava: "Você é um marica, tal como seu irmão". Às vezes seu castigo era uma sova. Sua mãe o fazia "esfregar o rosto nos lençóis. Ela se recusava a trocar a roupa de cama. Eu dormia no chão".

"Ela nunca foi delicada e afetuosa comigo", ele disse.

"Ela já fingiu que amava você?"

"Eu sentia que ela me odiava — era o que ela me contava o tempo todo."

Até os 11 anos, Kitty costumava ficar de seios à mostra na frente do filho, e lhe mostrava suas fotos de lingerie. Quando ele tinha 13 anos, ela ainda lhe dava banho, lavando-o "de corpo inteiro". Ela o convidava para a cama e queria lhe fazer afagos. "Eu entendia que era amor", ele disse, e que "ela estava gostando". Mas ele não estava. Quando ele parou de dormir com a mãe, "tivemos discussões e problemas em torno disso por muito tempo... na verdade, durante minha vida inteira".

Ela dava socos e pontapés nos filhos, e arrastava Lyle pelo cabelo. Uma vez, a mãe correu atrás dele com uma faca de cozinha. Uma noite, depois de se cortar, ela culpou Lyle passando sangue no rosto do filho e não deixou que ele lavasse. Ela caracterizava todas as namoradas dele como "interesseiras, tontas, vagabundas e caipiras".

"Achei o depoimento convincente, assim como assistir a sir Laurence Olivier atuar é envolvente", disse Pam Bozanich, fora da sala. Até ali, ela não tinha ouvido nada que justificasse um homicídio.

Depois de um dia de recesso, quando estava sendo tratado por causa de uma gripe, Lyle contou mais detalhes sobre sua "família" de bichos de pelúcia e as esquisitices de sua família real. Com a voz suave, ele explicou que seus bichos de pelúcia "faziam eu aguentar a barra, me tiravam daquele lugar e me levavam para esse outro mundo, de amigos... Eles eram fofos. Faziam eu me sentir mais seguro. Conforme cresci, virou um vexame, porque bichos de pelúcia são coisa de criancinha. Mas eram muito importantes pra mim", disse.

Lyle deu exemplos do comportamento controlador do pai: José encerrou vários namoros que ele teve no ensino médio. José o apresentou a outra garota, uma miss — assim como Kitty havia sido miss. A mãe começou a tomar comprimidos quando descobriu que o marido tinha uma amante. Erik encontrou uma carta que a mãe escreveu, pedindo desculpas porque "ela não aguentava a vergonha" e que "sentia muito por ter que tomar essa decisão e estava indo embora."

"Eu achei que estava na cara que era uma carta de suicídio", disse Lyle. "Ela não estava indo embora da cidade." Ele sugeriu que ela pensasse em divórcio. Kitty ficou irritada e acusou-o de querer acabar com o casamento.

Ela lhe mostrou os treze comprimidos que tomava diariamente, explicando que ela "precisava deles para aguentar cada dia". Foi a primeira vez que ela reconheceu que tinha um problema. No verão de 1988, Erik lhe disse que Kitty havia comprado outra espingarda. "Ela estava praticamente fora do controle. Estava extremamente instável e parecia... indignadíssima com o mundo."

Uma semana depois de subir ao banco das testemunhas, Lyle descreveu a noite de muitas emoções em que ele e Donovan Goodreau trocaram confissões sobre abuso sexual.

"Depois de uma boa dose de choro e de dificuldade de botar para fora, ele me contou que tinha sofrido abusos. Fiquei com muita pena, porque sabia como ele estava se sentindo." Lyle disse que queria consolar o homem que chamou de "meu amigo mais próximo" que estava sofrendo "dor tremenda", e confidenciou que a mesma coisa havia acontecido com ele e com Erik. "Queria que ele soubesse que aquilo não o tornava estranho nem fraco."

"Por que você não tinha contado pra ninguém?", perguntou Jill Lansing.

"Em parte, medo do meu pai. Com certeza seria um motivo para eu nunca falar. Mas... é que eu tinha os bichos de pelúcia. Eu tinha meus problemas com as namoradas. E eu me sentia muito abaixo do meu pai. Era uma coisa em cima da outra. E eu queria pegar... queria tirar isso da cabeça. E meu pai nunca puxou o assunto. Por isso que eu nunca contei pra ninguém."

"Você se sentiu melhor ao contar para ele?"

"Acho que nós dois nos sentimos muito melhores. Com certeza."

Naquele mesmo dia, Jill Lansing finalmente perguntou a Lyle Menéndez sobre a noite de 20 de agosto de 1989.

Diferente de seu depoimento anterior, Lyle falou em voz monótona sobre os dias que levaram aos assassinatos, perdendo a compostura apenas quando falou dos tiros em si.

"Em algum momento daquele verão, menos de uma semana antes de seus pais morrerem, as coisas começaram a mudar na sua família?", perguntou Lansing. "Sim", Lyle respondeu. Começou com um confronto com sua mãe.

"Quando minha mãe sai do prumo, ela fala da vida inteira", ele disse. "Ela vem com tudo. Você nasceu e arruinou os sonhos dela... e você é um ingrato, um mimado... a coisa vai somando, e ela entra em um furor que foge totalmente do controle."

Muitas noites depois, ele confrontou o pai sobre o abuso constante de Erik. José lhe disse para não se meter. Aturdido e agitado, Lyle ameaçou contar à polícia e à família.

A resposta sinistra do pai — "Todos fazemos escolhas na vida. Erik fez a dele. Você fez a sua" — assustou Lyle.

"Achei que estávamos em perigo. Eu senti que não tinha escolha. Ele ia nos matar. Ele ia se livrar de nós dois de algum jeito. Porque eu ia arruiná-lo."

Na noite do domingo, 20 de agosto, os irmãos queriam sair, mas Kitty disse que eles não podiam. José mandou Erik subir para o quarto e o esperar, depois levou Kitty à sala de televisão e trancou as portas.

"Eu tinha certeza que ia ser ali. Eu surtei... achei que eles iam cumprir o plano de nos matar."

"Como você se sentiu na hora?", Lansing perguntou.

"É difícil descrever como eu me senti, mas era como se eu tivesse que correr o mais rápido possível e que minha vida estava escorrendo pelos dedos, e que nós íamos morrer."

Os irmãos pegaram suas espingardas e "chutaram a porta" da sala de televisão. José estava "vindo na frente... ficando de pé", e Lyle disparou "direto nele. Eu acho que ele caiu para trás... Tinha coisa estourando, a barulheira era fenomenal... Foi um caos. Eu não sabia quem estava atirando em quem. Eu só disparei".

"Eu nunca quis fazer o que eu tive que fazer. Me sinto esgotado desde que eu fiz. Parece que eu traí meu pai, em certo nível", Lyle disse no último dia de inquirição direta.

"Por que, depois de tudo que ele lhe fez, você quer que as pessoas tenham uma boa imagem do seu pai?", perguntou Jill Lansing.

"Eu sinto falta da conexão que eu tinha com ele, e eu o amava, e acho que eu me senti muito culpado depois que vi minha avó e outras pessoas tristes."

Para concluir, a defesa confrontou o problema do dr. Jerry Oziel com a confissão dos irmãos. Lansing referiu-se aos assassinatos como "o momento em que seus pais morreram" conforme conduziu Lyle por uma série de negações, contradições e explicações. Oziel havia deposto que Lyle falou em cometer o "assassinato perfeito", mas Lyle insistiu que "nunca falamos isso, de ser perfeito".

Ele também contradisse o depoimento de Oziel de que os irmãos tinham dito que haviam matado Kitty porque tinham pena da mãe. Lyle disse que foi Oziel quem falou: "provavelmente fizemos um favor" à mãe. Ele insistiu que nem ele nem Erik disseram a Oziel que haviam cometido os assassinatos por dinheiro porque "achamos que estávamos fora do testamento". Por que eles não haviam contado ao terapeuta do abuso sexual na família? Ele "simplesmente não queria", respondeu Lyle.

Ele negou que havia contado a Oziel que haviam matado por ódio. "Eu disse que o odiava por morrer, e houve momentos em que eu o odiava por coisas que ele fez com a minha mãe."

"Como assim, você odiava seu pai por morrer?"

"Bom, por muito tempo eu... vai soar horrível, mas eu sentia que isso que aconteceu tinha sido culpa do meu pai."

Lyle negou que os assassinatos haviam sido premeditados. "Aí, de repente, acabou... Meus pais tinham ido embora", ele disse com voz baixa. "Éramos só meu irmão e eu. Nós nunca alinhamos nada, até a hora em que fomos presos."

Leslie Abramson recusou qualquer inquirição em nome de Erik. Ao longo da tarde, ela colocou o braço maternal sobre o ombro de Erik toda vez que se falavam. Quando os jurados deixaram a sala de audiência, ela colocou o braço sobre Lyle.

45

A ACUSAÇÃO INQUIRE LYLE

"O senhor quer que este júri o inocente, não quer?"

"Eu gostaria de ir para casa e retomar minha vida."

No primeiro dia da inquirição de Lyle pela promotoria, Pam Bozanich atacou várias vezes a credibilidade do irmão, obrigando-o a admitir que havia mentido para detetives, promotores e jornalistas. Lyle manteve a compostura ao longo do massacre. Reconheceu, com a voz levemente rouca, que talvez o júri não acreditasse que ele estivesse contando a verdade.

Desafiando as alegações de abuso por parte de Lyle, Bozanich perguntou: "Tem algo que eu possa perguntar ou dizer ao senhor que o leve a dizer que estas alegações são inverídicas?".

"São a verdade", disse Lyle.

Bozanich lembrou aos jurados que o réu era responsável por matar as "duas pessoas que poderiam entrar ali e dizer que não são verdade".

Lyle disse que ele e Erik estavam apavorados e pensavam que tinham poucas opções. "Ninguém na minha família desafiaria meu pai. Eu não queria ir à polícia. Eu não queria fugir."

O lema de José, disse Lyle, era "mentir, enganar, roubar, mas vencer". Seu depoimento ali era verídico porque "tomou a decisão de dizer exatamente o que aconteceu, tanto os detalhes ruins quanto o que foi bom. Houve momentos em que menti. Espero que me entendam."

"Por que o senhor continuou a mentir sobre seu envolvimento no crime?"

"Ou porque eu não queria ir para a cadeia, ou porque não queria que meu irmão fosse."

"E o senhor quase se safou, não foi?"

"A senhora pode caracterizar desse modo, e achar engraçado. Mas a minha vida e a de meu irmão foi muito desgraçada nos seis meses antes de sermos presos, e é óbvio que não ficou melhor depois que fomos presos. E não está boa agora. Nunca foi grande coisa", disse ele, a emoção transparecendo na voz. "De certo modo, ser preso foi um alívio. E as mudanças que aconteceram são um alívio. E eu não sei o que vai acontecer no final do processo. Nós podemos ir para a penitenciária — é bem provável. Mas teve coisas boas a partir daí, sabe?"

Como tenista competitivo que era, Lyle Menéndez rebateu todas as perguntas de Bozanich por cima da rede.

Os acessos de Kitty deixavam-no "confuso". Porém, ele insistiu, "eu amava minha mãe".

"Quando o senhor encostou a espingarda contra o lado esquerdo do rosto de sua mãe e apertou o gatilho, o senhor amava sua mãe?"

"Sim."

"E foi um ato de amor, sr. Menéndez?"

"Foi de desorientação. De medo."

"O que o senhor achou que ela lhe faria?"

"Naquele momento, eu não estava pensando, conscientemente, em nada de específico. Era só uma reação... uma coisa que eu vi ou uma coisa que eu ouvi me deixou ainda mais surtado, e eu me desembestei. Estava com medo."

"O senhor tinha medo de que ela continuasse viva, não é?"

"Nós estávamos com medo... Não sabíamos o que estava acontecendo. Achamos que eles iam nos matar."

Ele complementou com a voz baixa: "Eu nunca desrespeitei meu pai, fora aquela vez".

Ao longo do dia, Bozanich deixou a testemunha dissertar nas respostas, tática pela qual foi criticada posteriormente. Nunca ocorreu a Lyle "simplesmente ir embora", pois sua vida era boa. "A senhora sugeriu várias vezes que eu podia mandar o meu pai pra bem longe... Mas eu queria estar presente na vida do meu pai. Eu sentia que precisava dele para seguir em frente", ele disse. "Éramos uma família — eu fui criado assim, e não iria embora simplesmente. Não é uma coisa fácil."

"Então o senhor gostava da sua vida", Bozanich disse em tom sarcástico.

"Naquele momento eu sentia que ela estava melhor do que estivera nos anos anteriores."

Os jurados escutaram de novo os soluços de Lyle e os gritos do irmão na fita da ligação para o serviço de emergência em que informaram os assassinatos.

"Senhor Menéndez, naquela fita, o senhor está chorando bastante", disse a promotora.

"Sim."

"Ao mesmo tempo em que está chorando, está mentindo, não?"

"Hã, sim."

Lyle reconheceu outras mentiras: ele não contou aos parentes sobre os abusos, nem sobre os homicídios. Não contou à polícia sobre o abuso porque "eu não achei que iam entender. Tínhamos acabado de atirar nos meus pais e, independentemente do motivo, nós íamos para a cadeia e nossas vidas iam ser arruinadas".

Depois dos tiros, ele e Erik esperaram pela polícia. "Como não apareceram, meu irmão e eu decidimos que, se fosse possível, não queríamos ter que explicar o que aconteceu. Tínhamos acabado de atirar nos nossos pais e não queríamos ir para a cadeia."

"O senhor queria sair impune, não?"

Lyle não respondeu com um sim. Em vez disso, repetiu que ele e Erik tentaram esconder a culpa porque não queriam contar a ninguém sobre os abusos, e não achavam que alguém fosse acreditar. Ele descreveu Kitty como "totalmente imprevisível", afora que "ela era consistente no ódio e ressentimento" para com ele.

"Parece impossível acreditar que meu pai escolheria se livrar dos filhos... Mas era nisso que acreditávamos. Ele estava disposto a me matar para preservar o que havia construído para si."

"O senhor foi a produção de que seu pai mais se orgulhava?"

"Sim, eu acho que sim."

"O senhor foi batizado com o nome dele?"

"Sim."

"O senhor era um Menéndez."

"Sim."

"O senhor acreditava que seu pai iria aniquilá-lo?"

"Sim, senhora."

Naquela noite, os comentadores da Court TV contaram o dia como uma vitória da defesa.

No segundo dia de inquirição da promotoria, Bozanich focou na extravagância com os gastos. "Eu estava mal, deprimido, ia de loja em loja", disse Lyle.

"Então o senhor achou que um Rolex de ouro 18 quilates combinaria com seu traje para o funeral, é isso?"

"Não, não achei. Mais uma vez, eu não pensava tanto em dinheiro na minha vida. Eu só comprava as coisas no calor do momento. Era só mais uma coisa."

"Então o que o senhor fez foi matar os pais e começou a gastar o dinheiro deles, certo?"

"Bom, isso aconteceu, mas eu não penso que caracterizar desse modo situa no contexto correto."

Bozanich montava as armadilhas e pisava em cima. Lyle disse que os tiros deixaram-no "atordoado e exausto e em estado de choque". Ele lembrou de "vidros quebrando", "barulhos fortes" e "disparando tantas vezes quanto" podia. Mas ele também reconheceu que lembrou de pegar todos os cartuchos de bala.

Lyle falou mais sobre as tensões que haviam se agravado naquele fim de semana.

"Quando eles fecharam as portas, eu senti que foi a última coisa que me fez congelar, entrar em pânico total, sentir que ia acontecer... eu achei que eles estavam armados... eu achei que eles iam nos matar. Achei que eles tinham planejado com antecedência."

"Foi isso que aconteceu, sr. Menéndez?"

"Foi isso que aconteceu."

Bozanich estava incrédula que os irmãos tivessem conseguido fazer todas as paradas que afirmavam nos 67 minutos entre os tiros, aproximadamente às 22h, e o telefonema das 23h07 para Perry Berman. "Eu não queria levar multa, mas dirigi com pressa", disse Lyle. Ele admitiu que nunca vasculhou a casa em busca das armas que acreditava que os pais tinham. Ele achou que Kitty tinha uma pistola com silenciador que podia ter vindo de um dos contatos de seu pai no submundo. Quando eles compraram as espingardas em San Diego, não havia um plano de cometer homicídio — as armas eram para eles se defenderem. A única preocupação dos dois era com a sobrevivência.

No terceiro dia, Lyle transpareceu sua tensão com as perguntas de Bozanich. Era frequente ele se jogar na cadeira ou suspirar alto. Suas respostas pareciam mais espontâneas, menos ensaiadas, talvez mais reveladoras.

Bozanich exigiu mais detalhes sobre a noite dos assassinatos.

"Eu não tenho uma memória específica de por que cometi coisas que não fazem sentido... Eu lembro de entrar com tudo na sala. Lembro de coisas vagas, depois lembro que acabou."

Bozanich lhe mostrou um retrato da mesa de centro na sala de televisão e apontou o que havia em cima: um copo, uma tigela com a colher, uma fita cassete de Michael Jackson, um isqueiro e documentos da UCLA.

"O que, nessa mesa de centro, ameaçava o senhor?"

"Nada."

"Seu pai não o ameaçou? Ele não tinha uma arma? Ele não fez nada incomum?"

"Bom, sim, ele fechou as portas."

"E foi a última gota?"

"Foi a última gota. É a última coisa que eu lembro antes de entrar em pânico."

Bozanich veio com um ataque de machadinha quando declarou: "O senhor entrou naquela sala e começou a disparar antes mesmo de saber o que seus pais estavam fazendo, não foi?".

"Sim. Nós estávamos em pânico... Eu lembro de entrar, que estava escuro... tinha alguém vindo na minha direção pela direita, como uma sombra." Então, Lyle começou a atirar sem pensar.

Bozanich perguntou se José estava se levantando. Ele "não estava se erguendo. Ele estava de pé. Eu fiquei atirando. Eu não sei em que momento eu percebi que a pessoa à minha esquerda era minha mãe".

Lyle disse que se lembrava de posicionar a espingarda calibre 12 na nuca de José e puxar o gatilho.

"Ele estava sentado ou de pé?"

"Acho que eu estava em cima dele. Porque eu fiquei um pouco pro lado do sofá... Eu não coloquei na cabeça dele de propósito... Foi só a adrenalina, e eu atirando."

"Quando o senhor entrou no espaço atrás do sofá e, sem intenção, posicionou a arma contra a cabeça de seu pai e puxou o gatilho, onde estava sua mãe?"

"Na minha cabeça, ela estava se esgueirando em torno da mesa do centro."

Bozanich deu o bote. Sua voz se elevou. A sala de audiência entrou em burburinho.

"O senhor disse que sua mãe estava se esgueirando. O senhor achou que ela faria algo maldoso com o senhor quando estava engatinhando atrás da mesa de centro?"

"Não, eu achei que ainda estávamos em perigo." Ver ela engatinhar junto à mesa de centro "me fez surtar e correr da sala".

"Quando saí para recarregar, eu estava confuso, com medo e não estava pensando que eram meus pais. Eu só pensava 'perigo' e segui o fluxo."

Quando ele voltou, a sala estava "cheia de fumaça. Não dava para enxergar. Eu mal conseguia enxergar aquele lugar, aquilo me deixou surtado, e eu corri pra lá".

"Então o senhor puxou o gatilho?"

Lyle deu um suspiro fundo.

"Sim."

Quando Lyle Menéndez aproximou-se do banco no seu nono e último dia de testemunha, fez meneios e sorrisos para os jurados. Ninguém lhe respondeu.

Nas reperguntas, Jill Lansing deu outra chance para Lyle descrever sua vida caseira. Era "muito imprevisível", uma casa onde "não havia muita comunicação normal". Os irmãos aprenderam a entender pistas faciais e comportamentais, tons de voz e posturas do corpo que sinalizavam castigo ou violência iminente.

"Meu pai controlava os outros fazendo sinais com as mãos. Mas era mais do que isso... dava para ler no rosto dele, ou no que ele fazia — se ele colocasse os tênis quando chegava em casa, ou se ficava com o terno do trabalho, ou se ele ia assistir à TV... eu queria que ele me aprovasse, tanto que ele fazer um meneio com a cabeça já mexia com meu coração."

Lansing perguntou se suas aulas de tênis e escolas particulares caras faziam parte de "tudo que um filho podia querer".

Lyle respondeu que ele era carente de "coisas emocionais", assim como de "tempo para brincar com amigos e coisas que outras crianças fazem... Eu estava fazendo o melhor possível".

"Com base em tudo que o senhor descobriu sobre seus pais durante a vida, em termos do comportamento que tinham, quando o senhor viu as coisas que eles estavam fazendo na semana anterior, o senhor acreditava que eles iam matá-lo?"

"Acreditávamos que sim", disse Lyle.

Bozanich, veloz, voltou com tudo para sua rodada de reperguntas. "Sr. Menéndez, quais sinais seu pai fez com as mãos antes de o senhor levar uma arma à nuca dele e puxar o gatilho?"

"Ele não fez nenhum."

"E qual sinal sua mãe lhe fez quando estava esgueirando-se junto à mesa de centro, antes de o senhor sair e recarregar?"

"Nada... naquela hora eu só estava com medo."

Depois, Lansing:

"Os sinais apareceram antes de o senhor entrar na sala?".

"Sim."

Em um último ataque, Bozanich perguntou a Lyle: "E o senhor afirma aqui, hoje, que não matou seus pais por dinheiro. Correto?".

"Definitivamente não."

Em todos os dias que Lyle subiu ao banco das testemunhas, ele carregava no bolso uma carta diferente de um sobrevivente de abuso que lhe disse que ninguém acreditava neles quando eram crianças.

46

ESTRANHOS PECADOS — O DEPOIMENTO DE ERIK

"Cadeia do Condado de Los Angeles", respondeu Erik Menéndez quando Leslie Abramson perguntou onde ele morava.

Erik, vestindo uma camisa azul de tecido oxford com uma gravata bordô estampada, tinha aparência mais nova do que seus 22 anos.

A partir dali, Abramson foi direta: "Qual você diria que foi a causa originadora de você e seu irmão acabarem atirando nos pais?".

"Eu ter dito ao Lyle que, hã" — seu rosto enrubesceu antes de ele estourar em lágrimas — "meu pai... meu pai abusava de mim."

Pouco a pouco, Erik disse ao júri que o pai abusou dele quando tinha 6 anos e continuou abusando até pouco antes dos tiros. Se contasse a alguém a respeito: "Ele disse que ia me amarrar numa cadeira e me espancar até a morte".

Havia quatro formas de abuso, e Erik deu um nome a cada uma: De Joelhos, Sexo Bom, Sexo Pesado e Só Sexo. Algumas versões incluíam "alfinetes e tachinhas que papai pregava em mim" durante o sexo oral.

Duas mulheres no júri de Erik ficaram pálidas durante as descrições dos abusos.

Erik depôs que, embora ele soubesse que os abusos eram "extremamente anormais", ele não "queria ser humilhado". Foi "em parte culpa minha que eu nunca impedi. Eu deixei ele fazer... eu me achava um covarde. Eu me odiava".

Quando tinha 17 anos, disse, ele tentou se opor: "Ele entrou no quarto e eu disse não". O pai "me jogou na cama e foi buscar uma faca para colocar no meu pescoço".

Erik sonhava em ir para a faculdade, talvez para Princeton, com Lyle. Kitty queria que ele entrasse na University of California em Berkeley ou na Brown University. Ele decidiu-se pela UCLA, mas, em meados de agosto de 1989, José disse a Erik que ele ia morar em casa, não em um alojamento estudantil.

"Algo que eu aguardava muito foi arrancado de mim, e eu não me importava mais em viver." Ele pensou em suicídio, cortar os pulsos, se enforcar ou jogar o carro de um penhasco. Então Lyle teve a briga com Kitty que revelou sua peruca, e Erik decidiu dividir seu próprio segredo.

Quatro dias antes dos assassinatos, à noite, quando José entrou à força no quarto de Erik e o jogou na cama, seu pai estava "furioso como eu nunca havia visto". Desta vez, Erik lutou e conseguiu escapar. Ele correu para o andar de baixo e viu a mãe, que disse: "Eu sempre soube. Você acha o quê, que eu sou burra?".

A caminho de casa depois da pescaria de tubarão no sábado, 19 de agosto, Erik disse que Kitty lhe falou que "Se eu ficasse de boca fechada, as coisas teriam dado certo na minha família".

Abramson perguntou o que ele queria dizer com aquilo.

"As coisas não tinham dado certo na nossa família, e ela ia nos matar... Eu achei que iam matar eu e o Lyle. Parecia evidente."

No segundo dia de depoimento de Erik, Abramson perguntou sobre a noite em que ele e Lyle atiraram nos pais.

Foi "muito, muito assustador... foi horrível". A sala se encheu de fumaça e suas memórias eram vagas. Pressionado a dar mais detalhes, ele respondeu: "Não sei. Não sei. Eu só entrei na sala. Eu comecei a atirar e, sei lá, eu não pensei em nada. Eu não pensei onde estava isso, onde estava aquilo. Só comecei a atirar e não sei mais".

Quando acabou o barulho, "o fato de que minha mãe e meu pai podiam morrer... era uma coisa que me parecia impossível".

Abramson perguntou: "Você achava que eles fossem imortais?". A acusação protestou, e o juiz disse a Erik para responder com suas palavras.

"Eles eram tão poderosos e tão enormes na minha vida que achei que eles nunca iriam embora, que nunca deixariam de fazer parte da minha vida."

• • •

Os abusos começaram, disse Erik, quando José o massageou enquanto ele estava de cueca. Então começaram "massagens com a boca", com os dois nus; José disse ao filho que eles estavam dividindo um momento como os soldados faziam na "Antiguidade — os romanos e os gregos."

De início, Erik disse, ele gostava da atenção que recebia de seu pai. Mas, pouco tempo depois, "eu não gostei do que estava acontecendo. Achei muito sujo".

Não cessou. Quando ele tinha 11 anos, seu pai o obrigou a fazer sexo oral: De Joelhos. Na sexta-série, começou o Sexo Bom, geralmente massagens com as mãos e a boca, mas também sexo anal forçado. Um ano depois, José começou o Sexo Pesado. À luz de velas, seu pai o fazia realizar sexo oral enquanto José lhe pregava alfinetes e tachinhas. Era uma lição, explicou Erik, para absorver a dor sem gritar. Às vezes, José o obrigava a se ajoelhar na quina de madeira da cama enquanto o estuprava na frente de um espelho. Quando a família se mudou para a Califórnia, quando Erik tinha 16 anos, o sexo cessou por alguns meses, mas depois foi retomado.

Na noite dos assassinatos, o pai mandou Erik subir para o quarto. "Eu achei que ele ia me matar naquela noite. E eu achei que, antes, ele ia fazer sexo comigo."

Em vez disso, houve uma discussão. Lyle berrou com o pai: "Você não vai tocar no meu irmão!". José respondeu: "Eu faço o que eu quiser com a minha família. Não é seu irmão. É o meu filho". Kitty ficou assistindo a tudo com um "olhar inflexível, pesado". Erik lembrou de como ficou assustado. "Eu senti meu estômago torcer minhas tripas."

Quando José e Kitty entraram na sala de televisão e fecharam as portas, os irmãos acharam que eles tinham armas ali dentro. "Eu achei que ia morrer... Vai ser agora."

Do lado de fora, os irmãos pegaram uma espingarda — "uma coisa absurda de grande" — carregaram com balas, e voltaram para dentro. A sala de televisão estava escura. "Só lembro dos tiros."

Leslie Abramson perguntou o que estava na frente dele.

"Meus pais."

• • •

No terceiro dia, Erik disse ao júri sobre sua depressão avassaladora depois que os pais morreram. Ele tinha imagens na mente das quais não conseguia se livrar, da sala de televisão cheia de fumaça depois dos tiros. Ele também tinha visões recorrentes do sangue. "Qualquer coisa podia disparar a memória. Qualquer coisa me lembrava, e eu via os dois na sala... eu me senti muito mal por matar meus pais... Foi uma coisa confusa, a culpa. Pensar no tipo de pessoa que eu era me rasgava por dentro, me dava muita dor."

Ao confessar ao dr. Oziel, "eu sabia que tinha traído a confiança do meu irmão".

Falando mais sobre o abuso, ele disse que se chamava de "O Ferido". Pessoas próximas o ouviam usar a expressão, mas não sabiam o que significava. José também lhe deu um nome que usavam em privado: "Bicha". Embora ridicularizasse homossexuais, insistia que o sexo com o filho não tinha nada a ver com homossexualidade. Erik nunca ousou retrucar o insulto do pai, mas com frequência sonhava em dizer: "Então você é o quê, diabos?".

No quarto dia de depoimento, Erik tentou explicar por que não havia contado a seu terapeuta sobre os abusos. Ele não queria macular a memória do pai. "Eu estava com vergonha demais para conseguir lidar com isso. Eu queria manter aquilo o mais secreto possível, enterrar, jogar no oceano, fazer sumir. Eu achei que eu havia matado pessoas incríveis e... eu amava eles mais do que já tinha amado até aquele momento."

Na inquirição da acusação, Lester Kuriyama pressionou Erik a dar detalhes sobre a cena do homicídio.

"Então, o senhor surpreendeu seus pais enquanto assistiam à televisão e disparou contra os dois até suas espingardas de repetição ficarem sem munição, correto?"

"Não, senhor", disse Erik. A televisão estava ligada, mas seus pais não estavam assistindo. Quando os irmãos invadiram a sala, ele achava que os pais estavam de pé. "Eu disparei tudo que eu tinha, principalmente contra minha mãe."

Então ele ouviu uma coisa que "me deixou surtado. Eu acho que daria para chamar de gemido, porque ela estava morrendo".

"Você ficou tão surtado que foi ao seu carro, onde tinha munição em uma caixa, e entregou esta munição a seu irmão?", Kuriyama quis saber.

Erik disse que estava "catando balas", e entregou uma a Lyle. "Eu sabia que ele ia voltar para o quarto. Eu sabia o que ia acontecer."

"Você sabia, instintivamente, que seu irmão ia voltar para terminar de matar sua mãe?"

"Sim."

Kuriyama, então, ressaltou que, para quem estava atirando a esmo, os irmãos foram de "precisão letal". José foi atingido seis vezes; Kitty, aproximadamente dez. "Sr. Menéndez, apenas dois tiros erraram os alvos."

"Aparentemente, sim."

Kuriyama quis saber mais detalhes sobre a compra das espingardas.

Erik havia deposto que, antes de eles comprarem as armas na Big 5 Sporting Goods de San Diego, eles foram a uma loja da Big 5 em Santa Monica. Para construir a cena no local, Kuriyama fez dezenas de perguntas, incluindo uma sobre o balcão de vidro com pistolas.

"Acho que era um armário de duas prateleiras... tinha armas em cima, é isso que eu lembro de ver", disse Erik. "Lembro de ver as que não tinham revólveres." Ele também lembrou que espingardas de pressão e de chumbinho ficavam "à direita... as de verdade ficavam mais no meio, onde eu estava". Erik pegou uma arma, mas não conseguia lembrar do calibre nem da cor. Então lembrou que o estado estipulava um período de espera de quinze dias para a aquisição de pistolas, por isso eles foram embora sem comprar.

"O senhor está contando a verdade neste processo, não é?"

"Estou contando a verdade até onde me é possível", disse Erik.

"E mesmo que tenha mentido em outros momentos, agora o senhor está contando a verdade, não está?"

"Sim, estou."

"O senhor foi de fato à loja Big 5 de Santa Monica na manhã de 18 de agosto para comprar estas pistolas?"

"Com certeza. Sem qualquer dúvida. Fui."

O promotor adjunto então informou calmamente à testemunha que as lojas Big 5 haviam parado de vender pistolas três anos antes de ele ter ido ao local.

Erik tentou uma resposta: "Ah, sr. Kuriyama, tinha armas lá, sim, e nós vimos". Kuriyama, teatral, deixou ele se perder na resposta.

• • •

Quando o tribunal retomou os trabalhos para o sexto dia de depoimento de Erik, o promotor adjunto seguiu na sua investida. Erik insistiu que havia ido a uma loja de armas em Santa Monica, mas reconheceu que talvez não fosse a Big 5.

Kuriyama fez pressão para saber mais detalhes dos assassinatos. "Sr. Menéndez, quando o senhor estava atirando na sua mãe, ela ficou simplesmente parada na sua frente e levou todos os tiros que o senhor administrou?"

"Não sei."

"O senhor não tem ideia do que ela fez?"

"Eu não olhei para ela. Assim que eu comecei a atirar, eu não enxerguei mais ninguém."

"Como isso é possível?"

"Acho que porque a sala estava escura, e porque tinha muito barulho e muito fogo. Talvez porque eu não queira lembrar."

"Sr. Menéndez, o senhor disse que foi abusado durante doze anos, correto? É o que está depondo aqui?", perguntou Kuriyama no dia seguinte.

"Sim, foi o que aconteceu."

"Até o senhor ter 19 anos?"

"Até meu pai morrer."

"Existem testemunhas dos seus abusos?"

"Se tinha alguém no quarto?", Erik perguntou.

"Sim", respondeu Kuriyama.

"Não."

"Na verdade, a única pessoa que poderia negar ou contestar o que o senhor afirma é seu pai, certo?"

"Minha mãe e meu pai."

"E os dois estão mortos, certo?"

"Sim."

Questionado se eles haviam assassinado Kitty para impedir que ela depusesse contra eles, ele respondeu: "Duvido que ela faria um depoimento contra nós, em momento algum. Eu acho que ela podia muito bem nos matar e depois se matar. Ia envenenar todo mundo".

Foi outra abertura para Kuriyama. “O senhor queria matar sua mãe, não queria? Tanto quanto queria matar seu pai?”

“Eu não tinha pensado na diferença. Só achei que iam nos matar e, no último instante, nós matamos os dois.”

Dois dias depois, veio o seguinte: “O senhor afirma, portanto, que sua mãe ia matá-lo naquela noite?”.

“Sim.”

“É nisso que o senhor ainda acredita, correto?”

“Bom, se eu soubesse que eles não tinham armas naquela sala, quando entraram naquela sala, eu não teria entrado na sala. Não sei no que eu acredito até hoje. Não tenho como ter certeza de que é o que eu creio até hoje.”

47

O RETORNO DE DONOVAN GOODREAU

Houve um debate intenso entre jornalistas em Van Nuys, tanto quanto entre a audiência mundial que acompanhava o julgamento pela Court TV. Os abusos sexuais tinham acontecido de fato? Raramente há testemunhas oculares ou vídeos que documentem casos de incesto. Ainda hoje, as vítimas de abuso costumam ficar temerosas antes de revelar um segredo que será devastador para todos os envolvidos.

Andres, o filho de Marta Cano, prestou juramento depois que Erik terminou seu depoimento. Quando era menor, o belo estudante da University of Central Florida, agora com 20 anos, sempre fora próximo do primo. Uma vez ou outra Andy passava os fins de semana ou as férias de verão com os Menéndez. Raramente Erik tinha permissão para passar a noite com os Cano.

Uma vez, quando Erik tinha 12 anos e Andy tinha 10, Cano depôs que eles estavam brincando de guerra em um terreno quando Erik perguntou a Andy: seu pai já lhe fez massagens?

"Naquele momento eu fiquei com a sensação... eu tenho certeza de que ele deu a entender... que ele queria saber se essas massagens eram normais", disse Cano. "E minha resposta foi que eu não tinha como saber. Eu não tinha um pai presente. Meus pais eram divorciados. E eu não tinha como ajudá-lo."

"Tem algo mais que ele contou ao senhor sobre as massagens, tipo onde ele as fazia?", perguntou Leslie Abramson.

"Bom, ele me disse que o pai fazia massagens no pau dele... Ele queria saber se isso acontece com todo menino numa relação de pai e filho."

Andy queria perguntar a sua mãe, mas Erik fez o primo jurar que nunca ia revelar o segredo a ninguém. Um mês depois, os primos deram continuidade à conversa.

"Eu perguntei por que ele não contava à mãe", disse Andy.

"Ela vai ficar indignada com meu pai", Erik lhe disse.

Depois, Erik lhe disse que as "massagens estavam começando a doer". Para Andy, não fazia sentido. Além das "massagens", Erik nunca disse nada mais em relação a sofrer abusos. Depois, Erik disse ao primo que queria que seu pai "parasse com tudo que estava fazendo com ele". Erik pareceu nervoso e mais uma vez insistiu que Andy não revelasse seu segredo. Andy concordou fazendo uma promessa de "mindinho com mindinho".

Um ano depois, enquanto brincava com Erik, Andy arranhou a perna e percebeu um pote de vaselina no quarto do primo. "Eu achei que fosse tipo uma pomada que se passa em arranhão... peguei e o Erik imediatamente me disse para soltar... Ele disse que não era para aquilo."

Na inquirição da promotoria, Lester Kuriyama perguntou: "Seu primo e o senhor tinham uma boa amizade?".

"Sim. Tínhamos. E temos", respondeu Andy, firme.

"E eu creio que foi sua mãe que depôs que mentiria pelos irmãos. O senhor também mentiria?"

"Eu não estou mentindo por ele agora, e não mentiria para ninguém sob juramento, sr. Kuriyama."

"Não mentiria?"

"Não, sr. Kuriyama."

Marta Cano sorriu para o filho.

Durante as reperguntas, Cano atestou que a primeira pessoa a quem contou sobre as massagens de Erik foi Leslie Abramson, e que isso se deu cinco meses após os irmãos confessarem os abusos à família.

• • •

A defesa reconvocou Donovan Goodreau — que consideravam uma testemunha relutante — para corroborar as histórias dos irmãos sobre abuso sexual. Depois que os promotores me obrigaram a entregar minha entrevista com Goodreau, em julho, eles haviam decidido que não rodariam a fita para os jurados.

Jill Lansing perguntou a Goodreau sobre o "clima da conversa" no restaurante chinês naquela noite que os amigos trocaram confissões sobre sofrerem abusos.

"Naquela época, eu já conhecia o Lyle havia meses e tínhamos passado muito tempo juntos, nos entrosamos como amigos e passamos a nos conhecer muito bem", ele disse, tímido. Sua voz era serena, mas ele ficava balançando para a frente e para trás na cadeira giratória.

"Eu me sentia muito próximo dele e que, tipo, sabe, ele demonstrava interesse por mim e queria saber tudo de mim, e eu também achei que era a hora certa de contar para alguém."

Depois de ouvir o segredo de Goodreau, Lyle ficou "muito quieto" e "pareceu um tanto emotivo".

"O senhor ficou chocado com o quanto ele pareceu emotivo?", perguntou Lansing.

"Ah, sim. com certeza. Nunca se sabe o que esperar quando você conta uma coisa assim para alguém."

"E isso fez o senhor acreditar que algo de similar pode ter acontecido com Lyle?"

"Com certeza."

Pam Bozanich protestou contra a pergunta, dizendo que era capciosa. O juiz disse para tirar a resposta dos autos.

"Isto levou o senhor a acreditar no quê?"

"Que ele podia ter passado por experiências parecidas."

"E ele disse algo ao senhor sobre ter passado por experiência parecida?"

"Não que eu me lembre. Não."

"Ele lhe disse alguma coisa sobre o pai ter abusado tanto dele quanto do irmão?"

"Não. Eu me lembraria."

"O senhor lembraria se ele houvesse dito?"

"Sim."

"O senhor chegou a contar a outra pessoa que Lyle havia lhe dito que sofreu abusos do pai, e que seu irmão também?"

"É óbvio que eu ouvi a fita, então eu sei que posso ter falado disso depois."

"E a quem o senhor falou?"

"Bob Rand."

Jill Lansing aproximou-se do banco das testemunhas, onde havia um tocador de fitas cassete. Goodreau bebeu água enquanto meirinhos entregavam transcrições aos jurados e jornalistas da minha entrevista com ele em março de 1992.

"Sr. Goodreau, o senhor lembra quando depôs, em 26 de julho de 1993, como testemunha da promotoria, quando disse que nunca havia contado a ninguém que Lyle Menéndez havia lhe feito este depoimento?"

"Sim."

"Portanto, entendo que o senhor estava enganado naquele momento, correto?"

"É óbvio."

Lansing rodou um trecho da entrevista em que Donovan explicava como Lyle havia lhe revelado os abusos que tinha sofrido. De início, Goodreau ficou olhando para o toca-fitas; depois virou-se e olhou para os jurados. Lyle lia um pouco da transcrição, depois olhava para seu antigo amigo.

"Agora, depois de ouvir a fita, ela restaurou sua memória?"

"Não. Eu ouvi a fita da última vez e ela não me ajudou. Eu sei o que eu falei, mas não consigo me lembrar de nada em torno do que aconteceu."

"Tudo bem. Bom, o senhor se recorda se, quando contou ao sr. Rand, em março de 1992, o senhor estava dizendo a verdade?"

"Eu não tenho como lembrar por que motivo eu teria falado, fosse verdade ou não."

Goodreau repetiu que, desde a prisão dos irmãos, as principais pessoas com quem ele havia conversado sobre o caso eram Glenn Stevens — ex-colega de quarto dele e de Lyle — e comigo.

"Então, o senhor afirma que Bob Rand lhe disse que Lyle e Erik sofreram abusos do pai?"

"Não, não. Não foi isso que eu disse. Não tenho certeza de onde eu ouvi."

“O senhor afirma que Glenn Stevens lhe disse que Lyle e Erik haviam sofrido abusos do pai?”

“Pode ter sido. Pode ter sido o Bob Rand.”

Conforme seu depoimento rodava em círculos, Lansing leu um trecho da transcrição no qual Goodreau me contou que estava surpreso por Stevens também saber dos abusos: “E o Glenn me deixou apavorado, porque eu achei que o Lyle... eu achei que eu era o único que tinha ouvido falar daquilo ou que sabia daquilo, e de repente o Glenn me disse a mesma coisa. Ele disse: ‘Você sabia dos abusos e do resto?’”.

“O senhor se lembra?”, Lansing perguntou.

“Não.”

“O senhor lembra de contar isso ao sr. Rand?”

“Não... não com clareza.”

“Mas, se a sua voz está na fita...”

“É óbvio.”

“Então seria algo que o senhor contou, correto?”

“Claro.”

Lansing leu mais da transcrição:

“E ele puxou o assunto de novo. E eu quase tinha esquecido. E ele trouxe de novo. E eu não conseguia acreditar. Eu disse: ‘Sério?’. Eu disse: ‘Eu não sabia’. E foi meio estranho ele me contar, porque eu estava me perguntando em que circunstâncias ele contaria ao Glenn...”

“Então, isto se refere a Lyle contando a Glenn... correto?”

“Sim.”

“Mas, na época em que os senhores estavam todos em Princeton, o senhor tinha relação mais próxima com Lyle do que com Glenn?”

“Com certeza.”

“E então a fita segue dizendo: ‘E eu achei que ele tinha problemas, sabe. Lyle ficou com medo também. A casa em Calabasas tinha uma banheira gigante, e ele tinha medo...’. O senhor se recorda de falar de uma banheira?”

“Não.”

“Mas, se a sua voz está na fita, foi o senhor que falou, correto?”

“Sim”, Goodreau respondeu, seguindo na brincadeira de gato e rato.

“Qual é seu depoimento em relação ao sr. Rand? Ele lhe disse que Lyle e Erik sofreram abusos do pai, ou o senhor contou?”

"Não tenho ideia."

"Bom, quando o senhor ouviu..."

"É óbvio que eu falei pra ele. Mas parece que teve umas partes em que ele ficou me guiando, e eu não sei se eu cheguei a essa conclusão sozinho ou se foi..."

Goodreau estava repetindo a teoria da promotoria de que eu o havia preparado com "perguntas capciosas".

"Então o senhor está sugerindo que o senhor Rand lhe passou esta informação?"

"Eu já respondi isso", ele disse, com a voz tranquila. "Eu não tenho ideia de onde posso ter tirado essa ideia."

"Então o senhor não diz que o senhor Rand lhe deu esta informação?"

"Eu não tenho certeza se ele deu ou não."

"E o senhor não diz que Glenn Stevens lhe deu esta informação?"

"Ele pode ter dado também. Eu não tenho certeza."

48

PERITOS EM PSICOLOGIA

Após o depoimento dos irmãos, a defesa trouxe peritos da área de psicologia para explicar por que Erik e Lyle poderiam acreditar que suas vidas estivessem em risco durante os dias e horas que levaram aos assassinatos.

A dra. Ann Tyler, que tratava vítimas de abuso e preparava profissionais para identificar abuso infantil, havia passado trinta horas entrevistando Erik e leu a maioria dos registros. "Embora os ferimentos físicos infligidos pelos pais sejam curados", ela disse, "as mentes não se curam."

A dra. Ann Burgess, professora de enfermagem para saúde mental psiquiátrica na University of Pennsylvania, depôs a respeito da "neurobiologia do medo", explicando como o cérebro se "reconecta" e "remapeia" depois do trauma psicológico. Os efeitos do medo "reacendem" facilmente, disse, depois que uma criança sofre um trauma. Vítimas de abusos têm uma reação biológica mais rápida ao medo do que alguém que nunca passou por um trauma. O medo libera hormônios extras de estresse, tais como a adrenalina, no cérebro. Outro resultado do trauma psicológico repetitivo é a hipervigilância, que ela definiu como a busca constante à sua volta por algo que possa ser perigoso.

Burgess interrogou Erik durante mais de cinquenta horas, leu declarações de testemunhas e concluiu que ele havia sofrido abuso sexual. Ela acreditava que o abuso continuou até os pais serem mortos e que Kitty havia favorecido o incesto. Erik tinha uma "fantasia de resgate", de que sua vida ia mudar de algum modo e que o abuso terminaria quando ele fosse para a faculdade.

"E o que acontece com crianças que estão nessas situações, encurraladas, quando suas fantasias de resgate vêm abaixo?", perguntou Leslie Abramson.

"É certo que a ansiedade que elas sentem vai aumentar. Não há mais oportunidade para pensarem em uma saída, e isso as devolve à confusão quanto ao que vai acontecer."

O perito psicológico mais efetivo foi o dr. Jon Conte, um professor de assistência social da University of Washington que passou sessenta horas com Lyle e o considerou "digno de crédito". Conte dava aulas a grupos profissionais sobre como distinguir declarações reais de abuso infantil das falsas.

"[Lyle] não estava ansioso. Ele não foi exagerado no drama. Foi bastante doloroso. Ele sentia muita vergonha. Ele estava falando do jeito que eu ouvi muitos jovens na idade dele, e mais velhos, falarem de uma experiência na qual sofreram abuso sexual do pai."

Quando algumas vítimas falam sobre seu abuso, disse Conte, elas sentem de novo as emoções. Mas outros, que já se divorciaram da dor, a recontam sem emoção.

"A ausência de emoção que parece consistente quando se descreve um acontecimento traumático não significa que a pessoa esteja inventando. Significa apenas que a pessoa se divorciou, ou tentou, de algum modo, lidar com a sensação de dor que a acompanha.

"E acho que uma das coisas mais envolventes, por exemplo, foi falar sobre o quanto ele queria que o pai o amasse, que isso era importante para seu pai e que o pai gostava, e ele queria que o pai se sentisse bem. Estou dizendo que é esse tipo de raciocínio e efeito que uma vítima que tem uma relação com o agressor cria."

Conte ficou pasmo com a maneira como Lyle usava bichos de pelúcia. "Ele os tinha em grandes quantidades, e dava personalidades, e encenava com esses bichos de pelúcia, como se fossem questões de sua vida... ele, de certo modo, estava fazendo ludoterapia. A diferença entre Lyle expressar suas questões com bichos de pelúcia e a ludoterapia é que não havia ali um terapeuta para ajudar na orientação do processo, para ajudar a falar das emoções que os bichos de pelúcia tinham, ou quem sabe descobrir formas com que os bichos de pelúcia poderiam elaborar a conjuntura de outra maneira."

Conte disse que havia tensão crescente nos dois irmãos na semana anterior ao assassinato dos pais. O primeiro acontecimento foi Kitty arrancar a peruca de Lyle da cabeça. Erik não sabia que Lyle usava peruca.

"Foi um acontecimento de muita emoção. E assim, seguindo esse espírito, ou compatível com essa emoção, Erik lhe conta um segredo sobre algo muito doloroso e traumático."

Aos 13 anos, Lyle suspeitou que José abusava de Erik e o confrontou. "Seu pai disse que não estava acontecendo nada, e se havia algo acontecendo, ia parar. A visão a respeito do pai foi desafiada."

Na quinta-feira, 17 de agosto, Lyle ensaiou um discurso que daria ao pai assim que ele chegasse em casa. Conte disse que era significativo, porque José tinha lhe ensinado, em anos de treino na mesa de jantar, a ser conciso ao falar. Lyle fez seu discurso, mas achou que não havia tido um bom desempenho.

"Então, quando o pai dele diz, vocês sabem, 'Isso não é da sua conta. E o que eu faço com meus filhos', que é um jeito muito estranho de falar do assunto — ele está falando com o filho. Ele está falando de um jeito despersonalizado, quase conversando com ele como se fosse um objeto ou uma posse."

"Qual é o efeito que isso tem no nível do medo ou de ansiedade que Lyle sentia naquele momento?", perguntou Jill Lansing.

"Bom, é muito alto. E o pai lhe diz coisas como: 'Todos fazemos escolhas'. Oras, é uma ameaça. Um mau presságio, é assim que Lyle entende."

A seguir, disse Conte, Erik foi para a edícula de hóspedes e disse a Lyle que a mãe deles sempre soubera dos abusos com Erik.

"Bom, eu penso mais uma vez que é o desmantelar de outro segredo. Sugere que a mãe deixou outra coisa ruim acontecer com essas crianças. Eu acredito, portanto, que é primeira vez que os irmãos começam a juntar todas essas pontas e dizem: 'Eles vão nos matar. Eles vão se livrar de nós'."

Naquele momento, Lyle sugeriu fugir, mas Erik pode ter sido mais realista. "Erik diz: 'Não, não vai dar certo. Papai tem vários contatos', o que o pai tinha. Então eles meio que ficam indo e vindo nessa conversa sobre as opções que têm." Os irmãos também sabiam que mamãe tinha habilidades detetivescas, disse Conte. Ela havia localizado a amante de longa data de José a partir de canhotos de cartão de crédito e havia grampeado o telefone de Erik.

"Eles estão tendo essa discussão na quinta-feira à noite", Lansing interveio. "Fugir está fora de cogitação. Eles tomam a decisão de comprar as armas de fogo no dia seguinte. É assim que o senhor entende?"

"Sim."

"E qual seria a escala da ansiedade deles nesse momento?"

"É um passo extremamente incomum para os filhos", disse Conte. "Vamos sair e vamos comprar armas de fogo para nos proteger dos nossos pais. Eles vão e fazem, e creio que em alto nível de alerta."

"Há um componente de desnorteamento, ou Lyle tem certeza a todo momento do que exatamente se passa?"

"Não, eu acho que ele está constantemente tentando entender: 'Eu entendi bem os indícios? O perigo é esse? Não. Não é possível. Não pode ser'. Eles vão até San Diego; um deles acredita que vai ser morto, e o outro fica dizendo que não teria como."

Conte disse que muitos filhos maltratados voltam rastejando para o colo dos pais, torcendo por uma mudança.

"Lyle, creio eu, atua em boa parte de sua vida sentindo que, se ele fizer o que é certo, ele vai agradar o papai. E ele não tem muitas provas de que pode agradar a mamãe, mas é certo que ele tem esperança de que vai conseguir com ela. Então, sim, eu acredito que há uma ambivalência incrível em acreditar que seus pais vão matar você. Lyle tem a sensação de que isso é muito maior do que ele havia se dado conta... Ele não tinha ideia, quando seu irmão fez a primeira revelação, de que o abuso sexual era tão abrangente."

"E o que isso fez em relação à percepção que Lyle tinha do pai?"

"Isto impacta na visão que ele tem do pai. Acho que também incrementou a ideia que ele tinha da responsabilidade, de que precisava proteger o irmão." Quando Kitty lhe disse: "'As coisas podiam ter dado certo na família se Erik ficasse de boca fechada...', ela está falando no pretérito. Isso praticamente comunica a Lyle que, seja o que estiver decidido, eles estão correndo um grande risco".

“O senhor tem motivos para crer que Lyle Menéndez pode ter tido uma percepção diferente da realidade em relação à de alguém que não viveu nessa família, que teria visto as pistas de outra maneira, que teria entendido a situação de outra forma em relação a quem não morava ali?”, Jill Lansing perguntou.

“Sim.”

“E o senhor não tem como dizer se ele estava entendendo errado por causa da experiência, ou se estava entendendo com mais exatidão do que outras pessoas, correto?”

“Correto”, respondeu Conte.

49

MAIS SEGREDOS DA FAMÍLIA SÃO REVELADOS

Em privado, havia decepção e atrito extremos entre as duas irmãs de José Menéndez e sua mãe. As três nunca titubearam em relação a expressar apoio aos irmãos em público. Os depoimentos de Marta Cano e Terry Baralt tinham sido críticos para a defesa apresentar um histórico familiar conturbado. Porém, longe do tribunal e da imprensa, as discussões entre María Menéndez e as filhas eram constantes.

Quando a família soube pela primeira vez das alegações de abuso de Erik e Lyle, em 1990, María Menéndez recusou-se a acreditar. Ela continuou dizendo aos jornalistas que a máfia havia assassinado José e Kitty — mesmo depois de os irmãos confessarem à família. Dois anos antes do julgamento, María disse a Marta que queria contratar pessoas para "os meninos escaparem da cadeia", independentemente do custo. O plano dela era levar Erik e Lyle para um lugar distante, a fim de que eles nunca revelassem nenhum segredo da família Menéndez.

Durante o julgamento, Marta, Terry e María estavam todas residindo na mansão de Beverly Hills. María disse a Marta que não acreditava nos netos. "Minha mãe estava muito irritada", disse Marta Cano. "Ela me disse: 'Você vai matar seu irmão duas vezes'." Depois de uma discussão furiosa, um dia, Cano foi embora e se hospedou no mesmo hotel dos peritos em psicologia convocados pela defesa. Uma manhã,

Marta tomou café da manhã com os terapeutas depoentes antes do tribunal. Ela queria saber mais. Eles lhe perguntaram quem controlava José quando ele era pequeno. Marta respondeu que a mãe sempre controlou tudo que José fazia quando era bebê e menino. "Eles me disseram que a pessoa que controla a criança é a pessoa que abusa da criança", ela disse. "Eu lhes disse que não."

María Carlota Menéndez nasceu em 8 de dezembro de 1917. Cresceu em uma casa em Havana com doze tios. Marta acreditava que sua mãe sofreu abusos quando era pequena, da parte de um dos tios — um alcoólico de vinte e poucos anos.

Marta acreditava que María não amava Pepín e foi forçada a casar-se com ele pelos próprios pais porque eles não gostavam de um homem com quem ela namorava. Nas fotos do casamento, nenhum dos dois sorri. O círculo social de María incluía pessoas muito mais novas do que ela quando estava com 30 anos. Os amigos mais novos eram pessoas que María conhecia de seu envolvimento com a equipe de natação olímpica de Cuba. A família acreditava que María podia ter tido relacionamentos extraconjugais.

Quando José nasceu, em 1944, Marta tinha 2 anos e Terry tinha 4. José virou o foco da vida de María. Ele nunca fazia nada de errado. María disse a Pepín que José era "dela". Ninguém mais na família tinha direito de disciplinar seu bebê. "José era um bebê inquieto", disse Marta. "Ele estava sempre criando problemas e podia fazer o que bem entendesse. Minha mãe era obcecada por ele."

Quando José tinha aproximadamente 3 anos, Marta disse que o pai começou a levar José para a cama de María toda manhã, antes de sair para o trabalho e para deixar as meninas na escola. Esta rotina foi diária até José fazer 6 anos.

Em conversas privadas com os peritos em psicologia, Cano ficou sabendo que um abusador tipicamente abusará de alguém com a mesma idade de quando eles eram abusados. Quando Marta tinha 5 anos, um dia ela estava parada na porta e viu sua mãe começando a brincar com o pênis de José, então com 3 anos. María passava os dedos, indo e voltando. O pênis do menino ficou ereto. María riu, virou-se para

Marta e disse: "Que fofo, não é?". Ela lembrou da mãe acariciando o pênis do irmão em diversas ocasiões — mais frequentemente quando trocava a fralda. Em todas as vezes, Marta sentiu-se embaraçada.

Marta Cano acreditava que os abusos da mãe com José começaram durante o período em que ele foi deixado, diariamente, na cama dela. Quando José fez 5 anos, María colocou seu filho em um colégio em que as aulas só começavam às 13h30. María ficava sozinha em casa com José até a hora de ele ir para a aula. Cano acreditava que os abusos do irmão prosseguiram por muitos anos depois de José entrar na escola.

José Menéndez foi expulso de três escolas antes de começar o segundo ano. Os terapeutas da defesa disseram a Cano que uma criança abusada é indócil. José podia fazer o que bem entendesse. José e seu pai não eram próximos quando ele era menor porque María dominava todos os aspectos da vida do garoto.

"Minha mãe dizia que José nunca fazia nada de errado, independente do que ele fizesse", falou Cano. "Ele tinha o comportamento selvagem de crianças abusadas, me disseram os peritos da defesa. Depois que eu lhes contei os detalhes da nossa vida quando pequenos, eles disseram que minha mãe devia abusar de José."

Também houve grande discórdia na família Andersen durante o julgamento. A irmã de Kitty, Joan VanderMolen, se afastou dos irmãos Milton e Brian. Joan acreditava em Erik e Lyle. Os irmãos Andersen, não.

"Não havia como José deixar este segredo destruir sua carreira, e acho que Kitty foi tragada por toda a situação", Joan me contou. "Ela foi tão vítima quanto os outros. Eu não acho que ela teria feito mal aos filhos por nada neste mundo, mas não acho que ela seria capaz de impedir José de fazer o que quer que ele tivesse em mente. Não que aquilo iria acontecer naquela noite, mas eu penso, sinceramente, que alguma coisa aconteceria em algum momento. Nós teríamos um casal de pais em luto, e José teria seguido no mundo em que ele vivia."

VanderMolen disse que Erik e Lyle haviam crescido ouvindo que eram melhores do que todas as outras pessoas.

"Tenho certeza de que, conforme José subiu de escalão, aquele não era o retrato que Kitty havia pintado para si. Era importante para Kitty pensar que outros soubessem que seu lar era feliz. Fico de coração partido por ela pensar assim e não poder fazer nada quanto à situação em que se encontrava. Ela sempre me dizia que tudo estava maravilhoso."

Joan me disse que acreditava que sua irmã, dez anos mais nova, podia ter sofrido abusos quando era menor. Quando Joan tinha 17 anos, ela se casou e saiu de casa. Durante o ano em que Joan ficou fora, Kitty, de uma hora para outra, foi matriculada em um internato. A equipe de defesa acreditava que a mãe de Kitty havia descoberto que algo havia acontecido e decidiram mandá-la embora.

50

PRIVILÉGIO NEGADO: A "FITA DA TERAPIA"

A épica batalha jurídica pelo aceite da fita com a sessão de terapia gravada pelo dr. Jerome Oziel durou três anos e chegou à Suprema Corte da Califórnia. Em agosto de 1992, a corte aceitou as anotações em áudio de duas sessões de Oziel, nas quais dizia que Lyle Menéndez o havia ameaçado — algo que Lyle insistiu que nunca havia acontecido. Porém, após os depoimentos dos irmãos, o juiz Weisberg decidiu que a gravação com Oziel e com os próprios irmãos, de 11 de dezembro de 1989, seria aceita porque Erik e Lyle, ao se pronunciarem no banco das testemunhas, tinham tornado seu estado psicológico uma questão central no julgamento.

Em 22 de novembro de 1993, na atitude que podia ser a mais arriscada a ser tomada no que já era uma estratégia de defesa extremamente agressiva, Leslie Abramson tocou a fita — uma prova que ela havia lutado para excluir do processo. O que não se sabia naquele momento era que o promotor Gerald Chaleff e Jerry Oziel tinham se encontrado em privado por uma hora antes de o toca-fitas rodar. Para contextualizar as coisas, o dr. Jon Conte, testemunha da defesa, atacou Oziel e disse que a gravação não era uma sessão de terapia. "Parece um roteiro", ele depôs.

Na abertura dos 61 minutos de conversa gravada, Oziel guiava a discussão no sentido em que aparentemente queria que a conversa fluísse: "A outra sensação que eu tive é de que vocês se sentiam encurralados...

o que há de errado com sua família é que não havia família", disse Oziel. "Seu pai era como um executor, e seu pai não tinha uma comunicação honesta com sua mãe, e sua mãe tinha pavor de seu pai."

Na fita, Erik e Lyle disseram que mataram a mãe "para 'acabar com o sofrimento dela' e que o pai merecia morrer porque sua infidelidade havia levado todos ao desespero". Havia trechos em que os irmãos se referiam às cartas de suicídio da mãe, e depois Lyle dizendo: "Eu ainda acho que mamãe era uma suicida". Ouve-se Erik chorando durante a gravação.

Oziel perguntou se os irmãos achavam que estavam "poupando a mãe", a qual ele descreveu como "horrivelmente deprimida", um "caco de pessoa" e "digna de compaixão".

"Não tinha jeito, ela nunca ia viver sem meu pai", respondeu Erik.

"Eu fiquei repensando. Quase como se fosse verdade", Lyle disse. "Quase como se eu fosse um instrumento dela para se matar. Foi aí que nós meio que nos sentimos, como o senhor disse antes, que estávamos fazendo um favor pra ela e pra nós. Ao acabar com seu sofrimento."

"Na minha cabeça, ia ser o ponto de virada. Se minha mãe se matasse, eu ia odiar meu pai pelo resto da vida", Erik complementou.

Depois, Lyle disse: "O Erik e eu... nós dividíamos o que estava acontecendo na família. E era óbvio que a situação da minha mãe estava deteriorando. Não queríamos chegar no ponto em que minha mãe ia se matar. E meu pai... sobrou para nós lidarmos com nosso pai. Eu não podia deixar ele sair impune".

Lyle disse a Oziel que os irmãos tinham que tomar uma decisão. Sua vida havia sido um "treinamento" e ele e Erik estavam lutando pela sobrevivência.

Quando Oziel perguntou se dinheiro era uma questão, Lyle respondeu que "não teve grande parte na situação".

"Ele usava dinheiro e poder para controlar vocês... quer dizer, não é isso, não é disso que se trata, de matá-lo?", Oziel perguntou. "Quer dizer, não tinha a ver com o... com a quantidade de controle absoluto e com a brutalidade?"

Erik: Eu não gosto de ouvir essas coisas sobre meu pai.
Oziel: Como você está se sentindo?

Erik: Incomodado.

Oziel: E magoado? Triste? O quê? Quer me contar?

Erik: Bom, eu tinha tirado ele da minha cabeça. Meu pai e minha mãe eram, eram duas pessoas que eu amava, e eu não quero ouvir nada a respeito deles. Não interessa quem eles eram... eu não tinha outra opção. Eu teria escolhido qualquer outra opção.

Erik disse que amava seu pai, mas que ele "não tinha opção de fazer o que eu fiz, e eu me odiei pelo que fiz. E entendo por que foi feito, mas, de algum modo, na minha cabeça, eu não consigo racionalizar, porque [chorando], porque o amor que eu tinha por ele e minha mãe... E ninguém entendeu".

Parecia que Oziel, por várias vezes, estava induzindo os irmãos, que expressaram sentimentos ambíguos durante a gravação:

Erik: Em algum momento teria que acontecer. Estava praticamente arruinando minha vida, e acho que a do Lyle. E ele estava fazendo minha mãe passar por uma tortura, e chegou a um ponto em que, em que, hã, ele era sensacional. Ele fazia coisas maravilhosas por mim e ele, ele ia, eu não entendia por quê. Eu sei que ela me amava.

Oziel confirmou que os irmãos sabiam que haviam sido cortados do testamento do pai antes de 20 de agosto de 1989: "Eu lembro de quando sua mãe ligou e [lhes] disse que seu pai ia deserdá-los, porque ele não gostava de como vocês vinham se comportando e achava que vocês não eram tão respeitosos quanto deveriam".

Erik disse que, depois dos assassinatos, ele e Lyle não haviam conversado muito sobre o que sentiam porque os pais os tinham criado para não dizerem o que sentiam. Eles admitiram um ao outro que estavam deprimidos. "A família inteira trabalha a portas fechadas", disse Lyle.

Oziel pediu a Erik para dizer a Lyle que estava preocupado com ele, mas Erik travou e começou a chorar. "A gente odeia essa coisa de se abraçar, aliás. A gente odeia essa porra", Lyle disse. Ele admitiu que havia chegado "perto do suicídio".

Lyle: O que o Erik e eu fizemos exigiu uma coragem impensável. Muito, muito mais que força. Não tinha como eu tomar uma decisão de matar minha mãe sem o Erik concordar... eu não queria nem influenciar o que ele pensava. Eu só deixei ele pensar por alguns dias... Tinha que ser uma questão pessoal, dele.

Lyle ficou surpreso que os irmãos haviam conseguido executar as mortes.

Lyle: Sinceramente, eu nunca achei que fosse acontecer. Mesmo que eu tivesse pensado nisso. Ah... foi tão rápido e tão, quase foi frio, porque, primeiro, nós, se você parasse pra pensar muito, a sensação de não ter seus pais por perto ia solapar o que era o mais importante. Todas as coisinhas boas que têm numa relação, e eu acho que uma das grandes, das maiores dores que ele tem é que você sente saudade dessas pessoas à sua volta. Eu sinto falta de não ter meu cachorro por perto, se eu puder fazer essa analogia tão grosseira... eu sinto falta de não ter meu pai, e quase fica pior depois que eu descubro, cada vez mais, como ele era um gênio.

Depois que a fita tocou, a defesa reconvocou o dr. Conte, que disse: "A ideia essencial, de que mamãe foi morta por piedade, a mim parece psicologicamente ingênua e não é consistente com nada mais do que foi dito". A falta de qualquer discussão sobre abuso na fita não abalou a crença de Conte de que havia ocorrido abusos na família. "Muitas vítimas de abuso infantil passam anos e anos na terapia e nunca revelam os abusos", ele disse.

Mais tarde, Abramson pediu para a dra. Ann Burgess analisar a fita fala por fala. Burgess citou Lyle: "Meu pai tinha que ser morto. Não há dúvida... é impossível eu viver com ele... com base no que ele vem fazendo com minha mãe".

"É uma metáfora para o irmão", Burgess disse. Ela achou que Oziel foi "manipulador e controlador". Ela falou que havia um padrão em que Lyle repetia as palavras de Oziel, que continuamente "introduzia suas próprias teorias".

Depois do tribunal, Leslie Abramson tentou dar uma maquiada naquele dia de audiência. "Não se fala do dinheiro. Não se fala do filme *BBC*. Não se fala de planos perfeitos. Fala-se de uma família muito maluca, problemática e é, na minha opinião, claramente orquestrada pelo Grande Satã", cunhando um novo apelido para Jerry Oziel. "No fim das contas, não faz sentido nenhum."

O *Los Angeles Times* comentou na sua matéria de capa que, na fita, "os irmãos nunca falaram em abuso sexual ou legítima defesa — no momento, as bases de sua defesa contra as acusações de homicídio".

"Eu acho que a fita fala por si", disse Pam Bozanich.

51

O DRAMALHÃO DE JUDALON SMYTH

O esperado depoimento de Judalon Smyth foi adiado mais uma vez quando a mãe biológica do bebê que seria adotado por Leslie Abramson e o marido, o jornalista do *Los Angeles Times* Tim Rutten, entrou em trabalho de parto. Aidan Connor Rutten, um menino de 3,3 quilos, loiro e de olhos azuis, nasceu em um hospital de Los Angeles. O tribunal entrou em recesso por vários dias.

Judalon Smyth, cujo espírito tinha rondado o julgamento durante uma semana tensa três meses antes, finalmente subiu ao banco das testemunhas em pessoa em uma manhã de sexta-feira, em novembro de 1993.

Não havia como fugir, a coisa ia ser feia. Como testemunha da defesa, Judalon Smyth tinha só um propósito: destruir a credibilidade do dr. Jerome Oziel. Se a acusação queria tirar algum valor do depoimento de Oziel, eles teriam que convencer o júri de que Judalon Smyth era uma desmiolada vingativa.

Munido de contas de telefone e fitas cassete, o advogado de defesa Michael Burt começou conduzindo Smyth pela sua versão do caso com o terapeuta: Oziel correu atrás dela, telefonava para ela todas as horas do dia e da noite e explorava a vulnerabilidade da amante.

"Nosso relacionamento ficava de vaivém entre terapia e eu ser a pessoa ideal para ele em termos românticos", ela declarou. "Eu disse que queria casar e ter filhos. Oziel disse que eu precisava de terapia individual... ele cobrava 160 dólares por 45 minutos de sessão. Eu disse que não cabia no meu orçamento."

Smyth riu de um jeito que sugeria que eles tinham encontrado uma maneira de resolver os honorários. Ela disse que "nossa relação paciente-terapeuta" começou em junho de 1989 e continuou até "eu fugir" em 4 de março de 1990. "A terapia às vezes acontecia no consultório e em outras ele ia na minha casa", explicou. "Oficialmente, eu não era paciente."

Além de misturar a relação terapêutica com a sexual, segundo o depoimento de Smyth, Oziel também violava o sigilo de outros pacientes de maneira quase informal, entretendo-a com histórias de suas consultas.

Tendo isso como plataforma, Burt tentou antecipar um dos riscos de Smyth — o fato de que, em fins de outubro de 1989, eles haviam feito uma viagem de fim semana juntos para o Arizona. Ele sabia que a reação dela não seria o elemento mais convincente do depoimento, mas não havia sentido em deixar a promotoria explorar essa parte.

"Por que a senhora foi ao Arizona com ele se haviam rompido o relacionamento?", Burt perguntou.

"Porque, no sábado, quando eu desliguei o telefone e não queria falar com ele nem ir para o Arizona, ele correu na minha loja e acabou comigo, e eu acabei indo pro Arizona..."

Porém, mais uma vez, disse Smyth, ela disse a Oziel que eles haviam terminado. "Ele não acreditou", Smyth atestou. "Ele riu muito, e fez a manipulação que ele faz... tentando me manter no relacionamento."

E então, em 30 de outubro, Erik Menéndez ligou para marcar a consulta fatídica. Mais uma vez, Smyth foi atraída de volta. "Ele me pediu para ir lá e ficar com ele; era, tipo, uma última coisa que eu podia fazer; e, se eu fizesse isso, ia mostrar que tudo que ele tinha feito por mim não tinha sido por nada; que, sabe, se fizesse aquilo, eu ia mostrar que eu tinha aprendido alguma coisa."

Burt concentrou-se em dois elementos da história de Smyth das sessões de 31 de outubro e 2 de novembro, detalhadas posteriormente nas anotações em áudio de Oziel. (Foi a única informação de terapia que a Suprema Corte da Califórnia considerou admissível, por causa das ameaças que os irmãos supostamente fizeram.)

A primeira foi direta: Oziel mentiu quando disse que não havia violado o sigilo dos irmãos até depois de ser supostamente ameaçado. Smyth afirmou, com detalhes convincentes, que ela estivera presente na primeira sessão, incentivada por Oziel a participar mesmo antes de se fazer qualquer confissão. A prova mais convincente para corroborar o depoimento de Smyth, estranhamente, era um pedaço de papel com anotações misteriosas. Na letra de Smyth, lia-se as palavras "eu busco" e "O estacionamento fecha que horas?". Na letra de Oziel, rabiscada na parte de baixo, havia vários números de telefone e as palavras "Jim e Judy".

Smyth explicou o bilhete da seguinte maneira: Depois que os meninos saíram, Oziel ligou para sua esposa para lhe dizer para tirar as filhas de casa. "Ele disse a ela que ia se mudar para minha casa e que ela devia preparar uma mala pra ele... Ele ficou dizendo que ou ele ia buscar a mala ou eu ia buscar a mala... E, quando ele disse isso, eu vi como uma oportunidade de sair de lá, então eu escrevi: 'Eu busco'... Por volta das 22 horas, lembrei que tinha deixado meu carro no estacionamento perto do consultório... Ele estava no telefone, e eu não podia lhe perguntar verbalmente [se o estacionamento fechava]. Então eu escrevi; e, de fato, o estacionamento havia fechado às 22 horas, e meu carro ficou lá até o dia seguinte."

"Jim e Judy" foi o que Oziel havia rabiscado quando estava conversando com a esposa — os nomes de amigos com os quais ele ficaria, junto a seus números. Os outros números eram de Erik e Lyle. A complexidade no depoimento de Smyth e a estranha minúcia no pedaço de papel se combinavam para criar uma forte sensação de realidade, com a qual qualquer jurado podia se identificar.

Mas, se o primeiro aspecto do depoimento de Smyth se deu em solo relativamente firme, o segundo entrou em território pantanoso. A defesa tinha que neutralizar, de algum modo, as bombas-relógio que eram os depoimentos de Smyth à polícia, nos quais ela jurava que ouvira pessoalmente os irmãos admitirem alguns dos elementos mais sangue-frio do planejamento dos assassinatos e de ameaçar Oziel. Burt e Abramson passaram pela situação constrangedora de colocar no banco uma testemunha cujas afirmações anteriores, proferidas sob pena de falso testemunho, ajudavam a provar a argumentação da promotoria contra seus clientes.

Sob a inquirição de Burt, Smyth estava dizendo que conseguia entender muito pouco do que os irmãos haviam dito em duas sessões. Ela disse que tinha ouvido Lyle furioso, repreendendo Erik por ter confessado, mas ela não o tinha ouvido ameaçar Oziel, nem diretamente nem por inferência. A única "ameaça" que ela havia entreouvido, segundo seu depoimento, era Lyle dizendo: "Boa sorte, dr. Oziel". Oziel afirmava que a frase havia sido proferida de forma ameaçadora, mas Smyth atestou que o comentário foi feito sem qualquer inflexão verbal, e que ela não via motivo para interpretar o comentário como ameaça até que Oziel "me disse que eu não sabia o que era uma ameaça".

Tudo isso entrava em conflito com o que ela dissera à polícia três anos antes. A explicação de Smyth para a discrepância foi dupla: primeiro, ela havia contado à polícia que, para fins de conveniência, iria apenas combinar o que ela mesma ouvira e o que Oziel havia lhe contado sobre a parte das sessões que ela não ouvira; e segundo, na época em que ela deu suas declarações à polícia, ela ainda estava sendo "programada" por Oziel, e não havia conseguido distinguir entre aquilo pelo que havia passado de fato e o que Oziel a havia programado a lembrar. Agora, graças à desprogramação, tinha sua memória "real" de volta.

Em outras jurisdições, é possível que advogados de defesa teriam afastado a ideia de deixar uma testemunha com esse tipo de depoimento sequer chegar perto da tribuna. Mas estávamos no sul da Califórnia no início dos anos 1990, e a questão do controle mental e de "programação neurolinguística" ganhava público. Além disso, a defesa deve ter concluído, razoavelmente, que quanto mais enojados os jurados ficassem com toda a saga bizarra de Judalon e Jerry, mais eles iriam querer expurgar todo o épico — incluindo as confissões — de suas mentes.

Nesse meio-tempo, Burt buscou desenvolver a teoria da defesa, apresentada durante o Suplício Oziel, que o médico havia forjado, friamente, seu relato das confissões — ou ao menos os elementos condenatórios — com a finalidade de controlar as mulheres de sua vida e extorquir dinheiro dos herdeiros da fortuna dos Menéndez.

"Suas mãos estavam tremendo durante aquele período em que a senhora esteve no consultório com o dr. Oziel?", Burt perguntou a Smyth.

"Sim", ela respondeu. "Ele comentou que minhas mãos estavam frias e tremendo. E depois ele disse que, quando suas mãos ficam frias, que isso sugere estresse. E aí ficou falando de como as mãos dele não estavam... 'Sinta como elas estão quentes. Viu? Não há outro homem que você conheça que poderia lidar tão bem com isso. Eu estou incomodado? Estou preocupado?' E ele ficou só, tipo, ah, nossa, ele é o grande protetor."

"E, depois", Burt prosseguiu, para ficar bem claro, "quando a senhora fez um interrogatório gravado em fita com ele a pedido da Polícia de Beverly Hills, a senhora lhe disse: 'Não acho que você esteja com medo dos garotos'... E ele disse à senhora, na fita: 'Acho que não tenho medo de ninguém'."

Smyth viria a depor que, no Dia das Bruxas de 1989, depois que Erik confessou e Oziel afirmou que temia pela própria vida, ele não parecia amedrontado, apenas ansioso para "assumir o controle" dos irmãos.

"Ele afirmava que, se conseguisse ver os irmãos mais uma vez, ia conseguir controlar os dois."

Às 17h, o tribunal entrou em recesso para o fim de semana. Judalon pegou o elevador para descer e assistir aos telejornalistas fazerem suas análises, decompondo seu depoimento para todo o país na televisão. Já estava escuro naquela noite de meados de novembro, mas, ao brilho fosforescente do tribunal, Judalon Smyth vestia óculos escuros da grife Laura Biagiotti. Era a cara de Hollywood.

Na segunda-feira de manhã, Smyth subiu ao banco e Burt começou de onde havia parado: a questão do controle.

Smyth disse que, depois da sessão de 2 de novembro com os dois irmãos, Oziel lhe falou que estava alcançando o controle que ele queria, mas, para ter certeza de que estava no controle, ele ainda achava que precisava de uma fita em que os dois confessassem de fato os detalhes do assassinato.

Burt então tocou a fita que Smyth havia gravado em segredo de sua conversa com Oziel na qual ele fez o comentário: "Tem 14 milhões de dólares na jogada".

Na fita, Smyth responde: "E daí?".

Quando Oziel diz: "Imagine só".

Então o tópico do depoimento passou de sinistro para surreal quando Burt perguntou: "O dr. Oziel tentou, de alguma maneira, hipnotizá-la?".

"Sim. Na verdade, eu não tinha ciência do nível do que ele estava fazendo comigo até usar a escuta, porque, durante aquele momento, quando ele diz 'espinhos', eu sofri um apagamento. E quando o detetive Zoeller voltou à delegacia, ele me ligou e perguntou o que significava 'espinhos'."

A palavra havia sido implantada na mente dela, pós-hipnoticamente, por Oziel na tentativa de controlar o raciocínio de Smyth, ela disse. Sempre que Oziel queria que Smyth fizesse o que ele queria, o psicólogo repetia a palavra "espinhos". Era uma ideia insana, e um pouco arriscada, do ponto de vista estratégico, sugerir ao júri que a testemunha da defesa era como um zumbi sendo controlado por ordens de uma palavra só — o que trazia à mente o filme *Sob o domínio do mal,* de algumas décadas antes.

O relacionamento absurdamente emaranhado de Judalon com Oziel não ajudou na questão. Ela declarou que, apesar de tentar se afastar dele, mudou-se para a casa do psicólogo em dezembro de 1989 porque estava com medo de Lyle e de Erik. "Eu fiquei na casa de Oziel até março de 1990, quando fugi... não foi romântico, não teve sexo... Laurel [Oziel] e eu éramos boas amigas."

Naquele momento, dois jurados de Erik sorriram e se olharam. Aquela história era estranha até na Califórnia.

Na terça-feira de manhã, a defesa apresentou os registros de faturamento de Oziel, sugerindo que, depois das confissões, ele havia cobrado dos irmãos milhares de dólares por sessões de terapia, sendo que em muitas delas eles nem poderiam ter comparecido. Smyth declarou que tinha ouvido Oziel no telefone com Lyle, dizendo que ainda não havia recebido pagamento nenhum dos irmãos e queria algo em torno de 7 mil dólares. "Ele estava fazendo pressão", disse Smyth.

Burt referiu-se àquilo como um "plano no qual o dr. Oziel marcava consultas falsas... e cobrava-os por essas consultas".

Smyth falou que Oziel lhe disse que contava aos irmãos que o plano falso de consultas era "para o bem deles", para que houvesse a aparência de que eles estavam em terapia.

Tendo feito o possível em uma situação difícil, a defesa deixou Smyth para a promotoria. Pam Bozanich não perdeu tempo para chegar às informações dramaticamente conflitantes no depoimento da mulher. Smyth havia se contradito não apenas nas afirmações sob juramento, mas também em suas entrevistas em rede nacional no *Primetime Live*. Smyth reafirmou com veemência sua linha de defesa: Oziel tinha lhe feito uma lavagem cerebral.

A procuradoria tinha uma teoria própria: "Senhorita Smyth, seria justo dizer que, quando a senhorita foi à polícia no dia 5 de março de 1990, sua motivação primária era que o dr. Oziel fosse processado?".

Smyth nem hesitou. "Correto. Foi ele quem cometeu crimes contra mim, não Lyle nem Erik Menéndez."

Smyth admitiu de livre e espontânea vontade que ficou indignada com a maneira como suas reclamações contra Oziel foram recebidas, que ficou especificamente furiosa com a promotoria do distrito de Los Angeles, e chegou a comprometer a própria Bozanich como coparticipante contra sua vontade de ver Oziel preso e julgado por — entre outros crimes — sequestro e estupro. A teoria de Smyth era de que os promotores estavam tão decididos a fazer de Oziel uma testemunha efetiva contra Erik e Lyle que não tinham interesse em entrar com queixas que pudessem minar sua credibilidade.

Judalon Smyth insistiu repetidamente que acreditava que Oziel a queria morta, e ofereceu essa convicção — e não um anseio de notoriedade — como motivo para vir a público com sua história. "Eu queria que fosse de conhecimento público que Oziel tentou me matar, para que, quando eu aparecesse morta, eles soubessem onde procurar."

"E, quando a senhorita o processou, pedindo dinheiro, também estava procurando proteção?", perguntou Bozanich.

"Eu não tinha interesse no dinheiro. Quem tem interesse no dinheiro são os advogados, sempre", Smyth retrucou. "Eu tinha interesse em provar que estava contando a verdade, que o dr. Oziel era um mentiroso, e que eu havia sido vítima no sentido mais terrível, que tinham cometido atos criminosos contra mim aos quais ninguém estava prestando atenção."

Quando Bozanich perguntou se Smyth ainda tinha medo de que Oziel tentaria assassiná-la, ela respondeu: "Eu acredito, sim, que ele pretende me matar. Eu estava muito preocupada em vir a este tribunal, porque ele saberia que eu estou aqui... eu abdiquei do meu direito ao voto para me proteger, para que Oziel não me encontre. Você não sabe do ponto a que eu cheguei para...".

Apesar das reações ásperas e enfáticas que estava suscitando, Bozanich não demonstrou sinais de desconforto. Ela estava ganhando exatamente o que queria: a causticidade ebuliente, à flor da pele, de — como a promotora demonstraria a seguir ao júri — uma mulher rejeitada.

"Era sua vontade, não era, desabonar o dr. Oziel com seu depoimento?", Bozanich perguntou.

"É a minha vontade", respondeu Smyth, de cabeça erguida, "esclarecer a situação e dizer a verdade."

"Tudo bem. Então, quando a senhorita contou ao juiz Albracht [em uma audiência fechada em 1990] que ouviu estas ameaças, quando a senhorita assinou suas declarações de que ouviu estas ameaças, não era sua vontade contar a verdade?"

Bozanich passou a esmurrar as vontades de Smyth — especialmente a de se vingar de Oziel — até que o juiz foi levado a dar um basta: "É evidente que ela não gosta do dr. Oziel. A senhora não precisa provar mais do que já provou".

Mas Bozanich ainda queria provar *por que* Smyth não gostava de Oziel: "Srta. Smyth, não é verdade que o motivo pelo qual a senhorita está dizendo o que diz sobre o dr. Oziel é porque foi apaixonada por ele, ele era casado, e não queria divorciar-se da esposa para casar com a senhorita?".

Depois do traçado tortuoso de um relacionamento infernal, havia algo quase aconchegante naquela fórmula simples: finalmente, um terreno mental familiar, uma motivação tão antiga quanto um homem e uma mulher.

"Não", Smyth ribombou. "Isto não é verdade."

"Mas a senhorita já quis se casar com o dr. Oziel?"

Era o contrário, Smyth disse. "O dr. Oziel queria casar comigo, não eu com ele."

"Mas a senhorita queria ter filhos, e sugeriu à polícia..."

"Eu não queria filhos com a fuça do dr. Oziel."

O tribunal, tenso havia três dias, se desfez em risadas.

52

NÃO FAÇAM VISTA GROSSA PARA A DOR

"Odeio dizer que acabou, mas acho que é isso", Leslie Abramson disse na tribuna. Eram 17h20 da sexta-feira, 3 de dezembro de 1993. Eles haviam recebido 101 testemunhas e ouvido 405 exposições durante 85 dias de deposição, para a avaliação dos dois júris. Foram vinte semanas, do verão quase até o início do inverno.

Então, em frente ao fórum, foi a hora de cada lado maquiar o caso do seu jeito. "Estamos sem falar do crime em si há muito tempo", disse Pam Bozanich. "Creio que poderíamos destacar que há dois cadáveres neste caso. Talvez isto faça parte da nossa argumentação."

Depois, Abramson: "Para um processo com um tema simples, que é o porquê destes meninos terem assassinado os pais, há uma quantidade tremenda de provas muito emaranhadas, de certo modo até mais emaranhadas do que deviam". Mas havia chegado a hora de "voltar ao quadro geral, que é responder esta pergunta: Por quê? E meu otimismo me levar a crer que já apresentamos a resposta a essa pergunta. Agora, se o júri vai ou não aceitar a resposta, eu não sei".

A terça-feira, 7 de dezembro, não foi uma noite para dormir. A manhã seguinte, tanto quanto a semana que se seguiu no clarão das câmeras de TV, viriam a definir os advogados de ambos os lados e decidir se seus clientes eram assassinos por ganância ou vítimas que temiam pelas próprias vidas. Mas ainda havia algumas horas de tensão antes das últimas apresentações, e ainda havia trabalho a fazer.

A promotora Pam Bozanich estava no telefone com seu pai. Ainda carregando a intensidade emocional dos últimos dias de depoimentos da defesa, ela resolveu injetar emoções pessoais. Poucos fora de sua família, e com certeza nenhum dos jurados dos Menéndez, sabia que o pai de Bozanich havia sofrido abusos do pai dele quando criança, e ainda assim se tornara um cidadão produtivo, um pai amável e carinhoso que nunca sequer deu palmadas na filha. Com a permissão dele, ela usaria essa informação, desenvolvendo a narrativa aos poucos, mas só revelando seu relacionamento com a criança abusada instantes antes de se sentar. Aquilo podia tocar os jurados de uma maneira que uma mera represália para as provas não conseguia, e mostrar que abusos não são desculpas para homicídio. Parecia o caminho certo.

Quem não ia querer vencer o maior processo de sua carreira? Mas era mais do que isso. Ela acreditava, sinceramente, que "os meninos" haviam tramado a narrativa do abuso para criar balbúrdia e solidariedade entre os jurados, enquanto a família *dela* havia passado pela mesma situação. E, sendo mulher, ela teria identificação especial com Kitty Menéndez, uma vítima de todos os homens da família Menéndez. Alguém tinha que falar por Kitty Menéndez.

A cinquenta quilômetros dali, em Cheviot Hills, perto dos estúdios da 20th Century Fox, a advogada de defesa Jill Lansing colocou sua filha mais nova na cama e ficou andando de um lado para o outro. Havia frescor no vento noturno, mas o céu estava limpo, com estrelas à vista. Lyle havia cumprido sua parte: ele havia se exposto ao júri, revelando segredos guardados por anos em uma tentativa desesperada de salvar sua vida e a do irmão.

Ela disse a si: Bom, os fatos estão na mesa. Um júri não seria *tão* influenciado pela argumentação. Ainda assim, era sua última chance de ressaltar o que, a seu ver, era a grande questão: Os garotos agiram por medo? Em caso positivo, havia uma chance de condenação por homicídio ou de um impasse — quem sabe, de absolvição.

Por que, ela se perguntou, ela se importava tanto com esses dois jovens? Por que ela sentia pena dos dois? Talvez porque fosse mãe, e imaginar que cometessem algo de tão doloroso contra uma criança, qualquer criança, era doloroso.

De sua cela individual no fundo da cadeia da Bauchet Street, perto da zona mais degradada do centro de Los Angeles, Lyle Menéndez não enxergava estrelas nem sorvia o ar noturno. Quando ele tirava os olhos de seu beliche, só via barras, o teto e luzes que nunca apagavam. Quando ele fechava os olhos, não havia tranquilidade nas trevas — apenas o barulho constante da cadeia lotada, a luz entrando pelas suas pálpebras, e imagens que se alternavam entre seu pai furioso, as veias no seu pescoço saltando, e a cena do crime empapada de sangue, onde tudo estava em silêncio à exceção do televisor que exibia *Os Dez Mandamentos* de Cecil B. DeMille. Ele estava com medo por causa das consequências que encarava. E ele se sentia tanto exposto quanto aliviado. Estava quase no fim.

Na manhã seguinte, Pam Bozanich entrou com toda confiança no tribunal. No mural, ela pregou uma única fotografia, o Documento nº 7, a foto da cena do crime encharcada de sangue que mostrava José esparramado no sofá, morto, e Kitty, também morta, no chão.

Lyle Menéndez, vestindo um blusão verde de gola redonda sobre uma camiseta branca engomada, foi trazido da cela. Ele não olhou para a foto. Então o júri "de ouro", o comitê que ia decidir o destino de Lyle, foi convocado.

Olhando reto do pódio para os jurados, Bozanich iniciou sua argumentação final com uma postura discreta que substituiu a estridência usual. "Este julgamento foi muito longo, e vou cometer erros ao repassar as provas com os senhores e as senhoras", ela lhes disse.

Desde que a promotoria havia encerrado a instrução principal, dezessete semanas antes, a defesa havia transformado o processo em "tudo, menos um julgamento por homicídio. Mas a prova no mural é o motivo pelo qual estamos aqui", disse Bozanich. "Não estamos aqui para discutir se o dr. Oziel devia ou não ser processado por Judalon

Smyth por pensão alimentícia. Não estamos aqui para processar o senhor e a senhora Menéndez por serem péssimos pais. Não estamos aqui para julgar José Menéndez por, supostamente, abusar de crianças — ele não foi condenado, apenas supõe-se que isto aconteceu. E não estamos aqui para julgar a negligência profissional do dr. Oziel."

Ela conduziu o júri por quatro possibilidades de condenação: homicídio por dolo direto, homicídio por dolo eventual, homicídio privilegiado e homicídio culposo.* Ela explicou as diferenças, lembrando a todos que "não existe teoria que possa levá-los a inocentar o réu. Não há teoria jurídica em que os senhores e as senhoras possam considerar Lyle Menéndez inocente... A única teoria que o Estado vai exigir dos senhores e das senhoras é: homicídio premeditado, a sangue-frio e calculista".

A defesa, ela disse, iria argumentar que não houve premeditação. Depois ela citou as instruções iminentes ao júri: "A prova genuína está não na duração do tempo, mas sim na extensão do reflexo de um juízo frio e calculista. Pode-se chegar à decisão em pouco tempo".

Ela se referia à fita de 11 de dezembro, na qual "ouve-se Lyle Menéndez, sem condução do dr. Oziel, falando de planejar e de planos de assassinato. E ele fala que deu ao irmão algumas noites para pensar na decisão de matar a mãe. Está implícito aí que houve uma decisão de matar a mãe a que se chegou de forma fria e consciente.

"Agora, o que a defesa quer que os senhores e as senhoras façam é condenar os clientes deles por homicídio privilegiado ou, melhor ainda, por homicídio culposo, baseado apenas nesta instrução em particular, que diz: 'A pessoa que mata outra pessoa por convicção sincera, mas infundada' — e tenham em mente que a convicção deve ser sincera — 'pela necessidade de defender-se de perigo iminente'

* No original, respectivamente, *first-degree murder, second-degree murder, voluntary manslaughter* e *involuntary manslaughter.* As possibilidades estão organizadas conforme a severidade da pena, da maior à menor. Nem todos estes tipos de homicídio têm correspondentes exatos no Direito Penal brasileiro. Segundo a legislação pertinente ao caso em questão: tem-se um homicídio por dolo direto (*first-degree murder*) quando o autor tem intenção clara de matar, há premeditação e pode haver agravantes como crueldade; nos homicídios por dolo eventual (*second-degree murder*), o autor tem intenção de matar ou assume o risco do resultado morte, mas sem premeditação; nos casos de homicídio privilegiado (*voluntary manslaughter*), tal como no Brasil, o atenuante da intenção de matar é a violenta emoção provocada por uma circunstância imediata; por fim, o homicídio culposo (*involuntary manslaughter*) é a situação em que o autor não tem intenção de matar, mas mata em situação de negligência, imprudência ou imperícia. Os termos em português serão usados deste ponto em diante neste livro.

— tenham em mente a palavra 'iminente' — 'à vida ou a grande prejuízo corporal, mata ilegitimamente, mas não carrega dolo de matar e, assim, portanto, não é culpada de assassinato'".

Os irmãos compraram duas espingardas Mossberg em San Diego em uma sexta-feira; no sábado, acumularam munições de diversas lojas; e, no domingo, chamaram um amigo para combinar um encontro na noite planejada para os homicídios, disse a promotora. Eles não mataram só pelo dinheiro, explicou Bozanich.

"O que eles queriam era o estilo de vida. Eles queriam liberdade, e eles queriam se ver livres da ideia de que os pais poderiam deserdá-los. A promotoria não pode provar motivação, apenas que foi um homicídio premeditado e não um homicídio por violenta emoção ou com esta 'convicção sincera, mas infundada'. Tudo certo até aqui?"

Quanto aos parentes que haviam deposto em nome da defesa, "eles tinham motivações próprias: 'Bom, não temos como trazê-los de volta, então vamos salvar os filhos'". Se as casas dos Menéndez eram locais de tanto terror, perguntou a promotora, por que esses parentes mandavam os filhos passarem semanas ou meses lá?

De José e Kitty Menéndez, ela disse: "É óbvio que eram pessoas imperfeitas. Elas amavam os filhos, mas forçavam os filhos, talvez forçassem... bom, creio que seja óbvio que forçaram os filhos além da conta, pois os filhos os assassinaram".

Se, como a defesa afirmou, os réus estavam agindo em função de medo e pavor e quase no piloto automático, ela perguntou, como que eles tiveram presença de espírito para cumprir o que queriam? Com a polícia de olho, como eles tiveram a frieza de recolher os cartuchos usados e guardá-los no carro? "A defesa vai argumentar", disse, "que as atitudes dos dois provam que a convicção de que iam ser mortos era genuína; o Estado diz que o que foi genuíno foi a atuação dos dois."

Lyle Menéndez, jogado em sua cadeira, demonstrou pouca emoção, vez por outra inclinando-se para sua advogada para cochichar: "Mentira".

Mas e se os irmãos fossem vítimas de abuso sexual?, Bozanich perguntou. Um crime horrendo, sim, ela reconhecia. Mas, mesmo "se você acreditar no abuso sexual, isto não significa que os réus não são culpados de homicídio, porque são duas coisas à parte. O abuso sexual neste processo, acreditem os senhores e as senhoras ou não, foi desmentido pelos dois réus como motivo para assassinar os pais. E é a posição do Estado que o abuso sexual se apresenta para prejudicar a imagem dos pais a ponto de vocês não se importarem com as mortes." Ela complementou: "Na Califórnia, não executamos quem abusa de crianças".

Ela pediu aos jurados para imaginar — olhando a foto da cena repugnante do homicídio — como seria o cheiro e a sensação daquela sala escura. Ela disse que a defesa trouxe testemunhas "para os senhores e as senhoras perderem a noção das provas... a defesa não quer que os senhores e as senhoras lembrem disso... Eu trouxe aqui apenas um documento porque este processo não é complicado. O que aconteceu foi isto. Estas duas pessoas estavam sentadas, assistindo televisão, e foram massacradas pelos filhos... Esta foto é tudo de que os senhores e as senhoras precisam".

Ela taxou os peritos em abuso infantil da defesa de "manipuladores", habilitados em "análise acadêmica em suas torres de marfim" e "psicologia barata". O Estado, ela disse, optou por não "enaltecer" estas afirmações convocando seus próprios peritos em abuso infantil. Os peritos da defesa "tentam convencer os jurados que, como cidadãos comuns, os senhores e as senhoras não têm como entender as provas".

Ela martelou que a fronteira entre péssimos pais e abuso psicológico era tênue, e que nenhum destes casos justificava um homicídio. "Neste estado, não executamos as pessoas por serem péssimos pais."

A promotoria havia provado que Lyle Menéndez mentiu repetidamente a todos, antes e depois de ser preso, ela disse. "O que faz os senhores e senhoras pensarem [que ele] ia parar de mentir agora... para não ser condenado?"

Ela lembrou aos jurados da profusão de tiros, dos quinze ou mais ferimentos, da arma recarregada e do último tiro em Kitty Menéndez: "Agora, lembrem-se de Lyle Menéndez quando ele disse — e tenho certeza de que agora se arrepende — 'Minha mãe estava se esgueirando'. A mulher levou um tiro nas costas".

A promotora concluiu com o seguinte: "[Lyle Menéndez] é culpado de duas acusações de homicídio por dolo direto. Ele é culpado de conspirar com o irmão o cometimento destes dois homicídios e é culpado de matar duas pessoas em homicídio por dolo direto e é culpado de armar uma emboscada e de pegar seus pais de surpresa para cumprir seus objetivos. Muito obrigada".

• • •

"Estive à frente dos senhores e das senhoras meses atrás e eu lhes disse, da primeira vez que foi dito em público pela equipe de defesa de Lyle Menéndez, que Lyle Menéndez havia assassinado os pais e que os assassinou por medo e após uma vida inteira de abusos... Eu não tenho ideia de como os senhores e as senhoras entendem este processo agora." A fala de Jill Lansing era tão suave que os jurados se inclinaram para escutar.

"Eu disse no início que a única pergunta aos senhores e às senhoras seria: por quê? E embora a sra. Bozanich tenha sugerido, de forma correta, que não cabe à promotoria provar motivação, ela encontra-se aqui no seguinte nível: os senhores e as senhoras precisam decidir o que se passava nas mentes de Erik e Lyle Menéndez naquela noite antes que decidam que tipo de crime foi cometido."

Foi legítima defesa, ela disse, embora não no sentido mais puro. "A melhor opção a que se pode chegar neste caso, da nossa perspectiva, é um homicídio culposo ou privilegiado, porque é um assassinato despropositado, mas de boa-fé... É nossa posição que Erik e Lyle Menéndez, em 20 de agosto de 1989, por motivos que talvez não façam sentido para as experiências de vida dos senhores e das senhoras, mas que fizeram sentido a eles, tinham convicção de que seus pais iam assassiná-los.

"É verdade que não estamos em um julgamento dos pais. Mas é essencial que os senhores e as senhoras entendam o mundo em que eles viviam. E era um mundo controlado exclusivamente pelos pais. Era um mundo criado pelos pais. E é um mundo que os senhores e as senhoras precisam entender antes que possam avaliar se pequenos gestos e palavras, aqui e ali, podiam levá-los a acreditar que estavam prestes a ser mortos."

Ela pediu aos jurados para não penalizar os irmãos por terem nascido em uma família rica. Os assassinatos não foram motivados por ganância, nem ódio, nem pelo desejo de se livrar do controle parental, nem por uma postura de vigilantismo.

Tampouco foram planejados: "Se a pessoa planeja matar alguém, faz sentido fazer aqui, desse modo, nesse momento?".

A maior parte da argumentação da promotoria estava sujeita a duas interpretações, disse Lansing, lembrando aos jurados que, em uma situação como esta, a lei exigia deles adotar a que apontasse inocência.

Os irmãos estavam combinando uma saída com amigos ou armando um álibi? Eles haviam ido para a proa do barco por medo ou para incubar um plano de assassinato? As queixas de Lyle quanto a dores de cabeça e de barriga eram um estratagema para não ir à escola, ou corroboravam abusos?

Reconhecia-se que "Lyle Menéndez mentiu a muita gente sobre muita coisa antes de chegar neste tribunal; mas, aqui, ele não mentiu aos senhores e às senhoras", ela insistiu.

Lansing reiterou o depoimento dos peritos em abusos infantis sobre os efeitos de curto prazo do abuso sexual — urinar na cama, agressividade sexual com pouca idade, nervosismo e depressão — e efeitos de longo prazo como hipervigilância, medo, pânico e depressão em reação ao estresse. Lyle Menéndez passou por todos, e muito.

Ela lembrou ao júri de como era crescer sendo um Menéndez: as lições de José para minar a autoconfiança, as brigas, os hematomas depois das surras de cinto, os questionamentos no jantar, a humilhação, a tensão, as sessões privadas de abuso entre pai e filho, os treinos de tênis que levavam um dia inteiro... "Kitty provocava tanto medo quanto José. Ela não era uma vítima mansa, surrada". E ela defendeu a "analogia grosseira" de Lyle, entre sentir falta do cachorro e do pai: Sim, o que ele disse foi inadequado, "mas é muito interessante que ele tenha crescido com um cachorro, que ele amava, mas era cruel".

Ela não estava pedindo aos jurados para dizerem que "o que eles fizeram foi certo ou sequer... sensato. Mas, se eles tinham pavor genuíno, então o crime que cometeram foi de homicídio privilegiado ou culposo. E, se eles entraram naquela sala com intenção de matar, é privilegiado; se eles entraram, em pânico, e começaram a disparar sem o estado de espírito necessário, sem intenção, então trata-se de um homicídio culposo".

A voz de Lansing estava ficando rouca, mas ela continuou.

Para Lyle e Erik, os fatos das últimas semanas de vida de José e Kitty Menéndez pareciam carregados de conotações sinistras, ela disse, comentando que as instruções do júri preveem que, se alguém é violento, você tem expectativa de violência, e, se alguém o ameaça, você pode agir contra a pessoa antes do que você agiria com alguém que nunca o ameaçou. Em uma casa onde ameaça e violência eram lugar-comum, um duelo ruidoso sobre os abusos, ordens repentinas para não sair de casa e uma mudança de horário em uma pescaria já agendada sinalizavam a iminência de uma desgraça. Os irmãos falaram em fugir, mas concluíram que não daria certo.

"Eles acreditavam que a decisão havia sido tomada. Talvez vocês não chegassem à mesma conclusão." Então, no domingo à noite, quando José saiu da sala, puxou Kitty e fechou a porta, eles se convenceram.

Foi apenas enquanto aguardavam a polícia, esperando pelo que lhes pareceu muito tempo, que eles começaram a pensar: "Talvez não tenhamos que nos entregar".

Enquanto a advogada encerrava sua apresentação, mal se ouvia sua voz entre o zumbido das lâmpadas fluorescentes.

"É nossa posição que, após uma vida de terror, estas crianças estavam com medo; após uma vida de ameaças, estas crianças sentiam-se ameaçadas; após uma vida em um mundo tomado de incerteza, no qual você sobrevivia a partir da sua capacidade de entender pequenas pistas, eles viram estas pistas e entenderam errado... Pode ser difícil para os senhores e as senhoras crerem que esses pais matariam os filhos; talvez não seja difícil. Mas é tão difícil entender como esses filhos acreditavam que os pais iam matá-los? Às vezes é difícil ver a dor, e fazemos vista grossa. Fechamos os olhos no cinema. Não lemos o jornal. Não assistimos às notícias.

"Agora peço aos senhores e às senhoras para não desviar os olhos, para ver a dor como ela é e o que ela fez com Lyle Menéndez. Eu peço que entreguem o veredito de culpados de homicídio culposo."

Na manhã seguinte, Pam Bozanich compartilhou o segredo que não a deixou dormir.

"Agora vou lhes contar uma história", ela começou com a voz baixa. "A história de um homem que eu conheço. E este homem cresceu em um ambiente abusivo... em uma casa na qual o pai o espancava com frequência, também espancava a mãe dele... Quando esse jovem completou 17 anos... ele fugiu."

A defesa protestou. Foi indeferida.

Bozanich prosseguiu. O homem entrou para a marinha, e, 35 anos depois, quando seu pai moribundo pediu para eles fazerem as pazes, ele se recusou.

"A defesa, neste caso, é extremamente repreensível", disse Bozanich. "Com todas as pessoas que foram surradas até ficarem a um fiapo da vida, com todas as crianças que foram escaldadas com água fervida como castigo, que foram queimadas com cigarros, que foram trancadas no quarto durante dias, durante anos, sem comida... com todas as crianças que sofreram abusos gravíssimos, com todas as crianças que foram parar no hospital, em situação de luta pela vida, por causa dos pais, esta defesa é ofensiva. E com todas as crianças que saíram de casa e construíram sua vida e se tornaram membros produtivos da sociedade, esta defesa é ofensiva.

"A responsabilidade individual, a responsabilidade de uma pessoa pelas suas ações, é a marca distintiva de tornar-se adulto. E, na nossa sociedade, dizemos que os adultos têm 18 anos."

No momento dos assassinatos, os irmãos eram adultos, e não "os meninos", como a defesa insistia em chamá-los. Isto faz parte, ela disse, da "melhor defesa que o dinheiro do papai podia comprar para os filhos adultos".

E não é porque suas ações estavam abertas a diversas interpretações que os jurados deviam renunciar ao senso comum.

"Uma coisa que eu gostaria de ressaltar neste caso é que estes réus, em específico, nunca foram parar no hospital por terem sido espancados pelos pais. Eles nunca foram ameaçados — se, de fato, o senhor Menéndez, que aparentemente tinha temperamento latino, disse a outros que ia matar os filhos, ele nunca os ameaçou com uma arma."

Quanto à família: "Eu não vou lhes dizer que era uma família maravilhosa *à la* Ozzie e Harriet,* em que todo mundo era feliz... Mas o retrato que foi montado pela defesa é distorcido. É tendencioso. Ele só existe para atingir um resultado, e o resultado é convencer os senhores e as senhoras de que estes assassinatos tinham justificativa".

Ela sugeriu que, em vez disso, eles tivessem em mente as duas fotos no quadro — uma de Kitty Andersen, deslumbrante em um vestido de gala, e a outra de seu corpo mutilado. "Esta mulher foi... vítima do marido e vítima dos filhos."

* Referência ao programa de rádio, depois *sitcom* televisivo, *The Adventures of Ozzie and Harriet* que estrelava uma família real – pai, mãe e dois filhos – e ficou conhecido como símbolo da família ideal norte-americana nos anos 1950 e 1960.

Lyle ficou olhando para a mesa, evitando olhar para as fotos da mãe.

Ela percebeu que Lyle Menéndez tentou minimizar tudo que a promotoria não conseguia provar, e depois parabenizou a si mesmo por admitir o que tinha como ser provado. Bozanich entrou em ritmo acelerado, o estilo discreto do dia anterior dando lugar à sua dicção veloz de sempre.

"Se os irmãos foram abusados ou não é irrelevante para as acusações", ela insistiu, observando que "foi o dr. Oziel quem plantou a ideia dos abusos".

Sem provas, a defesa sugeriu que Kitty Menéndez havia sofrido abuso sexual, disse Bozanich, complementando que havia mais provas de "outro segredo na família" — a suposta homossexualidade de Erik.

"Essas duas pessoas foram massacradas, a sangue-frio, pelos dois filhos" — pelos "moleques mimados, cruéis", como ela os chamou, cujos pais os sustentavam enquanto eles "faziam besteira". E "independente do que eles tenham feito para os filhos durante as vidas, eles não mereciam isto".

Ela respirou fundo. "E gostaria de dizer uma última coisa. O homem que eu lhes descrevi no início da minha apresentação, o homem que fugiu de casa, o homem que não atendeu ao pedido do pai moribundo, o homem que construiu algo na vida apesar dos abusos — este homem é meu pai."

53
ESCOLHA SUA VÍTIMA

A quem o júri daria ouvidos? O estilo do promotor Lester Kuriyama era direto, sem adornos, sem emoção, e seria confrontado com o de uma advogada de defesa cujo tino para o teatral era lendário.

Kuriyama havia passado o fim de semana pensando nos filhos, de 6 e 2 anos, e como ele também havia tirado uma foto de um deles pendurado em uma barra aos 7 meses de idade, a mesma foto que a defesa estava usando para demonstrar crueldade dos pais.

Era domingo à noite e Leslie Abramson estava ocupada com o filho pequeno, nascido durante o julgamento, e sua obsessão por fazer uma boa apresentação de suas razões finais. Ela ensaiou na cabeça durante o banho e no seu Jaguar enquanto fazia o circuito entre casa, fórum e cadeia.

"Eu não quero fazer concessões", ela disse ao seu marido editor de jornal. "Não é o que ele merece. Eu não quero fazer acordos e que o júri ache que está nos fazendo um favor. Dolo eventual não seria favor nenhum. Eu não quero que façam isso para chegar no veredito. Eu acho que há jurados que vão defender dolo direto e outros que podem votar por inocência ou homicídio culposo. Eu prefiro tentar de novo do que chegar num veredito por acordo."

O telefone tocou. Era Erik Menéndez. Ele tinha perguntas. "Que tal isso? Que tal aquilo?"

Eram 9h30 de 13 de dezembro de 1993, um dia de céu claríssimo, sem a poluição típica de Los Angeles, mas de frio excepcional: a temperatura estava por volta dos 5°C. O juiz estava na bancada: "No julgamento, o júri azul está em corte...".

Lester Kuriyama apresentou sete fotos da cena do crime, com muito sangue, e começou sua apresentação. Ele prometeu que seria breve, e foi.

Ele abordou a relação de Erik com os pais, os assassinatos em si, as versões dos irmãos quanto aos fatos do fatídico final de semana, resumindo as provas de maneira direta, breve e um tanto quanto sucinta. Lendo as páginas de uma apostila e fazendo pouco contato visual, Kuriyama disse que a promotoria provou que a versão de Erik da semana anterior aos assassinatos era acima de tudo uma mentira. Diante da ameaça de ser deserdado, "Erik ficou com medo, tudo bem. Ele ficou com medo de ter que mexer a bunda e conseguir um emprego, como todos nós, e seu pai ia cortá-lo do testamento".

A decisão de matar pai e mãe, disse Kuriyama, foi uma "escolha que os réus fizeram, e eles serão responsabilizados, deviam ser responsabilizados, por fazer esta escolha".

Com seu um metro e meio de cabelo loiro cacheado e pura indignação, Leslie Abramson subiu ao pódio, fingindo cara de surpresa. "Ah, é o júri *azul.* Eu podia jurar que estava ouvindo as razões finais do júri *ouro,* o de Lyle Menéndez." Ela sabia, como disse aos jurados, em tom conspiratório, que o sr. Kuriyama queria confundir os limites entre o que cada irmão havia feito.

Enquanto Kuriyama começava a retirar as fotos coloridas da necrópsia e da cena do crime, Abramson virou-se para ele e pediu para deixá-las.

"Estas fotografias estão aqui, durante toda a apresentação do sr. Kuriyama, com o único propósito de os senhores e as senhoras sentirem-se incomodados e atiçar suas emoções, porque são horríveis." É, declarou ela, "um golpe barato da promotoria mostrar estas fotos horríveis na esperança de que os aticem contra os réus e que vocês esqueçam a pergunta mais importante, que é: Por que isso aconteceu?".

Ela avisou aos jurados que ia demorar. A defesa havia convocado 58 testemunhas.

Ela pediu a eles para dar a Erik — sempre à sombra de Lyle, sempre no segundo escalão, o vice — seu crédito e não ignorar os anos de crueldade e abuso constantes a que ele foi sujeitado. Porém, ela observou, os dois irmãos eram "igualmente ferrados".

"Onde está a foto de José Menéndez fazendo Erik se curvar sobre os pés da cama, aos 12 anos, para que o pai possa vir com tudo que tem, mesmo que a criança grite? Bom, esta imagem *existe*, mas, infelizmente, só existe na mente de Erik."

Em uma apresentação furiosa, dramática, ela pregou uma foto de Erik nu aos 6 anos e começou a enchê-la de tachinhas. "Eu não posso lhes mostrar o crime que José Menéndez cometeu contra ele, mas os senhores e as senhoras ouviram um pouco a respeito do que ele gostava de fazer com este garotinho. E uma das coisas era pregar tachinhas como estas em suas coxas e nádegas, e passar agulhas pelo pênis do menino." Em fúria, ela enfiou mais tachinhas *aqui, aqui* e *aqui*.

"Agora temos este homem. E não me recordo se há fotos da necrópsia deste homem em que se veja seu pênis, o que ele enfiou neste corpo que o sr. Kuriyama lhes diz que é inventado. A prova de que não foi inventado é quem Erik acabou se tornando."

E assim continuou por dois dias e meio, conforme Abramson operava a sala de audiência como se fosse uma boate. Foi um *tour de force* batizado com humor, impropérios e histórias de vida. Ela revirava os olhos, fazia gestos e tinha o floreio de riscar, com barulho, cada item na sua lista em um grande fichário preto. Ela usava associação livre. Nunca condescendente, envolvia cada ouvinte perdido, falando de *nós*, enquanto os promotores eram *eles*.

Abramson foi, como concordaram todos os telejornalistas, em um programa atrás do outro, "cativante".

Ela ressaltou que a promotoria "recusou-se" a fazer a inquirição de Erik sobre os abusos. Que "toda a argumentação deles" dependia do dr. Oziel e que "nós conseguimos mostrar o tipo de pessoa que *ele* era". Não havia controvérsia quanto às provas de abusos; a defesa trouxe peritos apenas para ajudar a interpretar a tomada de decisão iminente dos irmãos.

Ela insistiu que Erik não queria que sentissem pena pelo que ele sofreu. Os depoimentos sobre a infância foram usados para mostrar como ele foi colocado em "rota de colisão com a violência... Queremos sua compreensão e queremos que apliquem a lei".

Abramson explicou, em linguajar simples, a diferença entre legítima defesa real, geralmente chamada de homicídio acobertado por excludente da ilicitude, e legítima defesa putativa. Disse que o que diferenciava o homicídio culposo do doloso era a presença ou ausência do "dolo de matar", o que definiu como matar "sem ter uma excelente razão para isso". E contou que homicídios cometidos após provocação, em violenta emoção, também têm atenuantes porque o medo ou a emoção podem "apagar" o dolo, por assim dizer. Eles podiam tomar rumos diferentes e ainda assim chegar no mesmo veredito, disse a advogada.

E lembrou aos jurados que, ao considerar uma prova circunstancial quando havia um conflito de explicações razoáveis, tais como a compra das espingardas, os jurados tinham obrigação de seguir aquela que se acomodasse em prol de Erik. "Erik não fez nada de errado... no caso, o sr. Kuriyama chegou aqui e falou dessas pessoas como se fossem Ozzie e Harriet contra as maçãs podres, e esta família não era assim, os senhores e as senhoras sabem que não." Aliás, o "maior pecado" que Erik aparentemente havia cometido, "antes de ser levado ao extremo", foi dizer a seu pai para "calar a boca", e isso foi tão incomum da parte dele que várias testemunhas lembraram do ocorrido.

Ela se deleitou ao falar de Oziel: "Eu nunca vi uma testemunha ser tão detonada quanto aconteceu com o dr. Oziel... ele cavou minúcias que podia usar para chantagear [Erik] pelo resto da vida". Ao avaliar sua credibilidade contra a de sua ex-amante, Judalon Smyth, ela pediu aos jurados para se perguntarem: "Com qual dos dois vocês preferiam tomar um café? Oras, no frigir dos ovos, é isto".

Abramson tinha explicação para tudo. Então Erik errou o nome da loja de armas a que eles foram? Ele tem anomia, uma deficiência cognitiva que afeta a memória. Eles compraram armas? Eles estavam com medo e queriam uma chance de se defender. Usaram identidades falsas? A carteira de motorista de Lyle estava suspensa e a de Erik, perdida. As ações pareciam planejadas? Vocês estão vendo o que é o pânico. As armas não estavam totalmente carregadas; eles não tinham um plano pensado de como iam descartar as armas nem as roupas com sangue. Eles deixaram tudo no carro, estacionado na frente da casa, quando ligaram para a polícia. Eles não tinham álibi.

Revigorada e aparentemente rebobinada na manhã seguinte, Abramson entrou no tribunal com passo firme.

A defesa, explicou ela, "não está tentando mostrar aos senhores e às senhoras que José e Mary Louise Menéndez eram gente tão ruim que deviam levar tiros... não estou tentando difamar estas pessoas... Nossa questão, como tentamos apresentar tanto no depoimento de Erik Menéndez quanto no depoimento de Lyle Menéndez, nos depoimentos dos peritos e nos depoimentos dos familiares, é que tínhamos um ambiente familiar regido pelo medo... pelo poder".

Abramson afirmou que tinha receio de que o júri fosse julgar Erik comparando-o a Lyle, e que não usassem aspectos ligados a Lyle contra Erik.

"Eu não quero que Erik leve a pior por causa de Lyle. As provas neste processo não comprovam que Erik tenha matado *quem quer que seja...* Lyle depôs que foi ele quem administrou o ferimento fatal a José Menéndez... [e] que ele administrou o tiro de contato à cabeça de Mary Louise Menéndez, que foi um ferimento instantaneamente fatal." Os outros tiros foram "potencialmente fatais", disse. "Eu só quero deixar claro que não há provas, neste processo, de que Erik tenha matado uma pessoa."

Abramson disse que, quando leu a respeito do caso, dois dias após os assassinatos, "eu olhei e, sabendo o que eu sei e que me disponho a entender, eu disse: 'Foram os meninos'".

Com a indignação aumentando, ela mirou seu ataque no oponente.

"Por acaso o sr. Kuriyama estava na quadra de tênis às 5h da manhã quando tinha 10 anos, passou por um treino sob pressão durante três horas, depois foi para a escola, depois para mais quadras de tênis, para mais e mais horas de treino e pressão, depois voltou para casa para jantar, um jantar que lembrava o *Jeopardy,** com mais treinamento e mais pressão, e depois teve que satisfazer a perversão do pai, e depois

* Programa de testes de conhecimento da TV norte-americana.

teve que fazer os deveres do colégio até as 22h da noite? E ele vem dizer que esse garoto não quer trabalhar. Este garoto trabalhou todos os dias da vida para agradar essa gente. Cada dia da vida. Eu nunca ouvi falar de um garoto que trabalhou tanto na vida."

A seguir, ela trouxe quadros do tamanho de cartazes listando termos que aqueles que conheciam a família usaram para descrever José, Kitty e Erik: o pai tirano, a mãe alcoólica, a criança assustada com deficiência de aprendizado. Ela avisou aos jurados que o sr. Kuriyama, em suas últimas declarações, ia apresentar uma "sugestão revoltante" que somaria um adjetivo à lista de Erik. Os jurados pareciam confusos.

"Eu vejo que alguns estão muitos resistentes ao que estou dizendo", ela disse aos jurados, sendo que alguns ficaram sentados com os braços cruzados na frente do corpo.

"Eu não sou cega, nem sou burra. Mas os senhores jurados e as senhoras juradas nos devem uma única coisa: os senhores e as senhoras devem considerar a possibilidade de que estamos contando a verdade... [e] devem tentar, por mais estranho que isto lhes soe, colocar-se na pele de Erik Menéndez... para entender se ele fez o que fez pelos motivos que ele diz que fez."

Eles deviam acompanhá-lo até Monsey, Nova York, aos 6 anos de idade, quando ele aprendeu a andar de bicicleta, e até Beverly Hills, aos 17, quando ele tentou dizer não ao pai e foi recompensado com uma faca no pescoço e um ato sexual forçado. "Se o nome de meu cliente fosse Érica, faria diferença? Pois não devia fazer", ela alertou.

Erik Menéndez, disse ela, com delicadeza, é uma "boa pessoa, que fez uma coisa ruim... Se qualquer dos pais fosse uma pessoa minimamente decente, essa coisa horrível não teria acontecido... [e] se ele houvesse acabado... nas mãos de alguém digno (e não do dr. Oziel), ele seria salvo. Isto não teria acontecido".

Foi um carma ruim, ela disse. "Erik tem o pior carma de todas as pessoas que eu já conheci."

• • •

Na quarta-feira de manhã, dias depois de sua estimativa de quanto tempo ia levar, Abramson abarrotou o júri com detalhes: José estava de pé quando levou o tiro. A promotoria só conseguiu provar oito tiros. Craig Cignarelli era perturbado e ambicioso. José era maníaco por poder. Kitty era enfurecida com a vida. Oziel disse que Erik nunca o ameaçou. Erik estava agindo segundo o instinto de sobrevivência. O que não era intenção de matar.

"Estou ciente do fato de que, além de querer comentar todos os depoimentos, eu lhes dei razões finais muito longas porque não queria deixá-los à revelia... Durante três anos e meio, eu creio, com toda certeza... que somos responsáveis por Erik, e que ele esteve nas nossas mãos todo esse tempo, e agora eu tenho que entregá-lo aos senhores e às senhoras. E, no instante em que eu encerrar, ele não estará mais nas minhas mãos. E o que vai acontecer depende do que os senhores e as senhoras decidirem."

Ela pediu ao júri para não aceitar meio-termo.

"Os senhores e as senhoras têm que se ater a sua posição, mesmo que signifique que não haverá veredito. Será um júri em impasse. Isto é preferível a comprometer o direito dos dois lados de ter a opinião individual de doze jurados... Ou os senhores e as senhoras aceitam o que lhes provamos ou não aceitam. Mas os senhores e as senhoras não podem ficar em meio-termo, porque, se agirem assim, não ajudarão nenhum dos lados."

Sua voz ficou melancólica. "Eu tenho uma fantasia desde o dia em que comecei a representar Erik. Se as pessoas viessem me perguntar, depois de três anos e meio pensando nele, neste caso, todos os dias, de um modo ou de outro, mesmo nas férias, o que eu quero tirar disso? Minha resposta não é necessariamente jurídica... eu quero vê-lo andando pela rua, sem correntes nem algemas, nem com um agente do xerifado por perto. Para realizar meu sonho, minha fantasia, os senhores e as senhoras teriam que dar um veredito de inocente. E, se acham que não podem, com base nas instruções que estão recebendo, eu lhes peço que deem o veredito de homicídio culposo, pois creio que é o que as provas mostram."

"Os senhores e as senhoras compuseram um júri notável... e agradeço", ela concluiu, fechando seu fichário com um claque.

Erik deu um sorriso largo — uma expressão pouco comum naquela sala.

• • •

"Eu gostaria de retornar ao processo por *homicídio* que iniciamos em junho e julho deste ano", Lester Kuriyama disse aos jurados quando iniciou a segunda metade de suas razões finais. Ele comparou a estratégia da defesa a *Macbeth* de Shakespeare. Assim como Macbeth depois de apunhalar o rei Duncan, Erik Menéndez era acossado por pesadelos recorrentes. "Mas o fato de alguém ter pesadelos, ter uma consciência culpada pelo que fez, não transforma um homicídio doloso em culposo." Fora o grau de penalidade, o remorso é irrelevante.

"A sra. Abramson sugeriu que advogados fazem joguinhos, que ela se envolveu em um jogo neste caso. Eu posso garantir aos senhores e às senhoras que o Estado da Califórnia não considera isto um jogo. A nós foi confiado o trabalho de levar os assassinos do senhor e da senhora Menéndez à justiça, e o Estado trouxe provas, quatro semanas de provas, que afirmam que o réu e seu irmão premeditaram e deliberaram o homicídio. A defesa, por outro lado, trouxe três meses e meio, aproximadamente, de várias testemunhas que falaram do que aconteceu há muitos e muitos anos, trouxe várias fotografias irrelevantes. E o que eles fizeram, ao jogar seu jogo, eles vestiram seus réus com um suéter, eles os trataram como 'meninos', 'garotos', 'crianças'.

"A homossexualidade é uma opção pessoal", ele prosseguiu, "e as questões de preferência por gênero são pessoais, e pode-se entender, com certeza, a relutância em sair do armário. Mas, por conta da defesa e por conta do que eles ofereceram neste caso, eu penso que é relevante e penso que preciso abordá-la."

Então, diante dos protestos da defesa, Kuriyama sugeriu que Erik era gay e usou detalhes de seu estilo de vida homossexual para forjar sua descrição de abuso sexual nas mãos do pai.

"Se Erik envolveu-se, de fato, em atividades homossexuais consensuais com outros homens, explicaria ele ser capaz de descrever aos senhores e às senhoras os fatos que descreveu sobre contato sexual com o pai", ele disse.

Ele observou que Erik havia expressado dúvidas sobre sua sexualidade, que ele destruiu fitas de telefonemas seus que sua mãe havia gravado, que ela o confrontou quanto a ser gay e lhe deu um prazo de seis meses para ter uma namorada, que seu pai o chamava de "bicha" e que ele comprou protetores para a cama — como os usados para tornar a prática de sodomia mais cômoda — *depois* de matar seu suposto abusador. Ele disse que Erik foi examinado por um médico perito em abuso infantil e que o exame não revelou sintomas físicos de abuso.

A alegação de abuso só surgiu depois de ele passar seis meses na cadeia, um ano depois dos assassinatos. Kuriyama disse que os irmãos mudaram os planos de defesa:

Plano 1: Estávamos no cinema.

Plano 2: Ah, é que nossos pais abusavam de nós.

Plano 3: Fazer o júri acreditar que estávamos prestes a ser assassinados, quem sabe assim eles baixam para culposo.

Ele fez visto em uma longa lista de mentiras comprovadas de Erik Menéndez.

Ele alfinetou Abramson.

A promotoria não era obrigada a mostrar motivação, observou ele, mas apenas que havia sido um assassinato intencional e premeditado. "Contudo, nós mostramos aos senhores e às senhoras razões pelas quais os réus mataram os pais, sendo os motivos a relação entre os pais que precedeu o fato, o assassinato, os assaltos em que se envolveram, e como os pais ficaram decepcionados com os filhos, de modo que iriam deserdá-los e rejeitá-los."

Kuriyama disse aos jurados que não havia diferença quanto à alegação da equipe de defesa de Erik de que havia sido Lyle quem administrou o golpe de misericórdia, pois Erik havia sido tanto um coautor de primeiro grau quanto partícipe de segundo grau.

Ele citou as instruções ao júri e depois deu a definição jurídica de partícipe de segundo grau: Erik podia não ter sido o assassino de fato, mas seria considerado igualmente responsável e culpado, disse Kuriyama ao pedir aos jurados para considerarem Erik Menéndez culpado.

54

ANULAÇÕES

Então chegou a vez do júri.

O juiz Weisberg havia exposto os quatro vereditos possíveis para cada assassinato: homicídio por dolo direto, homicídio por dolo eventual, homicídio privilegiado ou homicídio culposo. Embora o juiz houvesse determinado que as evidências do caso não justificavam a opção de absolvição total, os jurados ainda podiam ignorar a instrução e votar pela inocência.

Teriam os irmãos agido por temor real, mas injustificado? Ou seriam casos de homicídio premeditado, a sangue-frio?

O relato a seguir, sobre o que os jurados passaram enquanto tentavam chegar aos vereditos, vem de entrevistas que realizei com eles posteriormente, assim como de declarações que eles fizeram à imprensa.

Quando os jurados de Lyle começaram a discutir o processo, a situação foi embaraçosa. Nos últimos seis meses, eles haviam recebido instruções para não falar de nada que se passasse no tribunal. Depois de muitas horas, os jurados decidiram dar seu último voto levantando as mãos: Seis foram a favor de homicídio culposo. Seis votaram a favor de dolo direto. Os jurados alinharam-se sobretudo com as pessoas com quem almoçavam durante o processo.

A votação deixou aliviada Michelle, uma cubana-americana de 25 anos que estava preocupada por ser a única que acreditava que era um caso de homicídio culposo. Com base no pouco que ela havia visto na imprensa antes do julgamento, ela esperava uma condenação por homicídio doloso. "Ninguém vai matar a mãe e o pai só porque sim", ela escreveu em um questionário de prospecção entre os jurados.

Tom, o porta-voz do júri, era um funcionário dos correios de 35 anos, casado e sem filhos. Antes de o julgamento começar, também com base no pouco que havia visto na imprensa, ele achou que o processo terminaria com uma sentença de pena de morte. Porém, depois de assistir ao depoimento, ele sentiu empatia enorme pelos irmãos Menéndez.

Sharyn, renascida em Cristo, 42 anos, cujo irmão era agente do xerifado, defendia a pena de morte, mas achou que faltavam provas no caso. Ela fez um diário escrito à mão que tinha mais de quatrocentas páginas quando começou a deliberação do júri. No primeiro dia de depoimento de Lyle, de altas emoções, ela foi para casa e escreveu durante seis horas. Em outras noites ela chorou, feliz por não ter feito parte da família Menéndez e triste pelo que os irmãos haviam sofrido. Quando a promotoria encerrou a instrução, ela pensou: "Será só isso?". No diário, escreveu: "Distantes do jeito que estamos, será um milagre se concordarmos quanto a um veredito".

No quarto dia de deliberação, Jude Nelson, veterano do exército com 52 anos, desempregado, três filhos, entrou em uma disputa aos gritos com Jim, um veterano da marinha de 66 anos, viúvo, com dois filhos adultos. O rosto de Jude ficou vermelho como uma beterraba enquanto ele batia na mesa. Ele chamou Lyle de "maçã podre". (Jude viria a participar de vários programas de TV para falar de sua experiência como jurado.)

Patty, 50 anos, casada com um promotor adjunto do Condado de Los Angeles, na Divisão de Violência em Família, disse a Jude que ele deveria ser mais razoável e ouvir as opiniões dos outros. Patty havia escrito em seu questionário que se arrependia de ter dado palmadas nas filhas quando eram crianças.

Jude fez uma lista de "25 pontos sobre fatos e legislação" que, na sua opinião, demonstravam que os irmãos haviam cometido homicídio com dolo. Seus oponentes não aceitaram nenhum dos pontos. "Eles não gostavam de mim, por uma questão pessoal, ou não viam o que eu via, que eram os fatos", ele me contou após o julgamento.

• • •

Na quinta-feira, 16 de dezembro, quando o júri de Lyle entrou no quinto dia, o júri de Erik começou seu primeiro dia de deliberação. Eram seis homens e seis mulheres; nove eram pais e mães.

Na primeira hora, eles votaram levantando as mãos. Os irmãos eram culpados de homicídio por dolo direto no caso de José Menéndez?

Não, disseram as seis mulheres.

Sim, disseram os seis homens.

Cada um dos integrantes explicou seu raciocínio. Alguns homens citaram provas de suas anotações. Um dos homens disse: "Eu acredito no que eu quiser, e vocês não vão me fazer acreditar em outra coisa". As mulheres defenderam que, se Erik tinha alguma culpa, era de um homicídio involuntário.

O porta-voz, Paul, farmacêutico de 59 anos que era decano da California Trenton State University em Northridge, sugeriu que o grupo discutisse o argumento da promotoria de que Erik havia se inteirado de detalhes para seu depoimento sobre abusos a partir de sua própria experiência homossexual. Aquele tópico virou recorrente.

"Não me entendam mal", disse Paul posteriormente. "Não sou homofóbico, mas acho que isso tem a ver com o crime." As mulheres, que não acreditavam que a sexualidade de Erik tivesse algo a ver com os abusos nem com planos de matar os pais, lembraram aos homens que a informação apresentada nas razões finais não era prova.

O júri de Erik pediu vários documentos, incluindo a fita de 11 de dezembro do dr. Oziel. Richard, 65 anos, veterano da marinha que serviu no Vietnã, foi o defensor mais feroz da promotoria. Ele disse que o fato de José ter mandado Erik a um terapeuta, que teria obrigação de informar abuso sexual às autoridades, provava que Erik havia inventado a história do abuso.

"José estava se protegendo lá na frente por conta de seus planos para o futuro. José é muito inteligente para fazer uma coisa dessas", disse Richard.

Mas as mulheres defenderam que José "tinha o dr. Oziel no bolso". Não haveria como Erik revelar os abusos. Ele havia assinado uma dispensa de sigilo entre analista e paciente. E guardar os segredos da família sempre fora algo de importância fundamental na família Menéndez.

Outra das juradas de Lyle, Twinkles, havia feito várias anotações durante o julgamento. Era solteira, afro-americana, tinha 32 anos e cursava a universidade em meio período. Seu jeito animado de conversar a tornou popular entre os colegas de júri.

Na segunda-feira, 20 de dezembro, Twinkles expressou o que pensava sobre o que tinha acontecido na noite de 20 de agosto de 1989. Os irmãos provavelmente haviam sofrido abusos, mas em algum momento se cansaram e decidiram matar.

Carl, um dos jurados mais quietos, mecânico de 59 anos com duas filhas, sugeriu que comprar espingardas era indicativo de que houve planejamento. Espingardas fazem muito barulho; era uma noite de verão, fazia calor, e muitos vizinhos podiam estar de janela aberta.

Jude discordava. Lyle era tão ligado, sugeriu ele, que havia estudado as rotinas da Polícia de Beverly Hills; a patrulha não estaria na Elm Drive no horário dos assassinatos. Outros jurados foram imediatamente contra a ideia.

Às vezes Jude descrevia os irmãos como uma dupla de "garotos levados", que eram "diabólicos, malignos, mentirosos". Alguns jurados acharam que ele não gostava de Lyle e Erik porque eram "mais inteligentes e mais ricos" do que ele. Para Jude, a defesa como um todo havia sido uma enorme conspiração forjada.

Tom achava que a defesa havia oferecido muitas informações incriminatórias. Se tinham inventado tudo, não seria melhor terem inventado uma narrativa mais convincente? Se era isso que os advogados podiam fazer de melhor, os irmãos mereciam um ressarcimento.

"Se Erik e Lyle estavam mentindo durante o depoimento, por que não mentiram e disseram que José e Kitty os haviam ameaçado diretamente antes de fechar as portas?", perguntou Michelle.

No fim do dia, depois de 32 horas de deliberação, o júri de Lyle fez a segunda votação: 6 a 6 entre homicídio culposo e doloso.

Em 21 de dezembro, o júri de Erik passou por um debate acalorado sobre o significado de "dolo de matar". Enquanto reliam as instruções ao júri, diversas vezes, eles observaram que os júris tinham que dar o benefício à defesa se a acusação não provasse seu argumento sem deixar margem para dúvidas. Dois dos jurados, incluindo Wendy, 51 anos, administradora de uma companhia telefônica com duas filhas, declararam que iam mudar seus votos para homicídio culposo.

Em 22 de dezembro, Sharyn, do júri de Lyle, escreveu: "Às vezes eu acho que estamos andando em círculos. Ainda acho que temos um impasse por causa de Jude".

O júri de Erik estava passando por problemas similares. Irritados, às vezes os homens chamavam as mulheres de "burras ignorantes".

"Eles não sabiam lidar", escreveu Hazel Thornton, que também fez um diário durante o julgamento (ela viria a escrever um livro bem-recebido, *Hung Jury: The Diary of a Menéndez Juror* [Júri em impasse: o diário de uma jurada dos Menéndez], publicado em 1995 pela Temple University Press). "Eles ficavam decepcionados conosco porque nós não enxergávamos do mesmo jeito que eles. O jeito que eles tinham de lidar não era repassar anotações, tentar nos convencer, argumentar; era se indignar, erguer as mãos ao alto, nos xingar e bater na mesa.

"Todo dia alguém erguia a voz. Nunca havia uma discussão tranquila, razoável, sobre as provas. Discutíamos as provas, mas não era com todo mundo de cabeça aberta."

Richard tinha seus problemas com Hazel. "Hazel tomou conta das mulheres", ele disse. "Houve muitas vezes em que eu tive que silenciá-la porque eu fazia uma pergunta a Annie e Hazel respondia por ela. Isso gerava muita tensão. Eu dizia: 'Hazel, por favor... Você não é a porta-voz da Annie. Estou falando com ela'."

Dois dias antes do Natal, o júri de Erik ouviu o taquígrafo ler seis horas de depoimento, incluindo o do primo de Erik, Andy Cano. Mark, 45 anos, eletricista, contestou o depoimento. Segundo Hazel, ele "achava que não tinha como um menino de 12 anos perguntar ao primo de 10 sobre abuso sexual. Mark disse que, quando tinha 12 anos, ele sabia que era errado. Ele não teria que perguntar a ninguém".

Em 28 de dezembro, o júri de Lyle voltou à fita de 11 de dezembro. "Não foi necessariamente, exatamente, o que os irmãos disseram na fita", falou Jude. "Foi como eles falaram — a postura deles e o tom de voz prosaico. Era como se eles estivessem discutindo uma partida de tênis — não o assassinato dos pais. Não me pareceu que eles tinham sido coagidos, como o pessoal da defesa disse que foram."

"Quando ouvi pela primeira vez, eu achei que não era grande coisa", disse Sharyn. "E as outras oito horas da sessão? E por que ele fez esta fita?"

No júri de Erik, os homens trataram a fita como a peça mais importante das provas. "Era praticamente a cereja do bolo", Richard disse.

"Todos os homens ali achavam que tinha acontecido abuso emocional", disse Hazel. "Eles discordavam quanto ao abuso sexual."

O júri de Lyle traçou suas principais discordâncias quatro dias depois do Natal e debateu se cada situação ou medida tomada pelos irmãos havia sido sensata ou não. A maioria dos fatos podia ser uma coisa ou outra. Todos concordaram que os argumentos dos dois lados eram sensatos.

Na segunda-feira, 3 de janeiro de 1994, o júri de Erik fez sua primeira votação formal desde o início das deliberações.

> **José Menéndez:** homicídio por dolo direto: três homens; homicídio por dolo eventual: três homens; homicídio privilegiado: seis mulheres.
>
> **Kitty Menéndez:** homicídio por dolo direto: cinco homens; homicídio por dolo eventual: um homem, uma mulher; homicídio privilegiado: cinco mulheres.

Quando o júri de Lyle voltou do almoço, alguns dias depois, Jude e Twinkles haviam pregado em um quadro todas as fotos da cena do crime, carregadas no sangue. Jude estava indignado porque ninguém ouvia sua lista de 25 fatos. Era hora de apelar para o "choque", ele disse.

"Você tem que tirar isso daí", disse Tom, o porta-voz do júri, quando entrou na sala.

"Vocês vão ficar olhando o que eles fizeram durante a deliberação!", retrucou Jude. "Vocês vão ver o resultado do que eles fizeram, para a coisa ser justa."

"Não vamos. Tire isso daí", Tom insistiu.

"Eu preciso delas ali para apontar", Jude disse.

"Não. Podemos passar entre nós caso você precise se referir ao que for. Não é certo exibir partes das provas e não tudo."

Twinkles também ficou incomodada enquanto tirava as fotos, tachinha por tachinha.

Em 6 de janeiro, o júri de Erik ouviu a leitura do depoimento dos dois irmãos sobre o dia dos assassinatos e os eventos que ocorreram pouco antes de entrarem na sala de televisão e atirarem nos pais.

"Eu tive minhas dúvidas às vezes", disse Richard. "Os irmãos foram muito, muito convincentes... E fiquei com pena deles. Fiquei mesmo. Não tive como evitar. Sei que eles tiveram uma vida difícil, tenham sofrido abuso sexual ou não. Tiveram uma vida difícil, mas, porra, eu também, e eu não saí dando tiro em ninguém."

"Se eu tivesse acreditado no abuso sexual, eu estaria ali do outro lado", ele me contou depois do julgamento. "Eu simplesmente não consegui acreditar. Eu achei que era muito fora da curva. E eu quis muito acreditar. Eu falei um dia que, se esses caras haviam sido abusados assim, porra, eles têm meu voto para saírem de boa. Mas, pra mim, não provaram."

As mulheres ficavam lembrando os homens que a acusação não havia provado que os irmãos *não* tinham sofrido abuso sexual. Um dos homens sugeriu que "José e Kitty descobriram que Lyle e Erik tinham um caso homossexual, por isso os filhos tiveram que matá-los".

"Eu preciso admitir que minha primeira conclusão foi cética, porque de início eles tinham negado envolvimento", disse Paul. "Mas, conforme pensei mais a respeito, eu acho que consegui entender como podia se formar aquela conjuntura."

O júri de Erik pediu "todos depoimentos ou alusões à homossexualidade de Erik". Eles ouviram uma releitura de Erik dizendo que era "muito confuso" quanto a sua identidade sexual, que o pai o chamava de "bicha", e sua mãe lhe deu um prazo para conseguir uma namorada. Enquanto o taquígrafo lia o depoimento em registro, Erik ficou quieto, sem demonstrar emoção.

"Agora chegamos lá", escreveu Hazel em seu diário. "O mundo inteiro agora sabe da questão que a sexualidade de Erik se tornou na nossa deliberação... Foi ideia da Annie. Ela não esperava que fosse mudar a mente de ninguém, mas queria transmitir ao juiz que aquilo era um problema. Erik ficou aflito. Dava para ver olhando para ele.

"O comentário de Greg, imediatamente ao retornarmos para a sala do júri, foi: 'Olha só, eu disse que podíamos conversar sobre bichas. Annie havia defendido que os jurados não podiam discutir homossexualidade porque não era prova. Greg insistiu que sim. Já que a palavra 'bicha' estava na transcrição que a justificava."

Annie, 36 anos, era secretária da companhia telefônica, solteira, e a mais nova de oito filhos. Tinha uma espingarda e um fuzil calibre 22. Greg, afro-americano de 51 anos, era ex-agente da lei com dois filhos e uma filha.

Hazel não dava muito valor à sugestão de Lester Kuriyama, na apresentação final, de que o verdadeiro segredo da família Menéndez era a homossexualidade de Erik. "O que eu achei mesmo era que eles não conseguiam provar nenhum tipo de motivação. Eles passaram de ganância a ódio a controle, e não conseguiram provar nenhum dos três, então pularam para essa: 'Ah, ele é gay'. O fato de que eles ficavam mudando a motivação me deixou menos apto a aceitar a teoria deles."

"Eu achei que a acusação se desmantelou no final", disse Richard. "Passei o tempo todo achando que eles foram pegos de surpresa pela defesa que estavam usando. Eles achavam que tinham um caso fácil e evidente de saída. Eles não tinham se planejado para usar o abuso sexual como defesa e não tinham um plano. Eles estavam tateando no escuro, um dia de cada vez. Os últimos comentários de Lester foram fraquíssimos."

Mesmo antes de começarem as deliberações, havia indícios de uma cisão entre os gêneros. Quando a defesa apresentou seus peritos, alguns dos homens transmitiram mensagens claras com a linguagem corporal. Eles cruzaram os braços, ficaram olhando para o teto ou para o público, com olhares de desprezo.

"Os peritos eram contratados. Eu admito que tenho um pé atrás com gente que é testemunha profissional", disse Richard. "Eu descartei tudo do dr. Vicary depois que ele admitiu que não colocava data nas anotações. Ele estava manipulando o sistema para não ser encurralado. Eles estavam fazendo o que haviam sido pagos para fazer. Essas mulheres martelaram na nossa cabeça que a acusação não refutou os abusos."

Enquanto isso, o júri de Lyle havia dedicado pouca discussão ao tópico da sexualidade de Erik. "Surgiu no primeiro dia, mas depois não", disse Michelle. "Concluímos que, fosse ele ou não — e a maioria de nós não acreditava que ele fosse — não fazia diferença."

Em 10 de janeiro, o júri de Lyle pediu que todos os depoimentos do réu sobre o dia do assassinato fossem lidos para eles. Na verdade, só queriam ouvir de quando ele recolheu os cartuchos da espingarda. Mas, como estavam preocupados com a imprensa focar que essa havia sido a única seção repetida, eles ouviram todas as horas de depoimento.

A caminho do estacionamento, dois dos jurados concordaram que o júri estava em impasse.

"Não se pode insinuar que Erik é gay", escreveu Hazel em seu diário. "Se você acha que ele é gay, você tem que provar. E aí você tem que demonstrar uma conexão entre ser gay e ser abusado. Durante o julgamento, se eles sequer sugerissem que Erik era gay, alguns homens iam dizer: 'A-hã'." Ela concordava com os homens que um jovem, fosse gay ou não, podia ser tanto vítima de abusos quanto uma mulher jovem.

Depois de fazerem a terceira votação, o porta-voz do júri de Erik enviou uma carta, que o juiz Weisberg leu no tribunal com a presença dos jurados: "O júri de Erik Menéndez está em impasse. Nossas posturas não mudaram em essência depois de três semanas de discussão e debates. Não vejo esperança para chegar a um acordo em nenhuma das acusações".

Erik, sentado entre Leslie Abramson e sua segunda advogada, Marcia Morrissey, não reagiu. Pam Bozanich e Lester Kuriyama ficaram olhando para o nada. Abramson foi contra o júri receber novos formulários para o veredito de culpa, que podiam conduzir a uma decisão em algumas acusações.

Quando o júri entrou, minutos depois, o juiz leu a carta antes de pedir a eles que deliberassem mais. Depois que os jurados saíram, Abramson reclamou com o juiz por não dizer aos advogados o que ele ia fazer.

Enquanto a audiência estava acontecendo, os jornalistas de agências de notícias não tinham permissão para sair. Assim que puderam, eles irromperam do tribunal e correram aos telefones públicos para entregar a pauta quentinha do júri em impasse. Em questão de meia hora, a imprensa no pátio em frente ao fórum estava em delírio total.

Após discutirem se os irmãos estavam preocupados com impressões digitais nos cartuchos da espingarda *antes* dos assassinatos, o júri de Lyle votou 7 a 5 a favor de homicídio doloso. Foi a votação mais forte pró-acusação durante as deliberações.

Michelle fez uma nota para si: "Acho que estamos em impasse".

Em 12 de janeiro, Twinkles estava preocupada que Lyle e Erik podiam passar um exemplo de "como se safar da lei. Eu entendo, mas não é justo. Eles não podem se safar", declarou.

Foi feita uma votação por voz: 7 a 5 a favor de homicídio culposo.

Três dos votos por homicídio doloso não acreditavam nos depoimentos dos peritos: Chuck, pai divorciado de 42 anos, disse que o júri não estaria cumprindo sua função se não pensasse no depoimento deles. Ruth, viúva de 60 anos com duas filhas, os chamou de "100% frases de efeito".

"Era só a opinião dos psicólogos e psiquiatras que foram pagos para entrevistar os irmãos depois que foram para trás das grades", disse Jude. "Eu estava procurando mais corroboração dos abusos e não veio, fora o disse-que-disse dos parentes que não tinha fundamento nos fatos."

O júri de Lyle enviou uma carta ao juiz em 13 de janeiro pedindo a ele para definir a diferença entre perigo "honesto" e "infundado". Tom havia tentado explicar, mas eles ficaram travados na questão semântica. Twinkles e Jude disseram que, se o júri concordasse com a definição a favor da defesa, eles mudariam seus votos para homicídio culposo.

Depois que o juiz Weisberg respondeu à pergunta deles em audiência pública, Twinkles, às lágrimas, disse que ia mudar o voto para homicídio privilegiado. Mas Jude recusou-se a mudar. A votação do júri ficou em 9 a 3 para homicídio culposo.

"As pessoas que apoiam o culposo interpretaram corretamente", escreveu Sharyn em seu diário. "Que um assassinato com convicção sincera, mas infundada (mesmo que você possa cultivar o dolo ou que existam atos de dolo), nega a parte do dolo e o transforma em homicídio culposo, não doloso."

Os indecisos por homicídio doloso agora eram Ruth, Chuck e Jude, que haviam concordado em baixar a homicídio por dolo eventual no caso de José. Chuck achava que o perigo iminente teria que acontecer segundos antes dos assassinatos. Se não, pensava ele, não havia medo. Ele também defendeu que os irmãos tinham 18 e 21 anos e podiam ter saído de casa.

"Eu não acredito que alguns dos meus colegas passaram para o outro lado", Jude declarou.

Ruth continuava a ver o caso como homicídio por dolo direto. Para ela, Lyle Menéndez era um assassino a sangue-frio. O maior problema que tinha com a defesa era a arrogância e a aparente falta de remorso de Lyle. Como ele poderia ter saído gastando os tubos com o dinheiro dos pais?

O júri de Erik fez a quarta votação. Seria a última:

> **José Menéndez:** homicídio por dolo direto: cinco homens; homicídio por dolo eventual: um homem; homicídio privilegiado: seis mulheres.
>
> **Kitty Menéndez:** homicídio por dolo direto: cinco homens; homicídio por dolo eventual: um homem, duas mulheres; homicídio privilegiado: quatro mulheres.

Eles enviaram outra carta ao juiz: "Continuamos em impasse. Desde nosso último relatório ao meritíssimo, não conseguimos nos aproximar de um acordo em nenhuma das acusações. No mínimo, ficamos mais entrincheirados nas nossas posições. Uma enquete realizada esta manhã mostra que o júri acredita que não há probabilidade razoável de chegarmos a um veredito ou a vereditos sem contrapor nossos juízos individuais".

Erik roía as unhas e rangia os dentes. Os advogados já lhe haviam contado o que aconteceu.

O juiz Weisberg tomou a bancada e fez o júri entrar antes de ler a carta final: "Não conseguimos chegar a vereditos unânimes nas acusações 1, 2 e 3 e, assim, somos incapazes de preencher os formulários". O juiz sondou cada jurado quanto à possibilidade de mais deliberações resolverem o impasse. Todos disseram não. Alguns começaram a piscar para evitar as lágrimas. O juiz Weisberg aceitou que o júri de Erik estava em impasse e declarou a anulação do julgamento.

Em frente ao fórum, Leslie Abramson encarou um semicírculo de mais de vinte câmeras e mais de cem jornalistas.

"Isto não é uma vitória", disse. "Seria uma vitória se meu cliente estivesse livre. Isto, infelizmente, agora é um aprendizado que saiu muito caro."

Ela recusou-se a dizer qualquer coisa sobre a reação de Erik. Se a acusação não buscasse a pena de morte de novo, haveria possibilidade de pedir fiança. Mas não havia mais dinheiro da família. "Eu quero ser advogada de Erik, mas não quero ir à falência", Abramson disse aos jornalistas. Além disso, "eu não acredito que qualquer júri vá considerar Erik Menéndez culpado de homicídio por dolo direto".

Quando o júri de Lyle pediu para sair mais cedo, pouco após as 16h, um meirinho lhes disse que teriam que "esperar um pouco mais, tem coisas acontecendo". Olhando pela janela para a Delano Street, atrás do tribunal, eles viram por quê: havia um alvoroço de equipes de TV e jornalistas. Quando o meirinho voltou, ele pediu que eles tirassem os crachás de jurados e os acompanhasse ao porão. Ali, eles foram colocados em um ônibus para transporte de presos e levados à garagem onde tinham estacionado os carros, do outro lado da rua.

Mas não conseguiram enganar as equipes de TV. Quando o ônibus saiu da entrada subterrânea do tribunal, os cinegrafistas correram na direção do veículo. Os meirinhos ficaram dando voltas, mas, quando enfim chegaram à entrada dos fundos da garagem, as equipes e os jornalistas ressurgiram das sombras e perseguiram os jurados até os carros. Naquela noite, um dos jurados de Lyle viu uma manchete na TV anunciando a anulação do processo de Erik.

Na mesma noite, em um telefonema entre três partes — possibilitado por um dos amigos dos irmãos que fez as vezes de operador telefônico — Lyle tentou animar Erik. Os dois irmãos tinham fantasias de que conseguiriam pedir liberdade condicional. Se os jurados houvessem inocentado Erik de homicídio por dolo direto, mas ficassem em impasse em acusações menores, os promotores seriam impedidos de buscar uma condenação por homicídio doloso em um segundo julgamento. Mas a liberdade ainda era um sonho fugidio.

"Estou surpreso com o quanto fiquei mal", Erik disse ao irmão.

Na sexta-feira, 14 de janeiro, quando o júri de Lyle voltou, eles foram realocados para a sala onde o júri de Erik estava deliberando. Todos os jarros de café e pertences do outro júri, que haviam ficado ali por meses, não estavam mais. Não era difícil concluir que o júri de Erik estava encerrado.

Um a um, os membros do júri foram levados ao tribunal e questionados se sabiam algo do que havia acontecido no dia anterior. O juiz Weisberg havia concordado em segurar o anúncio do veredito se um júri decidisse antes do outro. Ninguém havia considerado o que fazer com um júri em impasse.

Às 4h30 de 17 de janeiro de 1994, o sul da Califórnia sofreu um terremoto de magnitude 6,7, que matou sessenta pessoas e provocou bilhões de dólares em estragos, derrubando prédios e destruindo estradas. Ele ficou centrado em Northridge, no Vale de San Fernando, onde moravam muitos dos jurados. Os abalos sucessivos na semana seguinte não deixaram a cidade dormir.

Lyle foi jogado da sua cama ao chão e machucou o braço. Os dois irmãos ficaram trancados nas celas durantes três dias, sem banho, por conta da falta de efetivo na cadeia. O tribunal de Van Nuys sofreu danos estruturais e teve vidraças quebradas. As deliberações do júri foram interrompidas, já que muitos jurados haviam sofrido danos significativos nas residências.

Quando retornaram, uma semana depois, uma fita amarela de cena do crime selava a entrada do tribunal. O tribunal ia reunir-se em um reboque de tratores atrás do prédio.

Naquele dia, o júri passou noventa minutos em deliberação. Fizeram mais uma votação: Agora era de 7 a 5 para homicídio culposo sobre doloso.

Em 25 de janeiro, quatro dos cinco que tinham votado por doloso concordaram em baixar de dolo direto para dolo eventual. O último decidido pelo dolo direto era Jude. Mais cedo, ele estava disposto a baixar para dolo eventual se os votantes do culposo concordassem com ele. Twinkles sugeriu um acordo de culposo por José e dolo eventual no caso de Kitty, mas os jurados solidários à defesa não viam como separar os níveis de homicídio.

Mais tarde, eles enviaram uma nota ao juiz dizendo que estavam em impasse. Em audiência pública, o juiz Weisberg consultou cada jurado antes de pedir para que deliberassem mais. Duas horas depois, os jurados voltaram ao tribunal e anunciaram que "nada nos levará a chegar a uma decisão unânime". O juiz Weisberg emitiu novos formulários de veredito e pediu aos jurados para voltar em dois dias e pensar em que decisões podiam chegar.

Na manhã da sexta-feira, 28 de janeiro, Tom, porta-voz do júri, falou com veemência: "Todos aqui investiram muito nesta decisão. Não há doze pessoas no mundo que conseguirão ouvir as provas do mesmo modo que nós, porque muitos acompanharam este processo e foram influenciados pela imprensa. É nosso compromisso com a corte tentarmos chegar a uma decisão em alguma das acusações".

"O caralho, porra!", Jude se exaltou frente à ideia de Tom de considerar Lyle inocente do homicídio por dolo direto na morte de José. "Eu não vou deixar!"

Ruth, então, disse que não haveria possibilidade de ela mudar seu voto de dolo direto. Twinkles concordou com ela.

"Outros entenderam minha veemência e voltaram ao barco", disse Jude. "Se eu não estivesse lá, Lyle não encararia homicídio por dolo direto mais uma vez."

Chuck, Patty e Wendy, 22 anos, assistente administrativa em um centro médico que havia ficado vacilando entre dolo eventual e privilegiado, votou em dolo eventual, sem acreditar que os irmãos estivessem temendo pelas próprias vidas. Patty disse que não queria "atar as mãos" do próximo júri. Todos os outros votaram em homicídio privilegiado, com exceção de Sharyn, que decidiu que o assassinato de Kitty havia sido um homicídio culposo.

Às 12h09, um abalo de 3,8 ribombou pelo sul da Califórnia. Seis minutos depois, os jurados enviaram uma carta ao juiz Weisberg: "Lamentamos profundamente informar à corte que ainda somos incapazes de chegar a decisões unânimes em qualquer das três acusações principais e inferiores".

Dentro do tribunal, conforme o público foi autorizado a entrar, Lyle parecia relaxado. Ele já sabia do resultado. Às 12h25, seis meses e oito dias depois das declarações iniciais, o juiz Stanley M. Weisberg anunciou que o júri estava em impasse irremediável e declarou a segunda anulação.

PARTE X

PROLONGAMENTOS

Los Angele
FRIDAY, MARCH 9, 199
COPYRIGHT 1990/THE TIMES MIRROR COMPANY
es Times

55

ERIK, LYLE E O.J.

Nas semanas que se seguiram ao julgamento, Leslie Abramson estava por todos os lados. O *New York Times* a chamou de "rainha dos milagres". O *Washington Post* a descreveu como "a pedra no sapato da lei, em modo nuclear, cospe-fogo e joga-lama". A *Marie Claire* a declarou uma das "generalas" de maior destaque nos Estados Unidos.

"Estão debochando da gente", admitiu o promotor público Gil Garcetti durante uma reunião com seus adjuntos. "Somos motivo de piada", disse ao *Los Angeles Times* o veterano promotor Sterling Norris. Assim como outros no departamento, Norris, que concorreu com Garcetti para a promotoria em 1992, estava incomodado com os resultados recentes e cheios de tensão nos julgamentos de Rodney King e Reginald Denny, assim como no dos Menéndez. "Não é sempre que a promotoria pública bota fogo na cidade, indispõe metade da população, depois dobra uma esquina e perde um grande caso de homicídio", disse Norris.

No mundo volúvel da imprensa, logo surgiria uma nova saga do crime que iria eclipsar todas as outras. "Vamos encontrar O.J. Simpson e levá-lo à justiça!", Gil Garcetti declarou em uma coletiva de imprensa em um fim de tarde, cinco meses depois do julgamento dos Menéndez. Acusado de matar a ex-mulher, Nicole Brown Simpson, e o amigo dela, Ron Goldman, o adorado atleta da Liga Nacional de Futebol Americano conhecido como "The Juice" tinha desaparecido após não se entregar a agentes da lei horas antes. "Não botem a culpa em ninguém", disse Garcetti. "Quantas pessoas da imprensa têm cercado a casa do sr. Simpson? E mesmo assim ele deu um jeito de fugir."

"Que exótico: um agente no topo da justiça criminal acusando a imprensa de deixar um fugitivo escapulir", escreveu Howard Rosenberg, o crítico de TV do *Los Angeles Times.*

Horas depois, em 17 de junho de 1994, a cereja do bolo de todas as pautas sensacionalistas dali em diante atingiu o clímax com a bizarra "perseguição" pelas rodovias do sul da Califórnia: O.J. Simpson contra uma falange de viaturas da polícia, e os espectadores vibrando em casa. Às 22h20 daquela sexta-feira, Simpson chegou à Prisão Central Masculina do Condado de Los Angeles. Em questão de horas depois de ser fichado, O.J. Simpson, o prisioneiro nº 4013970, encontrou seu novo vizinho, o prisioneiro nº 1878449.

Erik Menéndez sabia que estava acontecendo alguma coisa. Na tarde de sexta-feira, agentes do xerifado mandaram ele limpar os pisos e paredes de todo seu conjunto de sete celas. Erik tinha passado semanas escrevendo um livro de ficção científica. Ele assistiu à perseguição ao Bronco de O.J. Simpson na TV enquanto esfregava o chão, de joelhos. "Foi deprimente, foi muito triste", disse Erik. "Quase chorei quando leram a carta de suicídio do O.J. na TV." Pouco antes das 22h30, um grupo de agentes escoltou o ex-herói do futebol para a cela vaga ao lado de Erik Menéndez.

A primeira noite foi pesada. "Não vi ele chorando, mas acho que ele chorou", Erik me contou da cadeia. "Eu ouvia os gemidos."

Pouco depois da chegada, Erik ouviu Simpson conversando sobre seu processo com um dos agentes do xerifado. Um agente e um sargento estavam destacados para a vigília antissuicídio, sentados em cadeiras bem à frente da cela de O.J. Minutos depois, Simpson chamou seu vizinho.

"Ei, Erik! É o O.J.!"

"Então tá, O.J., deixa eu te explicar umas coisas da cadeia", sussurrou Erik.

"Eu falei pra ele não conversar sobre o processo com os agentes nem com os detentos. Disse para ele não se preocupar — pra se acalmar e ficar tranquilo. Depois daquela perseguição tão longa, você imagina o estado em que ele chegou."

Na manhã de sábado, o impacto da morte da ex-mulher estava devorando o desanimado Simpson. "Ele não ficou contente de ir pra cadeia, como ninguém ficaria", disse Erik. "Ele não ficou pior do que eu ou o Lyle. Estava delirando, pensando que ia sair em três semanas." Erik ainda ouviu choro, uma vez ou outra. Simpson passava horas em ligações, usando um telefone portátil que foi trazido à cela.

Em dado momento, Erik disse a O.J. que ele e Lyle haviam conhecido a estrela do futebol quando o pai deles era executivo da Hertz, em fins dos anos 1970. Naquele dia, os dois vizinhos conversaram de novo pelas saliências nas portas. O.J. disse a Erik que estava preocupado em perder prestígio.

"Acho que perdi meu emprego na NBC", disse Simpson.

"Ele falou aquilo de um jeito muito triste", Erik disse. "Ele estava preocupado com a reputação, com a difamação. Eu só disse que ele ia ter que lidar com a imprensa." Ao longo do dia, Simpson e Menéndez ficaram espiando pelas saliências das portas e assistiram à cobertura incessante da TV. O.J. gemia toda vez que ouvia alguma novidade.

Na manhã de domingo, os dois vizinhos viram Gil Garcetti colocar seus processos no mesmo balaio. O promotor estava fazendo uma maratona pela imprensa no fim de semana. "Bom, eu não vou me chocar se virmos O.J. Simpson dizendo 'Sim, fui eu, mas eu não sou responsável'. É o que vimos com os Menéndez." Robert Shapiro, que havia representado Erik no início, chamou a ofensiva do promotor na imprensa de "inadmissível", e que "minava a presunção de inocência".

Erik ficou irritado com a comparação de Garcetti entre os dois processos. "Ele ficava falando daquilo como se meu nome tivesse virado... como se a minha defesa tivesse virado sinônimo de um tipo de raciocínio... aqui vai mais um 'fui eu, mas não me culpem' ou 'eu explico por que eu matei'", disse Erik. "Foi muito irritante." Simpson ficou arrasado — preocupado porque as pessoas iam ficar encarando-o pelo resto da vida.

Erik Menéndez queria ajudar. Era difícil conversar quando os guardas estavam na frente das celas, então Erik escreveu uma longa carta a O.J., que deixou na cabine do chuveiro no fim do corredor. "Contei várias coisas pra ele. 'Essa é a sua vida', eu disse. 'Quando você chorar — lembre-se dessas lágrimas. Segure, porque você está chorando pelos seus filhos, você está chorando por tudo que vai perder.' Eu disse para ele se lembrar de quem estava fazendo aquilo com ele e de lutar. Não deixar de lutar. Falei que ele precisava começar a se preocupar com a vida em si, não com a reputação."

Simpson lhe agradeceu. A carta ajudou.

No Dia dos Pais, Erik ouviu O.J. fazendo "voz de bebê" com seus filhos pequenos ao telefone. A estrela do futebol estava melhor, mas continuava taciturno porque dormia pouco. Lesões antigas no esporte não deixavam que ele relaxasse como precisava sem um travesseiro ortopédico.

Naquela tarde, Erik e O.J. conversaram sobre advogados. Menéndez estava descontente com sua própria rendição, a que Shapiro tinha organizado em março de 1990. Depois de se entregar voluntariamente em Los Angeles, Erik descobriu que devia ter se entregado enquanto estava em Londres. A Grã-Bretanha não tem pena capital — a pena de morte seria excluída como condição de sua extradição. Ele culpou Shapiro pelo erro.

Agentes do xerifado vinham constantemente pedir autógrafos da estrela do futebol. "Eu tinha que lembrá-lo a toda hora: não fale do seu processo", disse Erik. "O sargento teve que dizer a mesma coisa, aliás." O.J. ficava dizendo que era inocente. "Ele ficava repetindo que a violência conjugal não era verdade", disse Erik. "Ele disse que nunca havia batido [em Nicole], fora uma vez. Ele disse que era ela quem abusava dele. Jogava coisas nele, batia nele."

Embora estivessem conversando havia cinco dias, a única vez em que Erik viu O.J. de fato foi a caminho do chuveiro. "Era difícil ver O.J. Simpson do outro lado daquela parede. Eu disse para ele ter coragem. Toda vez que ele passava pela minha cela, ele sorria e piscava pra mim."

Uma semana depois da prisão de Simpson, Erik foi realocado. Ele não soube por quê.

"Traziam comida boa pra ele — o almoço dos agentes (carne assada, costela de porco, burritos) e deixavam-no usar o telefone o dia inteiro. A cela de O.J. estava sempre aberta", disse Erik. "Tratavam-no como se fosse a realeza. Todo mundo ficava encantado com o cara. Todo mundo queria conversar."

O.J. Simpson não era o único que tinha devotos. No auge da sua popularidade como ícones da cultura pop, Erik e Lyle começaram a receber mil cartas por semana. A maioria era de sobreviventes de abuso que diziam que ninguém acreditou neles quando crianças, quando tentavam contar aos parentes que sofriam abuso sexual. Algumas das cartas vinham de mulheres e incluíam fotos nuas. Eram as groupies que tentavam visitar os irmãos na cadeia sem aviso.

Uma das maiores defensoras de Lyle foi Norma Novelli. Nativa da Inglaterra e mãe de quatro filhos, ela raramente perdeu uma audiência nos três anos de tribunal. O primeiro contato de Novelli com Lyle aconteceu em junho de 1990, quando ele escreveu uma carta comentando um texto da *Mind's Eye*, o jornal que circulava nas penitenciárias, que criticava o papa João Paulo II. Depois de uma série de telefonemas e cartas, Novelli virou uma espécie de central telefônica, conectando Lyle a amigos, familiares e correspondentes através de conferências por telefone. Lyle reclamava das roupas de mauricinho que suas advogadas mandavam ele vestir, como os suéteres de cor pastel. Pediu a Norma para levar números da revista *GQ* à equipe de defesa para mostrar o estilo que preferia.

Pouco antes do julgamento, Novelli, que usava minissaias e botas de cano longo, ficou irritada porque a equipe de defesa pediu para ela parar de comparecer ao tribunal. A defesa estava com receio de que o público achasse que a mulher, de 54 anos, tinha um relacionamento com Lyle, de 25. "Eu tenho uma coisa com o Lyle e não vou sumir", ela me disse, furiosa. "Eu quero passar o recado: ele tem quem o defenda. Eu tenho o controle da minha língua." A família Menéndez acreditava que Novelli tinha uma "fixação romântica" em Lyle e disse que o comportamento dela era "repugnante".

Além dos telefonemas todas as noites, Novelli visitava Lyle três vezes por semana na Cadeia do Condado de Los Angeles. "É quando você vai pra cadeia que você descobre quem são suas amizades", Novelli me disse um dia. Lyle Menéndez descobriu o verdadeiro significado da amizade com Norma em 1995, quando ela publicou um livro que continha as transcrições dos telefonemas que ela vinha gravando sorrateiramente com ele havia quatro anos. *The private diary of Lyle Menéndez* [o diário particular de Lyle Menéndez] foi lançado pela Dove Books, mesma editora que publicou um livro de Faye Resnick, amiga íntima da ex-exposa de O.J., Nicole Brown Simpson. Michael Viner, fundador da Dove, contou à *Newsweek* em 1995 que as fitas "iam acabar com Lyle de vez". Novelli entregou voluntariamente caixas de fitas dos telefonemas gravados ilegalmente. Não havia nada de significativo nas gravações, e nenhuma foi aceita como prova no tribunal.

Lyle Menéndez encontrou-se com O.J. Simpson na sala de advogados da Cadeia do Condado de L.A. Os detentos encontravam-se com seus representantes e testemunhas importantes em mesas de fórmica compridas, separadas por partições. O.J. e Lyle começaram a falar com certa frequência enquanto esperavam seus advogados chegarem. Travaram mais de cem diálogos. Nos primeiros dias depois da prisão de O.J., Lyle lhe recomendou considerar um acordo com a promotoria.

Em dado momento, Lyle escreveu uma longa carta a O.J. "Eu disse que achei que o público ia entender", Lyle me contou. "Expressei minha preocupação de que Robert Shapiro não o deixaria contar a verdade. Que sabia que aquilo não fora planejado e que ele estourou no calor do momento." Lyle achava que era um caso de homicídio culposo.

A dupla discutiu a diferença entre homicídio doloso e culposo. "Eu disse que ele não precisava expor a parte mais dolorosa da própria vida", Lyle falou. Mas O.J. estava nervoso e "preocupado com o que ia sobrar da sua reputação" se ele admitisse que fora responsável pelas mortes da ex-esposa e de Ron Goldman.

Perguntei a Lyle se Simpson lhe deu a impressão de que era responsável pelos assassinatos. "Com certeza", ele me disse. "Ele me conhecia, conhecia o Erik e confiava em nós."

• • •

Em setembro de 1994, a promotoria anunciou que não iria pleitear a pena de morte no caso de O.J. Simpson. Em questão de uma hora, Leslie Abramson convocou uma coletiva de imprensa para expressar sua indignação, dizendo que aquela decisão tinha "motivação política". Ela elogiou Garcetti pela decisão de não desejar a pena capital à estrela do futebol, mas o chamou de hipócrita por querer executar os irmãos Menéndez, já que os dois processos tratavam de violência doméstica.

"Que tipo de decisão moral ou jurídica entraria no mérito da pena de morte no caso de meninos de 18 e 21 anos que mataram seus abusadores, mas não no caso de um adulto rico, independente, que eles creem que assassinou a pessoa da qual era o abusador?", perguntou ela. "A única resposta é: quando se entende que você tem o apoio de um grupo de eleitores na comunidade — neste caso, a população afro-americana — você ganha contrapartidas e privilégios que o cidadão médio não tem."

56
O SEGUNDO JULGAMENTO

Tradicionalmente, a acusação tem vantagem em um novo julgamento, pois a defesa já revelou sua estratégia. Ainda assim, Erik e Lyle Menéndez tinham esperança depois dos impasses com os dois júris no primeiro julgamento. Já que o patrimônio dos Menéndez estava oficialmente zerado, Cecil Mills, juiz da Suprema Corte, decidiu que Leslie Abramson receberia 125 mil dólares por ano. Mills decidiu que Abramson era melhor negócio para os contribuintes do que o dispêndio com alguém que começasse no caso do zero. "Não é grande coisa", Abramson gracejou. "Neste momento, eu sou a advogada mais famosa e mais barata do mundo." Barry Levin, ex-agente da Polícia de Los Angeles, uniu-se a Abramson como auxiliar. Jill Lansing abdicou do cargo porque queria passar mais tempo com a filha pequena. Charles Gessler, defensor público veterano e respeitado, substituiu Lansing. Terri Towery, que trabalhou com Gessler na defensoria pública, virou a advogada auxiliar de Lyle.

David Conn, diretor interino da unidade especial de julgamentos da promotoria, foi nomeado novo promotor-chefe no caso Menéndez. Nativo de Nova York, ele havia entrado na promotoria em 1978. Carol Najera ficou de auxiliar. O juiz Stanley Weisberg decidiu que, no novo julgamento, haveria um único júri para os dois irmãos. No início de agosto de 1995, Leslie Abramson defendeu que era o júri que devia decidir se os irmãos tinham convicção sincera de que estavam em perigo.

"O perigo iminente não fez parte deste processo", contrapôs Conn. "Ele não pode ser usado como desculpa para os assassinatos. Eles deveriam ter saído de casa. Não havia necessidade de matarem os pais."

Weisberg disse que foi por pouco, mas que "o tribunal está inclinado a analisar e julgar se havia provas suficientes" para dar uma instrução de legítima defesa putativa. Abramson e Towery trocaram olhares de alívio. O juiz autorizaria o depoimento de peritos em saúde mental. Mas havia limites, já que a acusação estava protestando, diferente do primeiro julgamento. "A maior parte do histórico [familiar] é irrelevante", disse o juiz.

As provas seriam autorizadas apenas se houvesse conexão com a "sensação de medo" dos irmãos. Weisberg alertou, em tom ameaçador, que não ia autorizar que "minúcias" se repetissem no novo julgamento. "O foco das provas deveria ser o estado mental no momento dos assassinatos", ele decidiu. "O abuso é irrelevante, a não ser que corrobore o estado mental dos dois no momento do crime."

Em 28 de setembro de 1995, um júri de sete homens e cinco mulheres foi empossado. Leslie Abramson ficou com uma má impressão do grupo. Durante o recesso de uma audiência em 2 de outubro, um meirinho disse que o júri de O.J. Simpson havia chegado ao veredito, que seria anunciado no dia seguinte. Instantes depois, uma voz saiu pelo rádio do agente, berrando: "Inocente! Inocente!". Na manhã seguinte, 3 de outubro, o sul da Califórnia estava fritando devido a uma onda de calor. Um corredor de policiais cercou o Fórum de Justiça Penal, a trinta quilômetros de Van Nuys, no centro de Los Angeles. Multidões que cercavam o edifício alto do fórum começaram uma festa quando Simpson foi declarado, formalmente, "inocente".

"A investigação foi incompleta e extremamente descuidada. Foi isso que os encrencou no processo de Simpson e vai encrencá-los neste processo", Leslie Abramson declarou. "Persistir numa teoria que eles não conseguem provar." Ela acusou os promotores de estarem com o nervosismo de "ganhar essa pelo Gil". Stanley Weisberg decidiu que não haveria câmeras de TV no novo julgamento dos irmãos Menéndez. Não havia menção ao caso Simpson, mas a revolta foi evidente. "Sem TV?", Abramson disse a Weisberg. "Por que não foi assim da primeira vez?"

Um ano e nove meses depois dos dois júris indecisos, um grupo de doze reuniu-se em uma manhã fria e nublada para decidir se Erik e Lyle Menéndez assassinaram seus pais ou se tinham matado em legítima defesa. Os suéteres de cor pastel tinham sumido — desta vez, os dois irmãos usavam camisas e gravatas. Lyle parecia relaxado, mas Erik ficou se remexendo enquanto esquadrinhava o tribunal lotado.

Quando David Conn levantou-se, antes das 11h da manhã, ele lembrou aos jurados que a promotoria não precisava fornecer motivação para os irmãos terem assassinado os pais. "Vamos provar que eles foram emboscados por uma saraivada de tiros", declarou Conn. "Não havia onde se esconder, não havia para onde correr."

O promotor apresentou fotos em grande formato da cena do crime cheia de sangue, do buraco na cabeça de José Menéndez e um close perturbador do rosto de Kitty Menéndez destruído pelo chumbo. Erik e Lyle "ativaram as lágrimas", como Conn declarou, para "comover e persuadir a polícia".

O novo júri viria a ouvir as vozes de Erik e Lyle dizerem ao dr. Jerome Oziel que haviam pensado em matar os pais durante os dias anteriores à execução. As testemunhas da acusação viriam a depor que os irmãos tentaram forjar provas e estimular falsos testemunhos. Ouviu-se um protesto furioso quando Conn disse que os "réus querem que os pais sejam julgados".

Durante o almoço, Leslie Abramson ficou de lado, dando baforadas no seu cigarro enquanto David Conn insistia com os jornalistas que "os abusos não tiveram relação com o homicídio... mesmo que eles tenham sofrido abusos, eles podiam premeditar um homicídio". Quando chegou a sua vez, Abramson declarou que havia "apenas uma verdade em relação ao que aconteceu nesta família". Ela disse que o júri conseguiria enxergar o que estava por trás da "teoria da telenovela" da acusação.

De volta ao tribunal, a oratória de Leslie Abramson foi discreta se comparada a sua apresentação fervorosa nas razões finais do primeiro julgamento. "Nem todos os homicídios são crimes", disse. Os irmãos haviam agido com "pânico debilitante, movidos a adrenalina e medo da morte" na noite de 20 de agosto de 1989. Erik passou a ter "síndrome do estresse pós-traumático" e "baixa autoestima — como se viu no programa de *Oprah*".

O abuso sexual começou como uma sedução, seguida por atos repetitivos de copulação oral, estupro e sadismo. "É fácil enganar um menino de 6 anos", ela disse. Aos 13, Erik Menéndez entendia que era um "escravo sexual sem valor que só existia para fazer o que seu pai quisesse".

Uma porção substancial da apresentação inicial de Abramson focou em Kitty Menéndez — o assassinato dela era o mistério que a maioria não conseguia entender. Kitty era uma "agressora hostil", uma "cúmplice ciente" e "mãe deficiente". Ela dizia aos parentes que "odiava os filhos".

"Alguns pais não conseguem amar e não amam os filhos", declarou Abramson.

Erik Menéndez era uma "criança que sabe que cometeu um erro". Ele havia matado por "medo, não ódio". Ele "não tinha opção". Erik queria se matar, mas "ele não está pedindo que vocês tenham pena", disse Abramson. "Nossas testemunhas não vão lhes dizer que o abuso é uma desculpa."

Fora do tribunal, a diminuta advogada disse que estava cansada depois de quase três horas arguindo, "mas a verdade é complicada e demanda tempo". Enquanto os jurados iam para casa, John Kobylt, um dos apresentadores do programa de entrevistas de maior audiência na rádio KFI, *John and Ken,* chamou Abramson de "maligna" e disse que "esses irmãos Menéndez me incomodam mais que o O.J.".

No argumento da acusação, havia três temáticas bem simples: martelar a brutalidade dos homicídios, mostrar o planejamento extensivo e a fraude constante dos irmãos, e sugerir que eles haviam matado pela herança. David Conn tinha uma grande vantagem em relação aos promotores do primeiro julgamento — ele tivera a possibilidade de estudar a defesa e analisar o que muitos consideravam uma grande falha na acusação original: não conseguir contestar as afirmações de abuso por parte dos irmãos.

Conn logo chegou à carnificina de 20 de agosto. O detetive Les Zoeller forneceu a narração detalhada enquanto o vídeo da cena do crime era exibido em um televisor. Via-se o vestíbulo bagunçado, com roupas esparramadas. Uma caminhada pelo corredor até as portas duplas da sala de televisão. O silêncio se abateu sobre o tribunal quando a câmera virou-se para revelar o corpo de José, sua cabeça inchada como uma abóbora madura, caída sobre o ombro. O júri parecia petrificado.

Na manhã seguinte, os jurados ouviram entrevistas em fita com os irmãos, gravadas em Nova Jersey um mês depois dos assassinatos. Leslie Abramson ficou incomodada quando percebeu que os promotores estavam tocando uma versão editada, que deixava de fora trechos solidários a Erik. Quando a sala se esvaziou para o recesso, os ânimos se exaltaram. Abramson e Carol Najera começaram a trocar xingamentos. Conforme a gritaria cresceu, Najera encarou Abramson e berrou: "Faça o seu trabalho, mocinha!". Enquanto David Conn puxava Najera da sala, um meirinho se posicionou para impedir Abramson, que estava cruzando a sala de audiência na direção dela.

Durante a inquirição de Zoeller, Abramson começou a tecer, habilmente, a narrativa da defesa em uma série de perguntas afiadas. Ela garantiu que os jurados estivessem cientes da mulher de 78 anos, cabelos grisalhos, sentada na plateia, ao perguntar várias vezes sobre María Menéndez. As advogadas de defesa a haviam deixado à distância durante boa parte do primeiro julgamento porque sabiam que a mãe de José ficaria incomodada com a representação negativa do filho. No novo julgamento, os irmãos pediram para ela estar presente. María ficou impávida, dia após dia, enquanto apresentavam as fotos cheias de sangue da cena do crime, em grande formato.

Nas reperguntas, o detetive apresentou a fita de Oziel de 11 de dezembro, uma das provas mais contundentes da acusação. Os jurados acompanharam as transcrições em que Lyle explicou como matar seus pais "exigiu uma coragem impensável" e disse que "não havia como eu matar meus pais sem o Erik concordar". Mas, desta vez, não houve maquiagem da defesa para aliviar o impacto. Na inquirição, a defesa insistiu que Lyle havia demonstrado "emoções genuínas" quando ligou para o serviço de emergência.

Conforme o julgamento prosseguiu, os promotores trouxeram um desfile de rostos familiares do primeiro processo. Carlos Baralt disse que José Menéndez havia lhe falado que ia tirar Erik e Lyle do testamento porque estava "decepcionado" e "indignado" com os filhos. Perry Berman depôs que Lyle sugeriu que os assassinatos tinham relação com os negócios do pai. Howard Witkin repetiu que havia apagado o HD do computador da família a pedido de Lyle. "Liguei para a polícia e disse que alguém chamado Lyle tentou destruir provas", ele disse. "Que ótimo. Protesto!", berrou Leslie Abramson.

A breve participação de Donovan Goodreau não teve o mesmo drama do primeiro julgamento. Em uma dúzia de entrevistas entre 1990 e 1993, Goodreau me disse que Lyle lhe confessou, meses antes dos assassinatos, que ele e Erik haviam sofrido abuso sexual. No primeiro processo, esta informação afetou o julgamento. Agora, o elemento surpresa havia se perdido. Os promotores contestaram com sucesso a admissão de prova. A narrativa só poderia entrar se houvesse um depoimento de Lyle Menéndez.

Nenhum dos lados gostava de Amir Eslaminia, ou "Brian". Em uma carta de 1991, Lyle pediu a Eslaminia para depor que os irmãos lhe haviam pedido para emprestar uma pistola — empréstimo que nunca aconteceu. Brian Eslaminia conheceu Erik na Beverly Hills High School, mas só conheceu Lyle depois que os irmãos foram presos. Ele ficou chocado com os assassinatos. Em questão de minutos, estava evidente que Eslaminia seria testemunha relutante da acusação.

"O senhor tem problemas de memória?", perguntou David Conn.

"Eu nã... não tenho. Vocês passaram três anos querendo que eu lembrasse de uma coisa."

"Que seria?"

"Eu não lembro." A plateia riu.

Eslaminia havia visitado os dois irmãos na cadeia meia dúzia de vezes.

"O senhor estava disposto a prestar falso testemunho?" Eslaminia olhou para Lyle antes de responder "sim" em voz baixa. Mas Eslaminia disse que Lyle lhe telefonou meses depois de enviar a carta para dizer que ia abandonar o plano, já que "a verdade era o caminho que ele estava seguindo".

"O senhor não está tentando ajudar Erik Menéndez?"

"Não, senhor. Ele matou os pais. Para mim, a amizade se baseia na confiança. Erik violou tudo isso."

Eslaminia disse a Conn que "nunca concordou de fato" com a conjuntura da carta. Ele disse que recomendava a Lyle "orientação espiritual". Durante a inquirição, Eslaminia disse que se ofereceu para conseguir um helicóptero para tirar Erik da cadeia. "Eu era um adolescente", ele disse. "Eles também", Abramson complementou em seguida.

A inquirição de Glenn Stevens, o ex-colega de quarto, espelhou o depoimento do primeiro processo. Durante as três horas da inquirição de Charles Gessler, Stevens admitiu que Lyle era um de seus dois melhores amigos. Quando ele tentou se desviar de perguntas, Gessler releu as respostas do primeiro julgamento. Stevens negou que era um "espião" da polícia. Gessler ficou logo atrás de Lyle, forçando Glenn a olhar para seu ex-colega. Stevens havia trabalhado por curto período como gerente do restaurante de Lyle. Ele admitiu que roubava dinheiro do caixa e que não gostava de trabalhar para uma pessoa "condescendente".

No primeiro julgamento, Jamie Pisarcik, ex-noiva de Lyle, depôs que havia trazido a Lyle cópias dos processos que ela pesquisou de "filhos que se safaram depois de matar os pais". Desta vez, ela afirmou que havia entregado os processos não existentes (absolvições não são registradas; apenas recursos) para Jill Lansing. O irmão de Kitty, Brian Andersen, tinha visto a família Menéndez discutir sobre os gastos exorbitantes dos irmãos. Ele disse que, em 1989, não acreditava que os sobrinhos tinham assassinado os pais.

Marzi Eisenberg, a mulher que descreveu a si mesma como "esposa de José Menéndez na firma", repetiu o depoimento do primeiro julgamento, de que havia entrado em uma limusine com Lyle depois da cerimônia memorial em Hollywood. Depois de ficar flexionando o pé na frente dela, segundo Eisenberg, o irmão disse: "Ei, Marzi, quem disse que eu não ia seguir os passos do meu pai?", antes de admitir que estava usando os sapatos de José. Mais uma vez, ele descreveu que os sapatos eram "mocassins pretos ou de cor escura". Na inquirição, Eisenberg disse que ela ficou "extremamente desconfortável" com a conversa "bizarra" sobre o sapato. A defesa rodou um trecho do noticiário da TV que mostrava Lyle saindo da cerimônia usando um par de botas de caubói verdes.

Um duelo sobre a reconstrução da cena macabra do crime na North Elm Drive foi tratado como o conflito que ia decidir a sina dos irmãos. Combinando 800 fotos da polícia com imagens de computador de último tipo, a empresa de engenharia Failure Analysis Associates tentou reconstituir a cena do crime. Era o ponto fundamental da nova argumentação da promotoria. Durante os dezesseis dias seguintes, os jurados passaram horas e horas consumindo fotos sanguinolentas de necrópsias, debates maçantes sobre dispersão de sangue e manobras jurídicas quanto a minúcias técnicas. Foi demais para os dois lados.

A FaAA, que mudou de nome para Exponent em 1998, era conhecida por reconstituições de catástrofes e acidentes, incluindo do famoso derramamento de óleo de *Exxon Valdez* em águas do Alaska, em 1988, e a trágica explosão do ônibus espacial *Challenger*, da NASA, em 1986. A defesa arguiu que a FaAA não tinha conhecimento para avaliar cenas do crime, nem de medicina forense. "Somos da opinião de que Roger McCarthy é uma fraude", disse Leslie Abramson. "Ele é um escândalo em todo processo que aparece." McCarthy, o diretor da FaAA, nunca havia comparecido a um julgamento penal como perito.

O dr. McCarthy depôs que tanto José quanto Kitty Menéndez estavam sentados (não de pé, como os irmãos disseram) quando os tiros começaram. Levou quarenta minutos para explicar o primeiro tiro, um ferimento no seio esquerdo de Kitty e no braço direito de José. Uma imagem do ferimento na nuca de José Menéndez mostrava um crânio raspado com um grande buraco preto delineado por linhas vermelhas irregulares. "Ele já está morto quando isso acontece", disse McCarthy.

Na inquirição da defesa, Charles Gessler ressaltou que McCarthy nunca havia vistoriado uma cena de crime, participado de uma necrópsia, nem visto pessoalmente um ferimento a bala. Leslie Abramson o repreendeu por não ter a formação necessária para analisar uma cena de crime. Ela leu um memorando interno da FaAA de outro julgamento: "Este exemplo será usado para confundir jurados".

Em 20 de novembro, a acusação encerrou a instrução. Trinta testemunhas depuseram durante sete semanas de julgamento.

57

A DEFESA SOB ATAQUE

Mal se percebeu a transição para a defesa, pois o contra-ataque à reconstituição da cena pela FaAA chegou com toda a força. No primeiro julgamento, os promotores perderam o controle do caso com a novela da vida pessoal de Jerry Oziel. Desta vez, foi um show de horrores com a defesa sob ataque, forçada a explicar o que Abramson chamou de "crueldade em cima de crueldade".

A primeira testemunha foi o dr. Martin Fackler, um perito em ferimentos a bala que foi médico de combate no Vietnã.

"Se eu pedisse ao senhor para reconstituir o caso Menéndez, o senhor reconstituiria?", perguntou Abramson.

"Não creio que seja possível, por conta das diversas variáveis", Fackler disse.

"A reconstituição que o dr. McCarthy fez é científica?"

"Até onde lhe era possível... mas contém muitos erros."

"O que estamos demonstrando é que a promotoria fez uma coisa muito vulgar, muito errada", Leslie Abramson bradou fora da sala de audiência.

"Estamos basicamente afinando como aconteceu a emboscada", disse David Conn. "Dia após dia, estamos ouvindo depoimentos sobre como os pais foram atacados, desarmados e indefesos. Quando a defesa vai começar a defesa?"

O foco do julgamento passou dos espirros de sangue para a teoria da defesa do que levou à noite de 20 de agosto. Erik Menéndez, agora com 25 anos, foi devagar até o banco das testemunhas antes de descrever como matou seus pais dois meses depois de formar-se no ensino médio.

O laço poderoso entre os irmãos era óbvio. Conforme depunha, Erik frequentemente olhava para Lyle, que se inclinava para a frente, esforçando-se para escutar cada palavra. O nervosismo de Erik aumentava de forma perceptível enquanto ele contava aos jurados que cresceu com um pai que abusava dele sexualmente e uma mãe que acumulava humilhações em uma família desajustada e saindo do controle. Erik insistiu que amava os pais. Mas ele acreditava que o pai iria cumprir a ameaça de matá-lo para evitar um escândalo na família.

"Meu pai tinha medo de que eu fosse revelar algumas coisas", ele disse. "Eu queria agradar meu pai, mas não queria fazer o que ele queria. Eu me sentia nojento, sujo, depois vomitava. Ele era bom. Ele era gentil. Ele era paciente. E ele me amava."

"Você matou seus pais porque os odiava?", Levin perguntou.

"Com certeza não", Erik disse.

"Você matou seus pais porque queria o dinheiro deles?"

"Não."

Depois que o júri saiu, Levin fez eco ao comentário anterior de Abramson de que Erik sofria de síndrome do estresse pós-traumático. David Conn contrapôs que a única questão que importava era por que ele havia assassinado os pais. O juiz teve a última palavra: "Este não é um julgamento a respeito de traumas".

A primeira menção ao dr. Jerome Oziel no novo julgamento aconteceu no último dia de arguição de Erik. Ele explicou que o terapeuta queria gravar uma sessão de terapia para "se sentir mais à vontade com a ideia de que os irmãos confiavam nele". Lyle e Erik decidiram, antes das gravações de 11 dezembro, que não iam revelar os segredos de família dos Menéndez.

Os minutos de abertura da inquirição da promotoria definiram o tom dos oito dias seguintes. Conn atacou, de forma condescendente e implacável, acusando Erik Menéndez de forjar sua defesa. Ele insistiu que não havia provas para corroborar as alegações de abuso dos irmãos.

Em dados momentos, a inquirição de Conn a Erik parecia uma partida entre dois tenistas de alta competência.

"O senhor não quer falar dos abusos?"

"Não."

"Mas o senhor fala se atingir sua meta de homicídio culposo. O senhor usa lágrimas para manipular as pessoas?"

"Não. Só quero que as pessoas entendam por que eu fiz o que fiz", Erik disse. "Eu não me entendo por completo."

"O senhor estava indefeso?"

"Não."

"Em vez de tornar-se um suicida, o senhor tornou-se um homicida?"

"Não", Erik falou em voz baixa. "Ele certamente abusou de mim durante doze anos."

"O senhor mentiu a respeito de seu envolvimento?"

"Sim."

"O senhor conspirou com seu irmão para mentir a agentes da lei?"

"Sim."

Erik admitiu que havia gastado muito dinheiro e "não queria ir para a cadeia".

"O senhor teve compaixão pela sua mãe quando atirou nela até matar?"

"Eu estava com medo", Erik falou, depois de um suspiro profundo. "Eu estou na cadeia há seis anos e vou ser castigado pelo resto da vida."

Nos dias que antecederam os assassinatos, Erik disse que havia inclusive telefonado para o dr. Jerome Oziel porque estava "buscando ajuda", mas não fez nenhuma consulta.

O dr. John Wilson, professor de psicologia da Cleveland State University, prestou depoimento depois de Erik e disse que ele sofria síndrome da pessoa maltratada e estresse pós-traumático, ambas crônicas. As provas? Seus pesadelos recorrentes e dissociações. Sem a presença do júri, David Conn acusou Abramson de "vigarista" e de "servir um banquete de traumas".

Durante uma das disputas frequentes quanto ao aceite das provas, Charles Gessler revelou algumas rachaduras na defesa conjunta. Ele acusou Leslie Abramson de "jogar dados com meu dinheiro — é a vida do meu cliente que está em jogo".

"Tenho a sensação de que este barco perdeu o controle há anos", Abramson respondeu.

Em 12 de janeiro de 1996, dois dias depois de Lyle completar 28 anos, Gessler deu a entender que seu cliente não subiria ao banco. Lyle me disse que não queria depor sem Jill Lansing. Em uma audiência sem a presença do júri, Gessler afirmou que Lyle havia matado "sob forte emoção" e que iria pleitear "legítima defesa real".

"Forte emoção não tem influência neste processo", disse David Conn.

A posição unificada dos irmãos no primeiro julgamento era de legítima defesa putativa — que eles não reagiriam ao perigo do mesmo modo que uma pessoa normal porque haviam sofrido anos de abuso. A defesa de Lyle, agora, estava lidando com novas provas de que eles haviam pedido a amigos para forjar narrativas — a carta a Brian Eslaminia e uma carta a uma ex-namorada — que podiam ser usadas para impugná-lo caso ele depusesse. Com a repercussão, Lyle ficaria incapacitado de chamar seus próprios peritos em psicologia forense. Os jurados do segundo julgamento nunca veriam o depoimento potente que Lyle deu em 1993.

"Este julgamento não serve para determinar se Erik ou Lyle foram pessoas abusadas", disse o juiz Stanley Weisberg, que continuava limitando a participação de muitas testemunhas-chave da defesa que haviam estado no primeiro julgamento. "A única prova do estado mental de Lyle vem de Erik." Sem o depoimento de Lyle, os jurados não teriam permissão para escutar muitos familiares, amigos e instrutores que haviam sido o cerne da defesa original.

Allan Andersen, filho de Brian, o irmão de Kitty, chegou a depor sobre os dois verões que passou com os Menéndez. Ele descreveu Erik, de 4 anos, como um garoto "extrovertido de sorriso nos olhos". Dois anos depois, Erik havia se tornado "introvertido, nervoso e com medo de conversar com ele". Os irmãos se "encolhiam" quando o pai ficava irritado.

Diane VanderMolen, sobrinha de Kitty, depôs que "adorava" a tia, e "tentou agradá-la" em várias férias de verão que passou com a família. Ela descreveu os Menéndez como "a realeza da minha família". Mas ela ficou emocionada quando explicou como José e Kitty eram abusivos com os primos mais novos. VanderMolen falou de como Kitty a tratava.

"Sr. Conn, ela me atacava por tudo quando estava em fúria", disse VanderMolen. "Eu ainda estou tentando recobrar minha autoestima." No corredor, advogados da defesa abraçaram VanderMolen, festejando um dos poucos momentos no novo julgamento que se equiparava à potência da defesa original.

Andy Cano retornou com seu relato de como Erik, aos 12 anos, compartilhou com ele, aos 10, o segredo de que sofria abusos. Em uma inquirição agressiva, David Conn sugeriu que ele faria de tudo para ajudar o primo e quis saber por que Cano nunca procurou sua mãe para informá-la dos abusos. Cano disse que era "fiel a Erik" e "tinha muita vergonha" de contar aos pais.

Em 31 de janeiro, a defesa encerrou a instrução depois de apresentar apenas 25 testemunhas, em comparação às 51 do primeiro julgamento. "Só tivemos permissão de apresentar uma versão *Reader's Digest* da defesa", disse Leslie Abramson. "Isto nos prejudica, porque este júri não tem tanta informação quanto o júri do primeiro julgamento."

Para a réplica, a acusação fez Craig Cignarelli repetir seu relato de como Erik lhe perguntou, uma semana depois dos assassinatos: "Quer saber o que aconteceu?". Craig afirmava que Erik havia lhe dito que Lyle estava parado diante das portas fechadas da sala de televisão, com duas espingardas, quando Lyle disse a Erik: "É agora". Mas quando Cignarelli encontrou-se com a Polícia de Beverly Hills, dez dias antes de usar uma escuta, ele qualificou a confissão dizendo que Erik dissera que "pode ter acontecido assim". O júri ficou sem fôlego na inquirição da defesa, quando Cignarelli admitiu que havia recebido 25 mil dólares por uma entrevista ao programa de TV *Hard Copy*. Ele declarou que "merecia o dinheiro por conta de todo o tempo que perdeu na faculdade."

Algumas das batalhas mais ferozes sobre as provas aconteceram antes do depoimento do dr. Park Dietz, o especialista em psicologia da acusação que Leslie Abramson chamou de "Dragão Dietz". Ele gravou dezesseis horas de vídeo na Polícia de Beverly Hills em uma sala com espelho bidirecional para que os promotores pudessem assistir à sua avaliação de Erik. Dietz era ex-professor da Harvard Medical School com doutorado em sociologia. Ele havia sido perito em vários casos de alto nível, incluindo o do assassino serial/agressor sexual Jeffrey Dahmer, o do terrorista Ted Kaczynski (vulgo Unabomber) e o do autor do atentado ao presidente Ronald Reagan, John Hinckley.

"O que eu fiz foi tentar determinar o estado mental de Erik Menéndez no momento dos homicídios", Dietz depôs em 8 de fevereiro. "O funcionamento mental de Erik era muito bom. Não havia alucinações nem delírios — nenhuma perturbação na sua capacidade de usar o raciocínio lógico."

Dietz diz que o nervosismo excessivo de Erik o deixava preocupado com muita frequência. Os efeitos? Agitação. Dificuldade de concentração. Tensão muscular. Perturbação do sono. Irritabilidade. Erik achava que Lyle podia "abandoná-lo" e admitiu que sua "teatralidade" havia enfurecido o pai.

Na inquirição da defesa, Dietz concordou que não era um perito em abuso infantil.

"Importa a mãe dele ter sido colaboradora do pai?", perguntou Leslie Abramson.

"Ajudaria a explicar a situação", disse Dietz.

Leslie Abramson não estava se sentindo bem no Dia de São Valentim, 14 de fevereiro. Pouco antes do almoço, houve um debate intenso sobre a permissão para o psiquiatra forense dr. William Vicary depor. Conn era fortemente contra, argumentando que o dr. John Wilson já havia feito seu depoimento pela defesa.

"O dr. Vicary vai depor a respeito do estado mental de Erik há cinco anos e oito meses, quando teve a oportunidade de conhecê-lo", disse Abramson. "O dr. Dietz sugeriu que Erik foi ensaiado para suas respostas, então é crítico que o dr. Vicary o descreva. Erik estava muito, muito, muito mal no verão de 1990."

Conn foi contra, mas Abramson insistiu: "O dr. Vicary discorda do diagnóstico de transtorno de ansiedade de Dietz". Pouco após as 15h, Abramson disse que estava exaurida e muito mal para continuar. A corte entrou em recesso.

Na manhã seguinte, o debate seguiu feroz.

"Eles querem confundir o júri ainda mais. Era a meta no primeiro julgamento e aqui", disse o promotor. "Agora basta."

"Achamos que o júri foi enganado e queremos esclarecer", contrapôs Abramson. "Fomos impedidos de chamar montes de testemunhas." Pouco depois das 10h, Weisberg decidiu contra a defesa. Abramson fez uma cara péssima.

"Quero que fique registrado que fui incompetentíssima", disse Abramson, em uma declaração assustadora. "O dr. Vicary é um perito que eu deveria ter chamado no meu argumento principal. Fui uma incompetente." Durante um intervalo, David Conn gabou-se com jornalistas. "Vai ter uma fase de dosimetria da pena, e nossa testemunha-estrela será o dr. Oziel."

Depois do almoço, o dr. Vicary foi autorizado a subir ao banco, mas seu depoimento foi extremamente limitado. Vicary foi proibido de dizer que acreditava que Erik sofrera abuso sexual ou que havia matado por medo, o que era o cerne da defesa original. Erik Menéndez "havia melhorado" desde que tinha começado o tratamento com ele, em junho de 1990. Abramson lutou, mas David Conn foi implacável nos protestos.

Durante uma arguição sem a presença do júri, Abramson disse que estava "tentando apoiar-se na última variação de humor da corte".

"Como é?", retrucou Weisberg. "A senhora está falando de sua interpretação errônea da lei."

Com o júri de volta, Abramson perguntou: "O que é mais provável no caso de uma vítima de abuso infantil? Transtorno de ansiedade generalizada ou síndrome do estresse pós-traumático?".

"Estresse pós-traumático", respondeu Vicary.

A inquirição de David Conn passou como um raio: cinco minutos.

Enquanto María Menéndez mexia em um pequeno crucifixo, o clima de briga de rua na discussão se manteve durante uma audiência sobre instruções ao júri.

Conn afirmou que não havia perigo iminente para os irmãos.

"Seu estado de espírito era de que, a qualquer momento, viriam para cima dele", Abramson contrapôs. "Dado o histórico de instigação nesta família, havia eufemismos para estupro, como 'vá para o seu quarto'. Afirmar seu direito de fazer sexo com o filho, de forma beligerante, é instigação que basta."

"Não houve instigação da parte de Kitty", Conn declarou.

"Na noite daquela quinta-feira, Erik achou que Kitty era quem o queria morto", disse Abramson.

Enquanto assistia à discussão, Lyle Menéndez mostrou um de seus tiques nervosos: bater no alto de sua peruca depois de girar lentamente dois dedos acima do topo do crânio.

"Os irmãos não tinham convicção razoável de que os pais iriam matá-los", Conn contou a jornalistas do lado de fora. "Os irmãos não tinham que matar os pais. Não interessa que os irmãos tenham sofrido abusos. Eles não têm desculpa. Há evidências mais do que suficientes para uma condenação por homicídio por dolo direto."

Depois do almoço, o juiz Weisberg bateu o martelo ao limitar ainda mais as instruções ao júri. "Não há evidência de violenta emoção entre José e o réu Erik Menéndez" e "prova insuficiente de instigação entre Kitty e Lyle."

"O tribunal está redefinindo o que é legítima defesa putativa?",perguntou Abramson.

Abramson fez não com a cabeça enquanto o juiz declarava que "não há prova para justificar homicídio culposo no caso de Lyle e da morte de José".

A defesa se recusava a desistir: "A mãe é partícipe", Abramson defendeu. "É indevido do tribunal tirar isto do júri." O juiz disse que havia "refletido muito sobre Mary Louise Menéndez" e declarou que "os dois réus não estão no mesmo barco".

Abramson acusou o juiz de fazer uma escolha subjetiva: "É para doze jurados decidirem com base na sua experiência de vida".

"Minhas decisões se baseiam na legislação", Weisberg falou.

Saindo do fórum, Abramson disse aos jornalistas: "Ele fez de si o 13º jurado... Estou surpresa que ele não tenha pegado uma espingarda no meio do tribunal e atirado nos irmãos".

Então, foi a vez de David Conn. "Absolvição não é um argumento apropriado. Será nada menos que homicídio por dolo eventual", ele disse, encarando um semicírculo de câmeras da TV. "O depoimento de Erik Menéndez não descreveu perigo iminente." Conn chamou as decisões do tribunal de "bem embasadas". Leslie Abramson chamar o juiz de "13º jurado" era uma "caracterização injusta". David Conn, sorridente, estava adiantando sua volta da vitória com a imprensa. Os advogados de defesa estavam claramente abalados.

Quatro dias depois, a chuva caía forte em Van Nuys. O juiz Weisberg deixou a defesa discutir a lei durante mais de duas horas. Como Kitty Menéndez havia incitado Lyle?, ele perguntou. "Houve descrições de medo e raiva no depoimento de Erik", disse Terri Towery. O juiz disse que havia "poucos registros quanto ao estado de espírito de Lyle". Ele repetiu sua convicção de que o "perigo a Erik não era iminente", a "prova no caso de Lyle era ainda menos substancial", e não havia "embasamento legal para uma instrução de violenta emoção para Kitty".

"Se o tribunal estiver certo, a Suprema Corte da Califórnia arrancou as tripas da legítima defesa putativa em caso de vítimas de violência doméstica", defendeu Leslie Abramson. Ela pediu uma suspensão para que a defesa conseguisse um mandado para adiar as razões finais. O juiz negou.

"O abuso é uma falsificação total", David Conn disse ao começar seus quatro dias de razões finais. "A estratégia neste caso é fazer com que vocês odeiem as vítimas." Ele chamou a história dos irmãos de "roteiro" e de "história mais boba que já se contou em uma sala de audiência". José Menéndez amava seus filhos, Conn afirmou, e acusou os familiares dos irmãos de terem sido induzidos a fabricar provas falsas. A fita de 11 de dezembro fora a "prova cabal". Conn exigiu que Erik e Lyle Menéndez fossem "responsabilizados pelas suas ações". Ele descreveu o caso como um "exemplo perfeito da desculpa do abuso" e disse que homicídio por dolo eventual seria uma "palhaçada com a justiça".

"Eu não preciso me demorar tanto", Leslie Abramson disse no primeiro de seus três dias de razões finais. "Meu argumento já é forte." Ela admitiu que alguns jurados podiam ter a convicção de que Erik estivesse mentindo. "Vocês vão sentir muito tédio", ela disse. "Eu vou falar com quem está em cima do muro."

Ela acusou a promotoria de misturar provas para inventar uma nova pessoa: "Lyle-Rik". Uma pessoa que, disse ela, não existe. Kitty Menéndez não havia feito nada para ajudar Erik e Lyle. "Não se tem incesto sem que um progenitor permita", Abramson disse aos jurados. "Kitty

Menéndez é uma pessoa ruim? Depois de tanto tempo, ela e Deus já se resolveram." Quanto a José, ela perguntou: "Que tipo de sucesso tem um homem que é morto pelos próprios filhos?".

"Não temos que provar inocência", ela lembrou ao júri. "Seria melhor ficar indecisos do que ficar em meio-termo."

Enquanto Abramson encerrava, ela disse aos jurados: "Eu poderia ficar uma hora chorando aqui. Se eu tivesse uma máquina do tempo, eu queria voltar e segurar os dois".

58

OS VEREDITOS: VIDA OU MORTE?

Em 21 de março de 1996, após quatro dias de deliberação, o júri entregou o veredito. Pouco antes do meio-dia, o escrivão leu a decisão: Erik e Lyle Menéndez eram ambos culpados de homicídio por dolo direto, assim como de formação de quadrilha para cometimento de homicídio. Os jurados também haviam votado a favor de duas circunstâncias especiais: emboscada e homicídio múltiplo. Isto significava que haveria apenas duas opções para a fase de dosimetria da pena: perpétua sem direito a condicional ou de morte. Os dois irmãos ficaram chocados com o veredito. Erik passou dias na cama, olhando para o teto da cela. Na promotoria, o julgamento foi orgulhosamente batizado de "Menéndez II: A Ira de Conn".

Seis dias depois do veredito, a fase de dosimetria da pena começou pela irmã de José, Terry Baralt, a primeira de dezessete testemunhas da defesa.

"Tem que haver motivos muito fortes para o que aconteceu", ela disse.

"A senhora amava seu irmão?", perguntou Terri Towery.

"Muito", ela respondeu.

Na inquirição, David Conn reclamou que Baralt recusava-se a reunir-se com Les Zoeller para discutir o caso. "Sr. Conn, o senhor quer que eu mate meus sobrinhos... os familiares não querem mais sangue. É a minha família, não a sua", ela retrucou.

Tanto José quanto Kitty eram "cruéis e insensíveis" com os filhos, disse Marta Cano. Seu irmão os ridicularizava com frequência, e Kitty nunca o impedia. A família ficou "arrasada" com as condenações. "Eu queria ter feito algo antes do que aconteceu", Cano disse.

O padre Ken Deasy começou a visitar os dois irmãos pouco após eles serem presos, em 1990. Deasy havia conhecido toda a família em 1988. José achou que seria bem-visto no tribunal de menores se Erik fosse acompanhado por um padre depois de ser preso pelos furtos de Calabasas. Deasy passava bastante tempo com os irmãos, incluindo todo ano no Natal.

Erik havia perguntado ao padre: "Deus ainda me ama? Ele vai usar isso contra mim?". Erik queria saber se seus pais o perdoavam. O padre lhe disse: "Não limite o perdão de Deus a nossa incapacidade de nos perdoarmos... Deus dá amor incondicional".

Na inquirição, David Conn perguntou ao padre Deasy sobre a vez em que Erik admitiu que havia matado seus pais. "Foi porque ele estava sendo ferido, molestado, abusado pelos seus pais, emocional e fisicamente — não por ganância", disse Deasy.

"O senhor acredita nele, não é?", Leslie Abramson questionou nas reperguntas.

"Muito", Deasy respondeu.

Durante a segunda semana de depoimento, Conn perguntou ao dr. Vicary sobre sua avaliação de Erik. Em dado momento, ficou aparente que Conn estava trabalhando com um conjunto de anotações de Vicary diferente das que estavam diante da testemunha. Sob questionamento agressivo, o dr. Vicary admitiu que havia apagado meia dúzia de trechos de suas anotações a pedido de Leslie Abramson. Vicary disse que havia removido informações que Abramson lhe disse que eram "prejudiciais" e "inválidas". Vários professores de direito disseram ao *Los Angeles Times* que, aparentemente, Abramson e Vicary haviam transgredido a ética jurídica.

No dia seguinte, tanto Abramson quanto Vicary chegaram ao tribunal guarnecidos de defesa. Em uma audiência sem júri, Abramson afirmou duas vezes seus privilégios de Quinta Emenda — o de proteger-se de autoincriminação — quando questionada pelo juiz Weisberg. Vicary afirmou que Abramson havia mandado ele remover 24 páginas de suas anotações originais. Vicary reescreveu outras dez páginas. Entre as exclusões havia declarações de Erik de que, uma semana antes dos assassinatos, ele odiava seus pais e de que "não podia esperar — eu queria matar os dois".

Os outros três advogados de defesa imediatamente pediram a anulação do julgamento. Eles estavam preocupados que o júri fosse achar que havia acontecido má conduta por parte da defesa. Eles acusaram a promotoria de começar uma "caça às bruxas" contra Abramson. Barry Levin defendeu que os direitos ao devido processo legal de Erik tinham sido desrespeitados e sugeriu que um advogado independente fosse indicado para o réu.

Agora havia um conflito potencial entre Levin e Abramson. "Você sabe onde se encontra a culpa", o juiz disse. "Não há nada de impróprio no que a promotoria fez. A culpa não está aqui." Durante o intervalo de almoço, Abramson ficou parada, fumando um cigarro enquanto o som do carro retumbava a música "What's Going On" ("o que está acontecendo?"), de Marvin Gaye.

Os advogados de defesa Barry Levin e Charles Gessler defenderam com veemência que deveria haver a anulação do julgamento, mas o juiz negou o pedido. "Agora vejo a fase de dosimetria da pena como uma luta mortal", disse Levin. Ele recomendou a Erik tirar Abramson do caso. No fim das contas, o juiz Weisberg decidiu que não houvera impacto no júri e disse que a fase de dosimetria ia continuar. Também disse que Levin podia representar Erik já que ele não estava "prejudicado" e "não havia conflitos".

Na manhã seguinte, o *Los Angeles Times* trouxe uma foto de primeira página de Abramson indignada, olhando por cima do ombro, no tribunal. A imprensa explodiu de pautas que explicavam por que a legislação de Los Angeles era tão diferente dos sistemas jurídicos de outros lugares. "O que eu gostaria mesmo de fazer", Abramson disse, posteriormente, a um jornalista, "é ficar totalmente invisível pelo resto da minha vida, porque eu não considero ser celebridade muito divertido."

Em 9 de abril, Levin e Gessler entraram com uma moção para remover Abramson do processo. Gessler afirmou que fora impossível para o júri evitar a cobertura intensa da imprensa. Ele estava preocupado que o veredito do júri quanto a perpétua ou a morte pudesse se tornar um referendo sobre Abramson.

Então, Abramson disse ao juiz que havia tomado uma "decisão precipitada" e abdicou da sua reivindicação da Quinta Emenda. Sua solicitação para falar *in camera* (ou seja, em privado) foi negada. Depois, sem a presença da plateia, Erik Menéndez implorou ao juiz para que deixasse Abramson ficar. O juiz Weisberg julgou que Abramson ia ficar como advogada auxiliar de Levin. Enquanto deixava o tribunal, Abramson sorriu para as câmeras. Em privado, ela expressou sua raiva com Vicary: "Aquele safado... ele aceita cinquenta por cento da culpa e deixa Erik levar cem por cento do impacto".

Quando o depoimento foi retomado, o dr. Vicary disse que Erik estava tão mal quando eles se conheceram que era "quase hora de levá-lo para o andar de cima e deixá-lo na sala com paredes de borracha". Os irmãos de Kitty Menéndez, Brian e Milton, depuseram à acusação, mas não tiveram permissão de apelar contra a pena de morte. "Às vezes eu acordo no meio da noite gritando com a imagem dela e o jeito como ela foi assassinada, sabendo que ela esteve viva durante uma parte desse tempo", disse Brian Andersen, emocionado, ao júri. "Eu queria ter estado lá para protegê-la."

Erik e Lyle Menéndez mereciam morrer — foi o que disse David Conn quando começou sua argumentação final da fase de dosimetria da pena. "Se não neste caso, em qual?" Conn disse que não deveria fazer diferença se os réus vinham de Compton, da zona leste de Los Angeles ou de Beverly Hills. Ele deu o bote no dr. Vicary, chamando sua maquiada nas anotações de "deturpação do sistema penal" e tentativa de enganar o júri. Ele zombou da defesa, chamando-a de "fraudulenta" e "desesperada". "Os senhores e as senhoras não deveriam aceitar esta 'desculpa elitista, de *country club*, que é o abuso'", ele exigiu.

Em tom arrogante, Conn disse aos jurados para pesar o "horror do crime em relação ao treinar tênis demais e dar abraços de menos". A promotoria descreveu os irmãos como filhos descontrolados que tinham crescido em berço de ouro e depois premeditaram homicídio.

"Eles optaram pela morte naquela sexta-feira em que saíram para comprar as espingardas", Conn disse. "Eles optaram pela morte no sábado, quando recarregaram as espingardas com munição letal. Eles optaram pela morte no domingo, quando atiraram nos pais para matar. E agora eles querem que os senhores e as senhoras optem pela vida, a vida deles?"

"Não estamos falando de uma criancinha", disse Conn, apontando para Lyle. "Ele foi um assassino de sangue-frio." Ele olhou com desdém para Lyle e declarou: "Olhem nos olhos dele. Os senhores e as senhoras veem olhos escuros, olhos mortos. E eles deviam morrer pelo horror do que cometeram".

Depois de seis anos, Leslie Abramson, a cara da defesa perante o público, ia ficar quieta. Pouco após as 15h30, Barry Levin, com a voz tranquila, começou admitindo que estava assustado e apavorado. Disse aos jurados que era a decisão mais importante que iam tomar nas suas vidas. Lembrou ao júri que David Conn era da mesma promotoria que disse que O.J. Simpson não deveria pegar a pena de morte.

"Estamos falando deste senhor que olhou para os senhores e as senhoras, com o rosto sério, e disse que, entre todas as pessoas que cometem crimes, Erik Menéndez é o que deve morrer. E quanto ao O.J.? Com O.J., isso nem entrou em consideração. E O.J. era o abusador." Levin disse. "Aquilo é muito pior."

Conforme ia se aquecendo, Levin conseguiu invocar o ardor e a eletricidade de Abramson, incentivando os jurados a não sentenciarem Erik à pena de morte com base nas palavras espertas de um promotor. "Os senhores e as senhoras não podem se indignar com Erik e lhe dar a morte por rancor ou vingança", Levin disse. "Os senhores e as senhoras podem ser fortes, piedosos, independentes e compreensivos."

Levin defendeu que a pena de morte deveria ser reservada aos criminosos mais cruéis e hediondos, que tinham histórico de violência e nenhum remorso. Ele acusou Conn de acusar a vítima, mas com o sentido inverso: se você gostava de José Menéndez, você deveria matar Erik. Não seria possível amar os quatro membros da família? Levin perguntou.

"A família terá uma resolução. A promotoria terá uma condenação. Já basta", ele pregou, em uma escalada de emoção. "Os senhores e as senhoras não devem matar Erik Menéndez, pois não precisam.

Os senhores e as senhoras não vão proteger ninguém. Os senhores e as senhoras não vão acalmar ninguém... Se os senhores e as senhoras têm alguma compaixão, é a hora de usá-la. Se os senhores e as senhoras sentirem alguma piedade, é hora de colocá-la em prática."

Fora do tribunal, María Menéndez abraçou Levin e lhe agradeceu.

No dia seguinte, Terri Towery fez um apelo pela vida de Lyle. "Não estou dizendo que José e Kitty Menéndez mereciam morrer. É óbvio que não", disse Towery, com a voz baixa. "Mas os senhores e senhoras precisam considerar se o modo como os pais trataram seu filho, Lyle Menéndez, teve parte no que aconteceu." Se os dois filhos haviam matado os pais, ela disse, "os senhores e as senhoras não se perguntam por quê?". Ao encerrar, Towery pediu aos jurados para optarem por compaixão, piedade e compreensão com Lyle Menéndez. Depois do tribunal, a equipe de defesa se autoparabenizou.

Pouco antes das 14h de 17 de abril, foi anunciado que o júri de oito homens e quatro mulheres (duas juradas foram substituídas durante as deliberações por questões de saúde) havia chegado a um veredito após três dias de deliberação. Erik e Lyle estavam soturnos quando adentraram o tribunal lotado, cercados por nove meirinhos. A cabeça de Erik caiu quando foi lido o primeiro veredito: perpétua sem direito a condicional. Lyle abraçou Charles Gessler enquanto ouvia a sentença idêntica. Sentada na plateia, María Menéndez secou os olhos.

Três jurados e dois suplentes responderam perguntas dos oficiais de justiça. Eles disseram que não houve desacordo algum para chegar à condenação de homicídio por dolo direto ou decidir a punição. Andrew Wolfberg, de 25 anos, recém-formado em direito, acreditava que a pena de prisão perpétua sem direito a condicional era a decisão certa com base na lei. "É sinistro ficar na posição de decidir a vida ou a morte de uma pessoa", ele disse. "Quase como os réus quando tomaram a decisão de matar."

Bruce Seitz, de 34 anos, funcionário do serviço postal, disse que os jurados ficaram surpresos por não ouvirem Lyle Menéndez depor. Leslie Hillings, de 36 anos, também funcionária do serviço postal, disse que o júri foi unânime na conclusão de que os irmãos haviam sofrido abuso psicológico. "Abuso sexual? Creio que nunca saberemos se isso aconteceu ou não", ela disse. O abuso nunca virou assunto nas deliberações do júri. Nenhum dos cinco que falaram acreditou que os irmãos estavam temendo pelas próprias vidas na noite dos homicídios.

Dois andares abaixo da sala de audiência, o promotor Gil Garcetti fazia sua análise em tempo real, dizendo que, naquele momento, a maioria das pessoas no país acreditava que a justiça havia sido cumprida. Garcetti ficou contente que a promotoria não havia resolvido o caso com um acordo. Tanto David Conn quanto a promotoria acreditavam que as condenações iriam se sustentar em caso de recurso.

Do lado de fora, Leslie Abramson tornou-se o foco da imprensa. "Pelo lado bom, eu diria que eles são seres humanos tão notáveis que vão descobrir um jeito de serem produtivos", ela disse. "Aliás, alguns jurados disseram a mesma coisa."

Vários dos jurados me contaram, depois, que não teriam votado por homicídio doloso se tivessem ouvido mais sobre o histórico familiar durante a fase de sentença do julgamento.

EPÍLOGO DE 2018

SOB MÚLTIPLOS OLHARES

Em nota de encerramento, quero expressar meus pensamentos particulares sobre a família Menéndez e o processo criminal. Houve dúzias, se não centenas, de familiares, amigos, professores, instrutores e outros que foram testemunhas oculares de José e Kitty Menéndez abusando fisicamente, verbalmente e emocionalmente dos filhos. O grande público e a imprensa ficaram travados na resposta a uma única pergunta: Os irmãos haviam sofrido abuso sexual? A resposta nunca foi meu único critério para avaliação do processo. Eu acredito que abusos físicos, verbais e emocionais podem ser tão prejudiciais a uma criança pequena quanto o abuso sexual.

Promotores, advogados de defesa e a imprensa transformaram casos penais de renome em eventos esportivos, em que os personagens são reduzidos a bandidos e mocinhos. A verdade é que a vida real é uma zona cinzenta. Erik e Lyle Menéndez não eram nem de todo maus nem de todo bons. Eles cresceram em um ambiente de crianças ricas e mimadas em Princeton e Beverly Hills. A fachada da família que morava na mansão em Beverly Hills era perfeita. Por trás dos portões, um par de progenitores altamente problemáticos criava duas crianças perturbadas. A história real dos irmãos Menéndez nunca foi a de duas crianças gananciosas que mataram os pais perfeitos na pressa de herdar o dinheiro dos pais.

O cerne do argumento da defesa no primeiro julgamento — o depoimento de familiares, amigos e outros que conheceram bem os Menéndez — não foi autorizado no segundo julgamento (ou foi extremamente limitado). Esses depoimentos sobre o histórico familiar foram apresentados na fase de dosimetria da pena do segundo julgamento. Vários jurados me disseram, após o veredito da fase de dosimetria, que não teriam votado em homicídio doloso se tivessem ouvido o pano de fundo detalhado da família durante a fase de sentença.

Em 2005, no recurso dos irmãos ao tribunal do Nono Circuito de Recursos, o juiz Alex Kozinski sugeriu que houvera "conluio entre a Promotoria do Distrito de Los Angeles e o juiz Stanley Weisberg" para condenar os irmãos no segundo julgamento. A promotoria estava ansiosa por uma condenação depois das derrotas humilhantes nos julgamentos de Rodney King e O.J. Simpson. Ainda assim, o juiz Kozinski votou contra o recurso dos Menéndez.

Nenhum dos jurados que votou em homicídio culposo estava tentando deixar os irmãos soltos no primeiro julgamento. Todos concordavam que um crime tinha sido cometido; a questão na qual os jurados não conseguiam concordar era o nível de culpa. Se Erik e Lyle tivessem sido condenados por homicídio culposo no primeiro julgamento, eles podiam ter ficado com uma sentença de 22 anos — onze anos para cada acusação.

Conforme as décadas vão se passando, é hora de repensar o futuro dos irmãos. As ruas da Califórnia não estão mais seguras porque Erik e Lyle estão cumprindo pena perpétua sem chance de condicional.

Em abril de 2018, os irmãos Menéndez finalmente reencontraram-se na mesma penitenciária da Califórnia. Se o julgamento dos Menéndez acontecesse hoje, no mundo das redes sociais de 2018, é provável que o final seria bem diferente. Vivemos em uma era moderna em que há um entendimento muito maior acerca de abusos e de violência familiar do que em 1993. Nenhuma circunstância deveria dar passe livre para você matar seus pais. Mas se houver circunstâncias atenuantes — e havia, evidentemente, neste caso — a solução deveria ser um homicídio culposo, não doloso. Como vivemos em uma sociedade mais esclarecida, mais compreensiva, chegou a hora de repensar seriamente se Erik e Lyle Menéndez deveriam deixar a prisão.

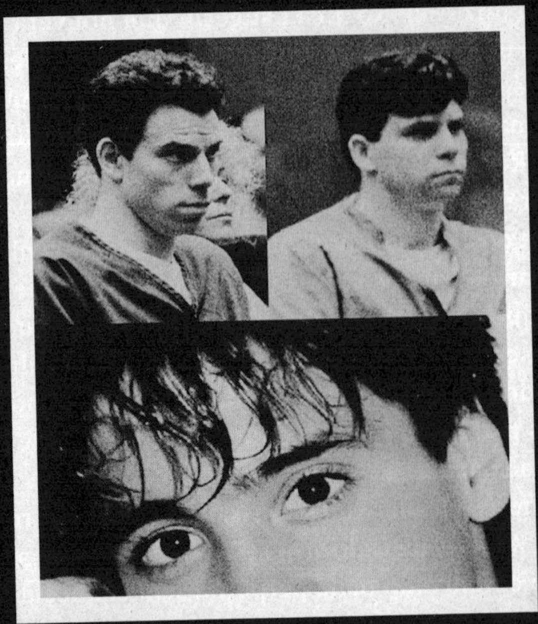

EPÍLOGO DE 2024

NOVAS PROVAS: MENÉNDEZ + MENUDO + A PETIÇÃO DE HABEAS CORPUS

Caro Lyle,

Como você sabe, considero a família o que há de mais importante na minha vida e espero que assim seja na sua. Não sei lhe dizer o quanto eu sinto falta de conversar com meu pai. Tenho muita saudade. Tenho plena confiança em você e Erik e não tenho preocupações quanto a seu papel no futuro deste país. Tanto você quanto Erik podem fazer a diferença. Eu acredito que vão!

Com amor,
Papai

— Trecho de carta de julho de 1987 de José Menéndez ao filho Lyle

BEVERLY HILLS – SETEMBRO DE 1989

Um mês após as mortes de José e Kitty Menéndez, a tia de Erik e Lyle, Marta Cano, estava com dificuldade para dormir na mansão da North Elm Drive em Beverly Hills. Ela estava hospedada ali com os irmãos. Uma amiga da igreja disse a Cano, católica devota, que os espíritos de seu irmão e sua cunhada estavam presos na casa. A solução? Uma cerimônia similar a um exorcismo, um ritual de cura, que foi conduzida por um padre de Washington, capital.

Erik, tia Marta e o primo Henry Llanio reuniram-se na sala de televisão onde os assassinatos haviam ocorrido. Lyle estava viajando, na Costa Leste. Antes de a missa começar, Cano recebeu instruções para abrir frestas em todas as janelas da casa.

"O padre levantou as mãos ao teto e depois, muito rápido, as baixou. Quando ele fez isso, a sala ficou totalmente escura — mesmo que o sol da manhã brilhasse forte lá fora", Marta Cano me contou, décadas depois. "Segundos depois, o padre ergueu as mãos e a luz do sol inundou [de novo] a sala."

Foi assim que Erik Menéndez descreveu a cerimônia a Craig Cignarelli, seu melhor amigo, o mesmo em quem a Polícia de Beverly Hills havia instalado uma escuta durante um jantar no Gladstone's, em Malibu, em novembro de 1989:

> Ele [o padre] cura a alma, cura você, faz você se sentir melhor... Esse curandeiro filho da puta... começa a falar um troço em latim... puta que pariu... eu não conseguia abrir os olhos, e entrei em um transe de uns nove, dez minutos. Eu disse, tipo assim: "Que porra foi essa?". Mas eu fiquei, eu vi o círculo girando, assim... e eu, eu começo a entrar nesse buraco negro com isso... na minha volta. E eu passo pelo meio do buraco. Aí, de repente, eu vejo meus pais. Eu vi as almas subindo pro céu. Eu vi meus pais no céu... eles tavam de pé, eu tava rezando na frente deles, de joelhos.

Depois do ritual, Marta Cano nunca mais teve problemas para dormir.

BEVERLY HILLS – OUTUBRO DE 1989

No domingo, 22 de outubro de 1989, passei três horas e meia conversando a sós com Erik Menéndez na sala de estar verde-clara da mansão dos Menéndez em Beverly Hills. Isto aconteceu dois meses depois do assassinato de seus pais e cinco meses antes de ele e o irmão serem presos. Erik e Lyle não eram suspeitos naquele momento, não publicamente, e eu não tinha motivo para desconfiar dos dois. Erik e eu estávamos em uma mesa de carteado de frente para um piano *baby grand* que tinha a partitura de "American Pie", de Don McLean, música que chegou a número um nas paradas de 1972.

Erik falava de seu pai em tom reverente. Quando estávamos com o irmão dele, dois dias antes, Lyle era quem tinha falado mais. Agora, Erik estava bem falante. Ele me disse que José Menéndez tinha sido "um atleta de destaque na natação e no futebol". Aos 12 anos, brincando com um primo, José Enrique — como a família o chamava — acidentalmente botou fogo em metade do clube campestre do qual os Menéndez eram sócios em Havana. Erik descreveu o incidente como um momento do José "travesso" e disse: "Eu penso em tudo que eu fiz e nada pode ser tão malcriado quanto o que ele fez".

Erik me contou que seus pais se conheceram e se apaixonaram na Southern Illinois University no início dos anos 1960. Seus avós foram contra José casar-se aos 19 anos, mas o jovem escreveu uma longa carta a María e Pepín explicando que estava sozinho em um país estrangeiro havia três anos, então tinha direito a tomar decisões de adulto. Em 1963, os recém-casados mudaram-se para Nova York, onde José frequentou o Queens College enquanto trabalhava no famoso 21 Club de Manhattan. José vendia enciclopédias de porta em porta enquanto Kitty fazia mestrado com vistas a virar professora. As ambições de Kitty de tornar-se apresentadora de rádio e TV terminaram com o nascimento de Lyle em 1968. Durante esse período, o casal era tão pobre que dormiam perto do fogão aberto para se aquecer e compravam uma peça de presunto de cinco dólares por semana, fazendo ela durar a semana inteira.

Erik disse que não sabia em que pé estava o casamento dos pais quando José cogitou a proposta de emprego na Califórnia em 1986. "Eu acho que eles passaram por uma época difícil, bem ali, então foi uma coisa grande. Meu pai disse: 'Você pode ficar aqui [em Princeton] com o Lyle e eu vou levar o Erik e nós vamos para Los Angeles'. E mamãe disse: 'Você não vai levar o Erik, não'. E ela finalmente aceitou se mudar. A discussão entre José e Kitty foi de duas semanas. Ele pediu uma quantidade absurda de dinheiro [da LIVE Entertainment] e eles aceitaram na hora. José achou que devia ter pedido mais. Meu pai usou simplesmente a lógica com minha mãe e ela concordou. Meu pai era muito triste. E minha mãe era bastante deprimida."

Depois de chegar na Califórnia, Kitty disse a uma velha amiga de New Jersey: "Se eu quisesse um casamento, se eu quisesse salvar meu casamento, eu tinha que me mudar e abrir mão de tudo que eu tinha".

Em um dado momento, enquanto discutia o período do pai na RCA Records, Erik citou a *boy band* latina Menudo e a cultura permissiva na indústria fonográfica. "Tinha tudo que é tipo de suborno. Eu lembro que um homem ofereceu uma Ferrari pro meu pai. Se você ajudar essa gente, eu te dou uma Ferrari. Ele perguntou pra mim e pro Lyle: 'O que eu faço?'. Nós não entendemos. Era o Menudo. A pessoa que administrava o Menudo queria comprar uma Ferrari pro meu pai porque a coisa estava indo muito bem. Eles estavam tirando muita grana, ele queria expressar a gratidão por confiar neles e por ter dado uma chance à banda.

"Lyle e eu falamos: 'por que não?'. Não entendíamos por que ele não podia [ficar com a Ferrari]. Não era um suborno. Meu pai disse: 'Não, não posso. Eu não quero arriscar minha reputação, mesmo que o negócio seja legítimo'. E esse cara [Edgardo Díaz] queria levar ele na Itália pra escolher o carro. Ele mesmo tinha uma Ferrari, que o meu pai dirigiu. O cara queria fazer isso pelo meu pai, mas meu pai disse não."

Depois que encerramos nossa entrevista formal, Erik ainda estava empolgado com a conversa e se ofereceu para me levar a Calabasas, para fazer um tour do que ele chamou de "casa dos sonhos" de seus pais, uma mansão em 5,5 hectares de terreno que Kitty e José estavam reformando na época em que morreram. María (a avó paterna dos irmãos), Erik e eu fizemos quarenta minutos de viagem de Beverly Hills ao San Fernando Valley no jipe bronze de Erik. Passamos mais três horas juntos caminhando pela enorme casa de campo. Nove dias depois, Erik marcou consulta com seu terapeuta, dr. Jerome Oziel, e confessou que ele e Lyle haviam matado os pais.

LOS ANGELES – JULHO DE 1992

Ouvi um boato no verão de 1992, um ano antes do primeiro julgamento de Erik e Lyle, de que haveria uma conexão misteriosa entre o Menudo e José Menéndez quando ele era alto executivo da RCA Records, em meados dos anos 1980. Grandes artistas assinaram com a RCA durante a era Menéndez, incluindo Eurythmics, Barry Manilow e Grim Reaper. Alan Grunblatt, ex-caça-talentos e executivo da RCA, disse: "No início, José era odiado na RCA. Ele não entendia do mercado da música. Era um peixe fora d'água. Era um cara dos negócios, não um cara da música. A indústria da música era a contracultura e Menéndez era certinho".

Mas José Menéndez tinha perspectiva de expandir o catálogo de música latina na RCA abrindo um escritório em Miami. Menéndez queria trazer o Menudo para o mercado norte-americano. Edgardo Díaz, um jovem empresário porto-riquenho, bolou o conceito do conjunto musical em 1977: o de meninos eternamente jovens, entre 12 e 15 anos, que seriam aposentados aos 16 e substituídos por novos meninos de 12. Assim nasceu o Menudo. Seis anos depois, em novembro de 1983, Menéndez fechou um contrato de 30 milhões de dólares com o grupo — uma bandinha pop que fazia playback das próprias músicas nos shows. Era uma quantia astronômica para uma banda que nunca tinha gravado uma única música em inglês.

NOVA YORK – JUNHO DE 1993

Em 1993, comecei a fazer entrevistas por telefone com José Peduto, um senhor idoso que morava em Nova York e que tinha sido assistente particular de José Menéndez na Hertz e na RCA. O chefe e seu secretário foram bastante próximos durante os anos em que trabalharam juntos. Peduto me contou que passava mais tempo com Menéndez do que José passava com a família.

Peduto nunca chamou o chefe de José. "Sempre foi sr. Menéndez", ele disse. Ele também me contou que, pouco depois de José contratá-lo, Menéndez lhe confessou que, depois de se formar na faculdade, tinha pensado seriamente em mudar o nome porque não achava que uma pessoa com sobrenome espanhol chegaria ao ápice da hierarquia corporativa. Peduto atendia todas as ligações de Menéndez no escritório. Tinha inclusive uma alcunha para a amante de José em Nova York, Louise: Lou Miller. Kitty Menéndez ligava várias vezes por dia para o escritório para fazer a conferência e repassar a agenda de Erik e Lyle.

Fiz meia dúzia de telefonemas a John Peduto, que começaram em junho de 1993 e seguiram por dezoito meses. A cada vez que conversávamos, Peduto lembrava que José Menéndez era "obcecado pelo Menudo e pelo cantor Ricky Martin". Nas primeiras ligações, não dei bola. Quando, em conversas subsequentes, ele continuou falando do foco que José tinha no Menudo, mais do que em todas as outras atrações da RCA, comecei a prestar mais atenção.

NOVA YORK – ABRIL DE 1994

Conheci o fotojornalista Bolívar Arellano, fotógrafo da equipe do *New York Post,* três meses depois da anulação do primeiro julgamento dos Menéndez, em janeiro de 1994. Arellano era um camarada simpático, de 40 e poucos anos, com bigode espesso. Ele tinha viajado com o Menudo em turnês durante dez anos, e tirou milhares de fotos. Arellano documentou a ascensão da banda dos *barrios* de Porto Rico a shows esgotados em São Paulo, Caracas, Manila e Tóquio. No auge da fama do grupo, nos anos 1980, Bolívar e sua esposa, Bruni, abriram a Menuditis, uma loja de produtos Menudo em Manhattan. Além de vender produtos Menudo — cartazes, bottons, calças jeans e relógios — os integrantes daquele momento ou ex-integrantes da banda apareciam na Menuditis para conhecer suas fãs muito entusiamadas.

A ficha limpa do Menudo começou a ficar manchada com uma apreensão de maconha no Aeroporto Internacional de Miami, em novembro de 1990, quando um beagle farejador alertou a alfândega quanto a pequenas quantidades de maconha que dois integrantes da banda haviam trazido da Cidade do México. A apreensão virou manchete de primeira página no *Miami Herald* e teve cobertura da grande imprensa em língua espanhola. Não muito depois, uma bomba ainda maior na imagem da banda viria a explodir quando Arellano descobriu que os boatos que tinha ouvido eram verdade: integrantes do Menudo eram abusados sexualmente. Bolívar falou em privado com vários meninos do grupo e pediu para apontarem, individualmente, fotos dos integrantes que haviam sofrido abusos.

Em 22 de maio de 1991, o *New York Daily News* publicou a manchete de capa: "O Escândalo Sexual Menudo: ídolos adolescentes do rock sofreram abusos de empresário, acusa fotógrafo". Juan González, colunista do *Daily News*, escreveu: "O Menudo, os predecessores latinos do New Kids on the Block, foi abalado por alegações de sexo, drogas e escândalo financeiro. Entre as acusações, alega-se que vários meninos, na época com menos de 16 anos, sofreram abuso sexual e eram aliciados com álcool e drogas pelos três homens que ganharam milhões com eles".

O artigo do *Daily News* foi um ponto de virada significativo na atenção do público pela história do Menudo. Algumas semanas antes da coluna do *Daily News*, Bolívar Arellano havia feito uma coletiva de imprensa em Nova York para anunciar que nove dos 27 integrantes do Menudo haviam sofrido abusos sexuais. Apenas cinco jornalistas compareceram. Não havia câmeras de TV, nem qualquer jornal grande. Arellano ficou arrasado. Assim, ele foi para Porto Rico, e lá, em 9 de maio, participou do *talk show* ao vivo *Controversial*, programa de TV de grande audiência apresentado pela jornalista investigativa Carmen Jovet, mulher que González descreveu como "uma mistura de Bob Woodward com Phil Donahue".* Arellano repetiu as acusações de abuso sexual. Mas, desta vez, parentes e amigos de antigos integrantes do Menudo lhe deram apoio.

"Eles tinham assinado declarações em cartório", escreveu González. "Disseram que viram [Edgardo] Díaz na cama em três ocasiões com integrantes do Menudo." Uma das testemunhas era Raül Reyes, de 20 anos, irmão de Ray Reyes, ex-cantor famoso no Menudo. Ele disse que havia visto Díaz dormindo na cama, nu, com um integrante do Menudo em Orlando. Outro amigo de integrantes do grupo disse que ele

* Respectivamente, repórter investigativo que, junto ao colega Carl Bernstein, ficou famoso pela cobertura do escândalo de Watergate nos anos 1970; e o apresentador de um *talk show* que levava seu nome, *The Phil Donahue Show*, e foi atração por quase trinta anos na televisão norte-americana.

sofrera ameaças antes de aparecer no programa de TV. Também disse que havia participado de festas com drogas e sexo com vários homens que administravam a banda, incluindo Edgardo Díaz.

Orlando Lopez, advogado do Menudo, apareceu no estúdio de Jovet com três policiais para prender Arellano por "difamação", mas ele não foi preso. Contudo, uma semana depois, no segundo programa de Jovet dedicado ao escândalo, quinze policiais vieram ao estúdio e prenderam Arellano. O canal de TV pagou sua fiança. Agora, era a palavra de Arellano contra três empresários poderosos e com conexões na política: Edgardo Díaz, Orlando Lopez e José Antonio Jimenez, o presidente da Padosa, holding proprietária do Menudo que tinha sede no Panamá. Todos tinham se recusado a comparecer ao programa de Jovet.

Porém, um dia após o segundo programa, Edgardo Díaz participou de um programa em outra emissora de San Juan e negou que havia tido qualquer conduta indevida com integrantes do Menudo. "São crianças que tiveram problemas emocionais sérios", disse Díaz. "Todos os problemas que se encontram na sociedade também se encontravam no Menudo."

Quando conheci Bolívar Arellano, em 1994, ele estava ansioso para compartilhar sua história do que aconteceu quando tentou expor sua investigação sobre o Menudo, três anos antes. Ele recomendou que eu viajasse a Porto Rico para continuar minha apuração.

SAN JUAN – JANEIRO DE 1995

Eu queria ir a fundo na relação de Menéndez com o Menudo, mas nenhum dos ex-integrantes da banda queria falar comigo em caráter oficial. Uma das primeiras pessoas dispostas a falar foi a jornalista investigativa Carmen Jovet. Ela me disse que tinha feito dez programas sobre o Menudo para o Canal 7 de San Juan em 1991, incluindo aqueles em que Bolívar Arellano apareceu. O interesse de Jovet pelo Menudo começou quando ela recebeu o telefonema de um ex-integrante da banda.

"O Menudo era como uma seita, um culto. Todos moravam em uma mansão, onde Edgardo Díaz cuidava deles. Muitos dos meninos eram de lares problemáticos", Jovet me disse. "Edgardo não obrigava os meninos a fazerem sexo. Ele implorava, ficava emotivo quando eles recusavam. Se eles surtavam, ele implorava pelo perdão. Se eles empacavam, ele passava para o próximo."

Durante um dos episódios do programa sobre o Menudo, um jovem de vinte e poucos anos participou detrás de um biombo para proteger sua identidade e disse que "tinha sido levado a uma festa com executivos da indústria fonográfica para fazer sexo com eles". O homem disse que as festas durante uma das turnês do Menudo no Brasil nos anos 1980 tinham sido insanas — e incluíram orgias. "Os meninos não se consideravam vítimas na época porque topavam tudo voluntariamente", disse Jovet.

Em julho de 1991, um *talk show* em espanhol apresentado por Cristina Saralegui, na emissora Univision, apresentou dois programas sobre o escândalo Menudo. *El Show de Cristina* foi ao ar em seiscentas retransmissoras em quinze países. A pauta Menudo tinha ganhado impulso nos dois meses desde que Bolívar Arellano tinha feito suas acusações no *New York Daily News* e chegado ao programa de Carmen Jovet em Porto Rico.

A mesa redonda no *El Show de Cristina* incluía Edgardo Díaz; Ralphy Rodríguez, ex-integrante do Menudo, e seu pai; Ramón Acevedo, pai de Ray Acevedo Jr., ex-integrante do Menudo; Orlando Lopez, advogado do Menudo; e Soraya Zambrano, diretora do *TV y Novelas*, uma revista famosa no México que publicou várias matérias investigativas sobre o escândalo Menudo. Cinco novos integrantes do Menudo — incluindo Ash Ruiz — foram apresentados na plateia.

O momento mais dramático do programa se deu no confronto entre Ralphy Rodríguez e Edgardo Díaz.

Ralphy Rodríguez: Quando estávamos em uma fazenda na Argentina, eu fiquei sem quarto porque todos estavam ocupados. Fiquei com uma cama perto do quarto de Edgardo. Era um quarto de segundo andar, você tinha que subir, tinha só o quarto e uma sacada. Chegou a hora de dormir, todos tinham se apronto para dormir. E ele [Edgardo Díaz] subiu com um dos meninos para o quarto.

Edgardo Díaz: Qual menino?

Ralphy: Não vou dizer o nome dele.

Edgardo: Ora...

Ralphy: (o áudio é cortado quando Ralphy diz o nome de um integrante do Menudo)

Edgardo: Olha, todos os nomes que você disser aqui vão ser cortados. Nenhum vai ao ar, porque todos são menores de idade.

Ralphy: Exato.

Edgardo: Olha... olha, quer saber?

Ralphy: Não, deixe eu terminar.

Edgardo: Ele só falou o nome de um famoso.

Ralphy: Vai deixar eu terminar?

Cristina: É claro que ele vai terminar. Deixe ele terminar.

Ralphy: Eu estava deitado na minha cama, assim. A porta ficava à minha esquerda. Ele subiu com o menino. Era hora de dormir. O que ele ia fazer no quarto do Edgardo? Ele entrou com Edgardo, fechou a porta e ligou o rádio.

Edgardo: Meu quarto não tinha rádio.

Ralphy: Eu estava deitado e não conseguia dormir por causa do rádio. Quando eu abri a porta pra dizer: "Ei, Edgardo, abaixe o volume do rádio", eu vi que ele estava com o menino.

Cristina: [Onde] ele estava?

Ralphy: O menino estava atrás dele.

Quem estava assistindo ao programa em casa nunca soube o nome do menino, pois o nome foi apagado quando o episódio foi ao ar. Mas o público no estúdio ouviu o nome do menor de idade, integrante do Menudo, que Ralphy Rodríguez identificou.

• • •

Em junho de 1993, seis semanas antes do início do primeiro julgamento dos Menéndez, o sargento Tom Edmonds da Polícia de Beverly Hills telefonou para Darrin McGillis, empresário que havia trabalhado com o Menudo em San Juan. Segundo McGillis, Edmonds estava tentando encontrar Edgardo Díaz ou ex-integrantes do grupo. McGillis disse que, segundo Edmonds, os irmãos Menéndez iam depor que sofreram abusos do pai. Edmonds estava procurando pessoas que tivessem algo de positivo a falar sobre José Menéndez.

CIDADE DO MÉXICO – DEZEMBRO DE 1993

No outono de 1993, eu estava bastante ocupado cobrindo o primeiro julgamento dos Menéndez. Mas comecei a ouvir rumores sobre uma conexão entre José Menéndez e o Menudo, incluindo muitas histórias focadas em Ricky Martin. Ainda levaria seis anos para Martin tornar-se um *superstar* internacional com o lançamento de sua música "Livin' la Vida Loca" em 1999. Músico latino desconhecido nos Estados Unidos, Ricky Martin tinha 21 anos e queria entrar no mercado norte-americano com um pequeno papel na telenovela *General Hospital.* Quando entrei em contato com o empresário de Martin, Ricardo Cordero, em Porto Rico, eu não tinha nada de concreto — só uma suspeita —, mas consegui convencer Cordero a deixar que eu entrevistasse Martin dizendo que estava prestes a publicar uma matéria no *Miami Herald* sobre José Menéndez e Ricky Martin quando era integrante do Menudo. Após semanas de negociação, Cordero aceitou marcar uma entrevista entre mim e Martin no México.

Quando peguei um avião para a Cidade do México, era início de dezembro de 1993, os últimos dias do primeiro julgamento dos irmãos Menéndez. Eu tinha um dos doze assentos reservados no pequeno tribunal de Van Nuys, a aproximadamente trinta quilômetros do centro de Los Angeles. Havia outros duzentos integrantes da imprensa assistindo à transmissão da Court TV em outro prédio, a uma quadra dali. Eu estava a seis metros do chão quando Lyle e Erik Menéndez fizeram seu depoimento dramático, emotivo, a respeito de como haviam assassinado aqueles que haviam abusado deles por tantos anos: os próprios pais.

Depois de Martin marcar e desmarcar vários horários comigo, no meu terceiro dia na Cidade do México finalmente nos encontramos. Pouco após as 14h, Ricky entrou com uma tropa de doze amigos, incluindo José Luis Vega, o coreógrafo e estilista do Menudo mais conhecido pelo apelido "Josélo". Durante as duas horas e meia que se seguiram, Martin me contou do período em que fez parte do Menudo e de vários contatos que teve com José Menéndez na Califórnia. Perto do fim da entrevista, Ricky anunciou que tudo que havia me contado era "em off". Normalmente, quando alguém conversa com um jornalista, as regras são definidas no início, incluindo os assuntos que não entrarão em discussão.

Tentei fazer ele mudar de ideia durante vinte minutos, mas Martin se recusou. Ele disse que, se os advogados dos Menéndez tentassem obrigá-lo a ir a Los Angeles, ele ia negar que soubesse qualquer coisa a respeito de José Menéndez. Seis anos depois, em 1999, um tabloide norte-americano publicou a matéria de capa com a manchete "Escândalo: o Abuso Sexual de Ricky Martin — Polícia investiga relação com assassinos Menéndez". A manchete da matéria interna berrava: "Seria Ricky Martin vítima de agressão sexual do pai Menéndez?". Eu não fui a fonte nem tive envolvimento naquela matéria. A narrativa tinha pouco a ver com qualquer coisa que Ricky Martin havia me contado em 1993. Martin, posteriormente, declarou ao *Page Six* do *New York Post* que sequer havia conhecido José Menéndez; o que não era verdade, com base em fotos que surgiram de José Menéndez com Martin, outros integrantes do Menudo e Edgardo Díaz. Martin nunca declarou em público qualquer ponto negativo sobre seu período no Menudo. Em mais de trinta anos, nunca revelei o que Ricky me disse naquela tarde na Cidade do México. Se ele quiser falar em público da nossa entrevista, a decisão será dele.

Em 2004, Martin criou a Fundação Ricky Martin, uma organização que combate o tráfico sexual de menores e presta apoio a adultos que sofreram abusos quando crianças. Em fins de fevereiro de 2024, Ricky Martin foi entrevistado para uma longa matéria na revista *GQ*:

Um documentário recente tratou do lado sombrio do Menudo, e nele alguns integrantes acusaram o criador adulto da banda de conduta indevida, incluindo abuso sexual, embora Martin diga que nunca passou por esta experiência. "Eu me sinto péssimo. Não sei pelo que eles passaram. Não é o meu caso", ele diz. Ele diz que ficou mais forte após os desafios daqueles anos. "Cada fase me trouxe alguma coisa que me fez subir e não me quebrou."

Em 1985, Papo Gely era um músico de talento com trinta e poucos anos, cabelos longos e encaracolados, que foi contratado para transformar o Menudo em uma banda legítima a partir do que, até então, era um grupo que fazia *playback* nos shows. Conversei com Gely em 1995 e por vários anos desde então sobre seu período com a banda. Ele confirmou que fazia anos que circulavam boatos a respeito de Menudo e Díaz. Nos encontramos de fato uma vez em 1995, em San Juan, mas ainda mantemos contato.

José Menéndez esteve em turnê com o Menudo no Brasil durante três semanas, no outono de 1985. Uma foto neste livro mostra Menéndez no palco do estádio do Morumbi, em São Paulo, em um show para 100 mil fãs, com ingressos esgotados, o de 15 de setembro de 1985. Fontes internas da indústria fonográfica me contaram que o diretor de uma grande gravadora nunca pega a estrada com uma banda por três semanas. Segundo várias pessoas que trabalharam na turnê, alguns dos meninos do Menudo vestiam roupas e maquiagens femininas e recebiam drogas e álcool nas festas que se seguiam aos shows. Um homem que trabalhou na turnê me disse que José Menéndez era "igual a todo mundo — caía na farra. O Brasil é muito sexual".

SAN JUAN – ABRIL DE 1995

Assim que começou a fazer turnê com o Menudo, Papo Gely foi testemunha de várias coisas estranhas na banda. Em teoria, quatro crianças deviam ficar divididas entre dois quartos. O quinto menino — geralmente o mais novo — era designado para o quarto de José Luis Vega, coreógrafo do Menudo. Na prática, Vega ficava sozinho e Edgardo Díaz fazia o mais novo da banda ir para o seu quarto.

"Edgardo sempre tinha um garoto que ia dividir o quarto com ele", disse Gely. "Teve várias vezes em que estavam todos no quarto de Edgardo e não era fora do comum eles ficarem... não exatamente nus, mas não totalmente vestidos. De cueca. Eu não via nada de sexual, mas também não parecia coisa normal."

Gely me disse que Edgardo Díaz sempre deixava os meninos por perto. "Ele era muito dado a contato físico, daquele jeito que só um parente teria intimidade. Mas era meio chocante — tipo fazer as crianças sentarem no seu colo, o tempo todo. Você entenderia um pai fazendo aquilo com o filho, mas era muito estranho", Gely disse. "Fazendo cafunés, o braço por cima do ombro, abraçando-os para não saírem. Eu achava estranho... não era normal. Eu nunca seria daquele jeito com os filhos dos outros."

Gely ouviu de uma fonte interna que os benefícios extras de trabalhar com o Menudo eram as fãs do Menudo, geralmente menores de idade, de 12 ou 13 anos. "Ele estava se gabando", Gely disse. "Ele me disse que gostava de novinhas, e o negócio do Menudo era a armação perfeita para pegar menininhas. Ele oferecia às meninas uma oportunidade de ir aos bastidores conhecer os meninos do Menudo. Mas aí ele começava investidas sexuais." A fonte interna carregava uma maleta que supostamente continha fotos de Polaroid que ele tirava de suas conquistas, nuas ou com pouca roupa. A fonte interna tentou mostrar as fotos a Gely, mas Gely se recusou a ver.

O músico percebeu que Edgardo trazia com frequência amigos, geralmente homens adultos, para encontrar os meninos do Menudo nos bastidores ou no hotel da banda. "Não era incomum esses amigos levarem os garotos para sair. Os meninos tinham permissão para ir — fosse um de cada vez ou em dupla", disse Gely. "Nós ficávamos no hotel e os amigos de Edgardo passavam para buscar um garoto ou outro e levar para jantar. Eu vi isso acontecer. Eu não queria nem pensar no que rolava."

Papo Gely achou que o FBI ou a polícia de Porto Rico fossem investigar as acusações de abuso. "Eu achei que o público ia se dar conta de que havia algo de errado rolando e que merecia investigação. Mas não aconteceu nada e Edgardo Díaz seguiu na sua", Gely me contou em 1995. Apesar dos boatos que circularam entre jornalistas com quem eu conversei, o Menudo era o orgulho de Porto Rico. O sucesso da banda ajudou a promover o turismo na ilha. Ninguém no governo de Porto Rico queria investigar nem o grupo nem Edgardo Díaz, que fazia grandes contribuições a partidos políticos. A maior parte da imprensa não tinha interesse em publicar pautas negativas sobre o Menudo porque iriam perder o acesso que tinham à banda.

LOS ANGELES – 2020 A 2023

Em outubro de 2020, a Amazon Prime Video lançou uma série de quinze episódios sobre a história do Menudo, *Súbete a Mi Moto,* em seu canal de língua espanhola. Edgardo Díaz não é listado nos créditos oficiais do seriado no IMDb, mas a história é contada do seu ponto de vista através de um dos protagonistas, interpretado por um ator. Dias após a estreia, vários ex-integrantes do Menudo começaram a pipocar em entrevistas na imprensa de língua espanhola nos Estados Unidos e mundo afora para criticar a série pelo retrato desonesto da história do Menudo. Vi uma nova oportunidade de retomar minha investigação sobre o Menudo e a conexão da *boy band* com José Menéndez. Telefonei para Nery Ynclan, jornalista vencedora do Pulitzer e colega com quem eu havia trabalhado na WPLG-TV em Miami. Nery não só é uma jornalista excepcional, com muitos anos de experiência de produção jornalística para TV, mas também é fluente em espanhol, o que eu não sou. O telefonema foi o início do desenvolvimento de *Menéndez + Menudo: Boys Betrayed,* um documentário em três episódios que estreou no Peacock, o serviço de *streaming* da NBC, em maio de 2023.

De fins de 2020 a 2022, Nery e eu entramos em uma espiral de informações conforme abordamos mais de cem pessoas que participaram do Menudo, que trabalharam com a banda ou que fizeram parte do caso dos irmãos Menéndez. Começando pela investigação original e fontes dos anos 1990, ampliamos para outros que tinham informações de bastidores. Entre as pessoas com quem Nery se encontrou estavam o ex-integrante do Menudo, Roy Rosselló, que lhe disse que sofreu abuso sexual de Edgardo Díaz durante seu período no Menudo.

Eles estavam conversando havia mais de um ano quando Roy soltou uma bomba.

"Sabe que eu conheci aquele cara da RCA Records que foi assassinado pelos filhos?", Roy disse, de repente, uma tarde.

"Qual cara?", perguntou Nery.

"José Menéndez", Roy respondeu.

Os detalhes saíram aos poucos, de um jeito parecido com o de Erik Menéndez quando começou a confessar ao dr. Bill Vicary, ao longo de meses, a respeito dos abusos que seu pai cometia. Vicary, psiquiatra forense com muita experiência, me disse que se pode identificar quem está forjando uma história porque a pessoa que inventa começa a contar detalhes no primeiro dia de conversa. No caso de Erik Menéndez, Vicary disse que fazer Erik revelar cada mínima informação tinha sido "uma dificuldade enorme". Nery teve uma experiência parecida com Roy. Pouco a pouco, ele começou a revelar o que havia lhe acontecido.

Um dia em Nova York, no outono de 1983, Edgardo Díaz disse a Roy que ele precisava "fazer uma coisa grande pelo Menudo. Que eu ia fazer um favor tanto pra ele quanto pro Menudo". Mesmo que eles nunca tivessem gravado nada em inglês, a RCA Records assinou um contrato de 30 milhões de dólares com o Menudo por doze álbuns. (Aos meninos da banda e suas famílias, foi informado que o acordo era de 5 milhões de dólares.) Díaz, empolgado, contou a Rosselló que eles iam jantar na casa de José Menéndez em New Jersey. A primeira vez que Roy encontrou o executivo da indústria fonográfica foi no banco de trás de uma limusine em Manhattan, com Díaz. Roy lembra que Menéndez "me deu um olhar de quem ia me comer vivo".

Uma hora depois, o trio chegou à casa dos Menéndez em Princeton, New Jersey. Roy lembra de ver os jovens Erik e Lyle pouco depois de entrar. Os meninos pareciam "tristes e quietos". Havia algo de estranho na família Menéndez. José Menéndez serviu a Roy, de 13 anos, uma taça de vinho cheia e insistiu para ele "beber tudo, porque era vinho caro". Em questão de minutos, Roy começou a sentir-se "cansado, pesado e sem conseguir me mexer". Roy tem a lembrança de ser arrastado para um quarto no andar de cima. A seguir, ele se lembra de acordar no quarto de Edgardo Díaz no hotel do Menudo em Nova York. Roy passou uma semana com dores. Era uma dor insuportável. Díaz lhe disse para "relaxar — vai sarar logo".

"Eu entendo a raiva e o ódio dos irmãos Menéndez porque eu passei pela mesma situação", disse Roy. "Eu queria matar Edgardo Díaz."

Em maio de 2021, Nery Ynclan e eu havíamos acompanhado Bolívar Arellano e uma equipe de cinegrafistas a San Juan para o enterro de Ray Reyes, ex-estrela do Menudo. Reyes morrera de um ataque cardíaco inesperado, aos 51 anos. Corriam boatos de que Edgardo Díaz teria abusado de Reyes quando estava no Menudo. O velório foi um grande reencontro do Menudo, com ex-integrantes de várias gerações da banda junto a fãs e jornalistas. Draco Rosa, Ricky Melendez, René Farrait e Johnny Lozada foram alguns dos ex-integrantes do Menudo que vieram lamentar o falecimento de Reyes.

Pelo canto do olho, achei ter visto Edgardo Díaz, mas não confirmei porque todos estavam de máscaras devido à pandemia de Covid-19. Além disso, o homem parecia mais jovem do que eu esperava de Díaz, que estaria na casa dos 70 anos. Mas a pessoa era Edgardo Díaz. Nery entrou em ação imediatamente e começou a bombardear Díaz com perguntas. Para nossa sorte, ele estava estacionado a muitas quadras do enterro e a equipe de cinegrafistas gravou tudo conforme caminhávamos. Do outro lado de Díaz, oposto a Nery, estava um jornalista de Miami da área de entretenimento. Díaz ignorou todas as perguntas de Nery, mas respondeu rápido quando o outro jornalista perguntou: "Edgardo, você fez tanta coisa pelas crianças de Porto Rico. Pode nos falar mais?".

Nosso documentário era focado na busca de Roy Rosselló por justiça conforme viajava pelo país encontrando amigos e colegas do passado. Em Nova York, Roy viu Bolívar Arellano pela primeira vez em trinta anos. Arellano estava em uma missão de mais de três décadas para expor os segredos nefastos do Menudo. Papo Gely disse a Roy posteriormente que sabia que o integrante mais jovem da banda sempre ficava no quarto de Edgardo Díaz e eles desciam para o café da manhã juntos.

O momento mais devastador da série documental aconteceu quando Roy encontrou Raül Reyes, o irmão de Ray Reyes. Raül era backing vocal e às vezes fazia turnês com o Menudo nos anos 1980. Ele tinha esperança de fazer parte oficial do grupo, mas seus irmãos não davam incentivo. Um dia, pela manhã, Raül viu Rosselló e Díaz dormindo na mesma cama, nus, na mansão do Menudo em Orlando. Os integrantes do Menudo eram muito novos para entender que um menino de 14 anos não poderia ter uma relação consensual com um homem de trinta e tantos. Em uma cena tocante, Raül Reyes trouxe um pequeno vaso com as cinzas do irmão e pediu desculpas a Roy enquanto os dois se abraçavam.

"Fizemos mau julgamento de você", Reyes disse a Roy. "Nós não sabíamos como interpretar aquela situação. Tínhamos medo do que nossa família e os fãs iam pensar. Não sabíamos se iam acreditar em nós. Éramos crianças. Eu sei que você foi uma vítima."

Ray dissera a seu irmão mais novo: "É por isso que eu não quero que você faça parte do Menudo".

Ray Reyes gravou uma fita cassete pouco antes de morrer. "Edgardo era um pedófilo, um doente, e a mãe [dele] sabia. Imagine você, sozinho, sem a família por perto. Se meu pai descobrisse, ele teria matado o Edgardo", Ray disse na fita. "São muitas histórias, mas não têm a ver comigo, têm a ver com eles. Mas as minhas histórias também estão aí."

Raül Reyes nos disse que sabia que havia algo acontecendo com seu irmão. "Nesses últimos anos, era uma coisa que o estava destruindo por dentro. Ele precisava contar a verdade sobre o que aconteceu no Menudo", disse Reyes. "Essa ansiedade pode ter levado a sua morte."

Quando filmamos em Los Angeles, Roy Rosselló me disse "aquele é o estuprador. Aquele é o pedófilo", apontando para uma foto de José Menéndez com Edgardo Díaz e o Menudo segurando discos de ouro. Eu disse a Roy que sabia que havia alguém por aí que, há trinta anos, sabia dos segredos que eu queria desvendar. Quando coloquei meu braço por cima dele, falei que agora sabia o nome dessa pessoa.

Depois, entrevistei tanto Erik quanto Lyle Menéndez por telefone para o documentário. (É proibido entrar com câmeras nas prisões da Califórnia.) Erik disse que lembrava de ter encontrado Roy nos anos

1980. Os dois irmãos haviam ido a festas depois dos shows do Menudo em Nova York. Além disso, a banda vinha à casa dos Menéndez em New Jersey para churrascos. "Eu lembro especificamente do meu pai dizendo que queria sair com um dos meninos e falar só com ele. E eles subiram para o segundo andar", Erik me contou. "Meu pai era um dos que escolhia e selecionava os novos integrantes do grupo quando os membros passavam da idade. Ele ficava muito empolgado quando tinha que selecionar meninos para entrar na banda."

Para fazer a seleção para o Menudo, os pais dos candidatos a novo integrante deixavam os filhos pequenos na propriedade do Menudo em Porto Rico em uma quinta-feira à tarde e buscavam na segunda de manhã. A mansão do Menudo em San Juan lembrava o Rancho Neverland de Michael Jackson, com jogos, animais e uma piscina.

Quando contei a Erik a respeito de Roy, ele disse: "Estou me sentindo péssimo. É triste saber que houve outra vítima do meu pai. Ninguém devia ser forçado a passar por estupro ou abuso nas mãos do meu pai. Não sei quantas vítimas são. Suspeito que existam mais. Sempre torci que um dia a verdade sobre meu pai, o que ele fez, os estupros, os abusos, viessem à tona. E que acreditariam em mim. Por muito tempo, as pessoas se recusaram a acreditar. Mas eu nunca quis que a verdade aparecesse assim. O resultado do trauma que outra criança sofreu. E isso me deixa muito triste."

Nery Ynclan e eu continuamos com esperança de que outros ex-integrantes do Menudo se apresentem para revelar o que aconteceu quando estavam no grupo.

Vinte e quatro horas depois de o documentário ir ao ar, em maio de 2023, os advogados de recurso Cliff Gardner e Mark Geragos protocolaram um pedido de habeas corpus para anular as condenações por homicídio dos irmãos Menéndez de 1996. A ação baseou-se em novas provas que não fizeram parte dos julgamentos nos anos 1990. Incluía o relato de Roy Rosselló de ser estuprado por José Menéndez, assim como uma agressão sexual à parte, de autoria de Menéndez, em um show do Menudo no Radio City Music Hall nos anos 1980. A petição de habeas corpus também trazia a carta de 1988 que Erik Menéndez escreveu ao primo Andy Cano reclamando dos abusos do seu pai que aconteciam na época, e que foi apresentada pela primeira vez na publicação original deste livro em 2018.

Até abril de 2024, a promotoria pública do Condado de Los Angeles está analisando a petição de habeas corpus dos Menéndez. Um juiz da Suprema Corte designado para o caso pode fazer audiências com as testemunhas. O juiz questionou à promotoria se as novas provas podiam ter sido levantadas durante os julgamentos dos anos 1990 e se os promotores creem que a carta que Erik escreveu a Andy Cano seria admissível.

"Se o estado fez um retrato falso de José Menéndez, se Roy é digno de confiança quando afirma que José o estuprou, então as alegações de abuso sexual da parte de Erik e Lyle ganham outro aspecto", nos disse o advogado de recurso Cliff Gardner em nosso documentário. "Agora temos uma testemunha confiável que lhes dá suporte." Cliff Gardner não quer que os irmãos Menéndez tenham contato com Roy, já que ele pode tornar-se testemunha a favor deles.

"A prisão perpétua sem direito a condicional é uma sentença de morte. Não devia ter acontecido e, se o julgamento tivesse sido justo, não teria acontecido", disse-nos Joan VanderMolen, a irmã de Kitty Menéndez, hoje com 92 anos. "Eu fico magoada com tudo isso. Eles não deviam estar onde estão. Eles deviam estar pelo mundo, curtindo a vida. E eles não tiveram essa chance. Eu ia gostar muito se isso acontecesse com os dois."

Como questionavam os trailers de *Law & Order True Crime: The Menéndez Murders,* seriado de Dick Wolf na NBC em 2017, a pergunta sempre foi: "Por quê?".

Edgardo Díaz nunca fora investigado ou acusado de descumprimento de qualquer lei em relação ao Menudo até que a Polícia de Los Angeles abriu uma investigação criminal, depois que Roy Rosselló abriu uma queixa-crime contra ele em 8 de novembro de 2022. Díaz sempre negou todas as alegações que foram feitas contra sua pessoa desde que criou o Menudo, em 1977.

PENITENCIÁRIA R.J. DONOVAN, OTAY MESA, CALIFÓRNIA – MAIO DE 2023

Lyle e Erik Menéndez estão detidos há mais de 34 anos, praticamente desde que eu os conheci na mansão dos Menéndez em Beverly Hills. Estão muito diferentes dos jovens em idade universitária que conheci em outubro de 1989. Os dois têm a postura positiva e otimista que é presença constante em todas nossas visitas e telefonemas, mesmo quando nossas discussões ficam sérias. Tanto Erik quanto Lyle expressaram várias vezes seu remorso em entrevistas à imprensa sobre a tragédia que devastou a família. Desde março de 1990, os irmãos Menéndez passaram mais de metade de suas vidas na prisão.

Eles optaram por serem úteis aos que estão ao seu redor, ajudando outros presidiários que estão lidando com as próprias infâncias. Lyle é diretor do governo dos detentos em Donovan, assim como fora na penitenciária anterior, Mule Creek, por quinze anos. Erik criou um programa de cuidados paliativos para os detentos e dá quatro aulas por semana, incluindo um curso de impacto sobre as vítimas. Os dois estão matriculados em cursos universitários. Erik é o principal pintor de um mural enorme para ornamentar a Donovan, um programa criado pelos dois irmãos que inclui um projeto de paisagismo para o pátio da prisão.

Lyle Menéndez me contou que os irmãos aceitaram que a vida é assim e que eles nunca sairão da penitenciária. "Já vimos muitos amigos terem esperança com recursos e pedidos de comutação da pena. Eles contam os dias no calendário", ele disse. "No fim das contas, levam um não e afundam na depressão."

Lyle ficou emocionado quando descobriu que Roy Rosselló havia rompido o silêncio. "Ouvimos boatos de que alguma coisa podia ter acontecido com o Menudo durante esses anos", disse. "É incrível que esteja acontecendo depois de décadas. Não sei o que o trouxe a este ponto na vida, em que ele sentiu necessidade de falar. Mas muitas vítimas acabam chegando lá. E geralmente é mais tarde na vida." O depoimento de Roy Rosselló poderia ter feito uma grande diferença para os irmãos Menéndez se ele tivesse participado dos julgamentos nos anos 1990.

Erik Menéndez acredita que a verdade sobre o caso vai aparecer. "É a minha esperança", ele me contou. "Eu quero cura para minha família, assim como para os outros meninos que estavam no Menudo."

"É algo que me valida no nível pessoal", disse Lyle. "O que significa no nível jurídico, eu não sei. No momento, o sistema não me dá muito ânimo. Eu vivo minha vida trabalhando com outras vítimas de abuso, que estão aqui em número gigante. Então eu tento achar um propósito no que aconteceu comigo e no sofrimento pelo qual eu e meu irmão passamos. Mas eu não enxergo muito além dos muros da prisão."

No fim, quem tomará uma decisão sobre a petição de habeas corpus dos irmãos será um juiz.

"Espero que o depoimento de Roy faça a diferença", disse Lyle. "É de se pensar que, em um mundo justo, faria. Se vivemos nesse mundo justo, é o que ainda vamos descobrir."

Em 22 de fevereiro de 2024, fiz a viagem de Los Angeles à penitenciária de Donovan acompanhado de Esther Reyes, a *showrunner* e diretora de nossa série documental *Menéndez + Menudo: Boys Betrayed.* Nosso objetivo era encontrar o tenente Adam Garvey, assessor de imprensa da R.J. Donovan com quem eu vinha conversando havia meses. Garvey havia nos convidado para ver um grande mural, do qual ele já tinha me enviado várias fotos. O projeto do mural e o jardim que ia ser construído no centro do Pátio Echo estavam em desenvolvimento havia três anos. Dois dos líderes do projeto de embelezamento são Lyle e Erik Menéndez. Erik é um dos artistas principais e tem muito talento. Há mais uma dúzia de detentos que têm trabalhado junto aos irmãos Menéndez. Funcionários da penitenciária pensaram em produzir um documentário sobre a criação do enorme mural, que circunda os muros do Pátio Echo, que até então eram cinzas, com várias cenas coloridas da Califórnia. Toda a tinta e o material de pintura foram doados à prisão por fontes particulares.

As fotos não nos davam ideia do tamanho do mural. Era espetacular. O tenente Garvey, junto ao capitão Sherman Rutledge, nos contou como o mural teve impacto positivo no humor tanto dos prisioneiros quanto dos funcionários de Donovan. Depois que vimos o mural, Garvey e Rutledge nos mostraram parte dos programas de aprimoramento experimental que desenvolvem na instalação. Em uma área grande, estavam acontecendo aulas para detentos que estão cursando universidade através da University of California em Irvine. Em outra sala, vimos os cães que estão sendo adestrados na Donovan no Programa chamado POOCH (que é viabilizado pela Guide Dogs of America/ Tender Loving Canines, em parceria com o RJD). O programa prepara os detentos para dar um ambiente seguro, limpo e humanizado para o cuidado, guarda, adestramento e controle dos cães. Os cães adestrados ajudam pessoas com transtorno de estresse pós-traumático e autismo, além de fazerem parte da reabilitação dos participantes.

Em dado momento, o tenente Garvey pediu licença enquanto conversávamos com um detento na sala de adestramento dos cães. Minutos depois, Garvey abriu a porta e entrou com Erik e Lyle Menéndez. Eu tinha visitado Lyle em Mule Creek e em Donovan, mas foi a primeira vez que um jornalista encontrou os dois irmãos juntos nos 28 anos desde que eles tinham ouvido a sentença de prisão perpétua sem direito a condicional em julho de 1996. Os dois estavam com sorrisos enormes. Ficamos muito emocionados quando nos abraçamos e sorrimos durante os vinte minutos de visita.

Erik Menéndez agradeceu a Esther, à minha colega de reportagem Nery Ynclan e a mim pelas novas provas que revelamos no nosso documentário, que é a base da petição de habeas corpus que eles fizeram em maio de 2023 para anular suas condenações de 1996. Lyle nos mostrou desenhos e falou do que precisa para finalizar o mural e o projeto do espaço verde. Erik e Lyle se exercitam diariamente, o que ficou óbvio ao vê-los em pessoa.

Os irmãos passaram mais de 34 anos encarcerados desde que foram presos, em março de 1990 — mais da metade de suas vidas. Os jovens universitários que eu conheci quando tinham 18 e 21 anos, em outubro de 1989, agora eram homens de meia-idade, com 53 e 56. Se eles saírem de lá,* creio que ambos vão dedicar as vidas a ajudar outros, como já fazem na comunidade de detentos.

* No dia 13 de maio de 2025, um juiz da Califórnia trocou a decisão de prisão perpétua dos Menéndez por uma pena mínima de 50 anos com possibilidade de liberdade condicional. [NE]

GALERIA DE IMAGENS

1

1. A família Menéndez em 1988, um ano antes do duplo homicídio de José e Kitty Menéndez em sua mansão em Beverly Hills, Califórnia. Da esquerda para a direita: Lyle, 21 anos, estudante na Princeton University; os pais Kitty e José; e Erik aos 17.

2. O público ficou em choque com o depoimento emocionado de Lyle Menéndez. Jurados, jornalistas e familiares choraram durante a primeira hora do depoimento de Lyle em 10 de setembro de 1993. Uma transmissão conjunta pela TV, organizada pelas emissoras de Los Angeles com redes nacionais, transmitiu ao vivo do tribunal para o mundo inteiro. **3.** O depoimento de Erik Menéndez foi tão dramático quanto o do irmão Lyle. O público internacional assistiu à transmissão conjunta decisão a decisão, diariamente, acompanhando cada avanço no caso como uma novela.

1. O indisciplinado José Menéndez, aos 6 anos, com suas irmãs Marta (esquerda) e Terry (atrás), e a mãe María, em 1950. **2.** A avó paterna de Lyle e Erik, nascida María Carlota Llanio (de pé, à direita) competiu na equipe olímpica de natação de Cuba nos anos 1930. **3.** As famílias Menéndez e Llanio em Cuba no início dos anos 1950. O jovem José Menéndez (fileira da frente, o segundo da esquerda para a direita), o primo Henry Llanio (fileira da frente, primeiro à esquerda) e os pais de José: María Menéndez (fileira do meio, a segunda da direita para a esquerda) e José Menéndez Pavon, o “Pepín” (de pé, à direita)

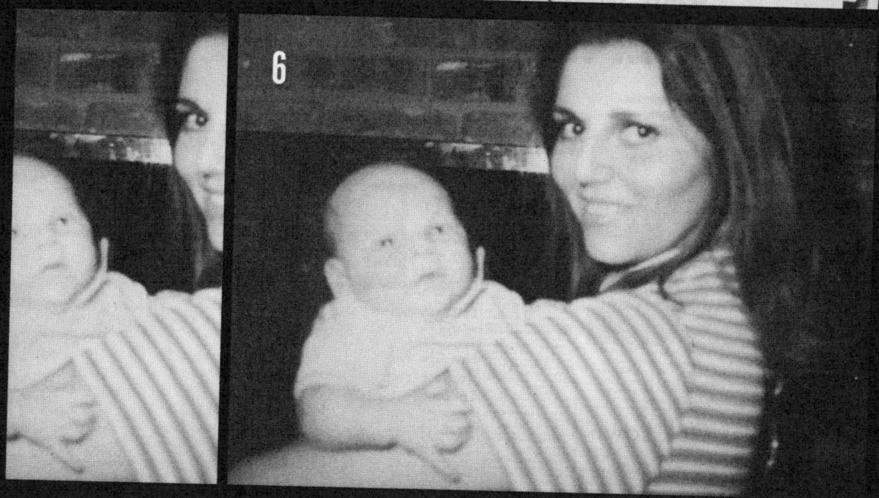

4. José Menéndez com 14 anos no internato em Kentucky em 1958. **5.** A debutante Marta Menéndez (Cano, depois de casada) em Havana aos 15 anos. **6.** O bebê Erik com sua madrinha, Marta Cano, que manteve o apoio aos dois sobrinhos ao longo dos extensos julgamentos.

OAK LAWN

INDEPENDENT

YOUR "OWN" LOCAL NEWSPAPER

Thursday, September 20,
Thirty-second Year —
Oak Lawn,

Mary Louise Anderson (left) being crowned "Miss Oak Lawn" by Village President Fred Dumke (left) in recent beauty and talent pageant. Standing are, l. to r., Nikki Lou Best, first runner-up; and Jean Tenegal, second runner-up. At right is Al Krugerer, commander of Johnson - Phelps VFW Post, which sponsored the pageant.

Crown 'Miss Oak Lawn'

Mary Louise Anderson, 20, of 4849 W. 91st pl., was crowned "Miss Oak Lawn" in the beauty and talent pageant sponsored by the Johnson-Phelps VFW Post and

Community servide Chair-MAN; James Levickas, past commander of the Green Oak Post, American Legion; W. A.C. Capt. Vivian Coffey; Leonard Reno, past com-

Navy Recruiter, and chairman of the judges.

Col. William Peterzak, junior vice-commander of the Johnson-Phelps VFW Post was the director of the

Youth 17, Kille
When Motorcyc
Crashes With C

A Columbus Manor resident has been charged with wreckless homicide and failure to yield the right-of-way in an accident last Friday evening at 103rd street and Central avenue, Oak Lawn, which claimed the life of one person and resulted in serious injury to another.

Police charged Gerald Weitzel, 20, of 9801 S. Merton ave., with making an imperper turn, as his automobile figured in a crash with a motorcycle carrying two persons.

Dead was Walter A. Marsh Jr., 17, of 9526 S. Central ave., driver of the motorcycle. Seriously injured was Patrick Coniglio, 19 of 8909 S. Central ave., a passenger on the motorcycle.

Witnesses told police that Weitzel was driving his car south in Central avenue, and Marsh was northbound on the motorcycle.

The Weitzel machine, police were told, made a left-handed turn into 103rd street and the motorcycle crashed into the automobile.

The two riders were thrown into a deep ditch along the roadside. They were taken to Christ Community hospi-

tal, where Marsl
nounced deal on a
Coniglio put on t
list.

Funeral service
a junior at Oak
munity High sc
held Tuesday a
the chapel at 557
Burial was in Mc
Memorial Park.

Surviving are t
Mr. and Mrs. Wa
and a brother.

The traffic cha
Weitzel will be h
Lawn police cour
(Friday, Sept. 21

Fire Chi
To Be H
To 'Smo

Jack McCastla
the Oak Lawn F
ment, will be ho
ey The Bear & S
Friday, Sept.
"Smokey & Sm
who made a sh
Oak Lawn to pa
the Miss Oak L
Saturday, Sept. 1
turn to Oak Law
Sept. 21st.

1. María Carlota (Llanio) Menéndez em meados dos anos 1980. **2.** Nomeada "Miss Oak Lawn" em 1962, a popular Mary Louise Andersen era conhecida entre familiares e amigos como "Kitty". Em 1963, ela conheceu e casou-se com José Menéndez. (Jornal *Oak Lawn Independent*, Oak Lawn, Il. Famílias Lysen/Gavin). **3.** Kitty Menéndez nos anos 1970.

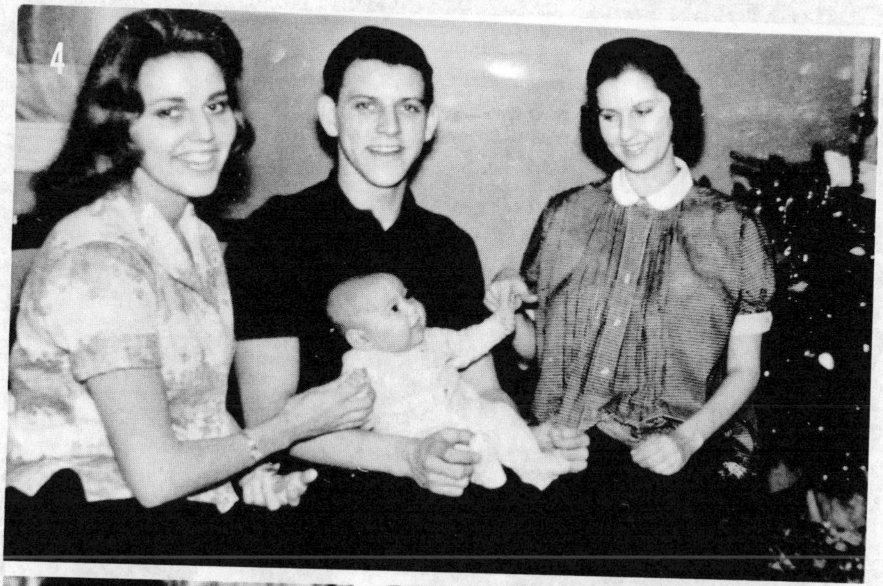

4. Foto de 1962 com José Menéndez, aos 18 anos, e sua irmã mais velha, Terry (Menéndez) Baralt (à direita), com sua afilhada, a bebê Marta, filha de Marta Cano (à esquerda). **5.** José Menéndez com os filhos Erik (à esquerda) e Lyle (à direita). A foto virou uma prova controversa no primeiro julgamento, em 1993. Defendendo que os anos de abuso parental haviam levado os irmãos a matarem os pais, a defesa afirmou que a foto mostrava a mão de José Menéndez em posição indevida sobre Lyle.

1. Erik (primeiro à esquerda) e Lyle (primeiro à direita) com o primo Andy Cano (ao lado de Erik) em foto de família nos anos 1970. **2.** Três gerações de Menéndez: o jovem Lyle com o pai e os avós Pepín e María.

3. A família Menéndez em Princeton, New Jersey, em 1983, para a Primeira Comunhão de Andy Cano. **4.** José Menéndez dava a Lyle (esquerda) e Erik (direita) aulas intensivas de tênis desde muito pequenos. Esta foto de pai e filhos foi tirada em Princeton, New Jersey, em meados dos anos 1980.

1. Enquanto estava na RCA Records, José Menéndez confraternizou com celebridades da música como Kenny Rogers, Barry Manilow, Eurythmics e Rick Springfield, aqui retratado à direita.

2. José Menéndez (à esquerda) em um show do Menudo em São Paulo, Brasil, 1985.
3. José Menéndez (no centro) com Grace Slick e outros integrantes da Jefferson Starship, em meados dos anos 1980.

1. Pepín, Lyle e José Menéndez em Princeton, New Jersey, 1985. **2.** Erik e Lyle na formatura de Erik no ensino médio em junho de 1989.

3. Kitty, Erik e José na formatura de Erik da Beverly Hills High School em junho de 1989. **4.** A última foto conhecida de Kitty e José Menéndez, tirada em frente à casa dos sonhos do casal em Calabasas, Califórnia, no início de agosto de 1989 — poucas semanas antes de serem mortos pelos filhos.

O caso Menéndez tornou-se sensação internacional e foi uma grande pauta nos Estados Unidos e em outros países. As matérias de Robert Rand saíram no *Miami Herald*, na *People* e na *Playboy*, assim como em diversas revistas estrangeiras.

SATURDAY, JANUARY 29, 1994

...e Menendez Case Ends in a ...strial; D.A. to Retry Brothers

■ **Courts:** Jurors were irreconcilably split, with some holding out for lesser manslaughter charge. Prosecutors will again seek first-degree convictions. Judge schedules hearing to set new trial date.

By ALAN ABRAHAMSON
TIMES STAFF WRITER

The Menendez murder case ended Friday without a single verdict as a second jury was declared deadlocked, the jurors hopelessly polarized over whether Lyle and Erik Menendez were coldblooded killers or long-suffering victims of abuse within their family's gated Beverly Hills estate.

Van Nuys Superior Court Judge Stanley M. Weisberg declared a mistrial in the Lyle Menendez case Friday afternoon, ending the six-month trial. A separate jury for younger brother Erik Menendez was declared deadlocked two ...ks ago in the Aug. 20, 1989, ...otgun slayings of their wealthy ...arents.

Prosecutors promised to try the brothers again for first-degree ...

BLOOD BROTHERS

James Dalrymple on the murder trial that shook Beverly Hills

PLUS 40 PAGES OF MEN'S STYLE AND FASHIO...

METRO NEWS

Author Robert Rand holds tape recorder at trial media center. He was ordered to surrender two tapes.

Lyle Menendez Went on Spree After Killings, Witnesses Say

By ALAN ABRAHAMSON
TIMES STAFF WRITER

THE KILLING OF ...E MENENDEZ

article By ROBERT RAND

...TAL CRIME, A FAMILY WITH SECRETS, THE SHADOW OF THE MOB, A SHRINK WITH A LOOSE-LIPPED ...RLFRIEND—NO WONDER BEVERLY HILLS CAN'T STOP TALKING ABOUT THE MENENDEZ MURDERS

Deux femmes défendent Erik et Lyle Menendez, assassins de leurs parents à Hollywood. Un meurtre dont ils avaient écrit le scénario !

LE CRIME QUI GLACE L'AMÉRIQUE

1. Lyle Menéndez (à direita) com seu colega de quarto Hayden Rogers em frente ao Chuck's Spring Street Café, o restaurante que Lyle comprou em Princeton, New Jersey, no outono de 1989. (Cortesia do *Daily Princetonian*)

2. Judalon Smyth procurou a polícia e disse que seu amante, o terapeuta dos irmãos, dr. Jerome Oziel, tinha uma fita cassete em que Erik e Lyle Menéndez confessavam que tinham assassinado os pais. **3.** Robert Rand no set de *Law & Order True Crime: The Menéndez Murders*, em setembro de 2017, com a atriz Heather Graham, que interpretou Judalon Smyth na série. Josh Stamberg interpretou Rand, que cobre a história dos Menéndez desde 1989. **4.** Rand é o autor desta foto do dr. Jerome Oziel (ao centro) com a esposa, Laurel. Os dois convocaram uma coletiva de imprensa no Beverly Hills Hotel em 13 de setembro de 1990. Oziel negou que havia pedido a Judalon Smyth para espionar sessões de terapia com os irmãos Menéndez.

5

No ... ooo ... ooo!

He turns the body over and looks into her ~~dead~~ Pale face. SIRENS. He runs quickly toward the hole in the fence and leaves as police cars approach with sirens on full and flashing lights.

10. EXT. CEMETERY

The day is cloudy and foreboding. A Santa Ana wind is blowing from the North. CAMERA PANS a group of about fifty surrounding a coffin suspended above ground. HAMILTON CROMWELL stands at the head of the coffin. His eyes are red and he begins to cry but succeeds in gaining control.

HAMILTON

My father was not a man to show his emotions. I know that he loved his family and his close friends very much. I can only hope that he loved me as much as he loved all of you. Sometimes he would tell me that I was not worthy to be his son. When he did that, it would make me strive harder to go further, to prove to him that I was worthy just so I could hear the words, "I love you, son." (Tears well up in Hamilton's eyes.) Nothing I have ever done was good enough for this man and I never heard those words. But I know he thought them.

The coffin ~~is~~ are lowered into the ground. As the service concludes, JOE EDDISER, a young man of eighteen, approaches Hamilton and puts his arm around him.

JOE

We'll survive, buddy. Your father would have wanted you to. He knew what a great man you would become .. even greater than he was. A warrior who has lost his parents is still a warrior.

HAMILTON

(Stopping to hug Joe tightly) What would I do without you? without your comforting words? I need you, Joe. Don't ever go away.

11. EXT. FOREST

RECEIVED JUL 2 ... 003583 1

(07/05/89) There is a notation that she feels what she is hiding is sick and embarrassing. He said it possibly referred to her earlier life but that it is more likely that it refers to her adult life. His reasoning was that what happens to you as a child, by the time you become an adult no longer seems sick and embarrassing. As an adult you have a sense that you were not responsible for what happened to you as a child. However, if the secrets came from adulthood, then it would be sick and embarrassing since you would be the one responsible for it. 2

3

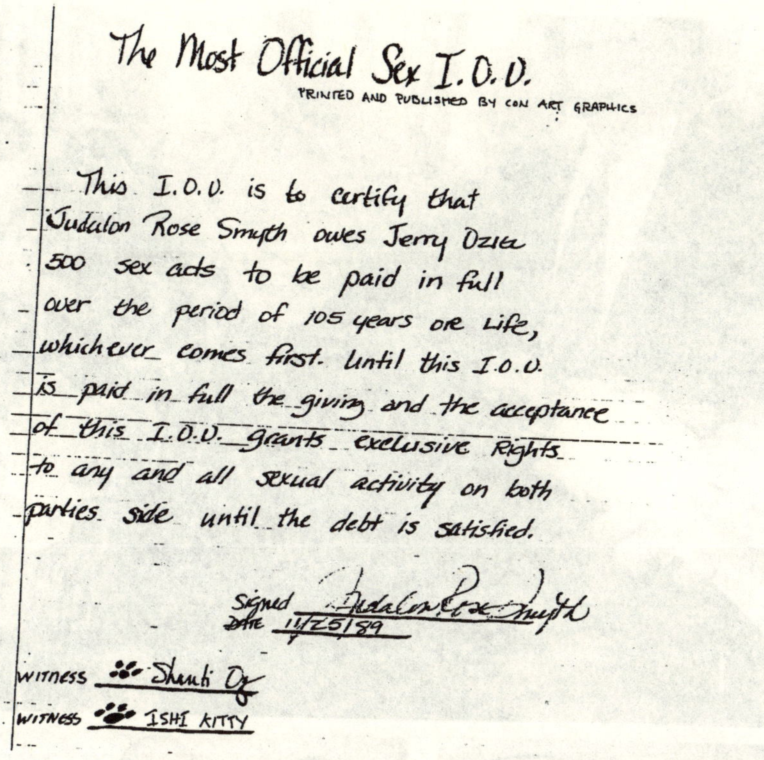

The Most Official Sex I.O.U.

PRINTED AND PUBLISHED BY CON ART GRAPHICS

This I.O.U. is to certify that Judalon Rose Smyth owes Jerry Oziel 500 sex acts to be paid in full over the period of 105 years or life, whichever comes first. Until this I.O.U. is paid in full the giving and the acceptance of this I.O.U. grants exclusive Rights to any and all sexual activity on both parties side until the debt is satisfied.

Signed Judalon Rose Smyth
DATE 11/25/89

WITNESS Shanti Oz
WITNESS ISHI KITTY

1. Página do roteiro *Amigos*, escrito por Erik Menéndez e seu amigo Craig Cignarelli e nunca filmado. No roteiro, que Kitty Menéndez ajudou a datilografar, um personagem chamado Hamilton Cromwell mata os pais e herda 157 milhões de dólares. O roteiro não foi aceito como prova durante os julgamentos. **2.** Kitty Menéndez contou a seu terapeuta que escondia "segredos nojentos e vergonhosos" sobre sua família seis semanas antes de ser assassinada pelos filhos. Acima, um trecho da transcrição das anotações do terapeuta: "(05/07/1989) Nota-se que ela sente que está escondendo algo nojento e vergonhoso. Ele disse que possivelmente se refere à vida pregressa dela, mas que é mais provável que seja sobre sua vida adulta. Seu raciocínio era que o que acontece com você quando criança, quando você se torna adulto, não parece mais doentio e constrangedor. Como adulto, você sente que não foi responsável pelo que aconteceu com você quando criança. No entanto, se os segredos são de quando se é adulto, então isso poderia ser nojento e embaraçoso pois você seria responsável por isso". **3.** Judalon Smyth escreveu uma promissória de 500 atos sexuais ao dr. Jerome Oziel. A namorada do terapeuta afirmou que havia escutado a confissão de homicídio dos irmãos Menéndez quatro meses antes de eles serem presos, em março de 1990. A nota diz: "Essa nota promissória atesta que Judalon Rose Smyth deve a Jerry Oziel 500 atos sexuais que devem ser pagos no período de 105 anos ou vida, o que vier primeiro. Até que essa nota promissória seja paga integralmente, a doação e a aceitação para isso, ela concede direitos exclusivos a toda e qualquer atividade sexual de ambas as partes até que a dívida seja satisfeita".

1. Em 28 de janeiro de 1994, o Tribunal Superior do Condado de Los Angeles anunciou dois júris em impasse nos julgamentos concomitantes de Lyle e Erik Menéndez. Esta foto retrata Leslie Abramson, famosa por falar tudo que pensa, com Rand à esquerda. O promotor público Gil Garcetti imediatamente anunciou que ia levar o caso a julgamento mais uma vez e que não haveria acordos entre defesa e promotoria. **2.** Erik Menéndez (à esquerda) e seu primo Andy Cano no casamento de Erik na prisão, em 1999. Andy foi testemunha-chave da defesa nos dois julgamentos e disse que Erik, aos 12 anos, havia lhe contado que sofrera abuso sexual de seu pai. **3.** As tias de Lyle Menéndez, Terry Baralt (à esquerda) e Marta Cano (à direita) compareceram a seu segundo casamento na penitenciária, em 2003.

4. Robert Rand discutindo o caso Menéndez com Joe Fryer no programa *Today*, da NBC, em 2 de setembro de 2016. **5.** Keith Morrison, correspondente do *Dateline NBC*, entrevistou Rand em agosto de 2017 para um especial de duas horas chamado *Unthinkable: The Menéndez Murders* ("O impensável: os assassinatos dos Menéndez"), que foi ao ar em 17 de novembro de 2017.

2

At times I wish I could talk to her about things, you know? Some day... Especially dad and I but the way she worships him And tells him every thing I'm so afraid she'll tell him whatever I say. I just can't risk it. ~~[illegible]~~ Lyle got in a huge fight with her over why we couldn't spend christmas with the rest of the family and mom freaked out and said if he wanted to go he could go alone. I just don't know why she wants to hurt him like that. Lyle wanted to stay but dad wouldn't let him. So now I'm stuck here alone I've been trying to avoid dad. Its still happening Andy but its worse for me now. I can't explain it. He so ~~[illegible]~~ overweight that I can't stand to see him, I never know when when ~~hes~~ its going to happen and its driving me crazy. Every night I stay up thinking he might come in. I need to put it out of my mind. I know what you said before but I'm afraid. You just don't know dad like I do. Hes crazy! hes warned me a hundred times about telling anyone Especially Lyle. Am I a serious whimpus? I don't know I'll make it through this. I can handle it, Andy. I need to stop thinking about it.

Anyway I hope your doing good. Hows your new girlfriend, Allison? She sounds pretty great, when do I get to meet her? I can see why you don't want to leave Puerto Rico! Haha I hear your playing alot of soccer. thats great, I love soccer to bad I had to 1

1. Novas provas no caso dos Menéndez, especificamente uma carta escrita em 1988 por Erik Menéndez para seu primo, Andy Cano, já falecido. A carta foi descoberta entre os pertences de Cano por sua mãe, Marta Cano, e Robert Rand em março de 2018.

2

3

2. Lyle Menéndez (à esquerda) e Robert Rand na Penitenciária Richard J. Donovan em San Diego, Califórnia, em maio de 2018. **3.** Desenho do veterano dos tribunais Bill Robles instantes antes de o escrivão ler o veredito de "culpados de homicídio por dolo direito" para Lyle (à esquerda) e Erik (à direita) Menéndez em 20 de março de 1996. Após a condenação, ocorreu a fase de dosimetria para decidir se os irmãos receberiam a pena de morte ou uma pena de prisão perpétua sem direito a condicional. Foi a última opção. Os irmãos Menéndez estão presos desde 1990. (Ilustração de Bill Robles)

AGRADECIMENTOS

Na manhã da segunda-feira, 21 de agosto de 1989, recebi um telefonema de Steve Apple, editor da revista *Video Insider* e meu amigo de longa data, contando que José e Kitty Menéndez haviam sido assassinados na própria mansão em Beverly Hills, Califórnia. Steve e eu havíamos acabado de nos ver na feira anual da Video Software Dealers Association, onde eu estava apurando uma pauta sobre o negócio do *home video* para o *Inside Story*, programa de uma emissora local de Miami. O motivo pelo qual você tem este livro em mãos é aquele telefonema do Steve Apple.

Dez dias depois, fiquei sabendo que José Menéndez tinha uma irmã, Marta Menéndez Cano, que morava no Condado de Palm Beach, Flórida. Eu fazia serviços *freelance* para a *Tropic*, a revista dominical do *Miami Herald*, havia dois anos. Liguei para a sra. Cano e ela imediatamente me convidou para ir a sua casa — a aproximadamente noventa minutos de Miami. Passamos quatro horas juntos naquele dia, enquanto ela compartilhava a fascinante história da saga da imigração da família Menéndez desde a Espanha a Cuba e aos Estados Unidos. Na manhã seguinte, me encontrei com Tom Shroder, o editor da *Tropic*, na sala de redação do *Herald* com vista para a baía de Biscayne. Falei ao Tom que não sabíamos muito sobre a investigação do homicídio, mas sugeri que a história de José Menéndez, da pobreza à riqueza e terminando em tragédia, daria uma biografia interessante.

CRIME SCENE®
DARKSIDE

DARKSIDEBOOKS.COM

ROBERT RAND é jornalista vencedor do Emmy e trabalha em TV, mídia impressa e digital. Ele começou a cobrir o caso dos irmãos Menéndez para o *Miami Herald* no dia seguinte aos assassinatos, em 21 de agosto de 1989. Rand esteve diariamente no tribunal durante ambos os julgamentos e forneceu análises para a Court TV, ABC e CBS News. Em março de 1991, a *Playboy* publicou "The Killing of José Menéndez" ["O assassinato de José Menéndez"], matéria de Rand com 14 mil palavras, o artigo mais longo que a *Playboy* já publicou. O trabalho de Rand na imprensa inclui contribuições para as revistas e jornais *People*, *The Guardian*, *Stern*, *Grazia*, assim como para o *Tropic*, caderno de domingo do *Miami Herald*. Ele também cobriu o julgamento de William Kennedy Smith para a *Paris Match*. Em julho de 2016, Rand foi contratado pela *Wolf Films* como consultor no desenvolvimento da minissérie de oito capítulos *Law & Order True Crime: The Menéndez Murders*, da NBC, que foi ao ar no outono de 2017. O manuscrito inédito de Rand sobre os assassinatos dos Menéndez foi a principal fonte de referência para a série. Rand foi o principal entrevistado em dezenas de documentários sobre o caso Menéndez, incluindo *Truth and Lies: The Menéndez Brothers*, da ABC 20/20, e *Unthinkable: The Menéndez Murders*, do Dateline NBC, ambos exibidos em 2017. Rand recebeu um prêmio Emmy de Los Angeles por dois anos de reportagens na KCOP-TV em Los Angeles sobre um imigrante ilegal que foi condenado injustamente. As reportagens resultaram na anulação de uma condenação que já tinha dez anos e na soltura do homem. Rand foi membro do grupo de reportagem investigativa Special Assignment da CBS 2 em Los Angeles e do I-Team na KYW TV (Filadélfia), que ganhou o prêmio Columbia-DuPont Silver Baton por uma série sobre ricos sonegadores de impostos.

*Para minha mãe, Irene;
meu pai, Robert; meu filho,
Justin; e minha filha, Rhiannon.*

à Wolf Films quando estavam pensando em me contratar como consultor. Foi o marido dela, o advogado Peter Grossman, que me representou nas negociações com a NBC.

Eu voltei aos agentes David Vigliano e Tom Flannery, que venderam este livro pela segunda vez, agora à BenBella Books do Texas. Obrigado a Glenn Yeffeth, Adrienne Lang, Sarah Avinger, Alicia Kania, Jennifer Canzoneri, Aida Herrera, Leah Wilson, Vy Tran, Jessika Rieck, Yara Abuata, Lloyd Jassin e Elizabeth Degenhard.

Agradecimentos especiais a Arthur Jay Harris, Paul Skolnick e Molly Pinero, que contribuíram com a edição e pesquisa para este livro. Matt Carlini teve papel essencial no corte de um manuscrito com 250 mil palavras para 98 mil. Laurel Leigh entrou no barco como minha editora no outono de 2017, quando eu estava exaurido de trabalhar na série de TV, que terminou em novembro de 2017. Ela nunca desistiu de mim e, além disso, conseguiu transformar um manuscrito passável em um manuscrito excelente. Serei eternamente grato pelas contribuições dela que levaram ao livro que você tem em mãos. A persistência e a inspiração de Laurel foram críticos para a finalização do trabalho.

Por fim, obrigado a todos os que defendem Erik e Lyle Menéndez — muitos deles, adultos sobreviventes de abuso infantil. Sou um de vocês. Conforme vocês se apresentaram, um a um, fui inspirado pela sua bravura. Minha família — incluindo as mães de meus filhos, Patricia e Carol, e minha irmã Nancy — sobreviveram a muitas pedras pelo caminho, mas finalmente chegamos lá! E meus filhos Rhiannon e Justin me mostraram como é importante uma família carinhosa para valorizar a beleza da vida.

Diane VanderMolen, que dedicaram horas ilimitadas a me inteirar do histórico e dinâmica de suas famílias. Os integrantes da equipe de defesa Jill Lansing, Michael Burt, Leslie Abramson e Marcia Morrissey foram inestimáveis para me levar aos bastidores enquanto a defesa se preparava para o primeiro julgamento, em julho de 1993. Os advogados de defesa Charles Gessler, Terri Towery e Barry Levin continuaram me ajudando no segundo julgamento. O especialista em psicologia da defesa, dr. William Vicary, e eu nos tornamos amigos quando entramos no circuito dos programas de TV após o primeiro julgamento, na primavera de 1994. O dr. Stuart Hart foi um dos peritos em psicologia que me ajudaram a entender o que estava acontecendo efetivamente no caso — uma história totalmente diferente da narrativa falsa sobre "crianças ricas e gananciosas" que a grande imprensa contava.

Dominick Dunne, o emblemático jornalista da *Vanity Fair,* e eu não concordamos em NADA a respeito do caso, mas viramos amigos e passamos os seis meses do primeiro julgamento sentados lado a lado. Terry Moran, jornalista da Court TV, convidou Dunne e eu para debater o caso várias vezes durante a extraordinária cobertura, decisão a decisão, que o canal fez do primeiro julgamento. Moran foi o mais profissional e mais justo entre todos os jornalistas que cobriram o julgamento — assim como foi Linda Deutsch, da AP, lendária jornalista dos tribunais.

Este livro ficou em banho-maria por anos quando comecei a cuidar de minha mãe idosa, Irene Betty Rand Zurier, nos últimos quinze anos de sua vida. Então, em julho de 2016, fui contratado pela Wolf Films como consultor da minissérie em oito capítulos *Law & Order True Crime: The Menéndez Murders.* Obrigado a Dick Wolf, Peter Jankowski, Arthur Forney, ao criador da série Rene Balcer, e a toda a equipe da *LOTC,* incluindo Edie Falco e meu amigo Harry Hamlin, que fez cursinho comigo na Hill School próxima à Filadélfia. Um agradecimento especial a Melissa Azizi, a produtora que fez o *networking* para eu chegar na Wolf Films.

A roteirista Alison Cross, vencedora do Emmy, é uma das minhas amigas mais próximas desde os nossos tempos de telejornalismo na KGO-TV em São Francisco. Alison me ajudou a editar e escrever um sumário de cinco páginas da pauta que fez parte da minha proposta

Devo minha carreira de jornalista a Tom Shroder e Gene Weingarten, os dois editores da *Tropic* que deram uma chance para este metido a redator que nunca tinha publicado nada, que tinha trabalhado na TV, mas nunca no impresso. O *Herald* pagou minha viagem a Los Angeles no outono de 1989 para entrevistar pessoas que haviam trabalhado com José Menéndez, assim como os próprios Erik e Lyle Menéndez — os filhos enlutados do casal assassinado e que não eram declaradamente suspeitos. No Natal de 1989, quase quatro meses exatos depois do assassinato de José e Kitty Menéndez, o *Miami Herald* publicou a primeira especulação de que os irmãos Menéndez estavam sendo tratados como suspeitos. Foram dois meses e duas semanas até Erik e Lyle serem presos.

Quase um ano depois, fui apresentado a Stephen Randall, o editor de artigos da revista *Playboy* que ficava em Los Angeles. Randall tinha lido minha proposta de livro, que estava prestes a ser apresentado a grandes editoras. Hugh M. Hefner tinha interesse particular na pauta — a *Playboy* tinha chamado três jornalistas habituais da revista para escrever matérias sobre os Menéndez, mas Hef não tinha gostado de nenhuma, pois faltavam as informações de bastidores que eu tinha. Em seguida recebi boas e más notícias: a *Playboy* queria que eu escrevesse uma matéria de 7 mil palavras sobre o caso, mas queriam que eu produzisse às pressas, para a edição seguinte, de março de 1991, com um prazo máximo de doze dias. Eu estava na metade da lista de coisas que eles queriam que entrasse no texto quando me dei conta que já tinha passado de mais de 5 mil palavras do combinado. Disseram para eu continuar escrevendo e que editariam depois. Meu primeiro esboço saiu com 22 mil palavras — mais ou menos 20 por cento da extensão deste livro. O artigo finalizado saiu com 14 mil palavras. Me disseram que foi o artigo mais comprido que a *Playboy* já havia publicado. Hef estava muito interessado pela pauta.

Foi o agente David Vigliano que me representou no contrato original com a Simon and Schuster. Arthur Jay Harris me ajudou desde a primeira semana após as prisões com apuração, pesquisa e a ideia extremamente esperta de começar a vender artigos para revistas do mundo inteiro.

Sou grato a Erik e Lyle Menéndez; a suas tias, Marta Cano, Terry Baralt e Joan VanderMolen; assim como a outros integrantes das famílias Menéndez e Andersen — incluindo os primos Henry Llanio e

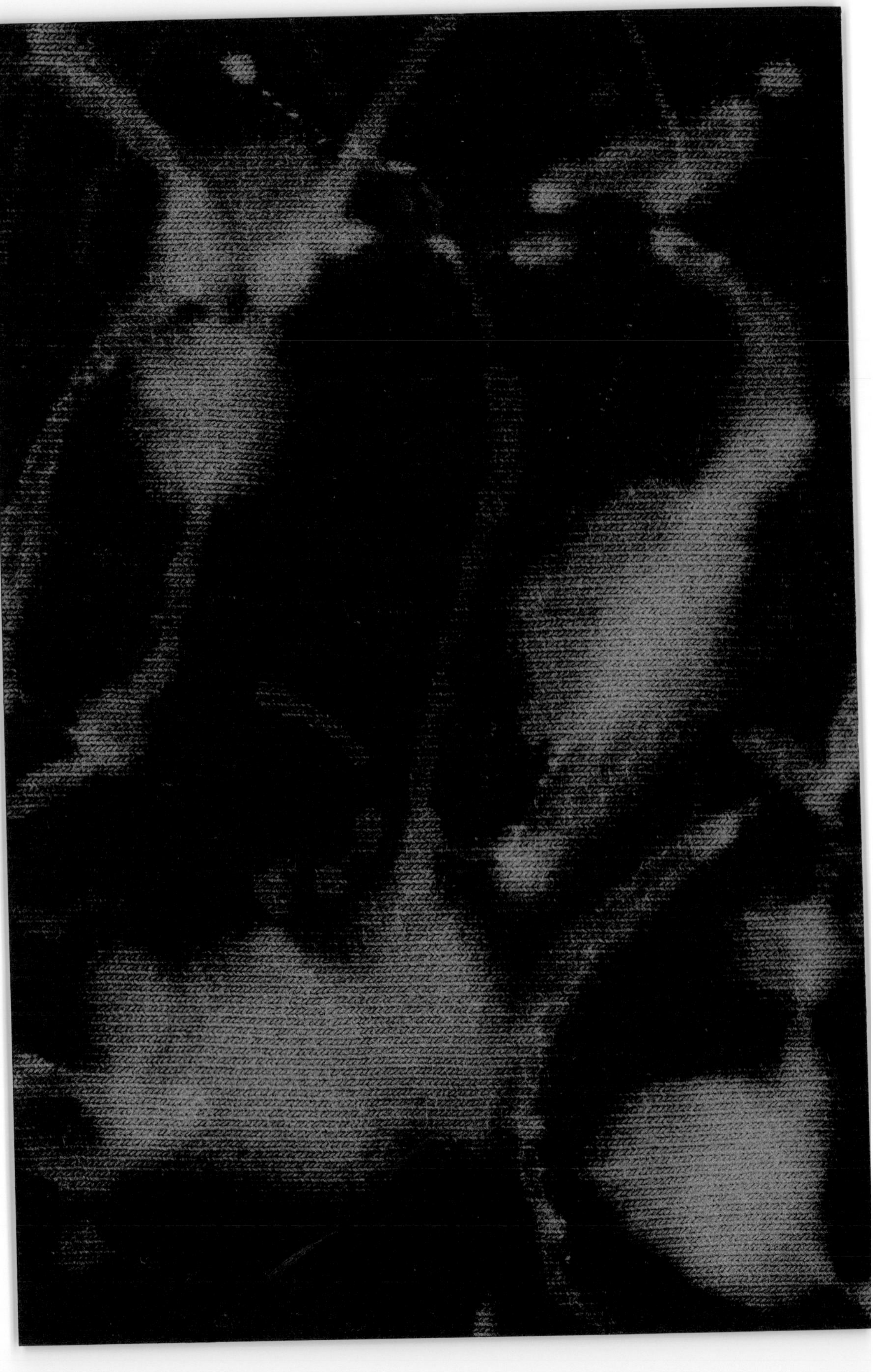